高高山頂立　深深海底行

gaogaosky.com

华盛顿传

［美］韦恩·惠普尔　著

陈军　译

作家出版社

图书在版编目（CIP）数据

华盛顿传 /（美）韦恩 · 惠普尔著；陈军译. -- 北京 : 作家出版社，2017.9

（小书虫读经典）

ISBN 978-7-5063-9703-2

Ⅰ. ①华… Ⅱ. ①韦… ②陈… Ⅲ. ①华盛顿（Washington，George 1732-1799）—传记Ⅳ. ①K837.127=41

中国版本图书馆CIP数据核字（2017）第231508号

华盛顿传

著　　者：［美］韦恩 · 惠普尔
译　　者：陈军
责任编辑：宋辰辰
装帧设计：高高国际
出版发行：作家出版社
社　　址：北京农展馆南里10号　　邮　　编：100125
电话传真：86-10-65930756（出版发行部）
　　　　　86-10-65004079（总编室）
　　　　　86-10-65015116（邮购部）
E-mail:zuojia@zuojia.net.cn
http://www.haozuojia.com（作家在线）
印　　刷：北京德富泰印务有限公司
成品尺寸：146×210
字　　数：453千
印　　张：17
版　　次：2018年1月第1版
印　　次：2018年1月第1次印刷
ISBN 978-7-5063-9703-2
定　　价：45.00元

不论用什么方法获得名誉，如果没有品格来扶持，名誉终必归于消灭。

——华盛顿

名家寄语

我们也许逃不过这样的荒诞：阅读极其泛滥又极其荒凉，文化极其壅塞又极其贫乏。这里倒有一条安静的自救小路：趁年轻，放松心情读一点经过选择的经典。

——余秋雨

多出优良书，让中国的童年阅读更优良。

——梅子涵

名家谈阅读

孔　子　学而不思则罔，思而不学则殆。

莎士比亚　书籍是人类知识的总结。书籍是全世界的营养品。

培　根　读书使人充实，讨论使人机智，笔记使人准确，读史使人明智，读诗使人灵秀，数学使人周密，科学使人深刻，伦理使人庄重，逻辑修辞使人善辩。凡有所学，皆成性格。

歌　德　读一本好书，就是和许多高尚的人谈话。

普希金 读书是最好的学习。追随伟大人物的思想，是最富有趣味的一门科学。

高尔基 我读书越多，书籍就使我和世界越接近，生活对我也变得越加光明和有意义。

鲁　迅 读书无嗜好，就能尽其多。不先泛览群书，则会无所适从或失之偏好，广然后深，博然后专。

季羡林 书是事关人类智慧传承的大事。读书不是“天下第一好事”又是什么呢？

王　蒙 读书是一种风度，读书要趁早，要超前读书，多读经典。

于　丹 生活就是一锅滚开的水，它一直都在煎熬你，问题是你自己以什么样的质地去接受煎熬，最终会看到不同的结果。读书就是干这个的，就是滋养自己。

贾樟柯 我们心灵敏感之程度，或洞悉人情世故的经验，很多都来自阅读。

杨　澜 读书可以增加一个人的底气，也许读过的东西有一天会全部忘掉，但正是这个忘掉的过程，塑造了一个人的知识结构和举止修养。

著名翻译家 简介

吴钧陶 中国作家协会会员，上海翻译家协会理事，曾为上海太平洋出版公司编辑，人民文学出版社上海分社及上海译文出版社编审。

力　冈 1926—1997，当代顶尖的俄罗斯文学翻译家，代表译作《静静的顿河》《安娜·卡列尼娜》《日瓦戈医生》《猎人笔记》等。

张友松 著名翻译家，在鲁迅的推荐下曾任上海北新书局编辑，新中国成立后任《中国建设》编辑。张友松先生是马克·吐温中文译本第一人。

白　马 中国作家协会会员，浙江大学传媒与国际文化学院副教授、国际文化学系副主任，著名翻译家。

李玉民 著名翻译家，代表译著有《巴黎圣母院》《悲惨世界》《基督山伯爵》《缪塞精选集》《阿波利奈尔精选集》等。

宋兆霖 著名翻译家，中国作家协会会员，已出版文学译著五十多种，2000余万字，译著曾多次获奖。

刘月樵 中国翻译协会表彰“资深翻译家”，中国意大利文学研究会理事，中国国际广播电台意大利语部译审，著名翻译家。

黄　荭 巴黎第三大学－新索邦文学博士，南京大学法语系教授，博士生导师，著名翻译家。

晏　榕　著名翻译家，教育部人文社科基金项目主持人，主要从事东西方诗学及文化理论研究。

李自修　山东师范大学外国语学院教授，毕业于北京大学西语系，曾任教美国旧金山州立大学。

傅　霞　上海外国语大学博士，浙江理工大学外国语学院副教授，著名翻译家。

管筱明　湖南省作家协会会员，中南出版传媒集团资深编审，翻译著述颇丰，尤以法语为主。

黄水乞　厦门大学国贸系教授，著名翻译家。

姜希颖　浙江大学英语语言文学硕士，浙江外国语学院英语教师，主要从事美国文学、美国现代主义诗歌研究。

王晋华　英美文学硕士，中北大学外语系教授、硕士生导师，英美文学研究与译著多部。

王义国　翻译家，教授，英美文学研究和译著多部。

杨海英　浙江省作家协会会员，北京大学硕士，主要从事新闻工作和文学翻译。

姚锦镕　著名翻译家，任教于浙江大学，主要从事英、俄语文学翻译工作，译著颇丰。

张炽恒　外国文学译者，上海翻译家协会会员。

周　露　外国文学译者，俄罗斯语言文学硕士，浙江大学外语学院俄语副教授。

种好处女地

——“小书虫读经典”总序

梅子涵

儿童并不知道什么叫经典。在很多儿童的阅读眼睛里，你口口声声说的经典也许还没有路边黑黑的店里买的那些下烂的漫画好看。现在多少儿童的书包里都是那下烂漫画，还有那些迅速瞎编出来的故事。那些迅速瞎编的人都在当富豪了，他们招摇过市、继续瞎编、继续下烂，扩大着自己的富豪王国。很多人都担心呢！我也担心。我们都担心什么呢？我们担心，这是不是会使得我们的很多孩子成为一个个阅读的小瘪三？什么叫瘪三，大概的解释就是：口袋里瘪瘪的，一分钱也没有，衣服破烂，脸上有污垢，在马路上荡来荡去。那么什么叫阅读瘪三呢？大概的解释就是：没有读到过什么好的文学，你让他讲个故事给你听听，他一开口就很认真地讲了一个下烂，他讲的时候还兴奋地笑个不停，脸上也有光彩。可是你仔细看看，那个光彩不是金黄的，不是碧绿的，不是鲜红的。那么那是什么的呢？你去看看那是什么的吧，仔细地看看，我不描述了，总之我也描述不好。

所以我们要想办法。很多很多年来，人类一直在想办法，让儿童们阅读到他们应该阅读的书，阅读那些可以给他们的记忆留下美丽印象、久远温暖、善良智慧、生命道理的书。那些等他们长大以后，留恋地想到、说起，而且同时心里和神情都很体面的书。是的，体面，这个词很要紧。它不是指涂脂抹粉再出门，当然，需要的脂粉也应该；它不是指穿着昂价衣服上街、会客，当然，买得起昂价也不错，买不起，那就穿得合身、干干净净。我现在说的体面是指另一种体面。哪一种呢？我想也不用我来解释吧，也许你的解释会比我的更恰当。

生命的童年是无比美妙的，也是必须栽培的。如果不把“经典”往这美妙里栽培，这美妙的童年长着长着就弯弯曲曲、怪里怪气了。这个世界实在是不应当有许多怪里怪气、内心可恶的成年人的。这个世界所有的让生命活得危险、活得可怜、活得很多条道路都不通罗马的原因，几乎都可以从这些坏人的脚印、手印，乃至屁股印里找到证据。让他们全部死去、不再降生的根本方法究竟是什么，我们目前无法说得清楚，可是我们肯定应该相信，种好“处女地”，把真正的良种栽入童年这块干净土地，是幼小生命可以长好、并且可以优质成长的一个关键、大前提，一个每个大人都可以试一试的好处方，甚至是一个经典处方。否则人类这么多年来四面八方的国家都喊着“经典阅读”简直就是瞎喊了。你觉得这会是瞎喊吗？我觉得不会！当然不会！

我在丹麦的时候，曾经在安徒生的铜像前站过。他为儿童写过最好的故事，但是他没有成为富豪。铜像的头转向左前方，安徒生的目光童话般软和、缥缈，那时他当然不会是在想怎么成为一个富豪！陪同的人说，因为左前方是那时人类的第一个儿童乐园，安徒生的眼睛是看着那个乐园里的孩子们。他是看着那处女地。他是不是在想，他写的那些美好、善良的诗和故事究竟能栽种出些什么呢？他好像能肯定，又不能完全确定。但是他对自己说，我还是要继续栽种，因为我是一个种处女地的人！

安徒生铜像软和、缥缈的目光也是哥本哈根大街上的一个童话。

我是一个种处女地的人。所有的为孩子们出版他们最应该阅读的书的人也都是种处女地的人。我们每个人都应当好好种，孩子们也应当好好读。真正的富豪，不是那些瞎编、瞎出下烂书籍的人，而应当是好孩子，是我们。只不过这里所说的富豪不是指拥有很多钱，而是指生命里的优良、体面、高贵的情怀，是指孩子们长大后，怎么看都是一个像样的人，从里到外充满经典气味！这不是很容易达到。但是，阅读经典长大的人会渴望自己达到。这种渴望，已经很经典了！

乔治·华盛顿

关于真实的华盛顿

原版序

撰写华盛顿生平传记的作家们都会认为，读者们只有在看了他们的著作后才能有幸对真实的华盛顿有一个比较熟悉的了解。长此以来，这已经成为一种时尚。最近的每位传记作家几乎都说自己所记录的是一个复活的华盛顿形象，一个走下神坛的华盛顿，而不是原来的木偶形象，这有点像神话中的塞浦路斯国王比哥马利恩那样，把自己雕的加勒蒂亚雕像视作一名鲜活的美丽少女而迷恋不已。对于创作所谓的复活的华盛顿形象，尽管传记作家们已经进行了一个时代，但不少所谓的“真实的”华盛顿形象都非常雷同，因此，我们有理由做出推论，认为至少其中有一些是与伟人华盛顿的本来面目是有出入的。另外，许多华盛顿的肖像画，之所以形象各异，无疑不是因为画家们采用了不同的色彩颜料，而是因为他们的看法和观点不同。就全身肖像而言，每张画都画得不错。但是，在此，我们的目的是要把几百张肖像画放在一起，综合对待，把它们当作一张总的合成的画像，或者是从各个侧面和视角来为华盛顿及其精彩人生构筑一个可靠、鲜活和生动的形象，通过华盛顿的日记、讲话和已有记录的谈话内容，来对他进行全面的介绍和描述,让那些记录有序和保存完好的史料自己来说话。显然，这是《华盛顿传》一书的最终目的，使读者特别能够从中受益。

鉴于本书作者个人观察角度的不同和误差难以完全消除，因此读者可以从中自己体会和思考。本书所挑选的故事是基于这样一个目的，即，是让读者主动去，而不是迫使读者去审视华盛顿的人生经历，以及他在那个乱世动荡的年代中自始至终的表现。对于所选的五百个故事，本书未加任何评论，因为美国读者如果能用客观的态度去面对，那就有能力自己得出结论。这是《华盛顿传》一书的最大优点之一。在很大程度上，本书的作者能够做到将自己置身于故事的叙述之外。虽然他能够就主人公的精彩人生和个性提出许多观点，但提出的只是他有限的一家之言，这样他想呈现给广大读者的华盛顿形象难免会有他自己的烙印。

而且，画家们在历史的画布上创作的时候，也会有这种倾向，犯下掺和自己观点的错误。因此，对于传记作家来说，自然在对主人公的个性刻画时也会把自己的个性写进书中。例如，“牧师”威姆斯把年少时的华盛顿描述成是一个自以为是的小家伙，然后把伟大的乔治·华盛顿变成一个类似半神半人的傲慢自大、呆板迂腐的人。不过，作者的个性也可以缓和或阐明他想要描绘的人物的性格，而不是为人物投下阴影。马克·吐温在他优秀的小说《圣女贞德》中，通过颇具现代性的俚语和辛辣的美国式幽默感，塑造了一个新颖的圣女贞德形象。以此种方式，小说不仅描述了沉闷而又忠诚的东雷米村年轻女子“她自己个性中的缺点”，而且也正如法国人所说的，赋予了人物“作者自己完美的”特质。

虽然许多作家仍在抨击威姆斯牧师，不过他们最严厉的指责似乎是针对他拉小提琴和挨家挨户兜售书籍的事情。至于他把年少的华盛顿描写成一个自以为是的小男孩一事，我们应该说，所有描写“年轻人”的作者，从玛利亚·埃奇沃思到儿童文学作品“罗洛系列图书”之父，为了取悦读者，都是先采用迂腐的套路把年幼时的人物描述成一个自以为是的小家伙。而对于威姆斯后来又竭力把他的模范男孩演变成一个小神，在他那个时期，甚至包括后来，所有的作家和演说家对华盛顿都是采用同样的方式。在其他作家看来，让他们感到最糟糕的似乎是，威姆斯的华盛顿传记变得很受欢迎，其中一些不足凭信的故事一直流传至今，为我们所熟知。有人说，有充分的根据表明短柄斧和樱桃树事件直到1806年才出现在威姆斯的《华盛顿的人生》中。当有人责备他是编造了这则小故事时，他温柔地微笑着说："这难道对男孩子们没有好处吗？"除非如他所说，故事真的是华盛顿的那位亲戚所讲，否则这则善意的小故事似乎是威姆斯虚构和首创的，尽管他不是一位出色的作家，但也不是不可能。不管怎样，正如大家通常所认为的，如果说偏离正途的威姆斯牧师是不怀好意地凭空捏造了这则故事，那么他的不怀好意也是对年轻的美国有益处的，因为除了华盛顿是美国革命战争的一位将军和美国第一位总统之外，樱桃树的故事是令美国民众们对华盛顿唯一印象深刻的事情。在成千上百万的人心目中，短柄斧和樱桃树成为华盛顿和诚实的象征。一位法国旅行家和文学家曾撰文指出，美国的孩子们之所以能够比天底下其他国家的儿童都更尊重事实，是因为他们从小就是在听华盛顿童年时就不撒谎的故事长大的。爱德华·埃弗里特·黑尔博士称，樱桃树的故事与普鲁塔克的《希腊罗马名人传》中的许多故事一样，都是真实的。

从理论上说，那些不相信事实的传记作家似乎对华盛顿一生中任何时候都"不会说谎"的故事的不真实性有很多话要说，态度坚决地认为华盛顿后来克服了这一缺陷——如果他有这样的缺陷的话！

我们应该特别记得"爱情和战争中人人平等"这句话，对此，华盛顿总有一方面是擅长的，甚至可以说在两方面都是擅长的，因为他总是会被漂亮的女子所吸引，喜欢和"一群女人"喝茶。他被认为是一个非常讨女人喜欢的男人，据说，他在女人中间要比与男士们在一起时更放松自在——至少在他后来的生活中是如此。在早期的时候，华盛顿性格腼腆内向，除了家人和好朋友之外，对其他人总是很沉默。

显然，有人也一度想制造丑闻，用所谓的证据迫不及待地在报纸上撰文说华盛顿曾为了不交一小笔税款而做过伪证。有时，有人还依据同样的证据称，约翰·汉考克、塞缪尔·亚当斯和其他一些独立战争的爱国者和领导人是骗子和盗用公款者，他们为此才揭竿而起，起来反叛。然而，这种愚蠢的诬蔑之举简直荒唐之极，因为就拿汉考克来说，他是一位极富影响力的富商，他资产丰厚，有花不光的财富，他想得到的只是自由和自尊。英国人不顾事实地编造“反叛者”（现在我们称爱国者）的故事，并且立刻将他们定性为是恶徒，在说他们是叛徒和罪犯的同时，认为他们要对历史上的所有罪行负责。

有些华盛顿的传记作家则可以被称作打破偶像的反传统者，但他们并非真正扮演了清道夫的角色。他们就像夜晚的垃圾清扫者，似乎喜欢传播关于美国奠基人和国父华盛顿所谓的一些令人作呕的故事，而且还自以为是地引用脾气暴躁的哲学家托马斯·卡莱尔的话。卡莱尔曾残忍地当着美国访客的面批评说：“乔治·华盛顿根本不是伟人！”显然，这位年迈的悲观主义者的观点是缺乏远见。他最喜欢的人物是拿破仑，他后来对拿破仑的赞赏被证明一个很大的失败，而相反，华盛顿则成为名垂青史的成功人物。从近距离看，拿破仑体现了强权的权利，而华盛顿则是展示了权益的力量。

俗话说“求则得之”，这句谚语显然用来评价美德和恶习都适合。人不像一条锁链，有牢固的，也有不结实的，因此评价一个人应该是依据他的优点。贬低或削弱华盛顿的真正伟大，不仅对华盛顿本人，而且对美国人民来说都是不公平的。如果我们告诉下一代人说，因为华盛顿有一副不好看的牙齿，所以年少时总是缄口不言，又因为他后来装了一副假牙，哈哈大笑时假牙会脱落，所以他总是神情严肃，那么这种歪曲的言论显然是没有意义的，无疑显得有点刻薄小气。这类言论不仅与事实真相相差甚远，而且比不折不扣的谎言还要危险。伟人华盛顿的邻居和朋友们未必就是最好的评判者。根据确实可靠的证据，在晚年，令华盛顿感到苦恼的是，他对于自己所在的弗吉尼亚州是否会同意他竞选总统毫无把握，尽管其他十二个州无疑都会对他投赞成票。伟人华盛顿就像是一座高山，当站得离高山很近的时候，往往只能看见它的一部分，认为只是一座小山，因而看不到高耸入云的峰顶。在伊利诺伊州的斯普林菲尔德，至今仍还生活着一些“认识林肯”的人，他们都迫不及待地告诉新来者说，当林肯碰巧提名当选为总统时，在斯普林菲尔德生活着十多个比林肯还伟大的人。

在华盛顿监督“总统宫殿”（白宫）工程建设时，建设工地的土地原来是归华盛顿的邻居苏格兰人戴维·伯恩斯所有的。戴维·伯恩斯出售了自己大量的土地以作为国家首都的建设用地。有一天，当华盛顿想规劝他不要阻挠从河边运送石块至“宫殿”建设现场的运输工作时，他对美国国父说了歪曲真相和心胸狭隘的话。作为刚卸任不久的总统，华盛顿提醒苏格兰小老头说，总统的官邸和“联邦城”幸好建在他的土地上，否则他或许一辈子到老也还只是一个贫穷的烟草种植者。华盛顿说完后，老戴维的火气一下子上来了：

“我说，你这人！华盛顿先生，要不是你娶了那个卡斯蒂斯寡妇，得到了她所有的黑奴，你会成为什么样的人？你什么都不是，你今天还只会是一个土地测量员而已，一个穷光蛋！”

对于脾气古怪的老戴维·伯恩斯的思想，华盛顿一定是觉得非常新奇。不过，在众多有关华盛顿的历史书、故事和文章中出现一些对他个性的误解，这并不足为怪。对此，威姆斯也有一些感伤的想法。负责编辑华盛顿书信和其他文件的斯帕克斯则是把华盛顿的人生视作一个榜样，他费了不少心思，可结果反而把华盛顿变成了一个木偶。

有关华盛顿母亲的情况鲜为人知。大多数作家都想当然地认为华盛顿之所以伟大是源自于其母亲，试图用少量零碎的史料来“恢复”她的整个一生，就像科学家用找到的每一块骨关节装拼成完整的动物一样。他们用循环论来进行推理，自认为“他的伟大一定是遗传了他的母亲，因此他母亲也一定是一名伟大的女性，对他的伟大人格的塑造产生了巨大的影响，所以他一定像他母亲，而他的母亲看上去也一定像他优秀的儿子。”然而，事实上，华盛顿本人则声称自己的外表和性格像父亲。

玛丽·华盛顿对长子华盛顿那份过于狭隘的爱差一点妨碍了他的人生事业，如果他始终是关注她的愿望的话。虽然华盛顿对母亲很孝顺，也很体贴，但在面临抉择时，国家的召唤要重于母亲的呼唤。玛丽·华盛顿晚年时曾抱怨说华盛顿忽视冷落了她。这令他感到悲伤和烦恼，特别是当她坚持要接受和她没有任何关系的人的经济援助的时候，给人留下了她生活拮据的印象，尽管此前她一直是得到了声誉卓著的儿子的大力支助。有几次，华盛顿态度委婉温和地对母亲的这种个性向弟妹们表示了不快。但是，他的烦恼并不能保证最近的一位作家在一本所谓的传记中说他经常地为此事发泄怒气——而且是在他母亲去世几年后！无论玛丽·华盛顿的言行会给予华盛顿何种刺激，如果说他对母亲的态度是这样任性易怒，那么这是与他的个性完全不相称的。

本书根据上百种资料来源，大部分是现存的非常不错的传记，挑选了五百多个故事，有些从未出版过，目的是要站在中间立场多方位地来展现华盛顿的形象。不过，其中也有少量极富幻想的故事和个人观点，以此来说明一些作家在写传记时所表现出来的荒谬程度，这有点像神学家在讲圣经时可能会偶尔借助“世俗历史中的侧面情况”来表现一番。

人们普遍不知道华盛顿也具有很强的幽默感。他非常喜欢开玩笑，有时是一些善意的恶作剧，这通常会引发一场哈哈大笑。据说，甚至是在福吉谷的那个“漫长而又沉闷的冬天”，他也不时地在悲伤痛苦的境遇中通过放声大笑来缓解情绪。他善于充分利用任何事情来开玩笑，直至笑得眼泪从脸上流落下来。他取笑的对象中有他的继子女们和来弗农山庄做客的朋友们。他也多次把一头西班牙国王赠送给他的“贵族”公驴作为取笑对象，有时把神情严肃的小公驴比作是他以前的君主——英国国王！

另外，还有一则有趣的故事，说的是两位法官，他的侄子布什罗德和美国首席大法官约翰·马歇尔。他们两人前往弗农山庄去拜访华盛顿夫妇。两人在去弗农山庄的途中，为了使自己不是风尘仆仆、满身灰尘地出现在弗农山庄，准备把身上的所有衣服都换掉。当他们脱得一丝不挂，他们的贴身黑人仆人打开旅行箱，准备给他们拿要换的衣服时，却惊讶地发现里面只有香皂、胶带、针线和香水之类的东西。原来他们在最后一次住的旅馆里，与一名商贩换错了旅行箱。尽管两人觉得很尴尬，但仆人可怜的表情却也不禁使他们哈哈大笑。他们的笑声正好被经过的弗农山庄的主人华盛顿听到，于是立刻就过来看看究竟，只见两位高贵的法官与伊甸园里的人一样光着身子，如同森林之神萨梯那般手舞足蹈地躲在树林中。华盛顿看到他们尴尬的窘态，实在是控制不住自己，倒在地上打滚，情不自禁地捧腹大笑和高声尖叫。

毫无疑问，华盛顿这样的形象与大众心目中的远不可及、冷峻严肃和沉默寡言的美国第一任总统的形象截然不同。与此同时。我们在本书中也可看到讲述华盛顿热心好客的一个又一个故事。他在一封信中曾提到一个事实：那一天他和妻子可以单独坐下来用晚餐，这是二十年里的第一次。有一位到弗农山庄做客的访客还讲述了一次令他深感意外的经历。他在夜晚休息后，看到华盛顿高大的身影进入房间——看上去比实际要显得高大，因为华盛顿穿着衬衫式长睡衣——端着一杯茶来到患感冒的客人身边。主人无疑是对他的感冒甚为挂念，尽管华盛顿自己患感冒时从来都不服任何药。

所有这些故事讲述的都是华盛顿慈爱、好客和幽默的形象，让人觉得和蔼可亲，备感亲切，有助于我们在了解真实的华盛顿的过程中去理解他，热爱他。虽然他本人不像林肯，是一个讲故事高手，但是最伟大的历史学作家和小说家们已为我们讲述了许多美丽动听而又激动人心的故事，已就美国国父作了很多饶有兴趣和生动感人的叙述。华盛顿的日记忠实地记录了他几乎整个人生，再加上他的讲话文稿和相关政府文件，有很多不错的材料可以参考，这应该能够反映他真实的一生。

《华盛顿传》一书旨在从每一个有利的视角真实地介绍首位美国总统，让读者自己去观察、体会和认识伟大的华盛顿。本书写的是人生，而不是对这位伟大而又善良的人的诽谤——“战争时的第一人，和平时的第一人，同胞心中的第一人。”既然有关华盛顿性格的各个方面，以及相关事实，都在本书中有所介绍和描述，那么除了读者自己，谁还能够更好地了解华盛顿呢?

韦恩·惠普尔

George Washington

目　录

第一章　华盛顿的祖先

华盛顿家族的系谱

华盛顿家族具有古老的英国血统，其家族系谱可追溯至诺曼底人征服英国后的时期。当时，在达勒姆郡，有大量的封地和采邑特权，都为那些从诺曼底来的，随征服者威廉征战英国的追从者及其后代们所享有。征服者威廉为了惩治诺森伯兰人的叛乱，毁坏了亨伯东部的整片土地，把土地封赏给了他的追随者们，并将诺曼底人和其他外国人提封为教会贵族。

在达勒姆的王权高级教士中，有男爵和骑士，他们在达勒姆拥有封地，必须承担维护达勒姆的和平和战争义务。

在达勒姆的战争条件下，其中一位享有职权和领地的骑士，名叫威廉·德·赫特伯恩，是华盛顿的祖先。从其诺曼底人“威廉”的名中可以看出他的民族血统。家族在为儿童洗礼时长期以来一直沿用诺曼底人的名字。而“德·赫特伯恩”的姓则是取之于其从主教那里获得的封地的村庄名字。该村庄大概就是现在的哈特伯恩,位于蒂斯河畔。在诺曼底人征服美国时期，诺曼底人贵族家庭有一种风俗，那就是习惯于用封邑作为自己家族的姓氏。

不过，德·赫特伯恩家族究竟是在何时以及如何获得村庄的采邑，却不得而知。可能是曾与诺曼底贵族骑士罗伯特·德·布鲁斯并肩作战的缘故，因为征服者威廉将英国北部的大片土地封赏给了罗伯特。另外，也可能是与达勒姆郡的贵族赫特夫妇的领地有关。

事实上，关于华盛顿家族，我们首次是在 1913 年记载主教教区内所有土地情况的“博尔顿书”中发现的。书中写道，威廉·德·赫特伯恩用赫特伯恩村庄交换了威星顿村庄和采邑。家庭因获得新的封地而改变了姓氏，改称德·威星顿。

当理查德一世（理查德·库勒·德·莱昂）变卖财产筹措军费，率十字军东征圣地时，德·威星顿家族也许跟随圣·库斯伯特参加了圣战。

我们发现，威星顿家族在此近七十年以后仍保留着封邑。邦多·德底威星顿和其儿子威廉的姓名出现在教会拥有领地的契约书中。在1264年参加为维护王权而战的刘易斯战役的皇家骑士名单中，我们见到了威廉·威星顿的名字。在这场战役中，国王沦为阶下囚。

我们还发现，在爱德华三世统治时期，德·威星顿作为一名骑士，仍出入于各种场合。斯蒂芬·德·威星顿爵士的名字出现在1334年邓斯特布尔骑士比武大赛的骑士名单中，他还拥有一个家族的徽章纹饰——一朵天蓝色衬底的金色玫瑰。

作为贵族骑士，德·威星顿家族就是这样响应王权的号召，履行着参战和贵族统治的责任。1350年后数年，威星顿采邑的领主威廉，获许可以将其特权和村庄授予自己、其妻子和他“有继承权的继承人”。威廉1367年去世，他的儿子和继承人威廉继承了封地。后者的全称是威廉·德·威星顿爵士，是达勒姆郡约翰·福德姆担任主教期间枢密院的一名骑士。

至此，德·威星顿家族的成员在枢密院担任骑士之职已有两百年的历史，他们与主教们一起筹款，带着猎犬，一起参加贵族们的狩猎活动，也曾跟随圣·库斯伯特征战。然而，威廉爵士是最后一位履行封建领主义务的家族男性，因为他是家族封地的最后一位嫡系男性继承人。在他死后，他唯一的女儿和继承人迪奥尼西亚因与斯塔法利的威廉·坦普尔爵士结了婚，由此根据领地继承特许规定，家族的封地继承权就丧失了。至1400年，封地归了布莱克斯顿家族所有。

虽然德·威星顿家族的名字已不再在领地骑士名单中出现，但他们仍一度在修道院中占有一席之地。1416年，约翰·德·威星顿被选为福音大教堂附属女修道院的院长。

最终，约翰担任修道院院长之职长达三十年，为修道院的荣誉几经奋斗，于1446年“以完美圣洁的声誉”去世。他去世后，被安葬在本笃会圣坛附近的教堂北廊大门边。遗憾的是，刻在他墓上的铜铭文现在早已被抹掉，或许铭文中记载了这位华盛顿祖先管理修道院的英勇事迹。

至此，最初的德·威星顿家族已出现了多个分支，在英国各处拥有财产。家族分支的成员，有的成为学术界的杰出人士，有的则因从事公共服务事业而被授予爵士头衔。他们的名字记载在达勒姆郡志的荣誉簿上，或是镌刻在历史悠久的教堂和那些记录英国历史价值的纪念碑上。家族姓名中象征领主身份的“德”字逐渐消失，威星顿的名称也逐渐演变成华省顿和华钦顿，最终定格为华盛顿。现在达勒姆郡有一个以威星顿的名称命名的教区，那里或许就是古老的威星顿家族的封邑所在地。此外，在苏塞克斯郡也有一个以威星顿命名的教区。

美国国父华盛顿是这个古老家族一个分支的后代。这支后裔的祖先是格雷律师学院的劳伦斯·华盛顿先生，他是兰开夏郡沃顿村约翰·华盛顿的儿子。劳伦斯·华盛顿曾经做过北安普顿市市长。1538年，亨利三世解散修道院以后，劳伦斯被赐予了萨尔格雷夫庄园，以及周边其他一些原本属于圣安德鲁斯修道院的被政府没收的土地和财产。

萨尔格雷夫庄园一直归华盛顿家族所有，直至1620年，世人普遍称之为“华盛顿庄园”。

华盛顿母亲的祖先

约翰·弗鲁瓦萨尔爵士，不仅是名威严高贵的骑士，也是金雀花王朝时期著名的编年史学家。他用大胆的笔调描述了一位“肯特郡的疯牧师”，这也是弗鲁瓦萨尔对十四世纪瓦特·泰勒农民起义反抗英国贵族统治的领导人之一、一名不屈不挠的改革者的称呼。

这位疯牧师就是约翰·保尔，是几个世纪前圣邓斯坦大主教所憎恨和恼怒的已婚牧师之一。作为一名坚定的民主主义者，从我们现在这个时期来看，约翰·保尔是社会主义者和虚无主义者的典型代表。虽然农民起义失败后惨遭绞刑，但他在此前的二十年时间里，在肯特郡各地众多市场和集市发表了许多演说，呼吁杀尽贵族和主教。其中，“在亚当耕田、夏娃织布之初，谁为绅士，谁又是贵族？”等口号成了传世名言。

每逢周日，在做完弥撒之后，民众们会走出教堂，聚集在约翰·保尔周围。弗鲁瓦萨尔在著述中曾这样记载了保尔的演讲：“我的好朋友们，英国的情况不可能变好了，也永远不可能变好了，除非一切由大家共享，除非取消封臣和领主，取消所有不平等现象；除非贵族不再成为奴役我们的主人。他们残酷地对待我们，有什么理由可以这样奴役我们？难道我们都不是亚当和夏娃的子孙吗？若不是他们可以高傲地使我们为奴，有什么凭据和理由说明他们就可以是主人，而我们是奴隶？他们穿着华贵的毛皮服饰，而我们却只能穿破旧的衣服；他们有酒、香料和上等的白面包可以享用，而我们却只能吃黑面包和野菜，而且我们所能喝的也只是水；他们拥有庄园和领地，而我们却只能顶风冒雨地在田里劳作。要知道，是我们的辛苦劳作，才使他们享受到了荣华富贵，可我们被当作奴隶，如果我不为他们服务，就会遭到鞭打。没有可以听我们诉说不满和痛苦的君主，也没有愿意倾听我们的意见、为我们主持公道的元首。”

民众在听了演讲后也会抱怨说：“约翰·保尔说的一点都不错。”但正是由于此类言论，坎特伯雷大主教将他投入了监狱。当时，约翰·保尔的被捕入狱，再加上政府不合理的征税政策，导致全国民众百姓群情激愤。1381 年，肯特郡等地的农民在瓦特·泰勒和杰克·斯特劳的领导下，攻入埃特伯雷，占领大主教的宫殿，解救约翰·保尔出狱，推其为起义的领导人之一。起义军还向伦敦进发，处死了人民痛恨的律师和贵族。农民们高呼道：“不处死他们，国家就不会有自由。”他们唱着小曲和打油诗，其中许多都是约翰·保尔创作的，在民众间流传甚广，激励着人们起来反抗。

当时国王理查德二世刚刚登上王位，还是一名年仅十六岁的少年。在这紧急关头，理查二世在母亲的建议下，采取既聪明而又虚伪的办法，通过佯装与起义农民面对面谈判，平息了起义。

起义农民军高呼道："我们要你让我们永远获得自由，我们和我们的国家永远也不得将我们视作农奴。"

理查德回答说："我同意。"然后他让农民们回家去，并保证会发布特许和赦免令。当然，他的承诺无疑不可能兑现。一部分农民离去后，大约有三万农民仍和瓦特·泰勒一起等待着国王履行承诺。然而，起义军与伦敦市长的争吵引发了冲突。瓦特·泰勒被刺死，约翰·保尔和杰克·斯特劳被逮捕，惨遭绞刑。而后，他们三人的头颅被割下，用矛挂在伦敦桥上示众。

也许有人会问，我们所说的这一切与华盛顿的母亲玛丽又有何关系呢？这当然有关系，而且有很大的关系。也许我们敬爱的爱国主义者华盛顿可能是通过漫长的家族血缘关系继承了"肯特郡疯牧师"的民主精神，因为华盛顿的母亲名叫玛丽·保尔，也是有英国血统，是华盛顿父亲的第二任妻子。我们有充足的理由相信她是为人类权利而抗争的中世纪勇士约翰·保尔的直系后裔。

两处祖屋

每年，有成千上万的美国人蜂拥而至，来到斯特拉特福参观，但只有少部分人知道华盛顿家族的祖屋就在附近几英里之外的地方。而前往十英里之外的萨尔格雷夫或布灵顿的人数则更少，尽管这几个地方的记忆和传统与美国国父华盛顿的祖先有着密切的关系。实际伫立在波托马克河畔庄重的华盛顿祖屋虽然没有被美国人民所遗忘，但每一位美国人都应该对华盛顿的英国祖先们非常关注，因为不是别人，是华盛顿让美国人摆脱了“国王的统治”，获得了自由。

我们沿着一条狭窄的小路前往沃姆莱顿。在沃姆莱顿古老的教堂里有罗伯特·华盛顿1565年结婚和其儿子乔治1608年出生的记载。这个乔治与一百多年后出生的美国国父华盛顿同名。即使是在现在，我们也难以按照地图在迷宫般的各条小路上穿梭。在蜿蜒的山楂树篱丛和古老的拱形榆树下行走，很容易迷路。村庄内外沉浸在安宁和静谧之中，而华盛顿家族发源地之一的萨尔格雷夫，则似乎是其中最沉睡和最孤独的村庄。村庄显得灰暗、落后，只有花圃和墙壁上才露出一点色彩，看上去仿佛就像是与三百年前庄园最后一位华盛顿家族领主时期的情景一样。

有人为我们指了指村庄一边的“华盛顿祖屋”。我们沿着一条碎石路进入农田。有农夫正在马厩里照料马匹。一名典型的乡村女子在萨尔格雷夫庄园门口迎接我们。她带我们看了这座奇特老房子的角角落落。房子并不宽敞，也不富丽堂皇，但在三百年前，即使是贵族家庭，家里的设施条件也不是那么精致。而且，尽管华盛顿家族属于贵族上层，但他们没有头衔。房子没有多大的改变，至少在外表上是如此。值得庆幸的是，厚厚的石墙和沉重的橡木横梁并未因岁月的流逝而遭到破坏。最引人注目的是屋内结实的黑色橡木楼梯，以及弯弯曲曲的楼梯扶栏。不过，让美国游客印象最深刻的是用石膏固定在三角墙上的华盛顿家族纹章。由于气候的关系，纹章已磨损很厉害，不过最近已经设了玻璃防护罩。房子的外墙最初也涂有一层灰泥，但现在很多地方都已脱落，露出里面的石头。此外，许多常春藤已遮盖住了一半的方格小窗户。我们顺着鹅卵石路来到教堂门口。但看护人不在，无法进入，因为自从几年前一件铜制品被偷之后，萨尔格雷夫教堂就上了锁。当然，偷东西的是一名美国人。教堂不大，外表粗糙，长满了青苔，基本上还保持原状，甚至包括铜匾被偷后的样子。一切都与第一位劳伦斯·华盛顿时期的情形差不多。

有关萨尔格雷夫与华盛顿家族的渊源非同寻常，不宜一笔带过。亨利三世统治时期，劳伦斯·华盛顿曾担任北安普顿的市长，也是一名士绅。萨尔格雷夫原本是国王从教会那里没收的土地，然后予以廉价出售，结果由劳伦斯·华盛顿花三百英镑购得。而他的孙子，另一位同姓名的劳伦斯·华盛顿，后来在处境艰难的情况被迫卖掉了这块土地。这个孙子的家庭子女很多，大约在1606年搬迁至萨尔格雷夫东北十英里左右的小布灵顿。在那里，他得到了一幢房子，有人认为房子是斯宾塞伯爵赠予的，华盛顿家通过联姻与贵族家庭攀上了关系。这位劳伦斯·华盛顿死后安葬在大布灵顿教堂，是美国国父华盛顿的曾曾祖父。我们在大布灵顿教堂前停留片刻，而后获准进入教堂。华盛顿家族主要的纪念物品是铜匾——铭文和纹章，覆盖在萨尔格雷夫和布灵顿的劳伦斯·华盛顿墓上，而且已深深地陷入石板之中，有锁保护着。

离大布灵顿半英里的地方是小布灵顿，在那里我们看到华盛顿家族的房子。房子没有太突出的风格，只是竖框的窗户和一些雕刻使之有别于村子里佃户们的房子。在房子门口的石板上刻着一段伤感的铭文：“上帝赐予的，上帝也会收回，颂赞主圣名。”

英勇的先辈

在萨尔格雷夫庄园华盛顿家族的直系后裔中，有一位名叫威廉·华盛顿的爵士，肯特郡帕金顿人，他娶了白金汉公爵乔治·维利尔斯的妹妹为妻。由于白金汉公爵是国王查理一世的宠臣，因此萨尔格雷夫的华盛顿家族与斯图亚特王朝统治阶层就有了一种依附关系，而后在王权的沉浮和变迁过程中，华盛顿家族自始至终效忠王权。家族的成员詹姆斯·华盛顿中校为了查理国王，参军作战，在围攻庞特弗雷特城堡的战斗中身亡。另一名萨尔格雷夫华盛顿家族的后裔，威廉爵士的儿子和法定继承人亨利·华盛顿爵士在战斗中也表现出了采邑骑士的英武精神。1643年，亨利在随鲁伯特王子进攻布里斯托尔的战斗中，面对攻城军队屡屡受挫后，就率领少数步兵突破城墙守军的防御，为骑兵团开辟了通道，为战役的胜利奠定了基础。

1646年，亨利在战斗中的表现更加出色。当沃切斯特的司令官被俘后，亨利就被提升为沃切斯特的总指挥官。当时的英国，政局混乱，社会动荡不安。国王化了装逃离牛津，前往特伦特河畔的纽瓦克。这时，王权已是岌岌可危，亨利爵士收到了在哈丁顿率模范军赢得战役胜利的费尔法克斯爵士的劝降信，要求亨利和沃切斯特保王军投降，但亨利断然拒绝了投降的要求。

几天后，威利上校率领五千名士兵包围了沃切斯特城。亨利派出信使征询国王的意见和态度，可信使派出后就杳无音讯，其中派出的一名女密使也同样有去无回。连续几个星期，直到时间过去了近一个月。尽管城内的供给日渐短缺，已陷入一片混乱，而且守军也不再那么服从命令，亨利爵士却仍坚守城池。此时，费尔法克斯将军正率领着一千五百名骑兵和步兵，即将赶到，加入攻城队伍。如果一旦攻城，缺少弹药的沃切斯特守军毫无还手之力，在一小时内就会被击溃。可亨利爵士仍在“等待国王的命令”。

最终，国王的命令终于下来了。国王命令他投降，交出所有的城镇、堡垒和要塞。亨利爵士在看到书面命令，并相信命令是真实的之后，于1646年7月19日体面地有条件投降了。这同时也说明了他坚韧不拔和绝不轻言放弃的精神。那些崇高世袭美德的人也许从坚守沃切斯特的亨利·华盛顿身上感受到了他宽宏大量和始终抱一线希望的态度。正是这种世袭相传的品质才使我们的国父华盛顿后来率领人民从美国革命那段最黑暗的岁月中走出来。

家族的部分成员

华盛顿在提及自己祖辈的历史时，认为“不怎么重要”“对此我承认是很少注意”，因为从族谱看，美国人很少有荣耀的家族史。华盛顿家族最早的祖先，据已有资料，是被称作“绅士”。家族曾从亨利八世那里获得封地，担任过各种荣誉职务，还与贵族家族结亲；在斯图亚特王朝时期，家族的两名成员被封为骑士，还有一位曾在查理王子手下当差。三兄弟之一的劳伦斯非常出色，作为绅士之子，进入牛津大学学习，后来劳伦斯还在牛津大学布拉诺斯学院任教，很快就在珀利过上了讲究舒适的生活。作为强硬的保皇主义者，华盛顿家族的命运随着查理国王的下台，逐渐走向没落，在斯图亚特王朝之后已从公众视线中消失，甚至连劳伦斯这位珀利教区长也丝毫不能幸免，因为清教徒议会指责“他经常光顾酒馆喝酒，不仅天天在那里喝酒，而且常常喝得烂醉”，将他逐出了教区。当然，这项指控遭到保皇派人士的坚决反对，因为他们认为他是一位“值得尊敬的、虔诚的人……总是……非常谦虚和严肃”。这番评价事实上也得到了证实，因为清教徒们虽然反对富人的奢侈生活，但他们并未反对他担任布里克斯特德帕尔瓦的教区长。在布里克斯特德帕尔瓦，他过的是“非常贫穷和可怜的生活，以至于很难说服别人去接受这样的生活”。

美国祖先

在查理一世被处死，其继任遭驱逐之后，有关华盛顿家族萨尔格雷夫分支的历史记载留下不多。在克伦威尔摄政时期，拥护斯图亚特王朝的人已不再有舒服日子可过。1655 年，一次贵族暴动招致了克伦威尔的严厉报复。许多未参与暴动的贵族也受牵连，不得不远走他乡，寻求庇护，以免受折磨。这对于约翰和安德鲁·华盛顿两兄弟来说，情况就是如此。约翰和安德鲁不仅是萨尔格雷夫封地接受者的曾孙，也是沃切斯特城英勇的守将亨利的叔叔。约翰曾住在约克郡东莱丁的南凯夫，后和安德鲁一起迁移至北美殖民地弗吉尼亚。对于效忠流亡国王和英国国教的骑士们来说，弗吉尼亚成了一个最佳的避难地。兄弟俩 1657 年来到弗吉尼亚，在波托马克河和拉帕哈诺河之间的北峡地区，即威斯特摩兰县购置了土地。约翰与本县的一位名叫安·波普的小姐结了婚，在流入波托马克河的布里奇斯溪畔定居下来，并大量地开垦土地，成为一名庄园主。随着时间的流逝，约翰担任了地方法官和弗吉尼亚殖民议会下院议员的职务。华盛顿中校继承了家族光荣英勇作战的传统，他曾率领弗吉尼亚军队和马里兰的军队联手，与一支在波托马克沿岸破坏移民居住点的塞内卡印第安人作战。为了纪念他服务公众的个人美德，他居住的教区后来以他的姓命名，称为华盛顿教区，沿用至今。他去世后安葬在布里奇斯溪畔的坟墓内，那里是华盛顿家族几代人的墓地。

庄园在华盛顿家族中一代代地传下去。约翰的孙子，即我们的主人公华盛顿的父亲，名叫奥古斯丁，结过两次婚。第一次是在 1715 年 4 月 20 日娶了威斯特摩兰县卡莱布·巴特勒先生的女儿简，两人生有四个孩子，但只有劳伦斯和奥古斯丁长大成人。孩子的母亲 1728 年 11 月 24 日去世，也埋葬在家族的墓地中。

1730 年 3 月 6 日，第二次结婚，娶的是保尔上校年轻漂亮的女儿玛丽。据说玛丽是北峡地区的大美女。她和奥古斯丁一共生了四个儿子和两个女儿。四个儿子分别是乔治、塞缪尔、约翰·奥古斯丁和查尔斯，两个女儿则是伊丽莎白和出生不久就夭折的米尔德里德。伊丽莎白还有另外一个名字，人们通常叫她贝蒂。

有关玛丽·保尔的两封信

在写玛丽·保尔婚前的生平时，我只找到两处资料来源，而且都是破损不堪的信件，是美国内战晚期在约克河附近一幢废弃的府邸中发现的。有人将它们连同一些没有真正价值的资料用小包裹寄给了我。其中一封信出自女人之手，日期写着“1722年10月7日”。信是这样写的：

亲爱的苏基：

兰卡斯特的保尔夫人和她亲爱的莫利已经回家。妈妈认为莫利是她所认识的女人当中最漂亮的少女。她十六岁左右，个子比我高，既通情达理又娴静庄重，非常可爱。她的头发呈亚麻色，眼睛的颜色和您一样，脸颊就像盛开的五月花。我希望您能见到她。

另一封信则是利奇·伯韦尔写给一位朋友的。信已非常破损，字迹模糊得已几乎难以辨认，只有一句句子附加的部分才能辨认出：“……知道莫利·保尔和她生活在英国的律师哥哥准备回家。她母亲三个月前去世，而她妹妹……”信中此处有一地方已被撕去，除了姓名“内利·卡……小姐”之外，其他内容全没了。在信的上方写有“1728年5月15日”。

这些就是我所能获得的有关玛丽·保尔婚前的情况和资料。她结婚时大约二十四岁。

与华盛顿的母亲结婚

有关玛丽·保尔少女和成年时期的资料非常之少。她父亲似乎是一位富裕的庄园主，住在拉帕哈诺克河左岸。庄园附近有一条很宽的溪水，清澈的溪水汇入切萨皮克湾。玛丽的父亲是兰卡斯特基督教教区委员。在 1712 年为支持教区牧师约翰·贝尔而提供捐赠的人员名单上写着：“约瑟夫·保尔牧师，五英镑。”这在当时对一名庄园主来说，是一笔不菲的捐赠数目。他被弗吉尼亚殖民总督亚历山大·斯波茨伍德委任为上校，被人称为“兰卡斯特的保尔上校”，以此区别于另一位保尔上校，他的堂兄弟。

玛丽·保尔似乎是生活在一个居住人口稀少的县，是在一个秩序井然的家庭，一个僻静和健康的环境中长大的。和当时殖民地的绝大多数女孩一样，她的书本知识一定是在父母的教诲下获得的，因为在十八世纪，那个地方几乎还没有学校的影子。伯克利总督在半个世纪前曾为弗吉尼亚没有学校和印刷机而感谢过上帝，而且还希望一百年后也不要有。

玛丽·保尔大约十七岁时，就家庭事务写信给国外的哥哥。信的结尾是这样写的：

> 到目前（1723 年 1 月 14 日）为止，在我们的周围没有教师已有近四年的时间了，现在有一位年轻的牧师和我们生活在一起。他在牛津大学接受过教育，受命前来为格洛切斯特的坎普牧师当助手。那个教区太穷，供养不起两位牧师。因此，他就靠教书来解决自己的食宿问题。他给祖西和我，以及卡特夫人的一个儿子和两个女儿上课。我现在学得很快。
>
> 你亲爱的妹妹，玛丽·保尔

玛丽所受的教育显然是有缺陷的，但与她同层次的普通年轻女子相比，并非很糟。她的书写很朴实，文字也很有条理，但拼写很有问题，甚至在以后的生活中也是如此。不过，以她所从事的工作看，她在家里所接受的教育是为承担生活重任而准备的，远比在学校里所学的来得重要和有价值。她的母亲守寡多年后死于 1728 年。从母亲那里，玛丽无疑是继承了最高贵的心灵和思想素质，获得了各种家庭美德。

从目前掌握的事实证据和传说故事看，我们认为她是一名榜样式的女性——勤劳、节俭、正直、坚强、忠诚、谦逊、有责任感，同时具有强烈的守教信念。对上帝的诺言深信不疑，这无疑强化了华盛顿母亲玛丽作为女性榜样的地位，然而“她并非超凡脱俗，她也有人间的常情”。

有关华盛顿父母的猜测

奥古斯丁·华盛顿1694年出生，二十一岁时与威斯特摩兰县卡莱布·巴特勒的女儿简结婚，生有四个孩子——三个儿子和一个女儿，分别是死于襁褓之中的巴特勒、劳伦斯、奥古斯丁和未幼年时就去世的简。孩子们的母亲1728年11月去世，当时其丈夫年约三十四岁。

1792年，华盛顿总统应请求，将弗吉尼亚华盛顿家族的一份系谱表寄给伦敦英国嘉德勋章院的主管人伊萨克·赫德爵士。系谱表中这样写道：

“简，奥古斯丁（华盛顿）的妻子，1728年11月24日去世，安葬在布里奇斯溪畔的墓地内。奥古斯丁后来于1730年3月6日与玛丽·保尔结婚。”

但家谱中没有线索说明他和玛丽在何地结婚，而且现有的资料也无法回答这个问题。那么奥古斯丁和玛丽·保尔究竟是在何地结婚的呢？除了哈维先生说他们是在英国结的婚之外，没有其他任何的书面或口头的说明。

我们在一封破碎的信中注意到了一点线索。玛丽·保尔1728年与哥哥一同前往英国。哈维先生确信奥古斯丁·华盛顿1729年时是在英国的库克姆；而且，华盛顿和保尔家族曾在库克姆生活过，也有家庭成员死后埋葬在那里。他还查明奥古斯丁·华盛顿曾在库克姆逗留过一段时间，以处理其此前继承的财产出售事务。在弗吉尼亚，华盛顿家和保尔家分别生活在毗邻的两个县，彼此无疑都熟悉，可问题是“奥古斯丁·华盛顿和玛丽·保尔可能是在英国相遇，并在那里结婚”吗？

那么华盛顿是在哪里出生和接受洗礼的呢？遗憾的是，目前没有正式的记录可以回答这个问题，而且除了上文华盛顿所说的之外，也没有其他任何的资料来源。不过，莫拉太太说华盛顿是出生在库克姆，是她“姑姑或母亲”抱着来到美洲的。那么，这种说法到底有多大的可信度呢？

莫拉太太1812年去世，也就是在华盛顿出生后八年。按她的说法是她“姑姑或母亲”以华盛顿保姆的身份前往美洲的，那当时她一定还是一个非常年幼的孩子。正因为年龄实在太小，她不太可能获得玛丽·保尔的画像和“其他华盛顿家族的纪念物”，尽管她说自己是得到了。菲尔德先生1777年出生，他从莫拉太太口中听说此事的时候还是“一个男孩”，大约十八岁左右。按照她的叙述，那么他对菲尔德说的时候一定是已有七十五岁高龄了。难道法院会认为这样的证词是值得可信的吗？

华盛顿出生的时间，与其父母结婚的时候只间隔两年零两个月，离他父亲去英国的时间相差整整三年。奥古斯丁离开弗吉尼亚前，撇下大量地产和其他诸多事务，甚至两个年约十一岁和九岁的儿子，他可能在国外待那么长时间，而不照顾自己的家庭和财产，而去处理其在英国继承的财产事务吗？

说奥古斯丁·华盛顿和玛丽·保尔在英国结的婚，在那里逗留处理财产事务后再回到弗吉尼亚，接着，结婚两年后，他俩的第一个孩子在弗吉尼亚出生并接受洗礼。难道这种情况就不可能吗？

玛丽·华盛顿的第一个家

奥古斯丁的种植园地处波多马克河沿岸，在波普溪和布里奇斯溪之间绵延一英里。波多马克河是一条较宽的河流，河岸大部分被原始森林覆盖，河中盛产上等的实用鱼类。种植园在威斯特摩兰县占地一千英亩。威斯特摩兰是一个面积狭小的县，却因为是两位美国总统（华盛顿和门罗）和早期美国历史上几位李姓重要人物的出生地而出名。在那些李姓重要人物中，1776 年撰写大陆会议独立决议文的作者理查德·亨利·李，大陆会议时期的外交家亚瑟·李医学博士，和独立战争期间骁勇善战的年青骑兵指挥官“亨利的军团”是最有名的。

华盛顿先生与其年轻妻子住的是一间非常简朴的房子，但也属于弗吉尼亚最好的农舍之一了。房子有四个房间，一个宽敞的阁楼，四周都立有一只大烟囱，有一个阳台面对着河。这样的房子不管怎么说都应算是简单普通的，房子唯一的装饰物是“最好的房间”里用荷兰花砖砌成的壁炉架。

新娘发现家中有一位中年女子，是其丈夫的亲戚，负责照料他的两个儿子，劳伦斯和奥古斯丁。家里还有不少男仆和女仆，房间布置得整洁干净。一个房间内放着少量的书，都是宗教信仰和祷告方面的书籍，其中有一本是马修·黑尔爵士的《沉思、道德和神》。在书的扉页上，有奥古斯丁第一任妻子用粗体字写的自己的名字。有意思的是，房子的新女主人随即也在奥古斯丁前妻的名字下同样用粗体字写下了自己的姓名。许多年前，我在弗农山庄见到了这本书，并把签名复制了下来。犹如从活水井中获取甘泉一样，华盛顿的母亲无疑是从这本书中引用了许多箴言，灌输到了她第一个儿子华盛顿的头脑中。就是在波多马克河畔这样一个朴素的家中，玛丽·华盛顿在 1732 年冬天生下了华盛顿。

第二章　乔治与父亲

出生

我的父亲奥古斯丁 1694 年出生在韦克菲尔德种植园。种植园是祖父在 1667 年购置的，地处威斯特摩兰县布里奇斯溪和波普溪交汇处，即在波托马克河和拉帕哈诺河之间的北峡地区。我父亲在其遗嘱中说，“我在这份遗嘱中提到了多个孩子，是因我几次‘机缘’所生，彼此之间不能继承……”

他所说的“机缘”是指他的两次婚姻经历。在我看来，“机缘”对不确定的婚姻生活来说，的确是一个合适的词语。第一次“机缘”是和简·巴特勒。简死后埋葬在韦克菲尔德，她所生的四个孩子，只有两个活了下来，即我的同父异母兄弟劳伦斯和奥古斯丁（或奥斯汀）。我是我父亲第二次“机缘”所生的第一个孩子，我母亲名叫玛丽·保尔。我 1732 年 2 月 11 日出生在韦克菲尔德，大约是在上午十点钟的时候。我是在波普溪教堂接受的洗礼，有两位教父和一位教母。两位教父是比弗利·怀汀先生和克里斯托弗·布鲁克斯先生，教母是米尔德里德·格里高里。虽然怀汀先生与他儿子同名，但我数年后遇见他时却记不起来。而至于布鲁克斯先生，我则一无所知。我也不知道两位教父究竟是谁按洗礼风俗送银杯子给我这位教子的，但杯子我现在仍然还保留着。费城的一名银匠告诉我说，那些杯子大约是 1720 年爱尔兰制造的。银杯总共有六只，送给小孩长大后饮酒喝水之用。

威姆斯牧师

有关华盛顿童年时代众人皆知的趣事，有不少人讲过，其中一人便是性格古怪的威姆斯牧师。威姆斯牧师战后曾在鲍威克教堂布道，华盛顿去的正是这所教堂，而且他和妻子经常在家中热情招待威姆斯。因此，脾气古怪的牧师无意间也会和老人们议论邻里之间的事情，有机会了解到伟人华盛顿童年时代的许多趣事。遗憾的是，威姆斯牧师更热衷于讲故事，而不是依据严格的事实真相。由于要养活一个家庭，威姆斯后来辞去牧师之职，成了一名书贩。他会乘着一辆老式的两轮单马车，兜售自己和别人写的书。他会讲不少引人发笑的故事，小提琴也拉的很好，是一名成功的书贩。他会带着自己写的戒酒小册子来到小酒馆，惟妙惟肖地模仿喝醉酒的人的样子，从而可以轻而易举地将小册子卖给哄笑的众人。据说，有一次，威姆斯躲在一块屏风后为跳舞者拉琴伴奏，以免让众人发现一位牧师在这样的地方拉琴而被吓一跳。可结果屏风还是倒了，大家看到拉琴的牧师后，不禁畅怀大笑。老牧师写过一本华盛顿的传记，书中讲述了一些有关华盛顿童年时代的故事。这些故事是牧师从一位老太太那里听说的。这位老太太是华盛顿家的表亲，小时候在奥古斯丁·华盛顿家待过。

小乔治与自私之罪

奥古斯丁对儿子如何克服自私的心理特别关注，因为自私往往会导致孩子们为些琐事而斤斤计较，烦恼争吵。基于这个原因，对于华盛顿得到的所有礼物，如糕点和水果等，父亲总是希望他能慷慨地分一些给玩伴们。为了让他能爽快地答应和做到，父亲会提醒他说，这样做可以得到别人的爱戴，并因此可得到更多的礼物；而且还说伟大仁慈的上帝尤其高兴看到孩子们能够互敬互爱，一定会因他们和蔼友善的行为奖励他们。

有关华盛顿父亲教育儿子的一些做法，从下面一件逸闻趣事中可见一斑。故事是一位老太太，华盛顿家的一位远亲，二十年前对我讲述的。老太太小时候曾在华盛顿家待过很长一段时间。

她说："1737年秋天，一个阳光明媚的早上，华盛顿先生拉着小乔治的手，来到门口，叫我和表妹一起去果园，并承诺可以让我们看到漂亮的风景。到达果园后，我们确实见到了美丽的景色。一眼望去，到处都是果树，无边无际。一串串的苹果像葡萄一样挂在树上，沉甸甸的，把树枝都压弯了腰；红红的苹果掩映在绿叶之中，煞是好看。

"'现在，乔治，'华盛顿的父亲说，'看这里，儿子，你还记得去年春天这位表姐给你的那只又大又红的苹果吗？当时我劝你把苹果与兄弟姐妹们分享，劝的是多么得难，虽然我也曾答应你，如果你这么做，万能的上帝在秋天就会给你足够多的苹果。'

"可怜的乔治一言不发，只是低下头，显得很困惑，不时地用小脚趾拨弄着地上松软的泥土。

"'现在抬起头来，儿子，'父亲接着说，'抬起头来，乔治！看看赐福于我们的上帝是如何慷慨地将我对你许下的诺言变为现实的。无论你朝哪里看，到处都是果实累累的苹果树，很多树枝因长满了苹果几乎都快要被压断了。而且地上也到处是成熟的苹果，远比你一生所能吃的还要多，儿子。'

"乔治默默地看着一望无际的果树，注意到了嗡嗡作响的蜜蜂，听到了鸟儿欢快的叫声。然后，抬起眼，眼里闪着泪花，轻轻地对父亲说道，'好了，爸，原谅我这一次，看我以后还会不会这么自私小气。'"

樱桃树的故事

华盛顿先生为了培养儿子从小热爱真理，确实煞费苦心，就连聪明的尤利西斯对待其心爱的忒勒玛科斯那样也有所不及。

“真理，乔治，”他说，“是年轻人最可爱的品质。如果能看到小男孩诚实的心灵和纯洁的口舌，由此相信他所说的每一句话，我愿意跑五十英里路，我的儿子。噢，这样的孩子在众人的眼里是多么的可爱！他的亲戚会以他为荣，会在其他孩子面前不断地赞扬他，并让他们效仿。而且，大家也会经常邀请他去做客，像欢迎小天使那样招待他的到来，使他成为孩子们学习的杰出榜样。

“但是，乔治，对于爱说谎的孩子来说，是多么得不同。没人会相信他所说的任何话！他每到一处，都会遭人嫌恶，父母们害怕见到他与自己的孩子在一起。哎呀，乔治！我的儿子！你是我心爱的儿子，我宁愿把你钉在小木棺里，把你送入坟墓，也不愿看到你落到这个地步。的确，对我来说，放弃自己的儿子很难，因为你一直是在我身边跑来跑去，你那可爱的眼睛和天真的童言始终是我莫大的快乐源泉。然而，我宁愿放弃，而不愿意看他成为一个说谎者。”

“爸，”乔治认真地说道，“我说过谎吗？”

“没有，乔治，感谢上帝，你没有，我的儿子，我为你从不说谎感到高兴。至少你不会为做可耻的事情而内疚。事实上，许多父母的做法甚至无意中是在强迫自己的孩子去做这等卑劣的事情，因为他们会因一些小过错体罚孩子；由此，第二次犯错时，被吓怕的孩子为了躲避戒鞭会再次撒谎。不过对于你，乔治，你应该知道我一直以来所说的话，而且我现在再对你说一遍。每当你无意犯错时，你绝不应该靠说谎来隐瞒，因为你还是个小孩，既没有经验也没有知识，犯错总是难免的。因此，你应该像个男人，勇敢地面对，儿子，如实地告诉我。而我不会打你，乔治，相反会更加以你为荣，更加爱你。”

读者也许会说我这是在传播福音……是的，是在传播福音。感谢上帝，我始终相信，身为一个真正的父亲，他的职责是要像守护天使那样保护自己的孩子。

下面的一则故事就是一个恰当的例子。该故事很有价值，不能被遗漏，真实得简直不容置疑。因为这也是同一位老太太亲口告诉我的，我非常感激她。

她说：“乔治大约六岁的时候，已是一个使用短柄斧头的好手。和许多男孩子一样，他喜欢砍劈任何东西，且毫无节制。有一天，在他经常喜欢去乱砍母亲种的豆荚杆的花园里，他碰巧用短斧砍了一棵漂亮的英国小樱桃树。樱桃树的树皮被砍得不堪入目，再也不可能长好。第二天早上，老绅士（华盛顿父亲）看到了心爱的樱桃树被砍，于是就问是谁干的，同时还说这棵樱桃树即使给他五几尼的钱也不会卖。可没人知道是怎么回事。这时，乔治手里拿着斧子出现了。于是，父亲就问道，‘乔治，你知道是谁砍了花园里的那棵漂亮的小樱桃树吗？’

“这是一个棘手的问题。乔治犹豫片刻后很快就恢复了神态。他一边注视着父亲，年轻可爱的脸蛋上不可言传地散发着无比真诚的魅力，一边勇敢地回答说：

“‘我不能说谎，爸，您知道我不会说谎。的确是我用斧子砍了樱桃树。’

“‘让我抱抱你，亲爱的孩子，’父亲狂喜地喊道。“让我抱抱你，乔治，我是多么的高兴。虽然你砍了我的樱桃树，但你使我获得了一千倍的回报。儿子，你的诚实要比一千棵开着银色小花、结满金色果实的樱桃树更有价值。’”

父亲真实的道德高度

然而，从科学和社会学方法等角度看，华盛顿父亲的性格并未被充分提及，因为他唯一突出的一点就是关于处理乔治砍小樱桃树的事情，甚至连他真实的道德高度也没有得到过合理的评价。一棵小樱桃树对华盛顿父子而言有着截然不同的意义。对喜欢玩弄短柄小斧的男孩子来说，小樱桃树仿佛是在对他说，“来砍我，”这其中的道理显然就是与一名花花公子对一个穿着装有蹄铁的鞋子且有脑子的人说“来踢我”一样。在孩子看来，小樱桃树的树干像推弹杆一样笔直，树皮光滑，具有其他树种难以匹敌的光泽，整个外表给人一种难以形容、让人恼火的自负。乔治是想要打击其父亲心爱的樱桃树的气焰。因此任何喜欢拿着短斧到处乱砍的男孩子都会给予奋力一击。但对其父亲来说，情况则不同。由于生活在一个新的国家，相隔几千英里，远离有不少好的苗圃和上等苗木可以移植的英国，樱桃树被砍自然是一件严重的事情。所以父亲在听到华盛顿的实话后，说他宁愿失去一千棵樱桃树也不愿意看到儿子撒谎时，他无疑是展现了一种很高的境界。他的处理方式完全是传统的，没有采取公事公办的态度。如今的父亲有谁会那样对孩子说话呢？华盛顿父亲根本就不会像对待办公室勤杂工那样训斥儿子。但过去是过去，现在是现在，特别是当绝对真理已成为阻止道德缺失最有力的武器的时候。

乔治父亲的惊人之举

父亲正是以这种有趣的方式，言传身教地引领华盛顿轻松愉快地走向幸福的美德之路。但父亲也明白自己的儿子不久将长大成人，会面临无数的诱惑，有些事出自于他自己，有些事来自于他人。为此，父亲处心积虑地想让儿子明白上帝的教诲和做人的道理，明白爱是抵御邪恶最好的武器，是培养美德和获得幸福最好的动力。为了让乔治真实地感受到上帝的力量，父亲意外地做出了一个惊人之举。

一天，他在花园里用粉末状的泥土做出了一个花坛，并在上面用大字写上乔治的全名，撒上大量的白菜种子后，再用泥土盖上，然后用滚筒推平。他有意把花坛布置在紧挨着长有醋栗树的小道边。在这个季节，栗树上已经挂满了成熟的果子。他知道乔治每天都会来这里。时间没过去多久，有一天乔治来见父亲，眼珠子不停地转着，小脸蛋上透露着激动的神情，看似有重大的新闻要报告。乔治对父亲说道，“哎呀，爸！来！来！来！”“什么事，儿子？什么事？”“哦，来，我告诉您，爸，到这里来！我带您去看一件奇怪的事情，也许您一生中都未见过这样的事情。”

父亲猜想到是什么事情，他让儿子牵着自己的手。乔治急切地抓着父亲的手，拉着他径直前往花园，来到花坛前。只见花坛上赫然出现了“乔治·华盛顿”的全名，字体硕大，全是用新长出的植物拼成。

“看那里，爸？”乔治喜出望外地喊道，“您一生中曾见过这样的场景吗？”

“哎呀，这事确实很奇怪，乔治！”

“但是，爸，这是谁干的呢？谁干的呢？”

“我猜想是植物碰巧长成的，儿子。”

“碰巧，爸！啊不！不是的，绝对不会是碰巧形成的，爸，肯定不是。”

“喂，为什么不可能，儿子？”

“哎呀，爸，您以前有见过一个人的名字出现在花坛里吗？”

“好吧，乔治，这种事情不过也有可能发生，虽然你以前从来见过。”

“不错，爸，但我以前从未见过这些小植物可以按照我的名字的每个字母生长。现在，它们怎么可能长成我的名字的模样，而且是并排着，从上到下都非常平整，简直和我姓名的拼写一模一样！噢，爸，您不应该说这是碰巧，的确是有人做的。现在我敢说，爸，是您干的。您这样做只是为了吓唬我，因为我是您的儿子。”

父亲面带微笑地说道："好，乔治，你猜对了。确实是我干的，但不是为了吓唬你，儿子，而是想让你明白和懂得一个大道理。我想把我的儿子引荐给你真正的父亲。"

"哎，爸，您那么爱我，对我一直都很好，难道您不是我真正的父亲？"

"是的，乔治，我是你的父亲，和人世间其他的父亲一样，也非常爱你。但以我对你的爱，乔治，与你需要拥有的父亲相比，我是一个可怜无用的人。"

"哎呀，我明白您的意思，爸，您指的是万能的上帝，对吗？"

"是的，儿子，我确实是指上帝。他是你真正的父亲，乔治。"

放弃缰绳

有一次，在骑马的时候，玛丽·华盛顿由于一直在想着骑马的安全问题，而未注意到乔治已偷偷地将散开的缰绳收起，解开绊扣，把它塞入了马鞍侧翼的口袋里。

突然之间，她想到了自己没有抓住那根长长的缰绳。"你把缰绳弄丢了，乔治？"她一边说着，一边打量着儿子。

乔治用沉着自信的目光看着母亲，回答道："没有，妈妈，但我认为我们应该不再需要它了。"

玛丽平静地说："把它给我。"

乔治的脸上顷刻皱起眉头，与其母亲的面部表情出奇的相似。

他说道："我现在不用缰绳也能行。"

"那得由我来决定。"母亲回答说，同时伸出了手。此时，俩人在遛马，在经过一阵激烈的奔跑之后都需要喘口气休息一下。

乔治的嘴唇颤动着，不过他还是把缰绳从袋子中抽出，交给母亲。

母亲说："儿子，如果一名勇敢的士兵能够获得晋升，应该是由他的指挥官来授予的。”然后她将缰绳扔在树篱上。

乔治面对着母亲，脸上露出了快乐的神情。“谢谢您，妈妈，下次我应该信任您。”他说着，同时伸出手去碰了碰母亲。

而此时此刻是玛丽自己感到获得了“晋升”。

小乔治·华盛顿

我相信每个孩子都见过乔治·华盛顿的照片。

当然，孩子们在照片上看到的是华盛顿坚强英俊的成人形象。不过我想孩子们可能从未想到过乔治·华盛顿也曾是一个小男孩。

很久很久以前，乔治·华盛顿和我们现在的孩子们一样小。我会讲述有关其父母和家庭及其童年时代的一些故事。

他一百六十年前（1732 年）出生在弗吉尼亚一条名为波多马克的大河附近。他的父亲是奥古斯丁，母亲名叫玛丽。他有几个兄弟和一个妹妹。

他们都生活在弗吉尼亚乡村的一个种植园。华盛顿家的房子坐落在绿油油的烟草田与鲜花盛开的牧场之间，周围建有许多谷仓、牲口棚和小屋，看上去俨然是一个小村落的规模。然而，他们最近的邻居却是远在几英里之外。这里既没有铁路也没有驿站，如果要外出，就得起码穿越茂密的森林，或是坐小船沿着河流出行。

城市里的少男少女们或许会认为小乔治在大种植园里一定觉得很孤独，没有邻家男孩可以一起玩耍，但是你们也必须明白农场里的马、牛、羊和狗等动物可以成为他最亲密的伙伴，在乡村也有各种各样快乐的事情可做，这些是城市男孩所不知的。

小乔治总是在户外玩耍，因而身体长得很健壮。他在河里钓鱼和游泳，还与兄弟姐妹和小狗们一起比赛跑步和跳栅栏。成为大男孩后，他还学会了射击，常在溪边向对岸扔石头。

乔治有一匹漂亮小马，名叫“英雄”。他总是骑着心爱的小马驹跑遍整个种植园。

从华盛顿小时候写的一些信的内容看，他在信中提到了自己的小马、有大象图画的书以及他不久就可拥有的新陀螺。

我们可以想象一下，骑着白马的华盛顿将军竟也和我们一样，也玩过嗡嗡旋转的小陀螺。

乔治的“有利条件”

童年时代自由自在、无拘无束的生活很大程度上造就了华盛顿这位美国开国元勋的性格。小时候，当家庭宅院毁于一场大火时，乔治可以大模大样地在现场观看救火的场面，而不必偷偷摸摸地，怕受到惩罚。他可以自如地去溪边钓鱼，不会出现两三千人一同垂钓、走路都容易绊倒的场面，而且从家旁边流过的溪水中鱼类众多，根本没有像现在这样那么多令人讨厌的工厂或炼油厂的废料垃圾。此外，他还可以在深水区跳水，而不会有警察前来干预。那个时候，由于不存在分级的学校，因此他既不会忘记自己在家中所学的知识和技能，也不会在他闲逛空想时有学监突然出现在他面前。乔治特别喜欢扔石子，但在他那个时代，没有令人嫌恶的流浪汉和专门上门的避雷针安装工可成为他的投掷目标，因此他是隔着拉帕汉诺克河来练习投掷石块的。

华盛顿没有受到削弱意志的伪道学书籍的影响。那个时候也没有任何的低俗小说，因而他从不会学坏。而且，玩具店和糖果店的概念还不为人所知，所以小华盛顿只能将注意力转向户外。我们从他在以后的生活中所展现的出众的身体素质和道德修养就可见一斑。

华盛顿上的是乡村学校，但在那时，自然科学被视作巫术，既没有地理和历史教科书，也没有折磨人的语法课。他所受的学校教育只局限于读、写、算。从华盛顿人生各个阶段的著述来看，足以证明他从未见过单词拼写课本，说明那时的弗吉尼亚乡村学校并没有拼写课。虽然华盛顿不学单词拼写并未造成什么特别的后果，但他未能在人烟稀少的乡村学校学会与女孩子调情的能力，对整个国家来说则是一件遗憾的事情，因为他成年后刚毅、英俊的脸上始终带着一种严肃的神情，这一定是他早期教育中所留下的“缺憾”所致。

弗吉尼亚的学校

那时，弗吉尼亚没有好的学校。事实上，人们对学习并不关心。

除了教区牧师之外，受过教育的人很少，甚至有些教区牧师也很无知。

那些富裕人家习惯将家中的长子送往英国的好学校上学，但这些年轻人在英国是否学有所成很值得怀疑。

他们会在伦敦的男人社会混上一两个冬季，学一些绅士礼仪，仅此而已。

乔治·华盛顿的父亲年轻时曾在英国的爱普比学校学习过一段时间。乔治同父异母的哥哥劳伦斯和奥古斯丁也曾被送往爱普比学校学习。

但在当时，学习书本知识被认为是没多大用处的。相反，学会如何经营种植园，如何以礼待人，以及如何在殖民地事务中扮演领导角色，被视作最好的教育内容。

因此，对绝大多数年轻人来说，掌握基本的读写能力，能够记一些简单的账，就足够了。而对于女孩来说，教区牧师可能会不时地给她们上一点课，但她们如果能够掌握待人处世的礼仪和给朋友写信的文字能力，那另外还需要什么呢？

乔治·华盛顿的第一位老师是教堂司事霍比先生。据说，霍比先生由于穷困而无法负担从英国到美洲的路费，因此曾一度卖身成为华盛顿先生的奴隶。不过，这事是否真实，我无法考证。

从霍比先生那里，乔治学会了如何拼写简单的词汇，或许还学了一点写作。虽然华盛顿后来也成为一名非常仔细和不错的作家，但他的拼写水平仍是很糟糕。

彼得和“霍比”

在我小的时候，父亲多次跨洋过海前往英国，带回来一些囚犯，大概还有契约佣工。在那个时代，通常有一些不幸的人因政治原因而遭到惩罚，被放逐至殖民地，不过大多数人被遣送至殖民地是因为犯罪。其中一名囚犯就是我的第一任老师。我们叫他“霍比”，我相信这是他的外号。他的真名叫格罗夫，是两英里之外的费尔茅斯教堂的一名司事。至于我这位做教堂司事的老师究竟犯有何罪，我从未听说过。但有一点我敢肯定，那就是我父亲不会让一名普通的小偷来当教师。我经常是坐在一位名叫彼得的奴仆前面，骑马两英里，前往所谓的“学校”。我后来被允许可以自己骑一匹小马。每当那匹小马驹试图将我从其背上摔下来时，总会令我母亲惊恐不已。霍比身材矮小，只有一只眼睛。他脾气太好，甚至过于胆小，以至于难成为一名好老师，连我们学习的一些基本的东西都教不好。

我父亲对他很仁慈，或许是因为父亲知道他的过去。父亲甚至允许他对我使用戒鞭。为此我受益匪浅，因为我和父亲看法一致，认为孩子的成长过程必须严格管教。在我的记忆中，霍比有时很幽默，就像是《哈姆雷特》中的掘墓者。他不时地会讲一些伦敦的故事和他当教堂杂役的经历，以逗我们开怀大笑，或是吓唬我们。他有许多黑人的迷信思想。例如，他相信，蛇的头如果被砍掉，蛇的尾巴仍旧会活着，直至老天打雷后才会死去。此外，他非常害怕黑奴们的邪法或巫术上身。

我从霍比那里并未学到多少知识。相反，我更喜欢到户外去玩耍。我相信，父亲觉得我是他的儿子，无论如何今后应该自谋生计，身心都应该得到很好的训练，这样就有可能比他生活得更好。

最早的玩伴

除了自己家里人之外，华盛顿的第一个玩伴是一位同样名叫劳伦斯·华盛顿的远房表亲。这位表亲住在波多马克河畔的查普坦克，他与兄弟罗伯特·华盛顿（鲍勃）很早就赢得了华盛顿的尊敬，他们之间的友谊伴随着华盛顿一生。

正是在查普坦克，在与劳伦斯和鲍勃的交往中，华盛顿第一次感受到了新旧世界的交汇。当时，使用的只有烟草票据，没有钱币。在伦敦和阿姆斯特丹的商人中间，烟草票据被当作现金作为交换的信物。外国船只从大洋彼岸运来弗吉尼亚人所需的商品货物，船长将货物出售后收取烟草票据。华盛顿许多时间是和这两个男孩子一起玩耍……

在随霍比先生学习时，华盛顿通常会将伙伴们分组，一组被称为法国人，另一组是美国人。一个名叫威廉·巴斯尔的大男孩负责法国人组，乔治负责美国人组，每天两组“军队”都会出现，把玉米秆当滑膛枪，葫芦当作战鼓，进行“行军”和“战斗”。

对父亲讲述自己的愿望

“告诉我一些别的，”乔治的父亲说道，“如果你很想成为一名军人，那你为何要抱怨没人教你如何驾船或造桥呢？这些事情无疑与带领士兵打仗关系不大。”

乔治回答说:“我不知道，也许我弄错了。但我觉得如果我想把我的军队驻扎在弗雷德里克斯堡的松树林，我们就应该需要一座桥。难道一名士兵就不应该懂得这一切吗？要建堡垒，要给海军下命令等等，这类事情我一无所知。您不想让人教我吗？我会勤奋学习的，而且也会学其他的东西，只要您希望，父亲？”

“你不觉得你已经长大，不适合再坐在我的腿上吗？”奥古斯丁说着，突然身子前倾，伸出双臂。

谈话过程中一直站在火炉前面的乔治跳跃着来到父亲面前，奥古斯丁将他紧紧地拥在怀里。

“亲爱的，你是一名勇敢的小男子汉，”父亲说道，“我想你确实已经找到了世界上最正当、最美好的行业。做一名优秀的军官要比布道说教具备更多的美德。而且律师处理的案子，军队都可以迅速而又体面地处置。但是，孩子，军人最初是从家里培养起来的，否则在战场上就永远没有出色的表现。我已问过你很多问题，现在我必须再问你一两个问题，在回答我之前认真思考一下，好吗？”

“好的，父亲。”乔治说道。他皱了皱眉，挺直了身子，但他的目光一直未离开父亲的脸。

“行，”老华盛顿接着说道，“你想到了战斗，想到了荣誉，但还有另外的问题。假设军队前进遭受了伤亡，严重的伤亡之后，乔治，又要面对漫长几个星期的饥饿和苦难，又冷又湿，虽然你尽了最大的努力，但还是被打败了，不是一般的失败，是可怕的令人沮丧和感到屈辱的惨败，就像你哥哥劳伦斯在圣拉扎罗随可怜的海军上将弗农作战时所遭遇的那样，那你会怎么做？”

乔治思考片刻，做了个鬼脸，说道:“父亲，我想我会在敌人那里吃上一顿好饭，这是他们欠我的。开玩笑说，是由于他们打败了我，我还要感谢他们。然后，我重新再来。我应该有更好的机会，因为他们会因打败过我一次后不再对我感到害怕。”

“对，”父亲说道，“如果你从未被打败过，也要记住这条对策。不过，军人还会遇到其他的困难。比如，上司下达的命令犯了致命的错误，该如何执行呢？你会服从吗？”

乔治笑着回答说：“不会，如果我能对付的话。”

“如果你不能对付呢？”

“那我想我会服从。但下一次我会找一个更聪明的人来任职。”

“假如那位上司是国王呢？”奥古斯丁追问道，“忠诚是军人的第一天职。你知道这世上也有残暴的坏国王。”

“但他们也许是优秀的将军！”乔治坚持己见地说。

父亲回答说：“我指的是各方面都很坏，是个坏人。暴君和无能的将军，那你会怎么做呢？”

乔治平静地说道：“另立一个国王。”

奥古斯丁吃惊地看着儿子，然后解释说：“的确，我相信你会这样做的。握握手，乔治！”

失去“良师益友”

1742 年，劳伦斯从卡塔赫纳归来，计划继续在军中服役。但是意外地，他爱上了我们的邻居，费尔法克斯爵士堂弟和地产代理人威廉·费尔法克斯的女儿安妮。由此打消了他继续从军的愿望。这当然对于我来说是件好事。另外，我还非常清楚地记得耽搁劳伦斯婚姻大事的另一件事情。那是在 1743 年 4 月 17 日，我十四岁的那年。当时，我们是在三十英里外的查普坦克亲戚家做客，大家正开心地吃晚饭时，照顾我的彼得出现了，他给我带来了父亲突然病倒的消息，这是我诸多人生经历中第一次受到创伤。我闻讯后惊讶不已，但并没有意识到其严重性。我坐在彼得后面骑马回到家，发现母亲精神恍惚。她领我来到父亲的床边，说道：“他快不行了。”孩子们都围在父亲身边，父亲痛苦地呻吟着，一一亲吻了我们，之后对我说：“好好待你的母亲。”我跪在床边哭着，向父亲保证会好好对待母亲。

那天夜晚，父亲离开了人世，我失去了我的“良师益友”。

第三章　乔治与母亲

母亲孤身一人抚养孩子

父亲去世时，乔治·华盛顿只有十一岁。他和同母的兄弟姐妹们都由生母照顾抚养，充当监护人，同时母亲还受托管理父亲分给他们的所有财产，直到他们各自长大成人为止。事实证明，母亲是值得信赖和依靠的。她为人朴素直率，判断能力强，善于当机立断，富有责任心，治家的方式既严格又和善。孩子们不仅敬重她也爱她。乔治是长子，被认为是母亲最喜欢的，但她绝对不会对他过分偏爱。自孩提时代，乔治就非常尊重母亲，这个习惯一直没有改变，直至母亲去世时也是如此。他继承了母亲火爆的脾气和威严的气质。但母亲早期的训诫和榜样作用使他意识到要抑制自己的脾气，严格使自己的行为与平等和公正的原则保持一致。

在人们的传说中，有意思的是，乔治母亲给人留下了孤身一人带孩子的有趣形象。孩子们就像一群小鸡围在她身边。她每天的习惯是为孩子们读书，从一些代表性的著作中选取内容，给他们讲述宗教和道德方面的知识。马修·黑尔爵士的《沉思、道德和神》是她最喜欢的一本书。书中令人赞叹不已的箴言，无论从人的外在行为还是自助和自主方面，都深深地印刻在乔治脑海里，显然对他的个性塑造产生了巨大影响，而且在他以后的人生中也无疑有了充分的体现。乔治母亲最喜欢的书上有她亲笔书写的名字——“玛丽·华盛顿”，孝顺的乔治·华盛顿一直保存着，现在仍可在弗农山庄收藏的档案中找到。这确是十二分珍贵的材料，如果有人想要研究华盛顿性格形成的道德基础，可以读一下这本书。

费里农场

“费里农场”位于拉帕汉诺克河畔的种植园，也称“松树林”，指的是房子附近的大片树林。在种植园劳动的黑奴们有时称之为“费里农场”。

在丈夫死后，玛丽·华盛顿全心地扑在家庭上，料理家务。而继子劳伦斯·华盛顿则成了他们的顾问。种植园养有羊群，种有亚麻和玉米等作物，羊毛的梳刷和纺织则在家中进行。家中的纺车终日忙得吱吱呀呀不停。从纺羊毛的房间朝外望去，奔流的拉帕汉诺克河一览无遗，一家人在松树林的生活既幸福又富足。

乔治·华盛顿的早年生活就是在此度过。华盛顿有时会去看往同父异母的哥哥劳伦斯。父亲死后的那一年，劳伦斯娶了贝尔瓦尊敬的威廉·费尔法克斯之女安妮·费尔法克斯为妻。贝尔瓦是毗邻弗农山庄的一个美丽庄园，后来成了乔治·华盛顿自己的家。

贝尔瓦与弗农山庄和其他弗吉尼亚贵族阶层的地产一样，面积都很大，而绿道园地界则比它们的任何一个面积都要大，则似乎应该是为了将来有一天可以衬托出该领地庄园的宏伟气势。玛丽·华盛顿的家则相对简陋，不过大多数弗吉尼亚种植园主的房子都很大，很考究，屋内陈设富丽。

第一次狩猎

在这期间，我特别喜欢骑马，常往马厩跑，就像我喜欢课外运动那样。这大大破坏了父亲曾立下的规矩。事情经过是这样的：星期六的一天，不需要去上学，我早早地来到马厩，此时没有人会阻挠我。于是，我就让马夫将一匹猎马装上马鞍。我骑着猎马出现在离家四英里的一次猎狐聚会现场。我的出现逗乐了在场的贵族绅士们。他们问我是否能在马背上坐得住，还说马是否知道有人坐在它背上。然而，不管怎样，这匹栗色马似乎比我更清楚自己该干些什么，我骑得很舒服。我还看见他们猎杀了两只狐狸。这就是我第一次参加狩猎的过程。但是，当我骑着马回家时，马的腿跛了，为了保护它，我下马牵着走。临近中午时，我们返回农场马厩。只见工头手里拿着鞭子，正训斥着桑普森，似乎要抽打他。我从后面跑上去，夺过鞭子。工头转过身，看着我说，他要惩罚桑普森，因为桑普森允许我骑着一匹已售出的马去了威廉斯堡。而且，得知了马的脚跛了之后，他就愈发生气了。而我则说要骂的人是我，不要责怪别人;如果要受罚，工头就应该鞭打我。工头不吭声了，除非我母亲讲了该怎么做的话。我想他不会向母亲报告，自然母亲也不会说什么。工头离去后，老仆人桑普森对我表示了谢意，并说以前从未有人打过他，否则那将会是他的末日。这在我作为一个小男孩看来，似乎不可思议，因为奴隶挨打就和小孩子受罚一样，是家常便饭的事，可我并没想那么多。桑普森对我说，我像我的父亲，当我生气时，脸色变红，然后变白，而且绝不因为一匹马而生气。

重要的三年

我父亲1743年4月去世，劳伦斯那年6月与费尔法克斯小姐结婚。幸运的事，安妮·费尔法克斯和劳伦斯一样，对我非常疼爱。

另一位哥哥奥斯汀，我们通常叫他奥古斯丁，也结婚成家，娶了威斯特摩兰的安妮·艾丽特，为此他获得了很大的一笔财产。

此后三年对我的少年时代的生活非常重要。我很快地从母亲那里得知父亲有留给我一些地产，但不是很多。对孩子来说，不知道金钱在长辈眼里的重要性，是件很快乐的事情。否则我可能会对劳伦斯有意见，认为父亲不够公正……父亲死后，兄长们不在家的时候，房子和农场显然需要一个男人来打理，而此时我们几个男孩子则拥有了几分毫无限制的自由。两个哥哥见此情况，觉得我可能会受苦，至少在这个年龄需要人管教和引导。事实上，我喜欢躲开看护我的彼得，尽情地在禁止入内的黑人田奴的小屋里吃印第安熟玉米，或是在夜晚全家人都睡着时去猎浣熊。

在威廉斯先生的学校

劳伦斯在打理地产事务的同时，也很快发现我的生活太过自由。他和我的另一位同父异母的哥哥奥古斯丁认为我应该去和奥古斯丁一起生活一段时间，因为他的住处有一所不错的学校。

骑马翻越峡岭到达波多马克河畔的波普溪，有很长一段路程。当晚上我们抵达我十一年前的出生地韦克菲尔德老宅时，已是筋疲力尽。

在这里，我开始了一种新的生活。奥古斯丁·华盛顿的太太安妮·艾丽特待人善良，处事有条不紊，而且长得很漂亮。两天后，彼得被送回家，而我则被允许可以单独骑马，前往四英里外的威廉斯先生的学校上学。

我很快对算术，后来是数学，产生了兴趣。我仍记得陪威廉斯先生去布里奇斯溪畔测量一些草地的情景。当时，我感到既高兴又自豪。能够将学校中学得的数学知识应用于土地测量，给予了我莫大的满足。我一直都保持着这种将所学知识付诸实践的兴趣和偏好，因而也乐此不疲地跟在老师后面，这令我的嫂子惊讶不已。但我不太喜欢历史和地理。此外，我还尝试着学习拉丁语，只是一些入门知识，但并未坚持下去。我后来发现，自己曾在习字簿上所写的一两个拉丁语词语是我所能掌握的全部拉丁语语言知识。

令我感到十分遗憾的是，我的英语词语拼写能力从来都不好，而且写作的水平也不够高。随着时间的推移，通过自身的关注和反复不断的抄写，我在这方面有了改进。虽然并未能有高超的语言运用技能，但我始终能够在写作中将自己的意思清楚明白地表达出来，别人都能明白我想说明的含义。

乔治与弟弟

两年时间过去了，乔治家除了孩子们逐渐长大外，没有太多的变化。乔治和妹妹贝蒂，两人性格截然相反，但却是形影不离的“盟友”，在三个年幼的弟弟面前具有绝对的权威。查尔斯是最小的一个弟弟，当时只有五岁，刚好够和哥哥姐姐们一道去上学的年龄。他们上的只是一所教区学校，离松树林大约两英里远。孩子们对能上午骑着马上学，晚上骑着马回家，觉得很高兴。贝蒂和塞缪尔一般要比乔治早回家，因为乔治觉得自己不仅要为两个弟弟的安全负责，而且还要时刻注意他们骑马的技术。令他懊恼的是，他发现，尽管发出了警告，但两个弟弟胖乎乎的小腿仍然是在同样肥胖的小马驹两侧伸得很外面。在乡村小道上，一旦遇到别的骑马者，乔治就会让自己的马间隔在弟弟与经过的骑马者之间，可乔治觉得弟弟们并不以他这位老师为荣。此时的乔治已是一名大胆从容的骑手，因而他总是这支小马队的头领。勇敢英俊的乔治遗传了父母的优点，这与许多夫妻幸福爱情生下的第一个孩子一样。乔治充满精神，时刻准备着去面对任何冒险。这位勇敢的少年很有理智，原则性也很强，从不退缩，从不把自己要照顾小辈的责任置之不顾。玛丽知道责任和勇气这两种主要的品质在任何情况下都是需要的，对乔治也不例外。那么，乔治的闯劲会不会给他带来一些因孩子气而造成的麻烦呢？因为其他孩子从不会这样做。对于乔治来说，一旦意识到自己的所作所为之后，他总是去找母亲，会对母亲说："我怕您会不高兴，妈妈，但希望您能原谅我，我……" 例如，他把马的腿弄跛了，没有把农家庭院的大门关上，或是在爬树摘苹果时把衣服撕破了，等等。玛丽当然知道乔治有点淘气，但她和奥古斯丁都特别看重孩子们是否能够真诚坦白。一旦孩子们能勇敢地承认错误，只会给一点很轻的处罚。他俩宁愿失去一切也不愿意把孩子们吓唬成一个不诚实的胆小鬼。

早期的教育和自律

虽然乔治所接受的教育比较普通，但很实用。他从未尝试过去使用最精深的语言，也未显示出任何纯文学语言方面的写作天赋。他的目标，或者说他朋友们的目标，似乎是局限于让他解决普通事务和问题上。他手抄的教科书至今还保留着，可以说是字迹整洁、抄写精确的典范样本。事实上，弗农山庄的图书馆收藏了其中的一本算术本。本子上有乔治书写的手迹和画的图画：用笔挥画的没有任何特点的鸟类，以及可能是他同学的脸部轮廓。而有的侧影则画得比较沉重和一本正经。十三岁之前，乔治曾抄有一本册子，其中包括各种商业和法律文件，如兑换账单、期票、契约和债券等等。这种早期的自我训练和教育形式练就了其今后一生能够像律师那样起草文件的能力，以及商人般精确的计账能力。所有有关其处理财产事务与国内外商人商品交换和账目管理方面的情况，以及所有财务往来的记录，如今都可以在粘贴起来的书中见到，而且那是他自己的手迹，以他自己的方法，体现了其孜孜不倦的精神和做事的精确性。

他在身体训练和智力培养方面具有很强的自律意识。他经常参加各种体育锻炼，如跑步、跳高、拳击、投圈环和掷棒等。在还是婴儿的时候，他的体格就很强壮。而现在，他在灵活性和体力性的比赛中往往表现得要比同伴优秀。如今，在弗雷德里克斯堡，专门有一处纪念他小时候在拉帕哈诺克河畔扔掷石块的地方，这足以证明他当时身体肌肉的力量。此外，在骑马技术方面，他也是非常优秀，他能够驾驭最暴烈的马匹。有关他这方面的成就，流传着许多逸闻趣事。

尤其是由于他天性诚实，为人处事公正，因此在很小的时候就赢得了同学们的拥护。为此，他被选举为解决同学争端的仲裁人，他的决定从未被推翻过。在学校里，他以前在游戏中扮演军事首领，而现在是学校的“立法者”，从孩提时代就显露出在未来要担当重任的伟人气质。

乔治为何未被送去英国读书

与奥古斯丁在韦克菲尔德共同生活了一个季节之后，与同年龄的普通男孩子相比，相信有人认为我的一生过于严肃，不苟言笑。事实上，尽管其中部分原因是我腼腆害羞的缘故，但我却一直未能克服，对此我早已提到过。我的新校长威廉斯先生曾给过我一本书——《青年的伴侣》，对我很有用。这本书我一直保留着，而且现在在弗农山庄也可见到。书中有如何为人处事和规范行为的说明以及如何写信的知识。而令我最感兴趣的是其中依据冈特氏尺规测量土地的知识、各种各样的数学问题，以及写契约和财产转让书的方法。虽然我还很年轻，但这本书对我来说非常实用，因为通过做事情而取得实际效果，总是能令我快乐不已。

母亲自然希望我能够待在她身边，因而奥古斯丁只好同意。几个月后，我终于回到母亲身边，在詹姆斯·马里耶牧师的学校上学。詹姆斯先生是弗雷德里克斯堡的一名雨格诺教徒后代，我跟他学习法语。不知为什么我父亲曾一直希望我学习法语。然而，遗憾的是，我一直没有学会。

此时，我已十四岁。正如我所提到的，我仍然是个表情严肃沉重的少年。我对自己喜欢做的事情会表现得很勤奋。我喜欢骑马追逐，而且我个头大，骑术好，身体比一般人有力量。

在接受教育方面，我并不比其他的大多数弗吉尼亚年轻人幸运多少。斯波蒂斯伍德总督发现议院的大多数成员都无法正确地写字，难以清楚地表达自己的苦衷。不过，像伯德上校等一些人则是例外，他们通常都在国外待过。后来，帕特里克·亨利对我妹妹来说，即使我们弗吉尼亚人没接受过多少教育，但天资更重要，因为那些人从国外带回来更多的是恶习，而不是美德。事实上，这也可能是我父亲的观点。虽然父亲把劳伦斯和奥古斯丁送往英国爱普比学校学习，但他不允许他们在伦敦长期居住。他说，在伦敦，“男人的举止行为丧失了，他们的美德也没有了。”

一点点拉丁语

乔治·华盛顿回到母亲身边后，进入弗雷德里克斯堡詹姆斯·马里耶牧师的学校学习。许多传记作家们都认为他没学习过外语，但事实却恰恰相反。因为1972年出版的在帕特里克用拉丁语翻译荷马作品的书中，衬页上留着乔治·华盛顿的拉丁文笔迹。

虽然，詹姆斯先生至少教授了华盛顿基本的拉丁语知识，但华盛顿无疑和其他大多数人一样，在停止学习后也把它忘得一干二净。

华盛顿的学校生涯最终给他带来的结果是糟糕的拼写和语法能力。不过，幸运的是，学校教育的结束并不意味着他的学习和教育就此结束。我们应该注意到，从那以后，他在这方面都取得了稳固的进步。

在玛丽·华盛顿面前"非常安静"

玛丽·华盛顿没有超出常人的理想追求，相貌也并非平平，但行为举止高贵，这一切在她一生中从未改变过，即使后来华盛顿声名远扬，各种荣誉降临到她家时也是如此。已故的华盛顿少年时代的一位伙伴，查普唐克的劳伦斯·华盛顿，与华盛顿同父异母的哥哥同名同姓，是他们的一位堂兄弟。他曾这样描述过华盛顿的母亲：

> 我经常和乔治在一起，一起玩耍，一起上学，是乔治少年时代的伙伴。我对乔治的母亲十分畏惧，其程度要大大超过我对自己的母亲。她的善良仁慈令我感到敬畏，因为她确实是非常善良。我经常和他的儿子们在一起，他们个个都长得高高大大的。在她面前，我们都非常安静，即使是到现在，虽然时间已过去了很久，我也已经头发花白，成了祖父辈的人物，但仍深有感触地认为她是一位难以形容、非同凡响的女性。凡是见过美国国父身上所散发出的那种令人敬畏的人格气质和行为举止的人，都会记得这位家庭主妇，记得她治家的才能。她把家里料理得井井有条，威严得让人不得不服从。

有关介绍乔治·华盛顿早期的逸闻趣事，在此我们举出其中一件非同寻常的事情。

在那个时代，纯种马是弗吉尼亚人最喜爱的马匹，这和现在的情况一样。不仅华盛顿的母亲喜欢纯种马，而且她已故的丈夫也特别迷恋，在饲养时特别注重保持马匹的纯种性，因而家中就有了几匹品质优良的纯种马。

其中一匹栗色纯种马注定会像古罗马帝国暴君卡里古拉所养的那匹马一样出名。这头栗色纯种马生性凶悍，难以驯服，很多人试图驯服都未成功。这匹马已成年，力量十足，对骑马人熟视无睹，会在空中高高地仰起头，以胜利者的姿态抽着鼻吸气，迎风抖动鬃毛，肆意地踢着地上的泥土。一般情况下，身体强壮的人都无法驯服和驾驭这匹暴烈的纯种马。虽然有几个人试图征服它，但都被马的烈性所吓退而不得不放弃，结果这匹马始终未被驯服。

年轻气盛的华盛顿对同伴说，如果他们帮他把马控制住，就可以给它套上马笼头，他就能设法将它驯服。于是，第二天一大早，同伴们将马引入一个围笼内，将它牢牢地控制住，并把一部分马笼头塞进它的嘴里。接着，大胆勇敢、充满青春活力的乔治跳到不为人所羡慕的马背上坐好，吩咐同伴们拿开工具，然后骑着那匹愤怒的纯种马奔向草原。

烈马似乎对其背上的乔治不屑一顾，一开始就飞奔起来，但它很快就感受到乔治手臂的力量，一种在原始沙漠中对其狂奔的阿拉伯祖先也能够征服的力量。此时，在一旁的旁观者被眼前的场景吓呆了，都希望自己并没有参与到这场对勇敢的乔治可能有生命危险的游戏中来。然而，年轻的乔治就像是个英雄，一个“有神灵保护的人”，任凭猎马如何发怒，身体紧紧贴着马背，犹如人首马身的怪物，仿佛已成为猎马身体的一部分。与猎马搏斗持续的时间很长。乔治以其无与伦比的骑术稳稳地保持姿态，顽强地控制着烈马。烈马孤注一掷，用尽全身力气后退，然后突然前冲，结果在极其愤怒和猛烈挣扎中心血管破裂，顷刻倒地而死。直到此时，同伴们绷紧的弦终于松下来了。

而乔治仍然“活着，毫发无损，一点伤也没有”。欣喜的同伴们都围了上来，看着倒在地上的那匹高贵的纯种马。“它的鬃毛混杂在尘土中”，鲜血从放大的鼻孔中不断涌出。

虽然惊心动魄的驯马过程已经过去，但下一步该怎么办呢？谁来为一匹纯种马的死担责任呢？用早餐的时候，大家聚在一起。乔治母亲开始说话，问大家：“请问年轻的绅士们，你们在游玩时见到过我的那些纯种马了么？我希望它们那是好好的。有人曾告诉我说我最喜欢的那匹马已经有雄性种马那么大了。”此刻，气氛无疑显得十分尴尬。

当夫人再次问起时，乔治·华盛顿回答说："您最喜欢的那匹栗色纯种马死了，夫人。"夫人惊呼道："死了？为什么？这是怎么回事？"年轻的乔治毫不惊慌地说道："大家一直认为那匹栗色纯种马难以驯服，无人能够驯服或驾驭。今天一早，在朋友们的帮助下，我们把马笼头塞进它的嘴里，我跳到马背上，骑着它，经过一场激烈的搏斗，结果它倒在我身下，当场死了。"夫人的脸色顷刻变红了，但就像夏日的云彩一样一逝而过。此时，气氛显得十分安静。她接着说道："行啊，虽然为失去自己最喜爱的纯种马感到惋惜，但我同时也为我从不说谎的儿子感到高兴。"

威廉斯·马里耶牧师与"礼仪规则"

我在为撰写华盛顿传记收集资料时，发现华盛顿1745年是在弗吉尼亚州的弗雷德里克斯堡镇的一所学校上学。当时，在弗雷德里克斯堡这个新兴的小镇刚建立起了第一座教堂，圣乔治教堂，教堂的神父是詹姆斯·马里耶牧师，法国人，基本可以肯定的是，1735年，马里耶先生作为教区牧师在弗雷德里克斯堡定居后不久创办了这所学校，也就是在弗雷德里克斯堡建镇后的第八个年头。

至于《礼仪规则》，有人认为它原本是法国一所古老耶稣学院的教学材料，却竟然出现在乔治·华盛顿的抄写笔记本上。其中的缘由无疑令人感到好奇，自然使很多人对此产生了各种各样的兴趣。

在1890年6月5日给《纽约国家报》的一封信中，我写道："我认为从理论上说，虽然詹姆斯·马里耶牧师教授给华盛顿这些'规则'，使我们发现了规则的来源，但却无以查证。因为第二部分'青年人的行为'发表于1664年，是献给英国华盛顿家族的两位女士的，由此我们可推断出华盛顿可能是根据霍金斯的英文版来誊写的。"

总而言之，虽然两种情况都不是非常肯定，但有一种说法是可能的：由于华盛顿笔记本上抄写的《礼仪规则》非常简短扼要，有不少笔误的地方，因此很可能是他根据老师口头教学记录的结果。

1745年，乔治回到母亲身边后，与母亲一起就住在弗雷德里斯堡附近，并在弗雷德里斯堡的学校上学。根据弗雷德里斯堡的创建人哈里·威尔斯上校的孙子伯德·威尔斯上校留下的一份手稿，伯德的父亲刘易斯·威尔斯是华盛顿的校友。虽然手稿中未注明老师是谁，但我们几乎可以肯定就是詹姆斯马里耶。

“礼仪和行为规则”

（依据乔治·华盛顿的抄写笔记本内容所列）

与人相处时，行为举止应表现出对对方的尊重。

不要做出任何举动去惊吓你的朋友。

在他人面前，不要自顾哼唱，也不要用手或脚敲打。

在咳嗽、打喷嚏、叹气，或者打哈欠时，要尽量放低声音，尽可能做得隐秘些。打哈欠时不要说话，要用手帕或手挡住你的脸，并转向侧边。

别人说话时，不要打瞌睡；别人站着时，不要坐着；该保持安静时，不要说话；当别人停下来时，不要自顾行走。

在游戏和烤火时，要有礼貌地给后来者让出位置，不要大声喧哗。

落座时，双脚要平放在一起，不要交叉，也不要跷二郎腿。

在他人面前，不要晃来晃去挡住视线，也不要啃手指甲。

与人交谈时，不要背对着对方；别人在桌子上读书写字时，不要碰撞桌子，也不要依靠在桌子上。

指甲要保持干净，不要留得过长，手和牙齿要保持整洁，但不要对此表现出过度关注。

不要阿谀奉承，不要勉强不喜欢与别人玩的人和你一起玩。

和别人在一起时，不要当众看信，读书或看报；如果确有需要，应征得允许后离开。在别人看书或写字时，不要凑上去看，除非得到邀请或请你发表意见。

面部表情要令人愉快，但在严肃的场合，应保持庄重。

说话时，身体的姿势要与之相匹配。

别人有不幸时，不要幸灾乐祸，即便他是你的敌人。

社交礼节避免虚情假意和过度恭维，但在必要时也不应忽视。

你坐着的时候，如果有人过来和你说话，应起身站着聆听，即便对方的身份比你低。在为众人安排座次时，应参照他们的身份等级。

与商人进行商务谈话时，要做到内容简短而全面。

在探望病人时，如果不了解情况，不要马上就充当医生的角色谈论病情。

在写信或谈话时，要依据对方的身份和当地的风俗，给对方一个合适的头衔或称谓。

不要和上司争论，而是应当谦虚地将自己的意见表达出来。

不要在病人或有痛苦的人面前表现出高兴，因为那只会加重对方的痛苦。

如果一个人已尽力而为结果却不成功时，不要对他求全责备。

不要嘲笑他人，不要在重大问题上开玩笑，也不要开尖刻的玩笑；如果你要发表机智诙谐的言论，要记住不发笑。

在指责他人时，自己首先应问心无愧，因为身教重于言教。

不要使用谴责性的语言对待他人，不要诅咒也不要辱骂对方。

不要轻易相信那些贬低他人的流言蜚语。

衣着应朴素大方，要追求自然而非他人的羡慕，遵从地位相同者的时尚。根据不同场合，做到穿着整齐，礼貌待人。

不要在大街上吃东西，也不要不合时令地在房间里吃东西。

如果你珍惜自己的名誉，就结交品德高尚的人，因为与品德低劣的人交往还不如一人独处。

不要不怀好意地怂恿朋友去发现他人的秘密。

在欢乐或吃饭的时候不要说悲伤的事情，不要谈诸如死亡和受伤之类的伤心事；如果别人提到此类事情时，应改变话题。不要谈论自己的梦想，除非是对亲密的朋友。

如果没人有心情，不要开玩笑，笑声不要太大，要注意场合，不要幸灾乐祸，即便有可笑之处。

不要谈伤害他人的话，无论是开玩笑还是认真对事；不要嘲笑他人，即便确有可笑之处。

不要贬低他人，也不要过分赞扬他人。

不要盯着别人的疤痕或瑕疵刨根问底，应和朋友私底下说的话不要对别人讲。

应在合适的时间与人谈论公事，不要在他人面前窃窃私语。

如果不知道事情的真相，就不要自作聪明地发布新闻。在谈论你听说的事情时，永远不要说出你是听谁讲的，不要揭露秘密。

在说话或阅读时，切忌冗长乏味，除非你发现在场的人乐于倾听。

不要对他人的私事抱有好奇心，也不要介入别人的私人谈话。

不要做你做不了的事，但一定要小心遵守诺言。

不要说不在场人的坏话，因为这不公平。

过于埋头吃食物的行为是不雅观的，要保持手指的干净。如果脏了，就用餐桌布的一角擦干净。

当你说到上帝或其特征时，态度要严肃，神情要虔诚。尊重和孝顺父母，即便他们是穷人。

消遣娱乐活动应该是健康向上的，而不应是低级邪恶的。

应努力让那被称作良知的圣火在你的胸中燃烧不息。

长时间地等待“约瑟夫舅舅”的回信

乔治决定要参加海军，这使母亲感到恐惧。尽管如此，在没有征询其他长辈的情况下，她还是基本同意了。不过，他还是写信给哥哥约瑟夫，就此事征求他的意见。约瑟夫曾是奥古斯丁的朋友，也是对她最好的一位哥哥，但这些是否就是他求助约瑟夫的理由，很值得怀疑。她害怕最后决定时刻的到来。不管结果如何，给约瑟夫写信后，她至少可将此事拖延六个月，因为这是她等待约瑟夫回信必需的时间。

然而，这六个月对乔治和母亲来说，实在是痛苦难熬。乔治从未像现在这样友善，富有责任和体贴他人，虽然他有时会认为自己会在漫长等待的焦虑中死去。对玛丽来说，她越来越疼爱乔治，因为他是她的得力助手，她的精神支柱，她的心理安慰和荣耀，正如他父亲所曾预言的。虽然母亲内心深处极不愿意乔治离开她，但又因迟迟不最终表示同意而倍感痛苦。当她逐渐走出自我时，她觉得自己有义务同意乔治的要求，让他离去，但同时又害怕面对失去儿子的痛苦，因为这对她寡居的生活来说，似乎是难以忍受的，其他的任何一个子女都无法代替她长子的地位。而与此同时，劳伦斯却并不闲着，尽他一切所能想促成乔治的成行。当玛丽对劳伦斯说她正在等候乔治舅舅的回信时，他毫不掩饰地哈哈大笑，觉得这样做是荒唐的，因为他认为乔治舅舅保尔先生远在伦敦，不可能比生活在乔治周围和对乔治非常了解的人做出更合适的决断。劳伦斯急于想在英国来信之前把事情安排好，因为他对一位原本在弗吉尼亚有稳固地位而后又远赴伦敦成为平庸之辈的乔治舅舅的意见并无好的评价。随着时间的推移，劳伦斯也开始着急起来，不知道英国的来信会带来怎样可怕的结果，为此他和乔治一样，积极准备，竭力想促成此事。劳伦斯替乔治弄到了参军服役的批文，乔治看到批文后，高兴得手舞足蹈。同时，劳伦斯还为乔治准备了第一套水手服。在乔治眼里，批文和军装要比其他任何东西都珍贵。然后，劳伦斯郑重其事地华盛顿夫人说，乔治必须立刻上军舰。

玛丽终于让步了。经过一两天痛苦的思想斗争之后，她漂亮的头发中第一次出现了几根白发。乔治眼里含着泪水，感谢母亲同意了她的决定，并发誓说她绝不会为她的宽宏大量而感到后悔。此时，乔治满怀信心，对母亲讲述了自己的快乐，讲述了自己渴望出类拔萃的理想。两人紧紧地拥抱在一起，眼里都流着泪水，他们之间的所有隔阂此刻都一一化解，两颗心又快乐地融合在一起，似乎所有的紧张和分歧都已被置之脑后。劳伦斯在一旁等候着，焦急地要把乔治带走。他觉得，如果此时有其他亲戚出面干涉，或是约瑟夫姗姗来迟的回信出现，局面就会彻底改变。

痛苦的失望

乔治是家中最受人喜欢的，虽然他还年轻，但他是母亲的依靠。母亲觉得长子不在身边自己就无法生活。况且，他同父异母的哥哥们也非常喜欢他。劳伦斯比乔治大四岁，是孩子中年龄最大的。他自然担负起了乔治的教育任务。乔治在弗农山庄待过很长时间，劳伦斯·华盛顿夫人也和其丈夫一样非常疼爱乔治。弗农山庄是以西印度群岛战役的总司令海军上将弗农的名字命名的。弗农也是波多贝罗和卡塔赫纳（巴拿马地铁附近）战役中的英雄，劳伦斯曾是他手下的一名军官。

当然，在乔治眼里，劳伦斯是一个十全十美的偶像。劳伦斯的军事经历感染了他，使他对军事产生了极大的热情。乔治在学校的游戏活动都非常有军事色彩，这对他今后的人生产生了很大的影响。劳伦斯根据自身的经历，认为参加海军可使他最喜欢的弟弟有一个美好的前程和未来。乔治现在是十四岁，这个年龄的孩子都向往“大海波涛汹涌的生活”。玛丽·华盛顿由于无法抵御劳伦斯的不断催促和儿子的苦苦哀求，在失望之余为了争取一点时间，写信给远在英国当律师的哥哥约瑟夫·保尔。等来约瑟夫从英国的回信需要六个月的时间，这六个月对母子俩来说是一段紧张焦虑的时期。而此时，一艘对于乔治犹如是其人生中绝佳机会的军舰，正停泊在弗农山庄附近下游的波多马克河畔。约瑟夫的回信迟迟未到，可军舰即将起锚出发。尽管母亲内心极度痛苦，劳伦斯和乔治还是征得了母亲的同意，将小水手箱放到船上。当乔治容光焕发地穿着“水手服”正要登船时，盼望已久的约瑟夫舅舅的回信来了。约瑟夫在信中坚决反对乔治参加海军，认为海军生涯对于没有多少家庭背景影响的孩子来说，充满了艰辛和耻辱。在历经数日的紧张焦虑和痛苦折磨之后，信对作为母亲的玛丽·华盛顿来说，实在是太重要了。这时，她流着泪，不顾一切地坚决反对儿子参加海军，而且还紧紧抱着乔治，哀求他不要离她而去，不要让她生活在悲伤和孤独中。

约瑟夫舅舅的来信

我明白有人建议你将儿子乔治送去参加海军。我认为他最好是去跟补鞋匠做学徒，因为做一名甲板上的普通水手是绝对不可能有自由的。在船上，他们会压迫他，他每月本可获得五十先令，但他们会大量克扣，只给他二三十先令，还会像对待黑奴或一条狗那样使唤他。而且，在海军服役，不要指望有很大的升职机会，因为那里有很多人瞪着眼睛等着，况且他们都有利益所在，而他则没有。如果他想要成为弗吉尼亚的一名船长，那是很难的。而做一名拥有三四百英亩土地和三四个奴隶的种植园主，如果他很勤奋，就可生活得很舒适，日子也要比当一名船长过得好……他不应该对致富过于着急，而是应该稳当些，要有耐心，情况自然会变好的。这种方法无疑会让一个人在世上比加入海军生活得更充裕些，不要想马上成为一名优雅的绅士，除非的确有很大的机会。

愿上帝保佑你和你的家人！

您亲爱的哥哥，约瑟夫·保尔

1747 年 5 月 19 日于斯特拉德福堡

乔治的放弃

“乔治，到我房间来好吗？”

“稍等一会儿，妈妈。”乔治回答说，起身朝楼上冲去。

他想穿着水手服出现在她面前。正如他原来所期望的，水手服令他有一种本能的自豪感。他迅速地穿上水手服，将帽子戴在金色的头发上，并把短剑插入皮带。此时，他内心不禁涌起一股孩子气的虚荣心。然后，他直接前往母亲的房间，母亲在那里等着他。

一看到母亲的表情，不禁令他心中一颤。母亲的脸色惨白，默默地流露出一股坚决的神情，但绝对不是鼓舞人心的。然而，不管怎样，乔治还是马上开口了。

“母亲，我的批文在楼上，我哥哥写信告诉过您，是弗农海军上将签发给我的。哥哥出于好意在亚历山德里亚为我准备了服装，我在这个月内就要参军上‘贝洛纳’号军舰了。”

“我的儿子，你读一下这封信好吗？”华盛顿夫人回答说，同时将信递给他。

乔治接过信，他认出信上的字迹，是他在英国的舅舅约瑟夫·保尔写的。信的开头写道：“我明白有人建议你将儿子乔治送去参加海军”，乔治吃惊地停下来看着母亲。

她平静地说道：“我估计他已经听说你哥哥劳伦斯几个月前对我提及你想加入海军的事了，但我哥哥的话现在说得正是时候。”

乔治继续读信。

“我认为他最好是去跟补鞋匠做学徒，因为做一名甲板上的普通水手是绝对不可能有自由的。在船上，他们会压迫他，他每月本可获得五十先令，但他们会大量克扣，只给他二三十先令，还会像对待黑奴或一条狗那样使唤他。”

乔治读到这里，觉得万分震惊。

“我舅舅不了解我，我参加海军从来就没有只想要做一名普通水手的想法。”乔治说道，脸变红了，“他这样说令我很吃惊。”

“继续往下读。”母亲平静地说道。

“而且，在海军服役，不要指望有很大的升职机会，因为那里有很多人瞪着眼睛等着，况且他们都有利益所在，而他则没有。”

乔治收起信，恭敬地交还给母亲。

“原谅我，母亲，”他说道，“但我认为约瑟夫舅舅很无知，尤其是对我的人生理想一无所知。”

“乔治！”母亲责备地喊道。

乔治一声不响，意识到一场冲突已经来临。这是他生平和母亲的第一次冲突。

“我哥哥，”华盛顿夫人说，停顿片刻后又接着说道，“是一个见过世面的人，比我知道的要多，我虽没见过多少世面，但他比这样的年轻人要懂得多，乔治。”

“他并不如我哥哥了解。我哥哥一直是兄弟中间最优秀和最善良的。他为我尽了最大的义务，帮我获得这份批文，而且他是自己掏钱为我准备的。”

尽管母子俩说话时很平静，但华盛顿夫人已是面红耳赤，而乔治也觉得自己的脸色已近惨白。

“你哥哥无疑对你很好，对此我当然非常感激，但我绝不会同意——绝不同意。”她说道。

“听到您这么说我很遗憾，母亲，”乔治说道，“更遗憾的是，我不知道怎样来回答，因为虽然您是我最亲爱和最尊敬的母亲，但您不能代替我选择人生，如果我选择的人生受人尊敬，我会像绅士一样诚实地生活，正如我一直以来所希望的。”

母子俩面对着对方，面色惨白，双方都态度坚决。这时，华盛顿夫人已被触及了痛处，她已无计可施。于是，就轻声地问道：

“你是想违抗我，儿子？”

“不要强迫我那样做，母亲！”乔治叫喊道，心情已不再平静，且显得越来越激动。“我认为我的荣誉是与我哥哥和弗农将军紧密联系在一起的，我深深地感到自己有权选择未来的人生道路。我发誓我不会让您丢脸，但我不能——不能在这一方面听从您。”

“那么，你的确要回绝我，儿子？”华盛顿夫人说道。她说话的声音很轻，漂亮的眼睛注视着乔治，仿佛是在像乔治挑战。然而，虽然眼里满是泪水，但乔治仍轻轻地回答说：

“母亲，我必须这样做。”

华盛顿夫人不再说话，而是转过身去。此刻乔治的心剧烈地跳动着，似乎有某种不自主的力量在迫使他这样做，没有任何意识。突然，母亲转过身来，脸上流着泪水，快步来到他面前，把他紧紧地抱在怀里。

“我的儿子，我最亲爱的孩子！”她哭喊道，“不要伤我的心，别离开我。到现在我才明白我是多么爱你。对父母来说，向自己的孩子提出请求是多么难做到的事情，但我要请求你，恳求你。如果你还顾及你母亲的心情，就不要参加海军了。”母亲抽泣着，眼里流着泪水。乔治以前从未见过她落泪。她紧紧地抱着乔治，亲吻着乔治的脸、头发和双手。

乔治一动不动地站着，为母亲的真情所震撼，他以前从未见过母亲这个样子，因为她在对待孩子方面一直强硬严厉，冷静沉着，寡言少语，不露感情。就在这一瞬间，乔治突然明白并不是那封愚蠢的英国来信影响了她，而是一份炽烈的母爱。这是一种深藏不露的母爱天性，明白无误地都是为了他，而且也只是为了他。她颤抖着，哭泣着，充满爱意地呼唤着他，对他说：“乔治，如果我能打动你，我愿意下跪。”这是他的母亲！乔治为母亲意外的恳求方式所深深打动。和母亲一样，乔治的身体也开始颤抖。母亲看到这种情形时，把他抱得更紧了，哭喊道：“我的儿子，你会抛弃我么？这一次，你会放弃你的意志吗？”

短暂的停顿后，乔治以连自己都不知道的一种不可思议的语气说道：“母亲，我会放弃参军的。”

乔治放下“包袱”

自从我进入威廉斯先生的学校读书后，开始喜欢土地测绘。后来，我还通过给威斯特摩兰县政府的官方测地员格伦先生当助手，学到了更多的测绘知识。格伦先生不仅为人正直，而且勘测技术精确。的确，我的土地勘测技术确实掌握得不错，而且令我开心的是，我的技术能为劳伦斯及其邻居们所用，尤其是威廉·费尔法克斯。他起初对我的技术将信将疑，不知道可以信任我到何种程度。

与此同时，我的长辈们也在讨论和考虑我可能从事的各种职业。与北部地区相比，在弗吉尼亚，与大海打交道的工作不是那么受欢迎，但那时有许多商船船长们和我父亲一样，都属于富裕的阶层。由于我的兄弟们觉得我不可能有很远大的前途，因此他们就认为，如果我去海上当一名水手，也许会对我有好处，我由此也可以在繁荣的伦敦贸易业中获取一份收益。

和其他许多男孩子一样，我倾向于过这种生活。

我之所以在这里提及此事，是因为有人说我当时想成为海军军校的一名学生，可情况根本不是这样。况且，此事由来已久，我母亲的哥哥约瑟夫·保尔1745年5月19日从伦敦来信说，年轻人当海军过的是走狗般的生活，除非有很大的势力和影响，否则就是一项糟糕的决定；当海军一点都不好。为此我母亲痛苦万分……最终匆匆赶到弗农山庄。母亲的泪水打动了我，我的小水手箱从河中的船上被带回到了陆地上。

我哥哥劳伦斯则安慰我，叫我不要失望，说人生的道路有许多条，而这只是一条路走不通而已。我记得当时我哭了。而且，当我一个人独处时，我就会冲向马厩，牵出一匹马，然后骑马飞奔。这样做总会让我觉得好受些，而且在一定程度上也能让我的心情平静下来。虽然一位拉丁语作家曾说过，骑马的人总是提心吊胆的，可我从不这样觉得。我终于放下了“包袱”。不过，一连好几天，没有人再对我谈起过此事。即便我还年少，可我对一件已结束的事情不愿再重新提起，直到现在我也是如此。

第四章 乔治与费尔法克斯一家

费尔法克斯勋爵与少年华盛顿之间的友谊

对华盛顿来说，上天对他颇为眷顾。他有四个家，或者说是四个地方，他可以“如同在自己家里一样”无拘无束地生活。这四个家分别是他自己和母亲的家，二哥奥斯汀的家，大哥劳伦斯的家弗农山庄，以及费尔法克斯先生（经常被称为威廉爵士）的家贝尔瓦。在奥斯汀家，年轻的奥斯汀夫人曾因年少的华盛顿模仿其丈夫的样子而开怀大笑；在弗农山庄，劳伦斯夫人也和其丈夫一样，非常疼爱华盛顿；而贝尔瓦则是华盛顿大哥妻子的娘家，自从她成为华盛顿家庭一员之后，费尔法克斯家和华盛顿家就有了联姻关系。除了自己的地产以外，费尔法克斯先生还掌管着他那家财万贯的堂兄托马斯·费尔法克斯勋爵在弗吉尼亚乡村的大片土地。作为爱迪生和斯蒂尔的朋友，这位堂兄曾是英国社交界的一名风云人物，他甚至还为《旁观者》杂志写作撰稿过。据说，这名贵族绅士曾和一位容貌美丽、有社会地位的女子定下婚约，但是就在婚礼的一切准备工作都已就绪之际，女子却为了能获得略高一点的头衔而抛弃了他，转而嫁给了一位公爵。

羞愤交加之下，费尔法克斯勋爵退出了社交界，在弗吉尼亚其私人拥有的荒芜的土地上隐居下来，过起了漫长的与世隔绝的生活，在对女性的深恶痛绝之中走完余生。不过，在贝尔瓦，费尔法克斯先生和其他所有人一样，对乔治·华盛顿非常赏识。事实证明，与才华出众的费尔法克斯先生建立的真诚友谊最终使年轻的华盛顿终身受益。正是因为费尔法克斯勋爵对华盛顿的了解和好感，华盛顿才得以继续他的土地测绘工作，尽管华盛顿家认为这份工作有失其弗吉尼亚绅士的身份。勋爵阁下见过大场面，阅历丰富，为人处世精明能干，却也很乐意引导和告诫年轻、害羞的华盛顿，并对他的羞怯和缺乏自信表示出了深切的同情和关注。另外，勋爵阁下优雅的文学品味也深深影响了华盛顿，这从乔治的阅读和他们两人一生中互通书信时简洁的写作风格就可见一斑。

那时，乔治经常和他的老伙伴费尔法克斯先生一起骑马穿越旷野，一起猎狐。有的时候，他们俩会骑马并行几个小时，却都不发一言；而有的时候，在社交场合总是沉默寡言的费尔法克斯勋爵则会自由地谈论牛津大学和他"在国内（英国）"时的各种经历。不过，勋爵阁下对华盛顿的告诫主要是针对如何提防女人方面的。

和费尔法克斯勋爵一起猎狐

年少的华盛顿有过初恋,可初恋给他留下的只是痛苦。而在贝尔瓦，无论华盛顿与周围的女性交往会给他带来怎样的慰藉，年轻人却发现，他与费尔法克斯勋爵在一起交往时，能够找到一种更为有效的医治其恋爱忧郁症的方法。勋爵阁下酷爱猎狐，并跟随英国的时尚和风气饲养了一群马匹和猎犬。狩猎的季节到来时，附近有很多活动，但在弗吉尼亚猎狐却需要胆量和娴熟的骑术。他发现马鞍上的华盛顿跟他一样有胆略,也渴望追赶着猎犬驰骋。他立刻表现出对华盛顿的特别青睐，把他当作自己的狩猎伙伴。也许正是在这位喜欢骑马狂奔的老贵族的培养下，华盛顿唤起了自己对角逐追击的热爱，并在以后因此方面的突出表现而出名。

两人在猎狐过程中建立的友谊还带来了更重要的成果。勋爵阁下在蓝岭那边的大片地产问题一直都未得到正式解决，而且也从来都没有勘测测量过。那些非法闯入者，或者说是擅自占地者，肆无忌惮地在最好的河流畔和最肥沃的河谷里垦荒耕种，实际上是占领了这片土地。费尔法克斯勋爵急于要派人对这些土地进行考察和勘测，并把它分成小块，以此准备将入侵者赶走，或是迫使他们接受合理的条件。尽管华盛顿还年轻，但是费尔法克斯勋爵觉得他适合去做这项工作，因为他见过华盛顿在弗农山庄勘测时的测绘记录，而且还注意到了他在勘测过程中每个步骤都做得恰到好处和精确无误。同时，他精力旺盛，做事积极，勇气可嘉，又能吃苦耐劳，适合去测量那片荒地，对付那些占领土地的野蛮的居住者。这个提议一经提出，华盛顿就急切地接受了，因为这正是他一直以来努力训练自己、梦寐以求的那种工作。由于他生活习惯简单，很快就做好了所有准备工作。没过几天，华盛顿就整装待发，开始第一次远行，奔赴荒野。

鼓励从事勘测工作

1747 年秋天，我十五岁的时候，又来到弗农山庄和劳伦斯一起住了一段时间。在弗农山庄，将最终决定我会靠从事什么职业谋生。每当我回想起这段人生经历时，觉得这期间是发生了许多变化。自从与乔治·威廉·费尔法克斯和乔治·梅森成为朋友以后，我见到他们的次数更多了，我也经常和离弗农山庄只有四英里远的贝尔瓦的主人，乔治的父亲，待在一起。

威廉的堂兄费尔法克斯勋爵经常过来长住。费尔法克斯勋爵在河谷地带拥有大量的地产，由威廉代为管理。我后来听说，当勋爵阁下第一次看到我时，说我太过严肃，有点一本正经——毫无疑问，这就是我。但过了一段时间以后，他开始对我产生了兴趣，这令我有些得意，我哥哥劳伦斯也很是高兴。这时候的费尔法克斯勋爵是个瘦高个儿，脸色红润，眼睛近视。

他是我遇到的第一位贵族。年少的我自然也会因他对我的关注而感到高兴，他比我的家人都还要重视我对勘测的热爱。有一次，他对我说，这是一种高尚的职业，因为从事勘测工作需要有诚实的品质，需要远离人群，尤其是女人。那时我还不理解他的意思，但也觉得不合适再问。

他给了我许多机会，我非常感激他，对其他任何人从来都没这样过。我坚信在以后的人生里，我绝不会放走任何为这个令人羡慕的家庭服务的机会。

十六岁华盛顿的全身像

华盛顿刚刚过了十六岁生日，长得高大结实，个子快要有六英尺多高。但他还没有完全长成成年男子那般魁梧，而是年轻人喜欢的那种瘦高体型。他外形英俊，充满活力，除了比一般人要长的手臂之外，身材显得很匀称。浅棕色的头发从宽宽的前额往后梳着，灰蓝色的眼睛闪烁着快乐，或许在快乐的弗吉尼亚人看来还带着一丝严肃。他的脸部表情坦率，下颚方正宽大，富有男子汉气概，显得既沉着又有力量。他“白皙红润”，高大强壮，整体上说，可以被视作英国殖民地上代表他本民族人种的标本。

此外，我们还可以通过其他人敏锐的眼睛来做进一步的观察。这人就是著名的肖像画家吉尔伯特·斯图尔特，他曾很有成效地研究过许多人的脸。他在提到华盛顿时告诉我们说，他从来没有在别人身上看到过如此大的眼窝，如此宽大的鼻梁和额头，他从中看到了人性所可能拥有的最热烈的激情。身为演员和优秀的观察者，约翰·伯纳德在 1797 年也从华盛顿的脸中观察到了习惯性的冲突和对激情的控制力的迹象，这可以从他紧抿的嘴唇和紧缩的眉毛中看出来。在那时候，问题都已经被解决了，但是在 1748 年，激情和意志力等还处于休眠状态，没人能说出哪个方面会占据主导地位，或者说出两方面都会为一个伟大的目标而携手合作还是会相互冲突而一事无成。这位优秀、英俊、健壮的少年，从曾经的那个早春时节向我们走来，周围的人们都喜爱他，觉得他是一位令人愉快的伙伴，不会猜想到他可能会成为一名可怕、危险的敌人。他以其天生的生命力和力量，脱颖而出。诚如我们所知，他是一个能做大事的人，无论善恶与否，他会用奔涌于血管和冲击心脏的满腔热血，以强烈的热情和有待发掘的坚强意志去对待。弗吉尼亚任何一位快乐慷慨的人，根本一点都想不到华盛顿的成长会带来什么结果，或者说对世界会意味着什么。

两个乔治一起去勘测

1748 年 3 月 11 日乔治·威廉·费尔法克斯和我带着两个仆人，一匹备用马，启程出发。马驮着一个大包裹和那些不能装进马鞍袋的行李。当时，我得了疟疾，正在生病，还没恢复过来，但是马儿的矫健步伐和探险的刺激感帮助了我，因此，一两天之后我就不再吃金鸡纳皮，逐渐好转了。

不久，我的老师詹姆斯·格伦也加入我们的勘测行列，我从他那里学到了许多有用的技艺，经常每天能赚一个西班牙金币，但有时是六个西班牙金币。虽然对于弗吉尼亚像我这阶层的人来说，日薪不怎么合心意，但在我的记忆中，这让我有一种独立感，在一定程度上具有满足我自尊的价值，我相信这是最重要不过的了。

除了响尾蛇和擅自占地者家里毯子中的许多寄生虫之外，我们的旅途还算是顺利。

我欣喜地记得我们在翻越蓝岭的阿什比隘口之后的那个晚上，我第一次看到了那片肥沃的河谷。积雪正在渐渐融化，路况糟糕之极，甚至比弗吉尼亚的其他任何道路都还要差。我记得那儿的树木高大苍劲，我还记得那里的印第安人所起的名字是如此得美妙新奇，他们称河谷里的河流为“谢南多厄”，即“星星的女儿”

的意思，令我惊讶不已，但是他们为什么会这么称呼，我就不得而知了。

这个河谷里有费尔法克斯勋爵所拥有的最为肥沃的土地。汇入波多马克河的河流附近有许多林中空地，我们必须对它们进行勘测，并捍卫勋爵对土地的所有权。在这里，狩猎一点都不难，还相当开心，尤其是那些野火鸡。我学会了煮饭，学会了怎样把露营布置得舒舒服服的，学会了许多在丛林中生存的技巧。我只有四个晚上是睡在床上的，然后就来了许多我愿意招待的小伙伴……

在荷兰人的小屋住宿了一个晚上以后，我觉得还是比较喜欢熊皮衣和户外的露天，因为我不喜欢与一个男人和他的妻子，以及哭哭啼啼的孩子一起躺在稻草席或者兽皮上睡觉，因为这样非常拥挤，况且还要通过抽签决定谁可以离得火堆最近。

我不喜欢这些人，相比之下，印第安人更让我感兴趣。格伦懂他们的语言，能与他们进行交流，而他们用手语交流的方式则把费尔法克斯勋爵给逗乐了，因为他说你无法用太多的手语，也不能随意地辱骂邻居。但是我发现他们有一个表示割喉的手势，这对我来说似乎就已足够了，比辱骂更严重。格伦先生警告我说，他们开的最大的玩笑之一是，在和白人握手时会把对方的手握得很紧，让对方感到疼痛。事先得到警告之后，我在跟那个叫大熊的印第安人首领握手时，就用劲紧紧地握了一下。惊讶之余，他大声地叫出了声，引得其他的武士们哈哈大笑。

从学校男生蜕变为殖民地上的第一个战士

费尔法克斯勋爵和华盛顿成为挚友。他们一起猎狐，一起拼命地追赶狐狸，还一起参加弗吉尼亚冬季的所有各种剧烈的运动和冒险刺激的活动。男孩大胆和娴熟的骑术，对运动的热爱，及其温和的好脾气，很符合费尔法克斯这位老贵族热情友爱的兴致。这位阅历丰富的老先生在他的年轻伙伴身上也看到了其他优秀的品质：高昂持久的勇气，坚定沉着的意识，尤其是超常的毅力和个性。华盛顿令每个和他交往的人都对他留有深刻的印象，这是他性格和人生中最显著的一个特点，比其他任何一方面都值得我们去研究。费尔法克斯勋爵也不例外。在华盛顿身上，他看到的不仅是一个前途光明、勇敢开朗和勤于研习的男孩，不仅是一个他急于想给予帮助的对象，而是还有比这些更重要的东西深深地吸引了他。为此，他托付给年轻人一项任务，而这项任务完成的好坏又会对他的财富和安宁的生活产生影响。总之，他很信任华盛顿。1748 年的春天刚刚来临时，费尔法克斯勋爵让华盛顿前去勘测蓝岭那端费尔法克斯家一片很大的地产，确定土地的边界，以免将来发生涉及土地纠纷的诉讼。华盛顿肩负着费尔法克斯勋爵的这项使命，其人生事业的第一阶段开始了。他越过边界，和大自然、印第安人和法国人进行不屈的抗争。他从一个学校男生蜕变为殖民地上的第一个战士，成为弗吉尼亚的领袖人物之一。

华盛顿的第一本日记

1747 年 3 月 11 日星期五。在乔治·费尔法克斯先生的陪伴下，我的旅程开始了。这一天我们走了四十英里，来到威廉王子县乔治·尼夫尔斯先生的住处。

3 月 12 日星期六。这天早上勘测员詹姆斯·格伦先生来到我们这里，我们翻越了蓝岭，来到谢南多厄河河畔的阿什比上尉家。没有什么特别的事情发生。

3 月 13 日星期天。我们骑马沿河上游走了大约四英里，到达勋爵阁下的领地，我们穿过最美的糖枫树林，欣赏着林中的美景和肥沃的土地，度过了一天中最美好的时光。

14日星期一。我们把行李送到海特上尉那里（在弗雷德里克镇附近），然后轻装沿河下行大约十六英里，来到艾萨·彭宁顿上尉家（一路上都是肥沃富饶的土地，盛产谷物、大麻和烟草等作物）以查看凯茨沼泽和长沼泽那里的一些土地。

15日星期二。我们早早出发打算到土地周围转转，但却淋了雨，而且雨越下越大，我们不得不返回，大约一点钟时天才开始放晴。因为时间宝贵，我们再一次出发，拼命工作，直到夜晚才回到克宁顿。我们吃了晚饭，有人拿着灯带我们进入一个房间。我不像我的同伴们那样是个好樵夫，当我像往常那样脱去衣服爬上所谓的床时，却惊讶地发现床只不过是少许的稻草垫在一起而已，没有床单或其他东西，只有一条爬满虱子和跳蚤的针织毯子，虫子之多，要比毯子本身重一倍。等一拿走后，我就高兴地起身，穿上衣服，然后像我的同伴那样躺下。如果不是因为我们太累的话，我敢保证那天晚上我们不可能睡多少时间。从那时起，我发誓再也不那么睡觉了，宁愿选择睡在露天，当然也希望面前会有火堆出现。

16日星期三。我们很早出发，在一点左右完工，然后前往弗雷德里克镇，我们的行李在那里等着我们。我们把身上弄干净（清除前一天晚上我们抓到的“猎物”），看了看小镇，然后回到住处，好好地吃了一顿晚餐，喝了不少红酒和朗姆酒。此外，用羽毛垫成的床上还铺着干净的床单，这一切确实是非常好的招待。

……

20日星期天。发现河水没有减缓多少。我们牵着马蹚过河，来到马里兰的查尔斯·波尔克家牧马，给马喂食，一直到第二天早上。

21日星期一。我们乘一条独木舟渡河，沿着马里兰地界上行，一整天都处在连绵不断的雨中，一直到了离波尔克家大约四十英里的克里萨普上校家，这条路正好对着南部支流的河口，我相信这是任何人或动物所行走过的最糟糕的道路。

22日星期二。连绵的雨和清新的空气把我们留在了上校家。

23日星期三。雨一直下到两点，天空放晴的时候，我们看到三十个奇怪的印第安人从战场上回来，只带着一件战利品，那是一张人头皮，对此我们都非常惊奇。我们随身带了一些酒，就把其中的一部分分给了他们。酒让他们精神大振，他们幽默地跳起了舞，我们在那儿跟他们一起跳了一支战阵舞，舞步规则如下：即他们清理出一个大圆圈，在中间升起火堆，然后围着火堆坐下。主持人首先讲述跳舞的方式，他说完后，最会跳舞的那个人跳起身，以最滑稽的方式围着圆圈跳舞，其他人也跟着他起舞。然后是乐手演奏音乐。一只装有一半水的罐子，表面用鹿皮包得紧紧的，用来充当乐鼓；另外还有一个葫芦，里面装有几颗子弹，附着一条马尾巴作装饰，摇动时会发出嘎嘎的响声。一个人摇晃葫芦，另一个人击打罐子，而其他人则跳着舞。

（我在山上的旅行日记，作者乔治·华盛顿，写于为托马斯·费尔法克斯勋爵和卡梅隆男爵在弗吉尼亚北狭地区蓝岭那端勘测土地的途中。）

费尔法克斯勋爵阅读华盛顿的第一本日记

那是一个冬天的夜晚。费尔法克斯勋爵和他一批快乐的伙伴们聚在一起，华盛顿也在其中，但是相比于其他人则显得严肃而沉默。探险家吉斯特先生和年轻的印第安赛跑者奥尔勒也前来听小提琴演奏。许多年轻的猎人，捕兽者和毛皮交易商都在庄园过夜，分享男爵的慷慨、好客之礼。

有关华盛顿勘测费尔法克斯大片地产的故事是勋爵最乐意谈论的。华盛顿一直保留着勘测旅行日记，而吉斯特先生又是个天生能讲故事的人。

费尔法克斯勋爵把年轻的华盛顿的旅行日记和勘测记录摊放在大橡木桌上，然后开始读日记。其他人热切地倾听着，当听到惊险或有趣的地方时都不禁鼓起掌来。

勋爵阁下读完日记后说：

“华盛顿是个勇敢的男孩，正是艰难困苦磨炼了人。一个人的生命力是和他年轻时遇到的抵抗力成正比的。乔治终有一天会成为一名强者的。”

日记正确地记录了华盛顿这位年轻的勘测者是如何度过一段早年生活的。那时，他已经不仅仅只是一个男孩子了。

俄亥俄归属权纠纷

乔治在县政府当土地勘测员的时候，以及在此后的几年时间里，英法之间就俄亥俄河沿岸地区的土地归属问题产生了纷争，并有迅速上升成为一场危机之势。法国人称所有密西西比河支流流域都是他们的领地，理由是法国人乔利埃特和佩雷·马凯特在北部发现了密西西比河，是法国人在南方的路易斯安那建立了定居点。

而英国人则认为自己已经从印第安人五大部族联盟手中买下了西部山区和俄亥俄北部的所有土地。但是“占有者在诉讼中占有上风”，法国人不仅从加拿大顺流而下，在有争议的地区建立定居点，而且还与印第安人结交。他们能够做到这一点，是因为法国天主教传教士在其中发挥了作用，而且事实上，许多法国开拓者也已于印第安人通婚，和他们生活在一起。

弗吉尼亚人对这场土地纠纷尤其感兴趣。许多名绅士联合起来成立了俄亥俄公司，以对付印第安人和土地纠纷问题。

纠结的爱情之路

究竟谁是“低地美人”？这一直是许多人猜想的源头，但是问题仍未解决，每个被提到的少女——露西·葛丽梅、玛丽·白兰度、贝斯蒂·冯特勒罗伊等等——要不就是不可能，要不就是证据完全不可信。但是在包含了这些信稿的同一本日记里有一首格言诗——

以前向往完美的恋爱
但是现在我正沉浸其中——

后面附着“年轻的M.A.和他的W（妻子？）”。由于当时很流行亲昵地把自己和自己爱人的名字首字母写在一起，因此这一点线索或许可以证明，但这并不是唯一一首他满怀感情地在日记中写下的押韵诗，他是这么倾吐的：

上帝呀，为什么我无力抵抗的心
竟要和您的神力抗衡
最后屈服于丘比特的羽毛箭
现在时刻都在虚弱地滴血
对她来说我的痛苦和悲伤丝毫不值得同情
同情也不会降临在我身上
他和我的宿敌们睡在一起
高兴得永远不愿醒来
让我的眼睑在假寐中闭合
令人陶醉的梦中我也许会
憨憨地睡去
尽情拥有那些被白昼隐去的快乐

无论坠入爱河的年轻人如何快乐，但是难道他没有完全沉迷于其他女性之中吗？此时他也能够为另一个可爱的人儿写出一首离合诗。尽管诗歌不完整，但还是可以证明有一位“中部”美人存在。她可能是亚历山大家族的一员，亚历山大家族在弗农山庄附近拥有一个种植园。

在你明亮的双眸注视下我焦躁不安；
你光芒四射；比太阳还要剔透，
在初升朝阳的光辉中
身着盛装的你无人可以媲美；
你一直保持淡定，心灵纯洁；
平等待人，但对谁都不算友好，
了解这一切之后，你就很少有机会找到一个这样年轻的人。
啊！我很悲伤，我该勇敢地去爱去表白
我期盼了很久，但是从来都不敢说出口，
尽管爱得深，我痛的也真；
那么伟大的薛西斯，也躲不过丘比特的箭，
而所有最伟大的英雄们，都感受到了精明。

“我曾经常希望他能多开口说话”

在早期时代，乔治事事追求持之以恒和尽善尽美。没有什么事是半途而废或者草草了却的。以如此方式培养起来的思维习惯持续伴随了他一生，因此无论任务多么复杂，无论有多大的忧虑，即使经常身处艰难危险的环境，他也总能挤出时间来做事情，并且做得很漂亮。他掌握了可以创造奇迹的魔法般的方法。

在一份关于他实地研究和训练的回忆录手稿中，我们发现了一些文档，跟我们已经引用的文章以及他毫不浪漫的性格形成鲜明的对比。

总之，从他自己的手迹中多少可以看出，在十五岁之前，他认为自己是迷恋上某位不知名的美人，那种迷恋如此强烈以至于扰乱了他有序的思维，令他很不开心。我们没有什么明确的方法可以来说明为何这种少年时的迷恋会让他如此不开心。也许是故事的女主角认为他还是个学校男生，把他当小男孩看待；或者可能是他自己的羞怯心理导致了这种心情。他的“行事和交谈”规则也许把他置于了一个尴尬的境地，使得他在尽量取悦对方时显得非常拘谨和笨拙。即使在后来，在与女性交往的社交场合，他也往往会保持沉默，显得局促不安。“他是个很害羞的年轻人，”一位华盛顿未成年时经常前去看望的老太太说，“我曾经常希望他能多开口说话。”

十七岁时当上县政府测地员

这一次是费尔法克斯勋爵和我兄长们的影响力让我当上了卡尔佩珀县政府的测地员。几年前，我在卡尔佩珀法院的记录中看到过这样的描述：1749 年 7 月 20 日，华盛顿，先生，从威廉玛丽学院的校长和主管们手中接受了委任令，任命他为县政府的测地员，因此他向国王陛下和政府宣誓，签署了归正宣誓书及证明等等。

我现在仍还记得这次正式任命所给予我的快乐。虽然我那时才十七岁，但由于我做事精确，且大家都知道我不会接受贿赂，因而深受信任。不久，我就投入到忙碌的工作之中。在两年多的时间里，我一直在从事着这项工作。勋爵阁下早已离开他堂兄在贝尔瓦的房子，搬到河谷里他管家的房子居住。他把管家的房子修缮扩建后留给自己用，并打算不久之后再建一座更宽敞、更气派的住宅，但从来都没有付诸实施。

第五章　乔治与哥哥劳伦斯

“他们想偷走我们的土地”

托马斯·李先生是弗吉尼亚行政委员会主席，最初主持俄亥俄公司的事务，众人多半认为他是公司的创始人。他去世后不久，劳伦斯·华盛顿升为主管。劳伦斯开明的思想、自由的精神在他早期的活动中处处闪烁着熠熠光辉。他希望与宾夕法尼亚的德国人共建居民点。但因为他们是异教徒，要成为弗吉尼亚省管辖下的居民，他们就得交纳教区赋税，并供养一名英国教会的神父，尽管他们可能既不懂他的语言，又不喜欢他的教义。然而，劳伦斯却免去了他们经济上和宗教上的双重负担。

“我一直以为，”他说，“并希望将来永远也不会改变，即宗教上的禁锢对那些被压迫者而言是残忍的，而且对于强制施加宗教禁锢的国家亦是极为有害的。英国、荷兰和普鲁士等国就是例子，而对于宾夕法尼亚更是如此，因为宾夕法尼亚正是在那种令人欣悦的自由气氛中发展兴旺起来的。它成为移民定居点，历史如此之短，发展却如此之快，令每个人都羡慕不已……在查理一世国王执政后期，国内宗教狂热派篡夺政权的时候，我们这个殖民地（弗吉尼亚）就开始有移民定居，因而那种精神也被带了过来，一直延续至今。除了少数教友派信徒外，我们没有异教徒，但其结果又如何呢？我们发展得很缓慢，而我们周围的殖民地，自然优势远不及我们，却个个人丁兴旺。”

这便是华盛顿兄长开明、进步的思想，对华盛顿的道德和思想修养产生了很大的影响。俄亥俄公司继续在为他们的殖民计划做准备，他们从英国进口了大量合适的货物，以作与印第安人交换或作为礼物送给部落酋长们之用。公司还做出承诺，土著人中经验丰富、谙熟深山老林的武士及猎人，如果能提供前往俄亥俄河的最佳路线，将可得到重赏。然而，在公司得到英国政府的特许授权书之前，法国人已经捷足先登了。早在1749年，加拿大总督拉加利索尼埃侯爵派遣了一名机智的军官，名叫赛扬·德·比安维尔，带领三百名士兵进驻俄亥俄河岸。此行的目的，据他称，是为了帮助数年来相互争斗的印第安人部族建立和平，并重申法国对这片土地的所有权。

赛扬·德·比安维尔在印第安人中散发礼品，并发表讲话，提醒他们别忘记过去的友谊，警告他们不要与英国人进行贸易往来。不仅如此，他还在俄亥俄河及其各支流汇合处的树上钉了铅界碑，在地上也埋了铅界碑。界碑上刻有铭文，称这些河流两侧，直至它们源头的所有土地，按以往的历史应归法国所有。印第安人用奇怪的目光看着这些神秘的铅制界碑，虽不甚明了，却也揣摩得出它们的含义。"他们想偷走我们的土地"，他们低声抱怨地说。因此，他们决心寻求英国人的庇护。

俄亥俄公司派遣了克里斯多夫·吉斯特

同年秋天晚些时候，俄亥俄公司也开始实施自己的计划。一名代表被派去探测俄亥俄河及其支流流域的土地，直至大瀑布城，记录了适合耕作的土地情况，各座山的隘口，河流的航道方位，以及土著人部族的实力和习性。被挑选担当此任的人就是克里斯托弗·吉斯特。他是一位百折不挠的开拓者，对深山老林和印第安人生活极其了解。他的家就在弗吉尼亚与北卡莱罗纳边界线附近的亚德金河畔。他被允许带一两名樵夫做探险助手。10月31日，他从波多马克河边动身，沿着猎人指的一条印第安人小道前进。这条路线起于威尔斯溪，即后来的坎普兰堡，一直到俄亥俄河。当时，印第安人的小道和水牛走的路就像是荒野中的原始公路。他穿过朱尼亚塔河，翻越阿勒格尼山脊，抵达俄亥俄河东南边特拉华的小村庄香农坪，即该河的上游支流，现称为阿勒格尼河的地方。他和马匹泅水过河，再沿河谷而下，来到印第安人的一个主要村庄，距现今的匹兹堡市不远的洛格斯敦。

这里住着一位名望显赫的赛内卡族酋长塔纳查理森，他是移居俄亥俄河及其支流地区各混合部落的大酋长。人们通称他为“亚王”，附属于易洛魁部落联盟。由于正是狩猎季节，酋长和他手下的大多数人都不在家。宾夕法尼亚来的使者乔治·克罗根，带着翻译蒙图尔，一星期前也经过洛格斯敦，前往俄亥俄河支流迈阿密河畔的特威特韦人部族以及其他部落。村庄里几乎看不到人影儿，只有几个克洛根留下来的莽汉。在吉斯特眼里他们是“堕落的印第安商人”。他们用嫉妒的眼光看着吉斯特，怀疑他是来抢生意，要不就是在印第安人的地盘上有所图谋。他们恫吓说：“绝不让他安安稳稳地回家。”

在这无法无天的蛮荒之地，吉斯特深知这类人话中的含义。但他告诉他们说，他来此地是有公务，自己与他们的头领乔治·克洛根关系很好，要送一封信给他，这才打消了这伙人的疑虑。不过，吉斯特还是尽快离开洛格斯敦，宁可待在没有人烟的荒野，也不愿与这些人在一起。

美丽富饶的土地

离村庄几英里处有一条名叫比弗河的河流。吉斯特放弃水路，进入现在的俄亥俄州内陆。在怀安多特族人和明戈族人居住的小镇马斯金格姆，他赶上了乔治·克洛根。克洛根把他手下分散在各印第安村庄的所有商贩都召集到镇上来，并在他的住所，大酋长的房屋顶上升起了英国国旗。这个举动激起了法国人的仇恨。不久前，法国人就在这个地区抓走了与印第安人经商的商人弗雷泽手下的三个白人，并把他们带回到加拿大监禁起来。

吉斯特受到了马斯金格姆的土著人的热情接待。他们对于法国人侵犯领土和掳走“英国兄弟”的行径感到义愤填膺。他们没有忘记赛扬·德·比安维尔前一年的所作所为，还有那些钉在树上、埋在地下的神秘界碑。他们说：“如果法国人把流入大湖的河流占为己有，那流入俄亥俄河的就属于我们和英国兄弟。”他们急切地请吉斯特在此定居下来，为共同防御法国人修筑一个要塞。

土著人召开了一个大会，会上吉斯特以弗吉尼亚总督的名义邀请他们去弗吉尼亚观光。他说，那里有许多丰厚的礼物在等着他们，是他们的父亲，伟大的英王，通过水路运来馈赠给他俄亥俄的子民们的。邀请被欣然接受，但要等到来年春天，在洛格斯敦召开西部各部落的全体大会之后才能给出最后答复。吉斯特和克洛根来到赛欧托河河岸特拉华人和肖尼人的村庄，也取得了相同的效果，各村庄都答应参加洛格斯敦的大会。从离赛欧托河河口不远的肖尼人的村庄出发，二位使者北上两百英里，然后，马匹泅水，人乘木筏渡过宽阔的迈阿密河，于2月17日抵达印第安人的皮奎镇。

经过这一番旅程，吉斯特看到了俄亥俄地区辽阔无垠的原野。土地富饶平坦，溪流遍布，林木葱茏，有山核桃树、胡桃树、灰树、白杨、糖枫树和野樱桃树等等，应有尽有。时不时地有大片长满野麦的宽广的平原出现，另外还有长满早熟禾和三叶草的天然草原。成群的水牛，每群大约有三四十头，悠然自得地在吃草，好像在牧场上放牧一般。鹿、麋和野火鸡等动物极为丰富。吉斯特说：“欲变此地为美丽富饶的乐土，唯等耕种。”后来的耕种也证明吉斯特的话是千真万确的。这就是如今的俄亥俄州所在。

华盛顿习武训练的中断

法国人现在开始备战，以防不测。他们派遣了一艘超大的战船在安大略湖上游弋，在尼亚加拉的各个商行修筑工事，同时加强前哨的防御能力，并在俄亥俄河上游增派兵力。英国殖民地也是一片备战忙碌景象。显然，双方针锋相对的领土争夺，最终要得到解决，只能诉诸武力。

在弗吉尼亚,战争的气氛尤其浓厚。整个地区被划分成若干个军区，每个军区都配备了一名少校军衔的副长官，年薪一百五十英镑，其职责就是组织和训练民兵。

劳伦斯·华盛顿替弟弟乔治谋得了这一职位。这表明乔治的思想已经日臻成熟，而且品行端正，办事灵活，深得人们的信赖，因此这个职位不仅应该为他得，而且他也是当之无愧。尽管他年仅十九岁，但后来的事实证明他没有辜负此任。

现在，他以他一贯的处事方法和兢兢业业的作风，开始为胜任这个新的职务做准备。弗吉尼亚的流动人口中，有些人是参加过西班牙战争的老兵。一位威斯特摩兰的志愿兵，缪斯副官，曾与劳伦斯·华盛顿一起在西印度群岛战役中并肩作战，还一起参加过卡塔赫纳攻坚战。现在，他自愿向劳伦斯的弟弟乔治教授兵法，并借给他有关军事战术的书籍，训练他操作步枪，教他一些实地队形变换等知识。劳伦斯的另一位战友，荷兰出生的雅各布·范布拉姆，是一位多格蒂式的人物。他曾在英军中服役，现已退役。他自称精通剑术，现在又乘备战气氛高涨的时期向弗吉尼亚的青年们传授剑术，以填补他羞涩的钱囊。

在这些老兵的指导下，华盛顿跟着缪斯副官进行步枪操作练习，又跟着范布拉姆习剑。弗农山庄仿佛一夜之间从宁静的乡村变成了军事学校。然而,就在三年前,华盛顿还曾在这里为他的那位“低地美人”吟唱过爱情小曲。

但是，因哥哥的健康恶化，他的习武课程一度中断。劳伦斯一直体弱多病，曾被迫多次旅居外地，以便改换环境。此时，他已身患严重的肺病。他听从医生的建议，决定带着他心爱的弟弟去西印度群岛过冬。1751 年 9 月 28 日，他们乘船前往巴巴多斯。乔治一路上写下了如航海日志般简洁的日记，有风力和天气情况，但没有值得一提的大事。他俩于 1752 年 1 月 3 日抵达巴巴多斯。

劳伦斯："赶紧回家死在自己的坟墓里！"

病情有所好转后，劳伦斯就在岛上到处行走，查看土壤、作物、防御工事、公共设施，以及居民的生活方式。他在赞叹甘蔗种植园高产量的同时，对种植者铺张浪费的习惯，以及完全缺乏管理的现象深感震惊。

他写道："真是奇怪，这些人居然债台高筑，他们不能尽情享受所有奢华也罢了，却连生活的必需品也不能保证，可这都是事实。许多地产因资不抵债而被转让。怎么拥有三四亩地的人还会欠债，真令人百思不得其解。"其实，他的这些感叹正是说明了他本人有节有度、一丝不苟的生活原则。

在巴巴多斯的疗养并未给劳伦斯的病情带来预期的效果，因此他决定春天去百慕大，享受和煦温暖的气候。他思念妻子，便安排乔治回弗吉尼亚接她来百慕大岛相聚。因此乔治乘"工业"号船返回弗吉尼亚，经过冬季五个星期风高浪急的海上航行，终于抵达弗吉尼亚。

劳伦斯在巴巴多斯度过了整个冬季，但正是这里温和怡人的气候使他觉得过于松懈，浑身无力。他想要的是他习惯已久的寒冬，甚至这里恒定不变、常年如夏的美丽气候也使这个焦虑不安、但又力不从心的人感到乏味。"这是西印度群岛中最美丽的海岛，"他说，"但任何没有季节变化的地方都无法令我感到快乐，我们很快就厌倦了这里一成不变的景色。”对居住在气候多变的地区的人来说，听到这话，不失为是一种安慰。

不过，他最糟糕的一些病症消失了，身体似乎在慢慢恢复，但精神上的烦躁，急于变换环境的迫切心情，常常与疾病结伴而来，使他不得安宁。因此，3月初他仓促来到百慕大。他来得不是时候，早春的疾风使他病情复发，并有所加剧。他写信给一个朋友说:“我现在已来到我最后的避难所，准备接受最后审判，只是福布斯医生目前还不会发落我。依我看，他让我觉得像囚犯一样，虽然还有缓期执行的希望，但要做到这一点，我必须拿出勇气来不吃各种肉类，不喝烈酒，而是要拼命骑马，直到骑不动为止，这是我有生存希望的唯一条件。”

可是这封信刚写不久，他在绝望之极又写了一封信，说有可能要“赶紧回家死在自己的坟墓里了！”

最后这句话并非戏言，他的确匆匆返回，恰好及时地赶回弗农山庄，死在了自己的家里。弥留之际，有他的家眷和朋友，还有他倾注无限手足之情的弟弟在场。劳伦斯于1752年7月26日去世，年仅三十四岁。他是一位情操高尚、思想纯洁、富有成就的绅士，受到了公众的赞扬和朋友的爱戴。他对小他许多的弟弟乔治表现出了一贯父亲般的慈爱，而他自身的性格和品行对成长时期的乔治也产生了深远的影响，因此在历史上，我们应该把他与华盛顿相提并论，并使他的名字为每位美国人所铭记。

回　家

“活泼的简”号船将要在三月再次启航，华盛顿和哥哥的妻子本应搭乘这班船，但是船为了等待起风在弗农山庄下游耽误了两周。三月末的一个早晨，乔治起床在窗口看看这一天是否有出航的希望时，感觉到一股强劲的西北风，但是当他的视线刚落到河面上时，他看到了有一艘三帆快速战舰停泊着，显然是昨天晚上到的。这时，他看到离开舰船的船长用快艇里有两个人，看上去很像是他哥哥劳伦斯和他忠实的彼得。乔治迅速穿上衣服，跑下楼赶往岸边去看个究竟。只见劳伦斯躺在船中，他几乎一半是被仆人扶着的，脸色苍白，病得很重，但他疲倦而又痛苦的双眼中却透露出一丝快乐的神情。几分钟之后，华盛顿夫人飞奔而来，双手紧紧握着，脸上流着泪水，在小码头的尽头等着她的丈夫……这是多么令人高兴的欢迎，有亲人熟悉的面容，还有看到家的感觉。乔治用强壮的双臂,几乎是抱着劳伦斯回到家中的，他的夫人则在一旁紧紧地握着他的手。

"我一人在外，再也待不下去了，"劳伦斯说，"当船来到百慕大的时候，好心的船长看到我待在那儿，且要死于陌生人中间，是多么的煎熬，他就邀请我作为他的客人一起回来。我想，安妮，你和乔治可能已经出发去百慕大了。还好,感谢仁慈的上帝,我在这儿见到了你们。"

所有爱着劳伦斯·华盛顿的人都看得出来，他剩下的时间已经不多了。三个月之后，他离开了人世。

九月阴霾的一天，恰好与他和哥哥的那次沉闷之旅时隔一年。乔治意识到，他最终成为弗农山庄的主人，而这个念头却是他人生中最悲痛的时刻之一。他回到了贝尔瓦，费尔法克斯住过的地方，劳伦斯的妻子安妮的家。乔治请求嫂子回弗农山庄继续在那里生活，可结果是徒劳。劳伦斯在遗嘱里已把弗农山庄托付给她，但是，在其他任何事情上都恭顺温和的安妮·华盛顿，却不能也不愿再回到弗农山庄，回到那个只给她带来短暂的快乐婚姻和漫长的极度忧伤的家。

兵法和兵器操作教材

从充满阳光舒适的热带冬天开始，华盛顿对内对外都经受和肩负了一个季节的漫长考验和责任。1752 年 7 月，他敬爱的哥哥劳伦斯去世了，留下华盛顿照顾他的女儿。而且，如果哥哥的女儿去世，那么将由华盛顿继承遗产。为此，他的家庭生活发生了很大的变化，有更多的责任需要他去承担。然而，此时外部世界也时局多变，也把华盛顿卷入到了一场世界性的战争的漩涡之中。

尽管隔着群山有广袤的荒野，但法国人和英国人还是不能在这里和谐共存。这两个敌对的国家几年来一直在慢慢地向对方的地盘靠近，而到1749年，双方最终都开始以自己的方式占领了俄亥俄地区。法国派出了远征军，并竖立了铅界碑；而英国人则通过成立一个很大的土地公司进行运作和赚钱。双方都积极努力地想与印第安人结成同盟。此时此刻，根据边界地区的形势，甚至连洞察能力比俄亥俄公司总经理劳伦斯低很多的人，也都意识到了战争将不可避免，为此劳伦斯在他的能力范围之内为弟弟未来的人生做出了准备，让华盛顿参军从戎……

与此同时，劳伦斯·华盛顿为年仅十九岁的弟弟乔治谋得了弗吉尼亚地区一个少校级副长官的职务。乔治这位年轻的土地勘测员非常爽快地接受了这项职务，但据我们所知，因陪哥哥劳伦斯去巴巴多斯，再加上哥哥的病情和去世，以及接踵而来的事务和责任压力，他的军事训练被中断了。

弗农山庄的未婚主人

弗农山庄富有、睿智的主人华盛顿肯定是他所认识的年轻男子中最受人羡慕的一位。他冲动，任性，满腔热血，既不可能因生活不知节制而衰弱，也不会被朗姆酒所击垮。对他来说，最顺理成章的，本应该是匆忙赶往伦敦或巴黎，待在那里，直至将自己调整到惯常“时髦的”浅薄和空虚的状态，然后回来自信满满地解释说美洲是一个只适合赚钱的地方。然而，华盛顿所做的，是依然留在家中，关注自己的事务，享受着他已习惯了的生活。他具有超常的意识，但有关他这方面较为正面的说明并没有记录在册。不过，他所受到的关注也许为他获得自视甚高的自信打下了基础，而且这种自信也是他在以后的经历中没有理由放弃的。

华盛顿的地位和性格给他带来了他希望在任何地方都能够获得的社会关注度。他是如此的健康，因而不会去渴望任何虚伪的快乐，在现有条件的弗吉尼亚乡村地区，他依然可以做到快乐无比。他不仅健康又富有，而且人长得十分英俊，一定是众人心目中所追求的“头等人物”。和现在一样，当时的弗吉尼亚美女也是非常漂亮和优雅，他根本无须去别处寻找女人，否则他真是愚蠢到家了。想想那些精明的妈妈们为他特别准备的数不清的晚宴和茶会，我们的消化器官不禁开始蠢蠢欲动；而为他做舞鞋的鞋匠也一定是因他要参加太多的舞会而忙得不可开交。华盛顿愉快的单身汉生活大约持续了两年时间——这两年足以使富有的年轻人相信，所有的未婚女子都唯利是图，她们的恶意伤害使他将自己转向他所认识的最朴实、最愚笨的女孩。然而，此时此刻，上帝突然注意到了，他把印第安人和法国人之间的紧张关系演变成为一场危机，由此英国人第一次开始认识作为军人的乔治·华盛顿。

第六章　一项艰难而又危险的使命

年轻的使者

像所有的弗吉尼亚人那样，这一次，我在得知法国人在边界地区傲慢嚣张的所作所为之后，不免有所担心，觉得我哥哥投入俄亥俄公司的钱会有危险，因为我们好像是被困在一排要塞中，我们的毛皮交易生意也几乎已经停滞，而且正逐渐被法国人所掌控。不过，我们很高兴地获悉，国王已下令要求总督坚决让那些过于忙碌的法国人退回去，因为法国人坚称所有到阿勒格尼山脉为止的土地都归其所有，但对于我来说，从来没有想过会这么快参与到此事中去。

在那个时候，或者之前，为了保证能与印第安人的六个部族结为盟友，英国人作了许多努力。其中一位印第安人首领塔纳查理森，由于在印第安人中拥有辅助统治权，而被称为亚王。他曾向弗吉尼亚总督派去的使者吉斯特建议双方共同在俄亥俄河岔口附近的东岸修筑一个要塞。此外，一名叫特伦特的上尉也被作为使节，带着英王口信，派出前往法国人的前哨定居点。但是，当他到达离目的地还有一百五十英里的洛格斯敦时，就获悉了我们的盟友迈阿密印第安人被法国打败的消息，于是，他就泄气地回来报告。这时候，俄亥俄公司因其交易商不断遭法国人的攻击而向弗吉尼亚总督提出了控诉。这位总督先生，在考虑了自己的钱包和国王陛下的财产之后，决心再派一位更加勇敢的使者，带着英王的口信，前去与法国人谈判，要求法国人后撤，并且停止骚扰我们的皮货商在俄亥俄地区的贸易活动。

不幸的是，对于急于想维护自己在俄亥俄公司利益的丁威迪总督来说，此时已失去了他精明能干的得力顾问，俄亥俄公司的前任主管，我的哥哥劳伦斯。劳伦斯本可以是一个比我更好的使者，因为像我这样一个二十一岁的人太过年轻，不足以影响那些有在会议中尊重年长者习俗的印第安人。当我接到前往威廉斯堡的命令时，我根本还不知道此行的目的意图。当我知道自己要去洛格斯敦的时候，我真是非常惊讶，但也可以说是非常高兴。我要去那里见我们的印第安人盟友，从他们那里获得一名护送者和几名向导，然后继续前行，找到法军的指挥官。我此行的使命是向法军指挥官传递口信，并停留一星期等待回复，然后回来。同时，我还要密切关注法军所有的军事部署和活动。

接受命令

乔治的外表总是引人注目，尽管他哥哥已经去世一年多了，他却还穿着丧服，衬托出一头漂亮的金发。他的容貌随着年龄的增长也变得愈发有特点，尽管他的脸部没有他父亲——当时被认为是最英俊的男子——那样漂亮，但他的表情却富有敏锐的洞察力和难以言状的高贵和睿智气质，这些足以令他给别人留下深刻的印象。

总督是一个爱挑剔，但又好心的人。在礼节性的问候之后，总督马上就说道:“华盛顿少校，我手头有任务给你。费尔法克斯勋爵和其他人告诉我，说你是殖民地土地上最适合去完成我手头这项任务的人。完成这项任务不仅需要具备长者审慎的判断能力，而且也需要具备年轻人的坚强耐劳。所以，你看，我交给你的是一项多么大的重任。”

听到这些话，乔治的脸变得十分苍白。“先生，”他结结巴巴地说，“您真是太抬举我了。我愿为我的国家做出全身心的奉献；但是，我担心，先生——真的很担心——你把我放在了我无法胜任的位置上。”

“我们必须相信人，华盛顿少校，我和行政委员会的成员们经过充分的讨论之后才做出决定，叫你来。这是给你的任务命令。根据要求，你将在一名合适的护卫的陪同下出发，即刻前往俄亥俄河流域，在洛格斯敦尽可能与所有的印第安人部落首领见面会晤，弄清楚他们对我们的确切态度和立场；然后沿一条你认为最合理的路线前往最近的法军要塞，把我写的一封用殖民地官方印签封口的信交到法军指挥官手里，同时以英王陛下的名义要求他们做出答复。此外，你还要尽可能地多了解法军的军事部署情况，例如他们修筑的要塞数目，他们的武器装备，军队，军需供应和驻军位置等等，我们很大程度上将根据你带回的这些情报来判断英国和法国之间是否会最终开战。你准备好什么时候出发了吗？”

“明天早上，先生。”华盛顿回答说。

丁威迪总督写给法国指挥官的信

先生，众所周知，俄亥俄河流域，弗吉尼亚殖民地西部的土地一直以来都是大不列颠王国的财产。获悉一支法国军队在俄亥俄河流域，英王陛下的领土上修筑要塞，建立定居点，我对此感到无比震惊和表示严重关注。

由于你们的敌意行动，许多人不断地向我提出抱怨和控诉，因此我觉得有必要以国王陛下的名义，派遣乔治·华盛顿先生，一名军区的副长官，就你们的侵犯行径，以及对大不列颠王国子民所造成的伤害向你们提出抗议。你们的行为已违反了国际法和我们两国之间共同签订的条约。

如果事实确实如此，您也认为你们的行为是合理的，那么您就必须告诉我，你们有什么权力和依据，最近带着武装部队，从加拿大顺流而下，侵入大不列颠王国的领土？我将根据您的回复和解释，按照我的主人，英国国王的委托，做出相应的举措。

然而，先生，为了服从国王给我的命令，我有义务要求你们和平地离开，希望你们不要有破坏和睦相处和友好理解的目的和企图，因为国王陛下渴望与上帝一起延续和培养这种和睦友好、彼此理解的关系。

我相信您一定会以贵国一贯的热情和礼貌善待华盛顿少校的。如果您能让他带回的答复符合我的愿望——保持我们两国之间长期持久的和平，这将会给予我最大的满足。我很荣幸地用如下方式签名。

您最恭顺的仆人，罗伯特·丁威迪

1753年10月31日于威廉斯堡

乔治，范布拉姆和吉斯特三人出征

与华盛顿以前艰辛的独自勘测任务相比，这次出征旅程似乎是愉快的。乔治这次出发，随身带着正式的任命书，有忠诚的击剑师范布拉姆和勇敢的开拓者克里斯多夫·吉斯特同行，另外还有仆从和食品补给。他后来回想起此次旅途时，觉得自己就像是一个男孩子，徒步旅行，身背背包，穿越这片地区，一心一意地只是学习做买卖，体面地谋生。范布拉姆是在威尔斯溪加入了他们的行列。而在去威尔斯溪的路上，华盛顿在谢南多厄河河谷前面的一个地方停了下来。三年前，就是在这个地方，他坐在月光下，读着家里寄来的一叠信。他曾经住过的小屋还依然伫立在溪边长满青草的高地上。他以前在林中用火烧出的小路和做有标记的树木依然保留着他曾经经过的痕迹。因为时值十月，他们又一次沐浴在秋日的光辉中。又圆又大的猎月高高地挂在天空中，散发出金黄色的光芒。糖枫树火红的叶子一片片地打着转儿，纷纷扬扬地飘落在谢南多厄河清澈透明的河水漩涡之中。

“仅仅三年的时间，”乔治暗想，“已经失去很多，而我从未料想过的那么多的事竟然发生在我身上！然后，我以前想也不敢想的那些雄心壮志，又已经向我打开了大门。如果它们再次关上大门，那将会是我自己的过错。”

从威廉斯堡出发

1753年10月30日，华盛顿接到任命证书，同一天，他从威廉斯堡动身出发。在弗雷德里克斯堡，他邀请自己原来的“剑术老师”雅各布·范布拉姆作为翻译陪同前往。不过，后来的情况似乎说明，这位经验丰富的击剑师对英语和法语都不太精通。

他在亚历山德里亚置办了这次出使所必需的物品，接着前往当时地处边陲的温彻斯特，在那里购置了马匹、帐篷和其他旅行装备，然后沿着一条新开辟的道路去威尔斯溪（坎伯兰镇），并于11月14日抵达威尔斯溪。

华盛顿在这里会见了奉俄亥俄公司之命在俄亥俄河流域进行考察的勇敢的开拓者吉斯特先生，他答应陪同华盛顿前往，并担任向导。此外，还有约翰·戴维森和四位边疆人愿意陪同前往。戴维森愿意充当印第安语翻译，而四位边疆人中有两位是同印第安人做生意的商人。有了这些人的加入，再加上击剑师和翻译雅各布·范布拉姆，华盛顿于11月15日又再度启程，穿越一片荒原，但道路由于最近几天的雨雪交加而变得几乎无法通行。

在乌龟溪与莫农加西拉河汇合处，华盛顿遇到了约翰·弗雷泽，他是一位与印第安人做生意的商人，他手下的几个人被抓到加拿大关了起来。弗雷泽本人最近也被法国人从印第安人的村庄韦南戈赶了出来。这个村庄里有一个造枪工厂。据弗雷泽说，指挥这一带边界地区的法军指挥官已死，大部分兵力都已退回大本营过冬了。

由于河水暴涨，马匹只得泅水过河。华盛顿把所有行李都放在独木舟里，由两名随从照看，沿莫农加希拉河顺流而下，并命令二人在莫农加希拉河与阿勒格尼河汇合处（汇合之后便是俄亥俄河）与他碰头。

华盛顿在日记中写道：

> 我在独木舟之前出发，顺流而下。我花了一些时间察看各条河道，以及河岔口的地形。我认为这里非常适合修筑一个要塞，因为从这里可以控制两条河流。而且此处的地势比寻常水位高出二十至二十五英尺，地面相当平坦，四周树木茂密，便于建造。两条河的河面至少有四分之一英里宽，甚至更宽，在此处几乎是直角相交。阿勒格尼河在东北边，水势汹涌湍急；莫农加希拉河在东南边，河水很深，水流平缓，没有明显的落差。

俄亥俄公司曾打算在距此地两英里处，河的东南边修建一个要塞，但华盛顿认为建在河岔口无疑更为合适。经验丰富的法国工程师们证明了华盛顿精确的军事眼光，因为据边界史记载，后来法国人就是选择此地修筑了迪凯纳要塞。

洛格斯敦的印第安人会议

这一带住着特拉华人的酋长辛吉斯。华盛顿前去他的村庄拜访了他，并邀请他参加洛格斯敦的会议。辛吉斯是他所在的部落中最伟大的武士之一，后来多次拿起战斧与英国人对抗。不过，他现在的态度还不错，欣然接受了邀请。

华盛顿一行在 11 月 24 日太阳落山后到达洛格斯敦。不巧的是，亚王此时不在洛格斯敦，而是在大约十五英里之外的比弗河畔的猎屋。于是，华盛顿派人去邀请亚王和所有其他首领参加明天的重要会议。

第二天上午，有四个法国逃兵来到这个村庄。他们所在的连队约有一百人，从新奥尔良出发，乘坐八条运载粮食的小船向前推进。在华盛顿的追问下，他们说出了法军在新奥尔良的兵力部署，密西西比河沿岸和沃巴什河河口要塞的分布情况，法国人就靠这些要塞同大湖区保持联系。华盛顿把这些情报都仔细地记录下来，而四名法国逃兵则在一位宾夕法尼亚商人的带领下前往费城。

大约三点钟左右，亚王来了。华盛顿在帐篷里通过翻译戴维森同他进行了私下会谈。华盛顿发现他聪明机智，具有爱国热忱，对自己的领土权十分执着，并引以为豪。我们已经从华盛顿留下的信件中引述了亚王与一名法军指挥官会面时谈话的内容。除此之外，亚王还说法国人修筑了两个要塞，大小不一，但都是一个样式。他还拿出了他自己绘制的这两个要塞的平面图。大的要塞在伊利湖畔，小的在法国溪畔，二者相隔十五英里，中间有一条马车路相连。通往这两个要塞的最近、最平坦的路，途中有大片泥泞的草原，现在已无法通行。因此，他们必须取道韦南戈，而且要走五六天才能到达最近的要塞。

第二天上午九点钟，酋长们聚集在会议厅开会。华盛顿根据指令，对他们说自己是他们的兄弟弗吉尼亚总督派来的，要向法国指挥官递交一封对他们自己和英国人都十分重要的信件。他请求酋长们提供建议和帮助，并派出一部分年轻人陪同他和护送他前往，给他充当保镖，以防范那些拿起战斧“站在法国人一边的印第安人”的袭击。最后，华盛顿献上了印第安人外交礼仪中不可缺少的物品——一串贝壳数珠。

按照印第安人的礼仪，在华盛顿讲完话后，酋长们要默默地静坐一段时间，好像是在反复思考他的讲话似的，又好像是要给他时间作补充似的。

然后，亚王站起身，代表各部落讲话。他向华盛顿保证说，他们认为英国人和他们是兄弟，是一家人。他们打算把法国人以前送给他们的“文书佩带”，即贝壳数珠，还给法国人。在印第安人的外交礼仪中，这意味着是断绝一切友好关系，他们愿意给华盛顿指派一批护送人员，由明戈人、尚诺亚人、特拉华人组成，以体现这三个部落人的友谊和忠诚。但是准备这次旅程，需要三天的时间。

从洛格斯敦到韦南戈

在耽搁了一两天，并在会议厅里进行了多次协商后，陪同首领们认为陪同出使的人数应只限于三人，因为人数多了可能会引起法国人的怀疑。于是，在11月30日，华盛顿便动身前往法军哨所。除了原有的人马外，随从人员中还增加了一名印第安猎人，一位年长的肖尼酋长，名叫耶斯卡卡克，以及另外一名首领，人们有时称这名首领为“贝壳数珠佩戴者”，因为他是文书佩带的保管人，但通常人们叫他的一个响亮的称呼是“白色霹雳”。此外，亚王也一同前往。

尽管他们所选的路距韦南戈最多不过七十来英里，但是由于气候险恶多变，旅途困难重重，华盛顿一行直到12月4号才抵达韦南戈。到达韦南戈后，只见已被法国人赶离的英国商人约翰·弗雷泽被赶出来的那座房子屋顶上，飘着法国三色旗。华盛顿走上前去，向三名法国军官询问他们的指挥官住在何处。其中一人立即回答说他是“俄亥俄地区的总指挥”。事实上，这个人就是可怕的容凯尔上尉，他在边界地区经验丰富而且老谋深算。不过，当华盛顿向他通告了此行的使命时，他却郑重其事地说，在下一个要塞有一位总长官，建议华盛顿将他带来的信递交给总长官，等候答复。

与此同时，他还邀请华盛顿及其随从人员到总部吃晚饭。结果，大家吃得都很开心，而容凯尔似乎有点像是一位愉快的伙伴。在荒野中，虽然人显得粗鲁，但总是热情好客。的确，对年轻的华盛顿来说正值交友寻乐的年龄，但他可能没有宴饮交际的心情，倒是老兵范布拉姆却露出了向往的神情。

容凯尔和他的军官兄弟们兴致勃勃地推杯把盏。华盛顿写道：

他们喝了大量的葡萄酒之后，起初谈话中出现的那种克制似乎已不复存在，他们的舌头仿佛像是获得了通行证，可以更自由地袒露自己的情感。他们告诉我，占领俄亥俄流域是他们绝对要实现的计划。而且他们肯定说到做到。尽管他们也意识到英国人可以招募士兵，在数量上与他们二对一抗衡，但他们知道英国人行动太慢太拖沓，阻挡不了任何进攻，他们称六十年前一名叫拉萨莱的法国人发现了俄亥俄，因此对此拥有不容置疑的主权。他们发起这次远征的目的就是阻止我们在俄亥俄河及其支流沿岸定居，因为他们听说我们有一些家庭已奉命前去那里安家落户。

无论这些反复无常的法国人怎么海吹胡夸，狂饮无度，华盛顿始终保持清醒和镇静，把应酬法国人的差事交给了他颇有酒量的击剑老师范布拉姆。而他自己却详细记录了法国人在不经意中泄露的军机，收集了有关法军兵力的各类情报，例如法军的分布情况，要塞所在的位置和相隔的距离，以及给养运输的方式和方法，等等。如果说容凯尔这位荒野中的老练外交家想通过摆酒席设圈套，那他是完全败给了他的年轻对手。

酒宴和外交

初冬时节，没有军人的护卫，华盛顿开始了一次最艰难、最漫长、最危险的跋涉，即使如今的步兵也不一定能够在偏远的西部完成这样一项任务。一路上，很大一部分地方都没有路，没有渡船和客栈，难得见到有定居者会邀请他过夜，甚至在死前和他说说话。这位年轻人的所有依靠是他的马鞍，他很大程度上不得不依靠大自然维持生存，他只能以猎物和鱼为食。而且，他的向导们通常是印第安人，属于受法国人影响而对其持有偏见的部落。但是华盛顿冷静的头脑，精明的计划，以及他的坚定沉着，使他渡过了难关，得以生存下来。华盛顿首先到达现属宾夕法尼亚境内的韦南戈，与法国人见面。负责此地的法国军官是一名叫容凯尔的老兵。容凯尔表现得像是个大好人，他的外交本领并不会因喝了大量的威士忌而受影响。既然有客人光临，容凯尔就有了充足的借口立即在晚上准备热闹的酒宴，尽管来者身负着令他不快的使命。晚宴备有酒，可以随便喝。在招待过程中，法国人信誓旦旦地宣称，俄亥俄地区属于法国，法国将不会放弃。接着，容凯尔在为年轻的弗吉尼亚人提供了可能预想到的信息之后，又用最真诚的方式将华盛顿引向他的上司，驻扎在伊利湖附近法国溪畔一个要塞的指挥官。华盛顿本以为印第安人亚王会在道义上给予他支持，因为亚王觉得他和他的人民受到了法国人的侵害。但是，容凯尔把那个老家伙灌得酩酊大醉，完全忘记了在最合适的时候提出控诉。当第二天早上的头痛使得皮肤微黑的亚王想要弥补自己的过失时，容凯尔则和善地劝亚王去下一个要塞再提出他的控诉。到达要塞之后，年轻的使者华盛顿受到了指挥官勒加蒂尔·德·圣皮埃尔爵士的接待。圣皮埃尔爵士是一位令人尊敬而又精明的老兵和绅士。他按照军事礼仪对待所有人。他无比礼貌地款待了华盛顿，也请亚王喝了难以计数的朗姆酒。经过了三天的协商讨论，华盛顿就像一位真正的外交家，虽然他不懂法语。而亚王却一直在逃避，只有当他和他的最后通牒之间放着一瓶酒时才会出现。最终，勒加蒂尔交给华盛顿一封已密封了的给丁威迪总督的信。然后，年轻的使者便动身返回。然而，对他来说，返回路途同样是充满了不安和危险。

勒加蒂尔的回信打开之后，发现他的回复是所有法国人写的信中最谦虚有礼、最高调、最逃避推脱的。他会把丁威迪总督的信转交给他的上级迪凯纳侯爵，迪凯纳侯爵将比他更有能力就俄亥俄河河谷领土争议之事来做出决断。至于他自己，仅仅是一名听令行事的士兵而已，他也从未接到过任何指示，要他尊重弗吉尼亚总督可能下达给他的任何命令，因此他被迫回绝要他撤退的通知。

华盛顿一个星期的日记

1753年12月23日。当我把东西准备妥当要启程时，我派人去把亚王找来，问他是否打算和我们一起走还是从水路走。他告诉我说“白色霹雳”受了伤，很严重，还生了病，不能行走，因此他必须带着“白色霹雳”乘独木舟下去。我发觉亚王有意想在此停留一两天，我也清楚容凯尔先生会用一切诡计来劝诱亚王反对英国人，就像他以前所做过的那样。因此，我对亚王说，希望他能够抵御住容凯尔先生的阿谀奉承，不要受他的花言巧语影响。亚王希望我不要担心，因为他太了解法国人了，没有什么事情能够令他为他们服务……

我们的马匹现在已经非常虚弱无力，而行李又很沉——因为我们必须准备好一路上的必需品，我们很怀疑这些马是否能完成这一任务。因此我和其他人（马车夫除外，他必须得骑在马上）都把马让出来驮包裹，并帮助背行李。我自己穿了一件印第安人的外出服，和大家一起连续走了三天，直到我发现大家不可能都按时回到家为止。马匹日渐虚弱，越来越无法应付每天的旅行；天气迅速地变冷，厚厚的积雪，再加上持续的冰冻，道路变得越来越糟糕。因着急回去向总督大人报告最新的情况进展，我决定抄最近的路线，步行穿过树林。

于是，我留下范布拉姆先生负责我们的行李，我给了他一些钱，指示他每到一个地方要为自己和马匹补给必需品，并以最便捷的速度赶回去。

我带上必需的文件，脱下衣服，用一件印第安斗篷把自己裹紧，手里拿着枪，背上装有文件和必需品的背包，和吉斯特先生一起出发了。吉斯特先生穿戴得也和我一样。这一天是26日星期三。第二天，我们刚经过一个叫杀人镇的地方时（我们打算在这里改变行走路线，计划穿过一片荒野向香农坪镇进发），突然遇上了一群支持法国的印第安人。他们事先埋伏在此等候我们。其中一个人在不足十五步远的地方向我和吉斯特先生开枪，幸亏没有打中。我们拘捕了这个家伙，并将他羁押起来，一直到晚上九点左右才将他释放。然后，整个晚上我们都在不停地步行，没有做任何停留，以便拉开与那些人的距离，使他们次日无法追击，因为我们确信，只要天一亮，他们就会跟踪追来。第二天我们继续赶路，直到天黑，到达离香农坪镇约两英里处的河边。我们原希望河水已封冻，可实际并非如此，河水离河岸五十码宽的区域才有结冰。由于河中有大量浮冰在漂流，我想上游的冰冻已经开裂了。

除了乘木筏渡河之外，我们没有别的办法。我们只得可怜地用仅有的一把短斧开始建造木筏，并赶在日落时分完成。我们整整干了一天。我们将木筏放入河中，然后登上木筏出发；但是还没等划到河中间，木筏就陷入冰中，情况非常危急，我们预料木筏会随时沉没，我们也随时可能溺死水中。我将撑篙插入水中，试图使木筏停下来，然后让浮冰漂过，谁知激流迅猛异常，冲击着我手中的撑篙，把我抛进十英尺深的水中。幸亏我抓住木筏上的一根木头才侥幸逃生。但无论我们如何努力，仍无法使木筏在河的任意一边靠岸。由于我们已经很靠近一个小岛，我们只好被迫离开木筏，登上小岛。

此时寒气异常逼人，吉斯特先生的所有手指和部分脚趾都被冻伤，河面也已完全被封冻，所以次日早上我们毫不费力地从冰上离开小岛，前往弗雷泽先生的住处。我们在这里遇上二十名往南去参加战斗的印第安人武士。但当这些武士到达昆纳威河源头的地方，发现有七个人被杀，头皮已全被剥下（一名浅发女人除外）时，就立刻掉头就跑，因为他们害怕那里的居民会把他们认作杀人元凶对待。

由于我们打算在此弄些马匹，可一时间又无法找到。于是，我沿河而上走了大约三英里，到达约克盖尼河口，拜访了阿勒奎帕女王。她对我们路过她这里前往要塞表示了极大的关切。我把一件哨兵大衣和一瓶朗姆酒作为礼物送给了她，她认为这两件礼物中，朗姆酒是最好的。

法国指挥官的回复

先生：

由于我有幸在这里作为总指挥，华盛顿先生给我送来一封您写给法军总指挥的信。

至于您亲自给他下令，我感到很高兴，不然他就要前往加拿大去见我们的将军了。我们的将军能比我更好地阐明我的主人，法王殿下，对俄亥俄河流域所拥有的主权的证据和事实，并以此来驳斥大不列颠国王对那里的领土主张。

我将会把您的信转交给迪凯纳侯爵，他的回答对我来说将会是一条法令。如果他下令要我与您沟通，先生，我敢保证，我将马上给您回复。

至于您要求我后退的诉求，我不认为我有义务要遵从您的指令。无论您的指令如何，我在此都将遵从我的将军的命令。我恳请您，先生，请不要再抱有任何怀疑。我将下定决心以一名最优秀军官的精确性和决心与我的将军的命令保持一致。

我不知道在此事件中什么才叫作敌对行为，或者说是什么违反了两国之间已缔结的协约。对此种情况的延续，很乐意看到我们的诸多利益，与英国人一样。对于您的抗诉，如果您能详细说出招致您抗诉的具体事实，那么我将会以让您最感满足的方式荣幸地回答您，我被您说服了。

我特别礼仪周全地接待了华盛顿先生，以符合您的尊严，以及他本人的品质和美德。我自以为，先生，他会在您面前对我做出公正的评价的，而且他也将替我向您表达我的深切敬意。

您最卑微的仆人，勒加蒂尔·德·圣皮埃尔

1753 年 12 月 15 日于拉瑞威尔奥保夫要塞

一名真正保持沉默的实干家

由于有关华盛顿的资料非常少，我认为我们很有必要在他这次冒险的经历上稍作停留，来仔细审视相关的记录。当他面对这项艰巨责任时还未满二十二周岁，然而他却出色地完成了任务。当然，他不仅表现出了冷静和勇气，而且在与印第安人打交道时也显示了他的智慧和耐心。他具有很清醒的头脑，甚至连诡计多端、训练有素的法国人也不可能使他失去判断力。此外，他还具有很强的与人交往的能力和天赋，这是很难得的。不管是在巴巴多斯期间，还是在执行这次出使任务过程中，从华盛顿的日记中，我们能够越来越强烈地感受到他极其敏锐的洞察力，他把所有重要的事情都记录下来，而将“无关紧要的事情”一笔带过。从日记的表面文字内容看，我们可以明显地感受到，他的叙述清楚明确，简洁充分。然而，我们从中也发现了他身上另一方面的个性特征，这也是他性格中最显著的特征之一。对此，我们在追随着他的人生历程时，会反复不断地论及。也正是从这里，我们第一次直接发现华盛顿是一个极其沉默的人。卡莱尔在后来从预言家的角度对沉默的信条和绝对真理做了热烈、充分的阐述，世界应该感谢卡莱尔，因为他为历史上那些爱说空话却不做实事的人带来了羞辱。卡莱尔称华盛顿是“不流血的克伦威尔”。这种称呼，尽管我们在后面还必须再次提起，但基于其他一些理由，如有人已经提到过的，它完全没有认识到华盛顿是世界上伟大的实干家中最沉默少语的人。与克伦威尔和弗雷德里克一样，华盛顿也写了不计其数的信函，发表了很多次演讲，而且在交谈中也颇受人欢迎，但这一切都是涉及工作方面的。

从真正意义上说，沉默既不仅仅是指闭口不言，也不只是指不善表达。一个真正伟大的沉默的人，应该是不会为了说话而说话，而且也从来不谈论自己。不管是最伟大的英国人克伦威尔，还是伟大的弗雷德里克，这两人在卡莱尔眼里都是特别的英雄人物，但他们都很喜欢谈论自己。此外，从更大程度上说，像拿破仑这样的伟人，甚至包括其他许多不那么出名的人物，也是如此，喜欢谈论自己。但是，华盛顿和他们都不一样。他有丰富的语言能力，只要他有意，就能够让语言发挥出力量，体现出意图，但是他从来不在没必要的地方使用，或者是隐藏自己的意思，而且他也从来不谈论自己。因此，要了解他就变得非常困难。简短的句子，以及信中偶尔闪现的亮点，就是我们所能了解的一切，剩余的是沉默。他做了不起的事情，就像他命中注定是这样的人一样。他写有大量的书信，也与无数的男男女女交谈过，但是却从来没有谈论过自己。在此，从这位年轻人的日记中，我们看到了用精炼得不可能再精练的语言叙述的内容：荒野的冒险经历，狡猾的外交手段和个人的生命危险等，但其中却只字未提作者自己的想法和感受。所做和所说的一切，只要是对手头的工作重要的，都被记录了下来，没有任何遗漏，但只是仅此而已。任务完成了，我们知道任务是如何完成的，但对其他人来说，他这个人却始终是沉默的。的确，我们在这里所看到的是一位真正保持沉默的实干家，他的这种品质无疑会在当时或其他任何时候赢得众人的赞赏和钦佩。

总督丁威迪的行动

法国指挥官的回信在弗吉尼亚引起了轩然大波。由于当时正值仲冬，没有耕种和贸易等活动，人们有充裕的时间来谈论任何新的话题。丁威迪总督即刻下令招募两个连的新兵。此前去过西部的特伦特上尉负责招募一个连，他要带领连队赶往俄亥俄河岔口，尽快完成俄亥俄公司已在那里动工修筑的要塞；而另一个连的士兵，则是由华盛顿在亚历山德里亚负责招募。丁威迪召开了议院会议，想在议院批准后获得行动的经费拨款，但是，他的计划却突然遭到了弗吉尼亚殖民议会下院的阻挠。有的议员并不是随大多数人的意见，而是大胆地就总督的行动是否明智提出了质疑；更有甚者则是表现的没有一点爱国精神，读着《乌特勒支条约》，以此对英王和殖民地是否拥有俄亥俄河谷的领土权利表示怀疑。丁威迪对他们的怀疑想法予以了严厉的指责。另外，那些有时间或有脑子来考虑这个问题的人也开始把事情弄得一团糟。总督唯一能做的就是获得一万英镑的拨款，以鼓励和保护密西西比河河谷地区的所有居民。然而，就是这么一笔拨款，他也不能任意支配，得和一个专门的委员会协商。不过，丁威迪完全控制了委员会，成功地解决了这件事，他组建了一个六个连的团，每个连六十名士兵。华盛顿的招兵工作进行得很不顺利，也许是因为他不能容忍那些游手好闲、声名狼藉的流浪汉进入军队，但他们却几乎是唯一愿意前往荒野地区的人群。不过，华盛顿对胜任陆军上校一职是绝对没问题的，因为他了解这个区域，了解敌人的本性、驻扎位置和军事实力，以及印第安人的情况和态度。而且,他诚实,有能力,不知疲劳,勇敢而又慎重。此外，华盛顿也决不自负，虽然这一点对于一名上校来说并不是绝对必要的，但到了这一层级的官员总是会表现得趾高气扬。丁威迪要把整个团的指挥权交给华盛顿，但华盛顿谢绝了。华盛顿无疑是历史上第一个也是最后一个这样做的美国人。于是，上校指挥官的职位便给了一位值得令人尊重的英国绅士弗赖伊，华盛顿则作为副官。可值得称颂、富有爱国精神的弗赖伊上校不久之后便去世了，军队的指挥权和远征的任务就落到了华盛顿身上。

第七章 军旅生涯的开始

1754年初的日记

3月31日。我接到了丁威迪总督阁下的委任书，任命我为弗吉尼亚团的中校，乔舒亚·弗赖伊先生为上校。委任书上的落款日期是15日，要求我率领当时驻扎在亚历山德里亚的部队朝俄亥俄河流域进发，帮助那里的特伦特上尉修筑要塞，保卫国王陛下的领土，以防法国人的侵占和敌对行动。

4月2日。一切准备就绪后，我们开始按命令，由彼得·霍格上尉和雅各布·范布拉姆中尉带领两个步兵连出发。随行的队伍中有五名副官，两名中士，六名下士，一名鼓手和一百二十名士兵，还有一名医生和一名瑞典志愿者，以及驾护着两辆马车的一名中尉、一名中士、一名下士和二十五名士兵。

星期二中午，我们离开了亚历山德里亚。行军六英里后，在离卡梅伦四英里远的地方扎营。

（从4月3日到19日，这本日记只记录了部队的行军，以及与史蒂文斯上尉率领的一支分队会合的情况。）

4月19日。遇到一名专使，他给我们送来了身在俄亥俄河流域的特伦特上尉的信函。信中要求我们加快行军速度，进行增援，因为特伦特上尉遭遇了有八百号人马的法国军队。我在乔布·皮尔索尔处稍作停留，等待次日大部队的到来。收到专使送来的信后，我派了一名信使前往弗赖伊上校处，将情况向他做了汇报。

4月20日，消息传到克雷萨普上校处，要求他带军前来增援。我在路途中得到消息，听说要塞已被法国人占领。特伦特上尉手下的少尉沃德先生证实了这个消息，说特伦特上尉已迫不得已向有一千兵力的法国军队投降了。法军由孔特雷库尔上尉指挥，乘坐六十艘平底小船和三百只独木舟从韦南戈的普雷斯克岛顺流而下。他们用十八门大炮对着要塞，要求特伦特上尉撤退。沃德先生还告知我说，印第安人一直坚定地站在我们这一边，他随身带着两名年轻的印第安人，都是明戈人，他们看到我们和军队前去援助应该感到满意。

特伦特上尉丢失战略要塞

正如和保守人士一样，华盛顿尊重新指挥官们确立的先例做法。整装上路后，他写信回来要求增派更多的兵力和大炮。然而，美好的期望和残酷的现实之间的鲜明反差使他越来越沮丧，他写信表达了自己的感受……

特伦特上尉已经先行前往修建要塞（在阿勒格尼河和莫农加希拉河交界处，也就是现在匹兹堡所在的位置）。他借口落在后面很多英里的地方，让一名少尉带着五十个人修筑工事。有一天，一千名法国人乘独木舟顺着阿勒格尼河巡弋而下，也想在那里建要塞，于是就给弗吉尼亚人留下了两个选择:要么撤离要么遭驱逐。既然防卫是不可能了，少尉就明智地接受了相对友好的一种选择。在他开始率部往东移动之前，法军指挥官孔特雷库尔为他准备了一顿丰盛的晚餐。

华盛顿得知此事后，知道计划被打乱，但并没有在信中说一些亵渎或发怒暴粗的话。我们应该记得，即使在他早年的生活中，他也不喜欢事事都报。此外，作为一个谨慎之人，他可能根本不会去咒骂，因为他并不确定自己的咒骂合不合实情，是不是有允公道。但有一点是确定的，他没有因特伦特的败退为借口，让自己撤回到一个文明的地区，或是辱骂政府。相反，他服从了战争会议的决策，前往莫农加希拉河畔的红石溪口，他可以沿着这条河在特伦特的要塞以牙还牙地对付法国人。现在，这个要塞已被法国人命名为迪凯纳要塞，正在进行扩建。他用一种典型的美国式自信——一种常常是最谦虚的性格中最强烈的自信，以自己的名义写信给宾夕法尼亚河马里兰的总督，请求援助，尽管他们和殖民地的大部分官员一样，也曾对弗吉尼亚总督的请求置若罔闻。

“我宁愿做一名辛苦的日常劳动者”

面对官僚们的惰性和愚蠢反应，华盛顿以一种有力的方式表示了他的不满和反感情绪。华盛顿留下弗赖伊上校和大部队一起，自己于1754 年 4 月 2 号与来自亚历山德里亚的两个连动身出发。华盛顿此前在亚历山德里亚招募士兵时曾遇到了极大的困难。三个星期后，他到达了威尔斯溪，这时他的大麻烦降临了。胆小犹豫的特伦特上尉曾经充当过弗吉尼亚官方的使者，可在出使过程中却未能到达法国军队的哨所。这一次，他被聪明的当局派往阿勒格尼河和莫农加希拉河交界处修建要塞，要塞的位置很理想，是观察敏锐的华盛顿挑选的。在那里，特伦特把手下留下，自己回到了威尔斯溪。华盛顿在威尔斯溪见到了他，但他没有把承诺的驮马准备好。很快传来了消息，说法军以压倒性的人数优势突然袭击了了特伦特留下的小股部队，占领了要塞，并将他们赶回了弗吉尼亚。华盛顿认为这就是战争，他决定立刻去抵抗敌人。他从那些没有多少爱国思想的居民中征得了马和马车，开始了他翻越山脉的艰苦行军。

这是一个荒无人烟地区，他们的行军速度极其缓慢。到 5 月 9 日，他还处在离出发地二十英里的小梅多斯。18 日到达约克盖尼河时，他经过勘测发现河流不能通行。于是，他不得不带着疲惫不堪的军队再次向莫农加希拉河进发，27 日终于到了梅多斯，并多行走了几英里。

他似乎没意识到自己的危险处境，但他对议会的做法深感烦恼和愤怒，他写信给丁威迪总督说他丝毫没有想离职的念头：

但是，请让我按志愿服役，那样我就会以人生中最大的快乐，尽心地为这次远征服务。没有什么回报比得上让我服务于自己的国家更能给我带来满足感；但是，在丛林中，在岩石间和深山中，为了一点可怜的报酬，要我们像奴隶一样辛苦拼命，即使我已山穷水尽，我也宁愿做一名辛苦的日常劳动者，靠耕地维持生计，而不愿在如此不光彩的条件下服务。因为我实在不明白为什么国王陛下在弗吉尼亚的子民们要比美洲其他领土上的人不值钱，尤其是当大家都知道我们必须付出比他们双倍的艰苦的时候。

在这里，我们所见到的是一位充满活力、脾气急躁的年轻绅士，他蔑视虚伪，对打仗抱有很高的境界，只是缺乏耐心。

向大梅多斯进军

在离开亚历山德里亚的一个星期里，萨特思韦特少校看这位年轻指挥官的眼神很快由好奇和赞许变成了尊敬。作为一名指挥官，华盛顿为许多难题所困扰，如他领导的都是勉强招募来不久的新兵，既懒散又不情愿；再加上武器装备差，物资补给不足，远征地区环境恶劣，原先增加兵力、马匹、和马车的承诺没有兑现，等等。尽管这一切令他烦恼不已，他还是忍住了怒气。不过，对华盛顿来说，更为困难的是要留住他手下的士兵。士兵们已经为他们所遭受的艰辛和困苦表示了公开的抱怨，当他们在他的强令之下行军时，不时地会匆匆查看一下，看看有没有一个安全的办法可以躲过华盛顿高度的警惕性逃回到家去。在威尔斯溪，当得知他当初要求政府在阿勒格尼河和孟农加希拉河交汇处修建的要塞，在驻守指挥官擅离职守前往威尔斯溪期间已被法国人占用时，华盛顿简直怒不可遏，羞辱和愤恨反而促进了事态的发展。乔治觉得他必须马上行动。他不等援兵到来就率领他的小部队去寻找法国人，但没有法军的踪迹。乔治日复一日地前行，少校也和他在一起，寻找着敌人。他内心暗暗祈祷，希望在某个非常合适的地方与法国人遭遇。来到大梅多斯，已将近一个月了，华盛顿希望把法国人引出来，在他自己的土地上和他们作战。他们就在附近出没，侦察人员时隐时现。然后，友好的印第安人带来消息说，有一支大部队正朝这边行进。

“看起来很糟糕，”少校说，“乔治，依我看，这次我们恐难以挽回局面。我们的兵力太弱，公开作战几乎没有机会取胜。”

“机会总是存在的——只要是英国人对战法国人，”年轻的华盛顿冷静地回答道，“但我已决定利用另一个对我有利的机会。如果可以，我会打他们个措手不及。我们在印第安人当中有很优秀的侦察员。”

华盛顿的首次胜利

通过仔细谨慎的搜寻，他们终于靠近了一个山谷。谷地里正升起一股袅袅青烟。法国人毕竟还是粗心大意，他们显然是越过山脊来到谷地，但他们的对手已在山脊上埋伏，几分钟后就要发起攻击。此时，树枝已被砍掉，几棵小树被劈下当作清扫道路的工具，一只裂开的靴子被丢弃在他们附近的草地上。

“现在，”乔治说，“你们准备好了吗？那帮家伙离我们只有几百码远。”事实上，他一停止讲话，就听到了法国人说话的声音和断断续续的歌声。

英俊的过路人涉水渡河，啦啦！
英俊的过路人涉水渡河。

颤颤悠悠的歌声传了过来，紧接着是一阵笑声，然后是大叫声。美国人向这个疏于防卫的营地发起了进攻，山谷里很快就响起了一阵噼里啪啦的枪声。一名法国军官滚到地上，脸埋在了火堆的灰烬中，一名法国士兵倒在这里，另一名身在那里，交火很快进入了决战——然后就结束了。法军的指挥官朱蒙维尔倒在乔治的脚下，另外有六个人一动不动地躺在草地上；其余的都投降了。法军总共不到四十人，只有一人逃跑去报信了。

乔治静静地站了一会儿，此时战斗带给他的所有的欢欣鼓舞都已退去。这场战斗规模太小，而且获胜那么容易，尽管这场小冲突打死了法军的一名军官和十名士兵，但似乎还缺少一个理由。他此前从未杀过人，他也不喜欢杀戮。刚才所做的一切此刻都已过去，他伫立着，看着朱蒙维尔的尸体，心里有一丝莫名的不满。范布拉姆抓住了他的手臂。

“我们必须搜查，”他说道，指着上尉的尸体，“可能有很多他的同伙出来侦察，或许他身上带着什么文件。”确实，他身上所带的指令文件足以证明华盛顿上校的袭击是正确的。乔治看到文件后回想起他刚才做出的判断，很为自己所采取的行动感到高兴。朱蒙维尔和他死去的同伙得到了尽可能体面的安葬，俘虏则被押回到大梅多斯的营地。乔治以一种年轻人的喜悦心情记下了自己的第一次战斗。消息传到后方后，华盛顿上校被誉为是弗吉尼亚的伟人，伦敦的大英雄。但在法国人眼里，他则是恶毒的杀人暴徒。不管如何，他已经赢得了他的首次胜利。

华盛顿本人对大梅多斯附近攻击战的描述

5月27日，吉斯特先生一早到来，告诉我们说，他发现拉弗斯先生带着五十个人出现在离此处五英里的地方。他们昨天中午时到了他的种植园，杀死了一头奶牛，砸毁了房子里的所有东西。要不是他留下照看房子的两名印第安人的阻拦，他们会把他们的东西都拿走。我立刻命令霍格上尉、默瑟中尉、拉佩罗尼少尉、三名中士和三名下士带领六十五个人前去探情。法国人在吉斯特先生家里问了许多有关亚王的问题。我设法让我们营地里几个年轻的印第安人相信法国人是想杀掉亚王，结果，我的计谋收到了预期的效果。几个印第安人立即表示愿意陪同我们的人一起去追踪法国人。如果他们发现亚王被杀或受侮辱，他们中的一个人会马上把消息带到明戈人的村庄，鼓动他们的武士去和法国人拼命。其中一名年轻人被派往吉斯特先生家，如果他在那里没见到亚王，他就派一名特拉华人去报信。

大约晚上八点时我收到了亚王的快信，说他在前来与我们会合的路上发现了两个人，他悄悄地跟着他们，看见他们进入到一个低洼阴暗的地方；他推测有一群法国人隐藏在那里。我即刻派四十个人将军火转移到一个安全的地方，以防止在法国人袭击我们的营地。夜里，天暗不见五指，我留下一名警卫看守军火，其他人则冒着大雨出发，沿着一条窄得只够一人容身的小径前进；我们走出这条小径约十五至二十分钟后又返还，黑暗中大家时不时地相互踩到脚或撞到身子。我们一整夜都在赶路。28 日时，大约在日出的时候，我们到达印第安人的营地。和亚王开过会后，我们决定合力对付法国人；于是，我们派了两个人去寻找他们的藏身之处，他们的位置，还有附近的地形，然后我们准备用印第安人的方式包围他们，一步一步缩小范围。当我们离他们很近的时候，他们发现了我们。我命令士兵开火，瓦戈纳先生给予了我火力上的支持，法国人则朝我的士兵和瓦戈纳射击。交战只持续了十五分钟，敌人彻底溃败。

我们杀死了法军的指挥官德·朱蒙维尔先生和九名士兵；另外有一人被打伤，二十一人被俘虏，其中有拉弗斯先生、德鲁龙先生和两名军官学校学生。印第安人剥下了死亡士兵的头皮，拿走了他们大部分的武器，之后，我们押着俘虏前往印第安人的营地。在那里，我再次和亚王开了会，告诉他说总督很想见他，在温彻斯特等候着他。他说此时他不能前往，因为他的人攻击了法国人，现在处境危险；他必须给所有的联盟部落送去消息，邀请他们一起拿起斧头作战。

……这之后，我们继续押着俘虏行路。俘虏们告诉我说他们原本是被派来要求我撤退的。但这是他们的花言巧语，为他们想找到我们的营地，刺探我们的实力和位置找借口。显然，他们是来侦察我们的。我实在是很佩服他们的厚颜无耻，居然还告诉我他们是使者，他们的使命是了解道路和河流，以及直至波多马克河地区的情况。但是，如果是使者身份的话，应该是光明正大的，而不是偷偷摸摸的，而且无须找一个更适合逃跑者藏身的最隐蔽的地方隐藏起来。他们在离我们不到五英里的地方安了营，隐藏了好几天，还派出间谍来侦察我们的营地，然后将整支部队后退了二英里。接着，按指令派了两名信使去向德·孔特雷库尔先生报告我们所处的位置，以及我们的部署，这样孔特雷库尔就可根据需要尽快地派部队来向我们传讯，提出要求。

况且，使者只是一名地位低下的法国军官，居然还像王子般带着几名随员。使者的使命是神圣的，没必要用间谍手段；既然他们的意图是好的，那他们为何还要在离我们五英里的地方拖延两天而不向我们传讯；或者至少告诉我们一些使者的情况？仅仅这一点就足以让人引起怀疑了。当然我们必须公允地说，如果他们想隐藏自己，他们也不是找不到比这更好的地点。他们的传讯要求本身就非常傲慢无礼，有自吹自擂的味道。如果由这两人公开带来传讯函，又放任他们回去，那将是一种莫大的纵容。

亚王认为他们的借口怀有恶意，完全是假象。他们来我们地盘的目的除了敌人身份外，不会有其他；如果我们愚蠢地放他们走，他们就不会帮助我们去找其他的法国人了。

他们说，一发现我们，他们就已与我们打招呼。可这完全是胡扯，因为当我们的人向他们靠近时，我走在最前面。我可以很确定地说，他们看到我们时，根本就没与我们打招呼，而是跑去拿武器。如果他们做了，我不可能听不到。

“我知道是假话！”

这俘虏们被带到大梅多斯的营地，次日（29日），被押往当时正在温彻斯特的丁威迪总督处。华盛顿按礼节对待他们，拿出自己少得可怜的衣服给德鲁龙和拉弗斯穿，并应他们的请求给总督写信，请总督给予他们“因他们的性格和个人的优点相应的尊敬和优待”。

但是，华盛顿感到自己也有责任写信给总督，告诉总督要提防拉弗斯。

我认为，如果将他释放，则后患无穷，他的危害必将超过其他五十个人，他是个这样的人，他活络的性格可以使他融入任何阵营里，而且他对这个地区的情况非常熟悉。此外，他会说流利的印第安语，在印第安人中间有很大的影响力。

俘虏押走后，华盛顿又再次写信：

我还有一种很强烈的猜测，事实上几乎是确定无疑，他们是法国人派来的间谍，在我们附近等候着，直到对我们的意图、位置和兵力等情况充分掌握为止，然后再向他们的指挥官报告。他们潜伏于此，等候援兵，以向我们发出传讯和提出要求——如果他们这样做的话。

我相信他们定会竭尽全力对您编很多故事来取悦您，就像他们对我所做的那样；但他们的话根本经不起驳斥，无论如何，事实是不可否认的，我实在为他们的一派胡言感到羞愧。

我明白，他们一离开，就会说他们事先曾叫我们不要开火，但我知道这是假话，因为我是离他们最近的人，也是他们第一个看见的人，他们其实是立刻跑去拿武器，迅速地开枪射击，直到被我们打败……我想他们还会厚颜无耻地确保得到使者的待遇，然而要秉公处理的话，他们应该按最恶毒的间谍处置，处以绞刑。

一场革命戏剧的序幕

他的信言语激烈、愤慨，却丝毫不起作用。华盛顿尽最大努力做好了准备。他的印第安人盟友带来消息说，法国人已出发，并派出了侦查小队。华盛顿在大梅多斯选了一个地方修筑要塞，“一个漂亮的作战地点”，同时还派出了侦察人员。然后，根据印第安人提供的最新的情报，带着四十个人出发去寻找敌人。经过艰苦跋涉，他们在一处营地发现了敌人。被包围的法国人惊慌失措，急忙去拿武器。弗吉尼亚人开火了，双方经过一阵激烈的枪战后，战斗结束。十个法国人身亡，二十一人成为俘虏，只有一人成功逃走去通风报信。

这场小规模的战役在当时引起了极大的反响，在法国引起了轩然大波。法国人宣称在第一枪中倒下的指挥官朱蒙维尔完全是被卑鄙的人暗杀的，说他和他的同伴都是使者，都是受尊重的人。巴黎把此起事件当作一个英国人背信弃义的鲜活例子，大做文章。一位被称作托马斯先生的人以史诗的形式用四本书来颂扬不幸的朱蒙维尔。法国的历史学家依据那个逃走的加拿大人的叙述，也采用了同样的语气对他进行哀悼，这使华盛顿日后的名声背上了黑锅。法国人的观点显然是荒谬之极。依据朱蒙维尔身上所带的文件所示，朱蒙维尔和他的同伙是在执行一次以间谍和侦察为目的的远征任务。他们想给英国人一个措手不及，却结果在一片偏僻的树林中被英国人打了个措手不及。这起事件颇具戏剧性，因为这是一系列世界性战争和社会政治动荡的开始，最终历经半个世纪之后在滑铁卢的平原上宣告结束。它使一个原本默默无闻的法国军官的名字因和他的对手联系在一起而永远被人铭记，同时也把华盛顿推到了世人的面前。几乎没有人会想到这位弗吉尼亚上校会在这场革命戏剧中成为一个主要的人物，而当时开始的战争还只是个序幕。

“反败为胜”

碎嘴的老霍勒斯·沃波尔告诉乔治二世国王，讲华盛顿曾说过“子弹呼啸的声音像是音乐”，国王回答说，“如果那个年轻人听到过更多的子弹声，他就不会这么想了。”后来这则故事被广泛传播，有人曾问华盛顿是否说过类似的话，他回答说：“如果我说过，那一定是我年轻时说的。”

老军官弗赖伊上校，这位总督任命的弗吉尼亚军队总指挥，在威尔斯溪去世后，据说由北卡罗来纳的詹姆斯·英尼斯上校接替他的位置。华盛顿少校对此也很高兴，因为英尼斯手下有三百五十名士兵。但是，英尼斯的军衔是由国王直接委任的，而华盛顿的军衔只是由弗吉尼亚总督授予的，由于这个原因，英尼斯和他的手下，虽然也抵达了行动地点，却拒绝帮助华盛顿修筑工事和抵御法国人。而据报告，有大批的法国人前来要向他们发起攻击。北卡罗来纳的军队本来和弗吉尼亚人没有一点关系——更不用说支持，他们甚至还嘲笑为数不多的在顽强修筑道路和工事的那些人。如果不是因为这种傲慢和固执，早期战斗的结果很可能就大不一样。丁威迪总督本人也极力偏袒英尼斯上校，造成这种局面，他应该负主要责任。两个独立的纽约连队及时赶到了威尔斯溪，原本可挽救尼塞西蒂要塞（意为“必要的要塞”）的局面。要塞的名称如此命名，是因为华盛顿当时所处的急需指挥权的绝望困境。可是，两个独立的省彼此不愿合作，各自的连队都有自己的指挥官，不承认其他人的指挥和命令。这些“独立”的连队太独立了，而无法作战。当弗吉尼亚人英勇却又少得可怜的军队饿着肚子在绝望中顽强战斗时，他们只是漫不经心地在边上旁观。

法国人在俄亥俄河畔已经建好了要塞，取名为迪凯纳要塞，以表示对一位加拿大将军的敬意。而德·维利耶上尉，也就是朱蒙维尔的姻兄，此时带着近千名法国人和印第安人正朝这个只用少量栅栏围成的要塞赶来。连亚王和其他印第安人盟友甚至也都抛弃了他们。对于尼塞西蒂要塞的人数不多的守军来说，没有食物供给，也几乎没有军火，失败只是时间问题。但华盛顿向法军提出了投降的一些条件，从而使他的部队于1754年7月4日敲着锣鼓，举着彩旗撤离。这位年轻的弗吉尼亚上少校如此的勇敢，几乎到了鲁莽的地步。印第安人亚王后来为自己抛弃了他们进行辩解，他在提到交战的双方时说，“法国人是懦夫，英国人是傻瓜。”

投降协议条款

（译自法语）

条款1——我们允许英国指挥官从要塞撤出，以便他可以平安回到他自己的地方，免受我们法国人的侮辱。

条款2——允许他离开，并带走他军队的任何东西，但大炮除外，应留给我们。

条款3——我们给予他们作战的荣誉，他们离开时应该击鼓放炮，希望以此表明我们是把他们当作朋友。

条款4——双方一旦在协议书上签字，他们就马上降下英国旗子。

条款5——明天拂晓一支法国部队将进驻要塞，并对此要塞取得所有权。

条款6——鉴于英国人几乎已没有马匹或牛，允许他们把财物放在某一秘密地点，以便拥有马匹后再来运走。为此，如果他们认为合适，允许他们留下一部分军队看守，但应保证从今日起一年内不再在此地及此地至山顶的任何位置修筑或修缮任何建筑物。

条款7——鉴于英国人手中有一名军官和两名军官学校学生，以及他们在谋杀朱蒙维尔时抓获的全部俘虏，他们答应将他们全部护送至位于美丽河（俄亥俄河）畔的迪凯纳要塞，为确保此条款和本协议的安全执行，雅各布·范布拉姆先生和罗伯特·斯托博先生应留在法方作为人质，直至被俘的法国人和加拿大人安全抵达。

我方宣布，最迟会在两个半月内将答应我们法国人的两名军官安全放还。

同年同日在我们木屋的地方另抄写一份。

（签名）　詹姆斯·麦凯先生

乔治·华盛顿先生

库隆·维利耶先生

第一次战役的结束

华盛顿的第一次战役就这样结束了。他的朋友亚王，这赫赫有名的赛内卡族酋长塔纳查理森，曾在法国人到达时明智地离开了他。亚王对华盛顿及其对手们的评价非常直截了当。“上校，”他说，“是个待人和善的人，但没有经验；他像指挥奴隶一样指挥印第安人，每天让他们去执行侦察和攻击敌人的任务，但他决不会采纳印第安人的建议。

他整天整夜地在一个地方待着，除了在草地上做点事情外，没有修筑任何防御工事。如果他采纳建议，按我的意见修建防御工事，那他就可轻而易举地击败法国人。然而，在交战中，法国人表现得像懦夫，英国人则像傻瓜。”

亚王的评价基本符合事实。整个远征行动非常仓促鲁莽。离开威尔斯溪时，华盛顿已意识到，自己只有一百五十名新兵，却要去面对有一千兵力的法国人，但他怀着同样的热情继续向前。在朱蒙维尔事件后，华盛顿虽然知道自己周围的荒野里到处都是敌人，但仍然继续战斗。被迫撤退后，他在草地上扎营，与人数多出几倍的精明狡猾的敌人在野外交战。他天生是一个认为勇气可以替代一切的人，一向蔑视怀有敌意的对手。他以愉悦的自信和真正快乐的心态准备去面对任何数量的法国人或印第安人。他在一封后来变得很有名的信中说自己很喜欢听子弹呼啸的声音，当然，日后他将此举归咎于年轻时的愚昧之谈。然而，这种男孩子气的表露，虽然愚蠢，可对我们而言确是意味深长,因为它基本上是真实的。华盛顿有着北欧人的强烈好战的个性，他喜欢战斗和冒险虽然他对此没有再出一些自夸的言论让全世界嗤笑，但他的这种喜欢从未停止过，并且始终能使他兴奋不已。这种脾气和性格的人，天性傲慢，不计后果。结果，他们的盟友印第安人往往会失去耐心，到最后根本发挥不了作用。这次战役从一开始就激烈异常，要不是因为华盛顿所展现出来的丝毫不惧危险的精神，以及后来法国人的胆小懦弱，这批特别的弗吉尼亚人也许永远都不属大英帝国所有了。

“一模一样的绅士”

第一次战役结束后，华盛顿回到弗农山庄休养。在那里，华盛顿消磨着时光，似乎被某个迷人的人所吸引了。华盛顿的一个军官和密友从威廉斯堡写来信说，“我想你现在一定在纵情地享受着天堂般美好的生活，着迷于某些连西普里亚女爵士都陌生的、颇具吸引力的人。”至于这个重要人物是谁，在同一封信的脚注中，模糊地称她是“尼尔夫人”，则更加激起了我们的好奇心。

不论有何感情上的事，冬天已过去，春天已经来临，年轻人的兴趣并没有转到爱情上来，而是又回到了战争上……在他提出应公正地对待他在尼塞西蒂要塞战役中的表现的请求后不久，费尔法克斯写信给他。信中写道：“如果星期六夜晚的休息不足以让您明天到这儿来，女士们就会把椅子用马给您载过来，或者是干脆徒步去拜见您，她们多么希望能尽快亲眼见到您，见到您这位像不久前前去捍卫国家事业那样一模一样的绅士。”另外，这封信后面还附了以下的文字：

亲爱的先生：

——谢天谢地，您已安全回来，我必须责怪您，您怎么忍心能拒绝我们今晚想见您的要求。我保证，没有什么可以阻止我们今晚去弗农山庄拜见您的脚步，除非我们的同伴不同意我们去看您。但是，如果您明天早上不来见我们，我们定会来弗农山庄的。

萨莉·费尔法克斯

安·斯皮林

伊俐莎·登特

不过，这不是女人写给华盛顿的唯一一则附言。在弗吉尼亚一位很有影响力的人物——阿奇博尔德·卡里的一封信中，还写有这样一段附言：

卡里夫人和鲁道夫小姐也希望您的这种光荣会得到女性们的喜欢。

“这个季节需要派人出征”

与此同时，迪凯纳要塞的法国人还沉浸在最近获得的胜利中，没有想到眼前的危险，他们放松了警惕。在迪凯纳要塞，作为人质的斯托博，是一位拥有相当自由的囚犯，他想办法于7月28日偷偷地让一名印第安人将一封信送给了英军指挥官，信中附有要塞的平面图。“这里有两百人，”他在信中写道，“预计还有两百人会到来；其余的人都分成小分队出去了；所有的加起来是一千人，另外还有印第安人。只有孔特雷库尔和由四十名士兵、五名军官组成的卫队住在要塞内，其他人都住在要塞周围用树皮搭成的小屋里，印第安人白天和晚上随时可以进出。如果能选出一百名可靠的肖尼人、明戈人和特拉华人，就可以突袭要塞；白天埋伏在栅栏下，夜里用斧头干掉卫兵，关上暗门，要塞就是我们的了。”

斯托博在信中体现了他一种忠诚和大度的自我牺牲的精神。在提到他和他的人质同伴范布拉姆可能会遇到的危险时，斯托博说，“为了远征，请不必顾及我们。当我们答应为国家服务时，就已将生死置之度外了。对我而言，我宁愿死一百次来换取占领要塞的快乐，也不愿意苟活一天。他们对在草地（尼塞西蒂要塞）时所取得的胜利是如此的自负和骄傲，我宁死也不愿意听到他们的声音，赶快进攻。”

印第安人信使把信带到奥赫奎克，交到乔治·克罗根的手中。和他一起的印第安人首领们一定要他当面打开信，他打开信，但他看了内容后，就转交给了宾夕法尼亚总督。斯托博传递的秘密情报，可能是导致丁威迪突然提出一个作战方案的原因。他计划派出一支分队，强行军翻越山脉，对法国人实施突然袭击，一举拿下迪凯纳要塞；若不成功，就在附近建一个与之相抗衡的要塞。于是，他写信给华盛顿，要求他带着几个人员完整的连队往威斯尔溪，并命令其他军官们一旦为其他连队征募到足够的士兵后，就尽快赶上他们。“这一年的这个季节，”他还说，“需要派人出征，我依靠你一贯的勤奋和意志去鼓舞你的士兵，鼓舞他们在这次行动中积极战斗。”

七年战争的第一次打击

此时，华盛顿先生正在招募一个团，尽管弗吉尼亚政府发放的薪俸不足，而且又没有特别的资助，但他还是能够将他们聚集到一起，并计划在这些战士的帮助下坚决阻止法国人的入侵，而不愿只是派一名使者出面去解决。另一位军官，特伦特上校带着一小支部队，已被派往西部驻守，修筑工事，以便能抵抗敌人的攻击。法国军队在人数上大大超过了我军。他们来到英国人的前哨基地，在宾夕法尼亚境内，也就是现在匹兹堡的位置，修建要塞。对于一名手下只有四十个人的弗吉尼亚军官来说，当数量上多出二十倍的加拿大人出现在他尚未修建好的防御工事前时，他无论如何也是抵抗不了的。在不受折磨和干扰的前提下，他只得撤离。而法国人则占领并加固了要塞，并用加拿大总督的名字迪凯纳来命名要塞。一直到这个时候，都没有真正意义上的战争发生。两个敌对国家的军队面对面——枪已上膛，但还没有一个人喊“开火！”在宾夕法尼亚的荒郊野邻里，奇怪的是，一个年轻的弗吉尼亚军官打响的枪声，居然点燃一场将持续六十年之久的战争，从他自己的国家蔓延至欧洲，使法国失去了其在北美的殖民地，而且将我们的殖民地独立出来，创造了一个伟大的西方共和国，最终使旧世界逐渐退潮，新世界逐渐兴起。而在无数参与这场巨大的战争的人当中，华盛顿则是得到了最大的荣誉，他是第一个打响战争的人！

“正当合理的”

1754年，为了把印第安人争取到英国人的阵营中来，华盛顿在他的日记中写道，“要让我们营地里的年轻印第安人知道法国人是想要杀死亚王”——一种他自己都几乎不会相信的外交辞令；他还说此计策“收到了预期的效果”。而一个法国编辑则称这是一种“欺骗”行为。在同一次战役中，他被迫签署了一份投降协议书，承认犯有谋杀罪。华盛顿本人后来极力否认投降书中包含的所有指控，并宣称文件在翻译和宣读过程中并没有向他解释清楚。此事在弗吉尼亚引起了轩然大波。另一方面，另一名当时在宣读文件现场的军官则声明说他拒绝在投降书上签字，因为“他们在投降书中指控我们犯有谋杀罪。”

1775 年，华盛顿在写给一个印第安人代表的信中说，听到他的方法“欣喜若狂”，他详细讲述了这个人“对我们光荣事业的由衷忠诚”，以及他“我有很多证据可以证明的勇气”。在一封给省督的信件中，华盛顿说，“这封信有点阿谀奉承的味道，但是，我希望在这样一种情况下这是正当合理的。”

无奈之举

政府对华盛顿先生的事情采取了宽容的态度，而且令他惊讶的是，政府还写信向他表示感谢，赞扬他的努力工作和巧妙撤退……

但是官方这种理性的心态并没有保持多久。他们通过提高供给来扩大军队，并趁此机会一次性解决常规军和殖民地军队之间孰重孰轻关系的难题。前者持有国王授予的委任状，后者则是各省自己招募、用来保卫本省安全的军队。新的调整和安排则是愚蠢之极，似乎是要把一次军事行动给取消掉。结果，没有指挥官和将军，也没有上校，只是让每个连队听从各自负责的上尉，依情况行事。新的条例最终由乔治二世国王颁布，结果导致国王委任的任何军官在级别上都要高于地方委任的军官，甚至比地方军官的最高级别都要高。这样一来，如果战场上有一名英王委任的将军，那么地方委任的将军实际上就不是军官了。

在这种情况下，华盛顿上校只有一条路可走。他辞去自己在弗吉尼亚军队的职务，以示抗议，并用非常愤怒的言辞阐述了自己的理由，然后回到了弗农山庄的家。他喜爱战斗，放弃军队生涯使他极为伤感和失望，但是，既然不能同时保留军职和自尊，那就只能辞去军职。

第八章 随布雷多克征战

年轻的指挥官和顽固的总督

华盛顿战场上归来后，发现他的名声给他带来了诸多的好处。议会下院并没有指责他，而是接受了他的解释，并因他的勇敢而向他表示感谢，同时还给他的士兵们每人发了一把手枪（约值四美元）。年轻的指挥官已经经历了战火的洗礼，也经历了胜利和失败，现在他不仅有能力和法国人作战，而且还能与总督论理。不过，相比较而言，与总督论理似乎是更难，更让他不快。

华盛顿带着仅有的一点荣誉，口袋空空和满怀失望地回到了弗农山庄，但他还是极希望能继续他的军事生涯。当时，斯托博少校被法国人扣为人质，留在法方，以作为交换华盛顿第一次战役中俘获的法军战俘的条件。斯托博少校成功地让一名印第安人将一封信送到了英军的前哨阵地，并称可以轻而易举地夺取迪凯纳要塞时，华盛顿几乎还未开始处理其私人事务。这封信最终似乎是到了丁威迪总督的手中，信可能是从边界送到宾夕法尼亚总督处后，再转到丁威迪总督的手中的。因此，丁威迪总督突然做出计划，让部队轻装上阵，强行军向迪凯纳要塞进发，并命令华盛顿参加这次行动。

丁威迪对战争的理解就好像是一只猫对一个建筑物的理解那样，也就是说，他有时只是外行，不懂战争的套路。尽管此前签有投降协议书，他还是拒绝放还法国战俘。既没有资金支付军饷，甚至也没有钱购买军需品，他仍坚持要部队服役。现在已是八月末，没有弹药和给养，没有粮草和衣服，也没有交通运输工具，甚至在连军队兵源都不足仍需招募的情况下，他竟然提议发起一场冬季战役。华盛顿成功地劝阻了他不合情理的做法，但总督总得找个途径发泄一下他好战的心情。他不顾一切地指责议会下院不支持他的计划，不批准他所要求的经费。然后，为了排除异议使军事计划得以实施，他重新将弗吉尼亚军队组织成了几个独立的连队，而且将指挥官的军阶最高定为上尉。然而，这种颇有技巧的做法结果却将华盛顿上校排除出了军队。如果不是英王任命马里兰总督夏普担任抗击法军军队的总司令，不知道丁威迪还会做出什么荒唐可笑的蠢事。

大麻烦和小烦恼

此外，一些原本微不足道的小问题却演变成了大麻烦。马里兰的一名上尉，手下只有三十人，却因有国王直接授予的委任状而声称自己的军级要高于弗吉尼亚军队的总指挥官。为此，华盛顿不得不前往波士顿去解决这件让人头痛的事……解决了这件事之后，他重又投入到了这场令人沮丧的战斗中。他直言不讳地谴责丁威迪愚蠢的计划，指出政府的缺点，这使得威廉斯堡的一些人开始对他不满，在背后诽谤他。“对我的命令，”他说，“是黑暗的，令人怀疑的，不确定的；今天批准明天取消，让我们冒着危险行动，对后果承担责任，还责备我们没有好好防御。”不过，无论如何，他还是决定在新总司令劳登勋爵到来之前容忍着，希望新总司令能带来活力，改进现状。然而，不幸的是，这位新将军注定只能给他增添新的失望，因为劳登勋爵是一个更加无能之人，他的到来只会给目前的情况添乱。他对南部毫不关心，而北部的事态则更加恶化，弗吉尼亚陷入了孤立无援之中。强烈的失望情绪折磨着华盛顿，对他的不满和抨击也与日俱增。事情发展成这种局面并不奇怪，他曾写信给对他很不满的总督。实际上，总督对他，对每一个人的态度都很难堪。毕竟，华盛顿还年轻，总是无法控制自己火爆的脾气。在那时候，他说话没有一点外交技巧，而且缺乏耐性，言语虽真诚有力，却充满着一种强烈、直率的讽刺。当有人指责他说的危险是凭空想象时，他大为恼火。他愤怒地写信给总督要讨个公道。另外，他还在给朋友皮奇上尉的信中写道：

C上校对我上个春天的行为粗暴和无耻地妄加评论，这是完全没有必要的。我敢说，您此时会发现，他随意地拿我的人格开玩笑只不过是一种有趣的自娱而已。从另一个方面看，这也说明了他对您的朋友的爱，对真理不容侵犯的爱，以及他莫测高深的知识和巧妙的智慧本领。欢迎您使用我在任何时期给您写的信，虽然我不会保留写给朋友的书信副本，也不会记得所有内容，但我可以明智地说，里面所讲的都是公正的话，我的书信中有真相和诚实。因此，我不会感到羞愧，虽然有人可能会批评和指责我的风格。

华盛顿、富兰克林和布拉多克将军

得知弗吉尼亚议会下院愿意为祖国出一臂之力后，英国拨出了一万英镑经费和部分军火。尽管下院不愿不惜一切代价去支持实际上是两个欧洲国家之间的战争，他们还是筹集了两万英镑。看起来华盛顿在这场即将到来的战争中好像没有一席之地，但接下来的春天，爱德华·布拉多克将军被从英国派来指挥全面抗击法国后，他邀请华盛顿加入他的军队，成为参谋部的一员。这是布拉多克将军在这个国家的整个军事生涯中所做的唯一明智之举。

布拉多克是一位接受过多年军事训练的老兵，在伦敦度过了几年休闲的安稳日子。他注重礼节，做事勇敢，受人尊敬，但过于刚愎自用，是个急性子。有关他的军事素养，就和吉尔伯特和沙利文的喜剧《佩欣斯》（或《彭托尼的新娘》）中的人物卡尔弗利上校所描述的重装龙骑兵那样。布拉多克认为，不知道的事情就不值得去了解。在殖民地，只有两个人的话他会洗耳恭听。一个是本杰明·富兰克林，还有一个就是华盛顿。富兰克林一出生就仿佛已经活了几个世纪，具有丰富的知识和经验，他懂得如何在说一个人是傻瓜的同时又不伤害到对方的感情。华盛顿虽然不及富兰克林那么富有智慧，足智多谋，但他会非常有见识地谈论他了解的事情。

然而，即使布拉多克尊重这两个人，那也挽救不了他。当精明的富兰克林试图向布拉多克提一些有关与印第安人冲突的建议时，布拉多克将军却认为那是富兰克林自己凭空想出来的。他回答说，“这些野蛮人对不熟练的美洲民兵来说可能是可怕的敌人，但对于国王训练有素的正规军来说，他们是不堪一击的。”经过这次争论后，富兰克林不想再浪费自己好的建议。不过，有爱国心的富兰克林最终以自己的名誉担保，确保布拉多克的军需军官获得了急需的大量马匹和马车，因为军需军官原来用威胁和粗暴的方法无法从农民那里征得所需的物资。

然而，华盛顿则没有让布拉多克这么轻松。这位年轻的助手，按他的说法，与布拉多克将军会有“经常性的争论”。华盛顿能坚持下来，保住职位，或许是他能克制自己脾气的缘故。但是，要克制人类的这种天性有多难，这也许从华盛顿的话中可见一斑。他说布拉多克“对于自己宣称的观点从不会放手，但他的观点从不符合理性和常识”。

布拉多克将军的副官

布拉多克将军4月20日从亚里山德里亚出发，华盛顿滞后几天处理事务，然后在马兰里的弗雷德里克敦与将军会合。5月10日，在弗雷德里克敦，华盛顿被任命为将军的一名参谋。

军队在威尔斯溪停留期间，华盛顿被派往威廉斯堡去取四千英镑的军款，两周以后，他从温彻斯特回来了，有八个人护送着他。他写道：“这八个人，花了两天时间才集中起来，但我相信，如果我受到袭击的话，他们不用几秒钟就会逃得无影无踪。”

华盛顿预先希望军队能快速前进，但结果令他很失望。将军虽然基本上采纳了他的意见，但并没有得到严格执行。布拉多克依据自己所受的军事教育顽固地迷信于欧洲的正规战术，不愿根据新国度的情况采取权宜的办法。但是，在一个新的国家，各种各样的困难都会遇到，只能随机应变。华盛顿说：“我发现，即使在道路略有些崎岖不平的情况下，他们也不是奋力兼程地前进，每遇到一个鼹鼠丘，就停下来铲平，每遇到一条小溪，就停下来架桥。这样，我们花了四天时间才走了十二英里。”

在行军过程中，华盛顿一连几天高烧不停，还伴有剧烈的头痛。他的病情日益加重，以至于有一段时间不能骑马，只能躺在一辆篷车里行路。他的这种状态一直持续到23日。他说，“将军下了命令，要医生把詹姆斯医生发明的退烧药拿给我服用；这是世界上最好的药品之一，只服用了四天，我的高烧和其他不适症状全都消退了。”

迪凯纳要塞战役

高烧稍退后，华盛顿就离开了邓巴上校。由于还不能骑马，他仍然坐着马车，于6月8日赶上了部队。他到的很及时。次日，军队就渡过莫农加希拉河，去攻打要塞。士兵们渡河的壮观场面使华盛顿的精神一振，但他仍然心存疑虑……

部队以整齐的队列向前推进，看上去既风光又好看。此时，突然前方传来了枪声，运送物资的马车很快就往后退。呐喊声和嚎叫声四处回响着，一队看不见的敌人从一处处致命的枪声中蜂拥而出。华盛顿乞求布拉多克将士兵带领到树林中作战，但一切只是徒费口舌。将军要求他们必须排成队列作战，否则就不要打仗。结果，是他们根本就没有作战。士兵们惊慌失措，乱成一团。到最后，布拉多克受了重伤，部队溃不成军，四处逃命。在常规军中，士兵死伤七百人；八十六名军官虽然很英勇，但也有六十二名军官阵亡或受伤。两百名法国人和六百名印第安人就这样取得了胜利。英军中唯一称得上是在作战的就是弗吉尼亚士兵。“这些不熟练的美洲民兵”，像游击队员那样散开，在自己的土地上和敌人交战，几乎是以一个人为一个作战单位。

华盛顿从一开始就全力地投入到了战斗中。他骑着马在战场上来回奔跑，试图按命令重新集合“这些胆小鬼”——他后来对常规军士兵的称呼。他努力想让炮兵出来作战，但炮手们不愿装弹药，尽管他自己亲自操作一门大炮，发射了一枚炮弹。在整个厮杀过程中，华盛顿一直来回穿梭，战斗的刺激使他从头至尾完全暴露在枪林弹雨中，甚至我们现在回想起他在烟火之中穿行的情景，心跳不禁也要加快。他的脸上透着光芒，眼睛里闪着战斗的激情，领导着自己的弗吉尼亚战士，竭力想遏制灾难的发生。他骑的马有两匹被子弹击中死去，有四颗子弹穿过他的外衣。印第安人认为他冥冥之中有神保佑，尽管有人在殖民地报道了他死亡的消息，并附上他的临终遗言。实际上，他后来在给哥哥的信中冷静地写道，自己还未准备过任何临终遗言。

战斗经过

那是一个阳光明媚的七月早晨，军队在向着迪凯纳要塞前进，再行十英里就可到达。士兵们身着鲜艳的红色制服，雄赳赳气昂昂地沿着莫农加希拉河河谷前进，此时，他们的枪管和刺刀在阳光的照耀下闪闪发光，军旗迎风飘扬，军鼓和军号齐鸣，好不威风。盖奇中校率领着三百名士兵作为先头部队渡过河，穿过平原，登上一座小山。戈登先生则带着一支先遣队在最前面探路。布拉多克将军没有想到会遭受到袭击，因为他是要去攻打法军。戈登先生看到一个身穿灰色猎袍的人在挥着帽子，胸前的银色盔甲闪着亮光。此人是法国军官博让，他带着二百三十名法国士兵和六百三十名印第安人从迪凯纳要塞来，要给布拉多克尝尝在荒野之地作战的滋味。就在此时此刻，每棵树后都闪出火光，盖奇的前头部队随即散开，英国士兵们开始排枪射击，博让的十三个手下倒在了地上。

盖奇的炮兵也架好两门大炮开始发射。隆隆的炮声响彻河流的上空，被吓怕了的印第安人开始逃跑；但法国人仍然坚守阵地，之后，印第安人嚎叫着又回来作战。

法国人高呼："国王万岁！"

英国人则高呼："乔治国王万岁！"

伯顿中校增援赶来，但他的军队已是惊慌失措。布拉多克想重新集合部队。可他们只是胡乱地上膛开枪，只看见火花四溅，烟雾阵阵，却几乎看不见敌人的影子，但前方、两侧和后面都有枪击声，是印第安人在朝着拉着行李车的马匹射击，驾马车的人已逃离，一时间士兵和军官不断地滚下。布拉多克墨守兵书上的陈规，仍在坚持要把部队分成连排作战；而早已习惯了荒野之地作战方式的弗吉尼亚士兵则分散开来，隐藏在岩石和树木后面，或者匍匐在平地上，伺机给法国人和印第安人的脑门一枪。布拉多克骂他们不在连排队列里站好，结果用指挥刀砍伤了他们。

多么荒谬！谁听说过打仗时要藏在树后面的！

瓦戈纳上尉将他的弗吉尼亚士兵布置在充当临时防护墙的一颗倒下的树后面，然后对着法国人不断射击，但是其中的五十人却被惊慌失措的英国人开枪误杀了。英国士兵完全丧失了理智，把他们当作了法国人。而法国人和印第安人则想击毙所有的英国军官。布雷多克的副手彼得·霍尔基特爵士中弹倒下，死在地上，布拉多克的秘书谢利因一颗子弹穿透胸膛也倒在了地上。伯顿中校、盖奇中校、奥姆上校、斯巴克少校、霍尔基特少校和莫里斯上尉都负了伤。

华盛顿的马也死了，而他刚骑了一会儿的马也被子弹击中。紧接着，一颗子弹穿过他的外衣，然后又一颗子弹，第三颗，第四颗子弹打穿了他的衣服,但他命不该死,上帝还有很重大的使命要他去为人类而战,因为这还只是开始。

整个下午，从两点到五点，骚乱一直没有停歇——英国人或挤作一团，或散落在小路的两旁，看到一个法国人或印第安人就打一枪，消耗着弹药。只有弗吉尼亚士兵是冷静的，静待着机会，从树后瞄准野蛮人，将子弹射进他们的脑门。

下午五点钟,布拉多克骑的马已有五匹被子弹射中。在发号施令时,他被一颗子弹击中，倒在了地上。他的士兵纷纷把枪和背包扔到一边，像一群受了惊吓的羔羊一样四处逃散。华盛顿竭力想阻止他们，他乞求着，威胁着，但于事无补。

“不要让你们的将军被割了头皮！”奥姆上校大声喊道,“把他抬走,我会给你们六十几尼。”

此时，布拉多克和金钱对他们又有什么意义呢？逃命才是他们唯一的念头。斯图尔特上尉和另一名弗吉尼亚军官抬着负伤的将军，逃离了战场。整个晚上，一直到第二天，英国人都在逃亡，而弗吉尼亚士兵则在华盛顿的领导下断后保护，保护着受伤的将军。

法国人和印第安人没有乘胜追击；他们已经赢得了一场巨大的胜利，接下来要做的是分夺战利品——喝朗姆酒，吃熏肉，兴高采烈地数着割下的头皮。

对怯懦的憎恶

华盛顿在展现英勇无畏的气概的同时，也体现了其对怯懦行为的憎恶。的确，他根本就不知道什么是怯懦。在伏击朱蒙维尔的第一次战役后，针对法国人投降之事，华盛顿曾给总督写信说，“如果法国军队的意志表现得不如他们这次派出的小分队坚强，我可以说，我们可以毫不费力地将他们驱赶出去。”对于布拉多克的失败，虽然华盛顿要求弗吉尼亚人“表现得像个男子汉，死得像个战士”，但他几乎无法用词语来表达他对英国“胆小的常规军”的蔑视，当他们“像绵羊遇到猎犬一样乱作四处逃窜”时，他称这是“懦弱的行为”，对他们“最丑恶地”和“可耻地被打败”非常愤怒。

“联合或灭亡！”

“合众为一”，这句美国国徽上的格言，是本杰明·富兰克林真诚教诲的生动体现。富兰克林作为邮政总长、印第安人事务专员和殖民地大会代表，在殖民地四处奔波。他是一个“全能的人”，总是出现在最需要他的地方；他不仅热爱自由和正义，而且为人坦率和幽默，也是那些代表君权的人的朋友——这丝毫不损他为人民谋取利益和展现事实真相的信念……在与法国印第安人战争期间，富兰克林是一名领导者，他招募士兵，采购马匹、马车和物资；与乔治·华盛顿紧密合作。华盛顿当时比富兰克林小二十六岁，还只是一名事业正处在上升期的弗吉尼亚军官。

在履行职责的过程中，富兰克林遇到了布拉多克将军。富兰克林努力向傲慢的将军就应如何与法国人和印第安人作战提出建议。富兰克林本人这样描述布雷多克：

“他对我的无知笑了笑，回答说，‘的确，这些野蛮人对不熟练的美洲民兵来说可能是可怕的敌人，但对于国王训练有素的正规军来说，先生，他们是不堪一击的。’”

1754 年，就在富兰克林作为殖民地大会代表前往奥尔巴尼前夕，他创办的报纸《宾夕法尼亚报》上刊登了一幅木版画，画的是一条蛇，被分成了好几段，分别代表不同的殖民地；在蛇被分离的一段段身躯下刻有“联合或灭亡”的铭文。这个设计在那个乱事之时被选作一面旗帜的图案。法国印第安人战争所付出的沉重代价，以及国王和土地所有人们的逃避，引起了宾夕法尼亚人民强烈的义愤。这些“所有人”是指理查德和托马斯·佩恩，著名的教友派教徒威廉·佩恩的后代。八十年前，查理二世将大片土地（宾夕法尼亚省地区）赠予威廉·佩恩，并以“宾（佩恩）”的名字命名。然而，那些堕落的后代并不像他们高贵的祖父那样，具有崇高的目标，他们唯一的目的就是从自己巨大的地产中获得尽可能多的收益，在当时约能值五千万美元。在对法战争后期，他们拒不纳税，也不承担任何防御经费。于是富兰克林被派往伦敦表示抗议，并尽力想让国王理解其在美洲的子民所遭受的委屈和痛苦。富兰克林于1757年7月到达伦敦，因佩恩家族玩忽和拖延的做法，滞留了五年才回来，除了获得国王对土地所有人征税的默许之后，别无他获。回来后，富兰克林比以往任何时候都更富有热情地投入到了殖民地的事业之中。“合则兴，分则亡”成为他的座右铭，因为他是最早觉察到将会发生一场“抑制不住的冲突”的人之一。

否认“过分夸大的”死亡报道

给约翰·奥古斯丁·华盛顿的信

亲爱的弟弟：

自我抵达这里后，得知有报道说我已死，还留下了临终遗言。我趁早借此机会予以反驳，同时让您相信我还未准备过临终遗言。由于全能的上帝的赦免，我得到近乎神奇的保佑：四颗子弹穿过我的外衣，我骑的两匹马也先后中弹死去，可我竟未受伤，尽管死神将我周围的战友不断地夺走。

我们被人数甚少的敌人所打败，实在是极大的耻辱。不过，由于身体疲倦和时间不够，所有细节情况，只有待我返回弗农山庄后再如实相告。我现在最热切盼望的是回到弗农山庄，因为我们已分开很长时间了。我目前健康欠佳，身体虚弱，得在此稍停二三日，待体力稍有恢复，再轻松愉快地继续上路，返还家园。预期您可在星期六或星期日晚上见到我。我准备取道我的布尔斯金种植园，估计那时完全可以到达。请代问候我所有的朋友们。

您亲爱的哥哥，乔治

1755年7月15日于坎柏兰要塞

"我甘愿牺牲自己"

匆忙撤退之后，邓巴上校丢弃了所有的东西，惊恐地逃到了费城。弗吉尼亚已陷入极大的恐慌中。议会最终在极度的不安中召开会议，投票决定拨出充足的资金，以组建一个有一千人的军团。而此时，疲惫不堪、有病在身的华盛顿已回到了弗农山庄。有人催促华盛顿去谋求和争取弗吉尼亚军团的指挥权，可华盛顿不喜欢用请求的方式，所以拒绝这样做。8月14日，他写信对母亲说："如果是我自己能够决定不去俄亥俄，那我定然不会去；但如果是弗吉尼亚人民的呼声要求我出任指挥官，且条件又无可非议，那我再次拒绝就成了我的耻辱了！"就在同一天，根据他提出的条件，他被任命为弗吉尼亚军队的总指挥官。弗吉尼亚相信华盛顿，而他也已做好准备听从弗吉尼亚的召唤。

华盛顿立即走马上任，前往温彻斯特。虽然他还是一个没有军队的将军，但仍可以注意到民众仍处于惊惶不安之中。华盛顿已做好准备，开始投入到摆在他面前的这项令人厌烦、枯燥乏味和毫无结果的任务中。1757年4月，他写道："自接受任命以来，二十多个月过去了，我一直是驻守在荒凉、寒冷的边塞，要执行一项我可以说是不可能完成的任务——仅凭一支人数不足的队伍，要保护方圆三百五十多英里范围内的居民，免遭狡猾和野蛮的敌人的侵犯！"华盛顿这番话扼要地说明了随后三年的大致情况。对华盛顿来说，这是一场漫长的斗争，在前线要与野蛮的敌人作战，而在后方却要遭那些心胸狭窄和愚昧无知之徒嫉妒中伤。如此情况下，显然不会有任何好的结果，也不可能获得任何荣誉和奖赏。虽然议会批准组建军队，但是士兵招募工作困难重重；而且即使招募到新兵，也会因总督与议会之间的争吵而受到不合理的对待，这使得为把严明的军纪带入军营而日夜操劳的总司令华盛顿怒不可遏。他给威廉斯堡方面写了长长的信，列举了存在的种种弊端，并要求实施新的民兵法。

事实上，军队的组建遇到了很大的困难，即使在最迫切需要的情况下也是如此；况且部队一旦组建起来后，却几乎又没有可用的价值。华盛顿曾就一名“高尚的上尉”不愿随军出征之事写道：“这位伟大的上尉冷静而有节制地回答说，他的妻子、家庭和玉米都危在旦夕；而且他的那些士兵们的情况也是如此，因此他不能前来。这就是一个军官的例子；这就是一个男人的行为；在这种情况下国家的安全怎么能倚靠呢！”一方面，军队士兵受到怠慢，议会迟疑不决，民兵不服从命令；但另一方面，恐惧却笼罩着边界，法国人和印第安人在漫长而又无人保卫的边界线上行动不断。他们每发起一次新的入侵，就烧毁农舍和村庄，杀害村民，鲜血染红了田野。虽然威廉斯堡的绅士们有相当的勇气能容忍这些不幸，但是华盛顿对他们的这种妄用权力和不作为的恶习深恶痛绝。他发誓说，如果不是因为危在旦夕的时局，他会毫不犹豫地辞去指挥官职务。“妇女们恳求的眼泪，”他写道，“和男人们的苦苦哀告令我悲伤不已，我庄严地宣布，如果我深知自己的想法，我甘愿牺牲自己，任由敌人屠杀，只要能为保护人民的安宁做出贡献。”

边防战士生涯的结束

华盛顿公职生涯的第一阶段就这样结束了，我们目睹了他在期间的各种表现。我们看到的是一名富有冒险精神的先驱者，一名不计后果的边防战士，一名前途无量的军人。在此期间，他从中学到了许多东西，在艰苦的逆境中积累了许多经验，在与法国人和印第安人作战的过程中学到了作战的艺术和兵法，同时还学会了如何去忍受和应对政府的迟钝和低效。由此，他在努力实现自己目标的过程中也学会了自我克制，掌握了人员管理的能力。对他以后所从事的事业来说，再也没有比这更好的锻炼机会了，将来的日子会表明这一时期的磨炼对他是多么的有益。作为一名战士，我们对华盛顿的表现和行为已有所了解。现在，暂且让我们转换一下话题，让我们去看一看华盛顿生活中温情和快乐的一面，让我们试着走进其同样重要和更具吸引力的个人和家庭生活中去认识他。

第九章　年轻上校的求爱经历

殖民地上校

在随布拉多克将军作战之后的三年时间里，华盛顿在弗吉尼亚殖民地不仅赢得了无数荣誉，同时也经受了各种痛苦。他拥有军衔、权力、军队和金钱；但是所有这些，对于一个不得不忍受丁威迪总督领导的军人来说，又意味着什么呢？毫无疑问，这位老绅士热衷于战争，但是他的一些军事理念发展至后来已使那些准备战斗的人变得异常恼怒。虽然在那个年代，应该如何做一名战时总督，算不上是什么精密的科学，但丁威迪也不至于只是满足于表现出像头军骡那样的素质，何况按当时的观念和做法，尤其不允许总督像伊索寓言中的骡子那样来衡量自己的功过。然而，这个骄傲自大、顽固不化、目光短浅、心胸狭窄和嫉妒猜疑的总督，与在边境线上的法国人和印第安人相比，反而给军队带来了更多的麻烦。不过，作为殖民地军队的总司令，华盛顿，并没有用火药和子弹来和这个老家伙作对，甚至也没有把他驱逐出境。他的自我约束能力实在是非同一般。

由于担心法国人和印第安人会把战火烧到殖民地内的居住区，弗吉尼亚议会下院决定拨出大量的人力财力，招募士兵，立刻组建了一个有一千人的团。华盛顿成为军队的上校，虽然丁威迪是被迫下委任状任命华盛顿的，但却从来都没有原谅过他。因为总督自己看中的人选是北卡罗来纳的英尼斯上校。和总督一样，英尼斯也是苏格兰人，有一大批苏格兰同胞支持他。那个时候，爱国的苏格兰人认为伊甸园和伯利恒都是在苏格兰境内，苏格兰人是上帝选中的种族，因此他们自然地就紧密团结在一起。回想起他们在争夺弗吉尼亚团上校职位的漫长过程中的丑恶表现，我们或许可以明白，为何苏格兰人会因其所作所为而在《独立宣言》的初稿中被归入应受谴责的人之列。

作为弗吉尼亚团的上校，华盛顿成为殖民地军队的总司令。他把总部设在温彻斯特，边境上最大的一个城镇，从这里到殖民地的其他地方交通比较便利。

华盛顿上校如何“拿下”波士顿

当时军队系统的优点之一是，每一个殖民地都拥有自己的军队，英国只是派一名总司令官在名义上监督他们。然而，在军衔等级问题上，则时常会发生争吵。在志愿者中有一些由英王直接委任的军官，他们拒绝接受只由殖民地总督委任的级别更高的军官的命令。马里兰一位名叫达哥沃西的上尉，因有国王的直接委任状而称自己对坎伯兰要塞负有指挥权，于是，很快就引发了马里兰和弗吉尼亚之间一场争吵，从而有可能把华盛顿赶下台的危险。这件事最终交由英国在北美地区的总司令雪利将军处理，华盛顿因此被遣往将军处进行解释。

就在两个殖民地之间争论不休的时候，华盛顿有了一次愉快的旅程，这是他人生中旅程最愉快的经历之一，因为这次旅程把他与波士顿联系在了一起，不过这仅仅是他波士顿之行的一个次要收获。一开始，这个年轻人可能处于对其很不利的位置，因为他还尚未成为美国之父。而波士顿则相反，它至少在过去的一个世纪里是世界的中心。尽管那样，这位年轻人与这座城市之间彼此都留下了很好的印象；那些样子难看、笨拙的北方人不禁都为这位六尺二寸高且身材匀称的年轻人所吸引。北方人衣着不整，而华盛顿则穿戴富贵而完美。北方的马如同是干鳕鱼，没了精神，眼里满是悲伤；而华盛顿则是骑着一匹健美的战马来到波士顿，甚至连他的黑人随从也骑着好马。华盛顿这位年轻的弗吉尼亚人很快“拿下了这座城”。当地人不可能像现在这样用一个小时的时间带他去参观邦克山纪念碑，被大火烧毁的地区和繁华的北湾区，因为这些都是后来才有的。不过，他们给予了他们所拥有的——热诚、爱国心和豆子。他在信中提到豆子时，显得痛苦沉默，因为对于有些事情唯有沉默才是合理的，但当地人民的热情好客和热心公益的精神令华盛顿感到极大的满足。

英俊的上校策马扬鞭奔向波士顿

华盛顿一行的小队人马于 1756 年 2 月 4 日离开弗吉尼亚。他们穿过幽暗森林时的情景一定是非常醒目耀眼。走在最前面的是华盛顿上校，他骑的马当然是最好的。自从华盛顿骑马不用马鞍在草原上驰骋时起，他就喜欢马，了解马，一直到后来在赛马比赛中担任裁判，看着自己的小马驹“木兰”在比赛中被打败。在这次远行中，他当然也是身着浅黄色和蓝色相间的制服，肩上披着红白相间的斗篷，随身佩戴的剑柄上饰有金红色的穗带。他的一身“骑马行头”也是最好的，是英国伦敦货，饰有“皇家军服专用的缎带”，手臂外罩上有华盛顿的徽章。他的左右紧跟着两名随从，同样也是身着浅黄色和蓝色相间的制服，仆人们跟在他们的后面，身着和华盛顿一样的红白相间的衣服，戴着银饰的帽子。一队人马以如此装束，一起奔向北方。

上校人未到，但他的名声早已远扬。各个殖民地的人民都知道华盛顿是随布拉多克在战场上浴血奋战的英雄，是弗吉尼亚军队的指挥官。每经过一地，家家户户都打开大门，热情地欢迎这位年轻的战士。在费城和纽约，人们都设宴备酒，热情接待他。除此之外，在纽约时，华盛顿还对女继承人，朋友贝弗利·罗宾逊妻子的妹妹玛丽·菲利普斯一见钟情，但华盛顿还是强迫自己离开这些物质和爱情上的诱惑，继续前行，前往北美大陆上最重要的城市波士顿，雪利将军司令部的所在地。作为新英格兰的首府，当时的波士顿城市并不大，但社会富裕，原先灰暗阴沉、没有生气的清教徒式生活气氛已被远道而来的英国皇家军官们所改变，取而代之的是快乐开心和充满活力的生活方式。华盛顿在波士顿逗留了十天，与总督官员讨论了政治和战争情况，参观了马萨诸塞的“伟大暨统管的议会”。此外，华盛顿还每天晚上都去舞会跳舞，接受城里富豪权贵们的宴请款待。事情处理完后，他回到纽约，为了美丽的菲利普斯小姐做了短暂停留，但最终没有结果。之后，他就像歌里所唱的勇士一样，缰绳一抖，快马加鞭地奔向南方，奔向弗吉尼亚屡遭袭击和破坏的边境。

一连串要塞与绅士伙伴

就其与马里兰达哥沃西上尉之间的军级高低问题而言，华盛顿的波士顿之行应算是非常成功。虽然雪利将军并不比其他从英国派往北美的大多数将军聪明多少，但他非常清楚上校的军衔要高于上尉，尽管达哥沃西上尉是在他自己所在的省任职。然而，对于涉及军级的其他方面的问题，夏利的态度则不令人满意。华盛顿无法为自己和他的军官们获得国王的委任状。与想教训爱管闲事的达哥沃西，让其明白自己身份的想法相比，华盛顿的这个愿望更为强烈。

回到弗吉尼亚后，华盛顿迅速地投入到工作中。他在东部见到了不少政治家，还见识了他们布置豪华的客厅，而在弗吉尼亚他所要面对的则是丁威迪和莽林营地，这无疑是一个可怕的反差。但是，华盛顿不会其他许多军官那样，报称病假而匆匆赶往一个称心的城市，在可靠的酒吧里为自己找乐子。相反，华盛顿是径直赶赴谢南多厄河河谷，去抵抗敌人的入侵，去完成他的力量和性格所能承受的巨大任务。幸运的是，他的老朋友费尔法克斯也住在谢南多厄河谷。老费尔法克斯不仅活泼勇敢，头脑明智，而且还具有军人风范和很大的影响力，总是能给予华盛顿建议或提供解决问题的方法，甚至还有对华盛顿的同情。边境地区的防御任务对华盛顿来说丝毫没有一点荣耀感可言，而这恰恰是这位年轻的军官此时所不需要的，无论他是多么的渴望。像其他每一个值得留下来的年轻伙伴一样，他得吸取自己所经历过的种种教训，克服自负的情绪，培养自己的性格。荣耀，安逸，甚至是“炫耀”的机会，他都要统统拒绝。每一位军事指挥官都是他的眼中钉，肉中刺，但对华盛顿来说，他发现自己所面对的丁威迪就像是一个布满无数荆棘的丛林。这位年迈的捣乱者尽是发布一些不可能执行的命令，然后在取消不可能的命令的同时又会用更糟糕的指令取而代之。他只有一点是毋庸置疑的，那就是反对华盛顿提出的任何措施和办法。

这个老男人所做的蠢事之一是，在议会下院的支持下，在长达四百英里的边境线上修筑二十三个要塞，由一千五百名士兵分散驻扎防御。值得注意的是，以礼貌著称的法国人居然从来都没有向丁威迪表示过感谢，因为丁威迪“无与伦比的”计划可以帮助他们将弗吉尼亚殖民地的所有军队消灭干净。然后，就好像是要决意建造一所精神病医院，把华盛顿当作是他的第一个病人一样，丁威迪放权任凭年轻的指挥官和一百名被称作“绅士伙伴”的人一起为建新要塞帮助选址。由于所有的这些“伙伴”都是平民，对于值得了解的军事方面的事情，他们当然知道得一清二楚。

大乔治·华盛顿

在弗农山庄的时候，华盛顿又一次看到了他的马儿们——“勇士”“木兰”“钦克林”和“阿贾克斯”——并且骑着它们在原野上驰骋狂奔。

华盛顿也养有一些品种优良的狗。它们会跟着他，帮他捕猎长着毛尾巴的狐狸。“武尔肯”“林伍德”“音乐”和“甜唇”是其中一些狗的名字。当主人再次回到家时，这些狗一定是非常高兴。

但是，华盛顿休息的时间并不长，因为另一场战争即将来临，一场伟大的美国革命战争。

健康不佳

1758年的冬天，华盛顿的身体完全垮了。他病得非常厉害，以至于认为自己的体质已大大削弱。因此，他回到弗农山庄休养，慢慢等待康复。与此同时，英国国内的形势发生了变化，威廉·皮特出任英国国务大臣，主持内阁事务。在威廉·皮特的领导和指挥下，舰队和军队纷纷被派往北美作战。面对一片大好的形势，华盛顿重新振作起来，主动提出到福布斯将军麾下服役；福布斯将军到来后，担负起了布拉多克将军未能完成的任务。随着更多的英国军队的抵达，聚集了一支强大的军事力量。然而，随后发生的情况与以前一样，历史又重演了，整个夏天，英军的拖延和愚蠢之举令华盛顿焦躁不安，他的建议也未被理会，而且在荒野中又开始了新一轮劳民伤财的道路修建工作。由于不听从华盛顿的意见，一支分遣队遭遇了和布拉多克一样的厄运。夏天过去了，一直从秋天到了冬天，这么长时间的辛苦工作和准备却没有换来任何的回报。不过，此时皮特的英军已占领了加拿大和亥俄俄河流域，传来法国撤军的消息。华盛顿带着部队率先进入了硝烟弥漫的迪凯纳要塞。至此，迪凯纳要塞也就成为世人所知的皮特要塞。

短暂而又有礼貌的求爱

据说，华盛顿上校曾在仆人毕绍普的陪同下，途径张伯伦少校房子正对面的威廉渡口，前往殖民地首府，在那里他和总督有一些重要的事情要谈。张伯伦少校在渡口迎接，并盛情邀请华盛顿在他家住上一两天。一开始华盛顿拒绝了，因为他称自己要去威廉斯堡处理重要事务。但直到这位热情好客的绅士一再劝说，还说他这里有全弗吉尼亚最可爱的寡妇时，年轻的军官才被劝服，收起缰绳，接受了张伯伦少校一起用餐的邀请，同时吩咐仆人备好马匹，准备在下午早些时候出发。

华盛顿这次简短而又勇敢的求爱故事经常被人们所提起，但是没有人比卡斯迪斯先生在他的《华盛顿回忆录》中的叙述更正确了。他说道:“他们的第一次见面虽然很平常，但彼此都感到愉悦。在他们这个年龄，都容易给对方都留下最深刻的印象。美丽的夫人有着迷人的举止和很多的优点。而战场归来的英雄（华盛顿），不仅名声响亮，而且他完美的外表就像‘每一个天神都曾在上面打过印记，令世界确信是一个男人的典范’。”一个上午在愉快的气氛中过去了。接近傍晚时分，毕绍普按照指示，牵着华盛顿最喜欢的那匹战马，而另一名随从则在一旁等候着，随时准备策动战马。可等到太阳已经下山，上校的人影仍未出现。毕绍普对上校迟迟未出现感到惊奇不已。“奇怪,太奇怪了。”显然，毕绍普对上校的耽搁很不习惯，因为上校总是最守时的。而此时上校还正在客厅里开心地忙活着。主人注意到了待命等候在门外的老兵毕绍普，于是就说太阳下山后任何人都不能离开他的家，并轻而易举地说服上校吩咐随从晚上照看好马匹。直到第二天太阳已高高升起，被迷住的上校才策马扬鞭地赶往政府所在地。

从威廉斯堡回来后，华盛顿上校来到卡斯迪斯夫人的家中拜访。据说，当时华盛顿是由一名奴隶划船渡过河的。华盛顿问船工女主人是否在家时,他回答说:“是的,先生,我猜想你就是她在期盼的那个人。”这证明漂亮的妇人正准备接待她的客人。显然，就是在这一次，他们订下了婚约，因为直至次年一月份他们结婚的时候，这对恋人一直都没有见过面。

给未婚妻的“只言片语”

给玛莎·卡斯迪斯夫人的信

我们已经开始向俄亥俄挺进。一名信使即将动身前往威廉斯堡，我抓住这次机会给您——从今往后与我生命永不分离的人——写几句话。从我们彼此许下誓言的那一刻欢乐的时光起，我无时无刻不在想着您。愿万能的上帝保佑我们安康。

您永远忠诚和亲爱的朋友，乔治·华盛顿

1758年7月20日

“未曾透露的爱情故事”

一直以来，有人断定华盛顿曾爱上他朋友乔治·威廉·费尔法克斯的妻子，但却没有证据可以证明。相反，虽然他们之间通过信，但不同于情人之间的亲密，他们纯粹是一种柏拉图式的关系。事实上，他和萨莉·卡莱尔（费尔法克斯的另一个女儿）之间也经常通信，也是用同样友好的口气，我们从信中并未发现任何隐晦的内容。华盛顿把她们归为同一类人，说“我是曾给两个女性笔友写过信”。此话看来是恰如其分的。像华盛顿传说中的其他许多恋爱故事一样，后人只是希望他们的家庭能与“一位明星”攀上关系，而不是依据实质性的内容。华盛顿的确从边境给萨莉·费尔法克斯写过信：“与您一起在戏剧《加图》中表演角色，我认为我们应该可以共同度过愉快的时光，相信我，由您扮演玛西娅，而我扮演您的朱巴，那我会感到加倍的幸福。”但当时私下的戏剧表演关系最多也只能算是含蓄的“热情的爱”。况且，费尔法克斯夫人与此同时还因另一个女人而取笑华盛顿。作为回应，华盛顿回复说：

“如果您允许，容我提出反对意见，我会感到荣幸……您把我的忧虑归结为是我渴望得到卡斯迪斯夫人，完全贬低了此事在我心目中的价值。既然如此，我没有必要告诉您，您自己猜吧。难道我的名誉就不应该和国家的幸福一样，是件令人兴奋的事情吗？的确，这是真的，我承认自己是爱情的信徒，承认是有这么一位女士，而且我也承认您认识这位女士。是的，夫人，她非常清楚自己的魅力，任何男人都不禁会被她的魅力所折服，拜倒在她的脚下。我深深地感受到了她的和蔼可亲和美丽动人，在上千次温柔的回忆中，我都试图想忘却，可结果却始终挥之不去，令我重燃激情。哎！但是很遗憾，伤心的经历告诉我这是多么的不可能，同时也说明了我长久以来的一个想法——命运主宰了我们的行为，人性最大的努力也无法抵制。是您让我，亲爱的夫人，或者说更大程度上是我自己，对这个简单的事实作了诚实的坦白。不要误解我的意思，不要怀疑，也不要曝光。这个世界没有义务要知道我爱的人。我以这样的方式告诉您，是因为我想隐瞒。这个世界上我最想知道的只有一件事情，只有您熟知的一个人能够帮我解决，懂得我的心意。”

迪凯纳要塞的终结

当他们接近迪凯纳要塞时，以往战斗失败的惨状越来越清晰可见。布拉多克战败后留下的尸骨仍然散落在战场上，在阳光的照射下泛着白光。

他们终于到达了迪凯纳要塞。他们保持着高度的警惕，准备展开一场恶战。但是，这座给边境地区带来白色恐怖和无数祸害的可怕的要塞，此时却是不堪一击，不费一兵一卒……11 月 25 日，华盛顿和先遣部队一起把英国国旗插在仍硝烟弥漫的要塞废墟上。

部队所要做的事情之一是，把在分别由布拉多克和格兰特指挥的两次战役中牺牲的战友尸骨集中在一起，共同埋在了一个墓穴中。此刻，每一个人都虔诚地在为死去的战友祈祷，一些亲历过前两次战斗失败和杀戮的老兵，心情无比沉重，陷入无尽的悲伤之中。

正如华盛顿所预计的那样，迪凯纳要塞的土崩瓦解解除了南方边境的战乱和危险，法国人对俄亥俄河流域的统治已经走到了尽头，印第安人像往常一样对征服者也表示效忠，俄亥俄和大湖区之间的所有部族都签订了和平条约。

随着战争的结束，华盛顿的军事生涯目前暂告一段落，他的伟大目标实现了，他的家乡也恢复了平静和安宁。可是，他的身体却遭受了很大的损害。他对获得正规军的军衔已不抱任何希望，年底的时候，在战友们的热烈掌声中，在所有同胞们的感激和赞扬声中，毅然辞去了军职。

当选议员

华盛顿想要攻占迪凯纳要塞的迫切心情，以及整个战争的局势，一定是使他变得让人无法忍受，让每个接触他的人都无法忍受，当然，卡斯迪斯夫人除外。这个时候，华盛顿很自然地比平常更加关注自己的个人形象。对于一个被接受并坠入爱河的人来说，总是会因为穿着的改变而暴露自己内心的秘密。可华盛顿却是截然相反，走向了另一个极端。军队的制服，像那个年代其他军队的制服一样，对于那些不只是演练行军的军人们来说，是非常不合适的，所以华盛顿做了改进。笨拙、厚重的衣服改成了厚法兰绒衬衫，轻便大衣代替了毛毯样的外衣。这样一来，虽然每个志愿兵看上去像印第安人一样，但就单个人来说却是颇有效果。为了推广这套制服，华盛顿自己带头穿，尽管他可能不会在心爱的人面前穿。非常遗憾的是，那个时候没有人想到要为他画张像，如果有的话，就可以在公众心目中留下一个特别不拘形式的形象，由此也可用来反驳后来 7 月 4 日美国独立日时指责他的种种胡言乱语。

战争结束后，华盛顿打算退出军队，竞选议会下院议员。然而，我们对他此举的理解，不能把它与现在的退役军人渴望从政的通常做法等同起来，因为在华盛顿那个年代，美国的立法者都是全身心地致力于公共事务，而不是为了个人的发展和发达。虽然他所代表的地区议会曾经迫使他去执行一些花选民钱而又令选民不满的命令，他还是在未作任何巡回竞选演说的情况下以绝对的多数票当选议员。

第十章　弗农山庄富有的种植园主

快乐幸福、光彩夺目的结婚日

迪凯纳要塞重新夺回之后，华盛顿匆匆赶回家，在十二月的最后一个星期辞去军职，并于1795年1月6日举行了婚礼。隆重的婚礼是冬天在白屋附近的一个小教堂举行的。到场的有身着深红色和金色华丽衣服，快乐开心、思想自由、生活奢华的弗朗西斯·福基尔总督，有身穿镶着金边的红色制服的英国军官，还有附近地区的诸位绅士和贵族们——他们也穿着伦敦市场所能提供的最华贵、漂亮的衣服。新娘身穿饰有花边和锦缎的丝绸婚纱，佩戴着珍珠项链和耳环；新郎则穿着深红色相间的蓝银色礼服，膝盖和鞋子上饰有金色搭扣。婚礼结束后，新娘坐上一辆四轮马车回家，她的丈夫骑着一匹骏马陪伴在一旁，后面簇拥着参加婚礼的绅士们。

对华盛顿而言，用快乐幸福和光彩夺目来形容那一天的婚礼是再合适不过的了，因为他仿佛是已经拥有了男人们所梦想的一切。他还只有二十七岁，正当年轻时，凭其强烈的意识和明智的经验，生活对他来说定会是美好和快乐的。他满载着名望和荣誉离开军队，迎娶自己选择的妻子，赢得了所有男人的祝福和尊敬。他在最后一场战役结束后不久被选为议会下院议员。结婚三个月后，他前往威廉姆斯堡就职。议长罗宾逊先生发表了慷慨激昂的讲话，对华盛顿所做的贡献公开表示了感谢。华盛顿在起身回应时，由于非常不善于自我表达，说话结结巴巴，脸涨得通红。直到议长说道："坐下吧，华盛顿先生，您的谦虚如同您的英勇，是我用任何语言都难以表达和形容的。"从现在来看，这已是一个很老的故事，老得让人听来觉得是那么优雅动听，不过，当时所有人对于华盛顿都非常感激，尤其是议长的话，体现了弗吉尼亚人民的感情。由于他获得的尊敬和赞扬受之无愧，气氛一开始就很愉快，接下来的一切也是如此。

弗农山庄的婚后生活

十六年来，新婚的乔治·华盛顿终于可以在弗农山庄追求英国乡绅般的生活了。他的妻子是弗吉尼亚地区最富有的女人之一，由于她无法管理自己拥有的大量地产，华盛顿自然就代为打理。除去父亲留给他的少量遗产之外，在同父异母的哥哥劳伦斯，以及劳伦斯唯一的孩子相继去世后，华盛顿还继承了弗农山庄和其他一些价值不菲的财产。与弗吉尼亚其他的种植园主一样，华盛顿也拥有奴隶，但他强烈反对奴隶制度，并且总是利用自己的影响力去争取，以期逐渐从法律上废除奴隶制。此外，华盛顿也非常关爱妻子与前夫所生的孩子，帮助管理着他们的地产。当女儿"帕齐·卡斯迪斯"去世的时候，她原来继承的财产归到了她母亲的名下，从而使华盛顿夫妇的财富大增。弗农山庄主人穿用的衣物，乃至仆人的制服，以及马车、马具和装备等，都是从英国订购的。华盛顿夫妇俩对到访的客人总是给予盛情的款待。他们享有议员的地位，养有种马，经常与费尔法克斯一家以及附近的绅士贵族们一起带着猎犬骑马狩猎。当华盛顿夫人出门的时候，她会乘坐一辆四轮马车，由身着红白色衣服的黑人马夫驾驭着……

在法国印第安人战争结束后的数年时间里，上校华盛顿一直是他昔日士兵们的拥护者，照顾着其中大多数人的利益。有一次，他们沿着俄亥俄河进入肯塔基的蛮荒之地，宣布了对一些土地的所有权。一些人因随华盛顿在边境服役都得到了土地作为回报，但由于费用问题而无法自己前往。其中一名在大梅多斯因表现怯懦而遭责骂的少校，觉得自己在土地分配过程是被遗漏了，于是就给华盛顿写了一封带有辱骂性质的信。对此，华盛顿这样回复他：

我昨天收到了你鲁莽无礼的来信。我不习惯别人用这样的口气给我写信，我也不会接受你个人用这样的语言给我写信，你的来信令我非常愤怒。我提醒你，若再给我写信提此事，你要小心谨慎些。如果不是你的愚蠢和无知，你看一下公报就可能知道你拥有足足一万英亩的土地。但是，假如你真的是觉得少了，那么你认为自己取得的最大功绩可以赋予你比其他人拥有更多的享受吗？……我认为你真是一个忘恩负义的家伙。

掌管卡斯迪斯的地产

致伦敦商人罗伯特·加利：

先生，随信附上我和玛莎·卡斯迪斯女士在牧师见证下结为夫妻的婚姻证明。为此，请您以后将有关涉及已故的丹尼尔·帕克·卡斯迪斯先生事务的信都写给我。和玛莎·卡斯迪斯女士结婚使我得到了其中的三分之一财产，另外法院还裁定赋予我在我妻子的规定下对另外三分之二的地产拥有管理权。

现在，我写此信的目的只是想把已发生的变化告诉您。与此同时，我也想告诉您，我会像往常一样继续委托您销售烟草。我会尽量增加数量，因为我觉得这能使我自己和我们的地产获益匪浅。

信的反面列出的是一些货物的清单，恳求您尽快通过开往波多马克河或拉帕汉诺克河的第一班船把货物发给我，因为我等着急用。万一有什么意外，也请务必重新装船发货，千万不要耽搁。请直接把货物发到弗吉尼亚波多马克河弗农山庄。弗农山庄是我所在地的地名，波多马克河则是流经弗农山庄的河流名称。

1795 年 5 月 1 日于威廉姆斯堡

大约一年之后，他还写了信，大体内容如下：

“这次货运来后，您还将收到所需货物的一份清单，请于春季把货发过来，是J上尉指定的。我恳求您以最优惠的条件附上必要的购买说明。除非您注意到了我的说明，我想我无须逐一列出我要选择的物品种类、质量和品位。让我告诉您，我们收到的通常都只是些我们祖辈们过去在他们那个时期所用的东西，却不是各式各样的品质优良和时髦流行的物品。对此您可以相信我。

“我有理由相信这样做是出于一个习惯，因为伦敦的许多店主和商人都知道会在我们预定的货物中试探性地掺杂一些陈旧的，有时是质量不好的次品，同时又要求预付百分之十，十五或是百分之二十的货款。”

善良和溺爱的继父

据说，华盛顿是一位很好的继父，引用英国新国歌里的一句歌词来说，“他非常难能可贵”。通常情况下，男人在娶了一名漂亮的寡妇之后，首先会做的事情是将她的孩子打发到寄宿制学校。但是，华盛顿疼爱卡斯迪斯的孩子。他竭力阻止他的继子做出过早结婚的不明智举动，在继女卡斯迪斯小姐临死前，华盛顿长时间地跪地不起，为继女的早日康复祈祷，而且他对此并不感到难为情。事实上，他似乎并没有坚持祈祷的习惯，但是，像其他品质高贵、抱负远大和历经磨炼的人一样，当上帝是他唯一可以诉说的对象而同时又不会被误解的时候，他就会祈祷。

在南方的种植园主中，只有极少数人认为好男人是要事必躬亲，自己管理事务的，可华盛顿却是其中一人。他不会赖床，睡到头昏脑涨，到很晚才起床，而使自己在家中惹人讨厌。相反，他总是早早起来，确保种植园一天的工作能够有条不紊地开始。他会使用铲子和斧头，并且还发明了一种犁，是在他的一家店铺里制造的，他尝试着用拉四轮马车的马来犁地。此外，他还拥有奴隶，虽然他让他们忙个不停，但他没有“殴打黑鬼”的记录。按照他的意愿，是给予他们自由，他一直以来都有这样的想法，只是因与卡斯迪斯夫人结婚后家庭情况变得复杂而受阻，因为卡斯迪斯家也有黑人。

总之，华盛顿是年轻人的榜样。如今，我们也有所谓的年轻人的榜样，但他们却是个子矮小，体格虚弱无力，意志力薄弱，患有血液病，而且臂膀短小，视力差，头脑不大聪明。他们没有做任何错事，其中的原因就和尸体不会犯罪一样。但是，他们除了出于习惯和为了出奇的便利之外，也没有做过任何正确的事情。他们不会去对社会施加影响，因为他们没有影响力，而且也没有什么资本可在众人之中支撑自己。然而，华盛顿显然是一个男子汉的优秀标本，他身材高大魁梧，胸部很厚，血气方刚，是人人羡慕的对象。人们在解释某些人身体变坏或得病的缘由时，总是拿他的身体素质和个人环境来做比较。而且，他不会像现在许多富有的年轻人那样去模仿英国“血统”，而是为美国血统确立了一个标准。此外，华盛顿还是一名忠实的丈夫，一名非常慈爱的父亲，一名忠诚可信的朋友和一名受人尊敬的主人。作为主人，他从不骄傲和懒惰，或是漠不关心自己的事务或生意，在与别人交往时，自始至终都是诚实和正直的。他参与社交活动，但从不乱来，如出席宴会，参加舞会，猎狐和赛马等。而且，与参加节日聚会一样，他也常常去教堂做礼拜，在需要时，他会做更多的祈祷。他从不会因财富和个人感情问题而丢人现眼地上法庭，不会为了让别人听自己说话而去发表演讲，也不会向别人邮寄大量有关他自己的印刷品。然而，如美国历史所记录的那样，当他真正发表演说的时候，他则是一名雄辩的演讲家。他不会刻意去追求标新立异，他拥有一种知足常乐的高尚品质，在处理公共和私人事务的时候都是努力利用手中现有的实际条件，而不会别出心裁地去寻求虚无缥缈和奇特陌生的做法。如果有熟知华盛顿名字和面部轮廓的年轻人认为美国之父只是一名自命不凡者，那么就请他去查阅一下相关的历史和传说，看看能否找到一个更好的真正男人的例证。

弗吉尼亚种植园主的生活

对于坚持高标准严要求的华盛顿来说，做一名弗吉尼亚种植园主并不是件轻松的事情。由于他种植的主要作物是烟草，按理说，一年中只需要花很少一部分时间去照料，但正如我们所见，一名成功的种植园主同时也是一名商人，一名种植园的管理者。许多种植园主都乐意将地产和黑奴委托给工头管理，而自己则把时间花在拜访朋友和招待宾客上，热衷于参加运动和关心政治。显然，这不是华盛顿的生活方式。他有足够多的钱，本也可以轻而易举地这么做，但对于一个经历过战争艰辛，工作一丝不苟和热爱劳动的人来说，那样的生活方式只会令他反感。闲散、放纵的生活从来都不可能给华盛顿带来乐趣，尤其是当他看到栅栏倒塌而无人过问的时候，知道自己多花了不必要的钱的时候。华盛顿全身心地扑在他的工作上，专心打理自己的事务，看到种植园在自己英明的管理之下，事业蒸蒸日上，不禁感到一种莫大的满足。

因此，华盛顿总是事必躬亲，任何事情都是亲自料理。当白昼短的时候，他通常在天亮前就早起。夏季的时候，他七点吃早餐；冬季时是八点。早饭之后，他会骑着马到庄园的各处查看，了解事先布置的工作和任务的完成或进展情况。另外，华盛顿还是一名出色的骑手，非常喜欢去驯服新的马匹。他上午会喝早茶，在下午两点钟用正餐。在家不外出的时候，华盛顿通常在晚上九点前上床睡觉。

虽然华盛顿的生活作息规律显得有些老套，但这种生活方式能使他处理很多事务。他没有秘书，而是自己亲自动手，用工整的手笔将所有的信件和订单抄写清楚，把所有的项目明细都登录在册，详细记录在日记簿和账簿上，而且他的每一笔细账都记得非常仔细和精确。他在任何时候都不会只是凭猜测和估计，相反，他能够精确地知道，与去年相比，今年作物的种植情况如何，知道自己共养了多少头牛，种植了多少英亩的烟草，砍伐了那些木材，从伦敦订购了那些货物等。另外，经法院裁定，他还充当了他妻子与前夫所生的两个孩子的监护人。由于两个孩子继承了亲生父亲的遗产，华盛顿就把两人的财产账户分开，并予以详细的记录和打理，为此赢得了他人的尊敬和信任。

一年中，他会两次向伦敦的代理商寄去所需的货物清单，物品中有犁具、锄头、铲子以及其他农具，有家人和奴隶所需的各种药品、日用品和衣服，有工具、书籍，雕像和装饰品，还有家具和家庭日用织品等。事实上，任何人在看过华盛顿发往伦敦的长长的一串购物清单之后，都会感到惊诧，想知道代理商究竟是如何设法将这些华盛顿一家未来六个月可能需要的所有物品从大西洋那一端运过来的。另外，还有一些特别为孩子们准备物品的订单：给"六岁的卡斯迪斯公子的"，除爱尔兰产的荷兰亚麻布、质量上乘的细麻布、手套、鞋子、长袜、帽子，梳子和刷子之外，还有如下物品——"一副漂亮的银色鞋扣和裤扣，价值十先令的玩具，以及六本儿童启蒙读物"；而给"四岁的卡斯迪斯小姐的"，则是各种各样的衣服，其中包括"两顶帽子、两对花边和两件衣服，以及时兴的围兜和围裙"，最后还有一个"值十先令的流行的穿衣婴儿状玩具娃娃"和同样金额的"其他一些玩具"。

华盛顿要求代理商将所有货物的账单以及代理商从其他商人那里进货的原始账单全都寄给他，然后，他把所有的订单和账单，包括全部的明细，抄录在册。以此方式，华盛顿在他的记录簿里详详细细地记录了每笔交易的具体细节。

与此同时，华盛顿也密切关注市场行情，了解烟草价格的波动情况，以及其他他准备销售的商品的预期价格。他努力使出自自己种植园里的所有产品都物有所值，能够卖出好价钱。据说，得益于华盛顿良好的诚信度和声誉，标有弗农山庄乔治·华盛顿字样的桶装面粉在西印度群岛港口属于免检产品。

制造商、渔民和农场主

在弗吉尼亚，当种植园的条件得到改善之后，管理工作的重要性就显得更为明显。大革命之前，种植园不能自给的产品每年几乎都是从英国订购，除了每年订购的物品之外，庄园很少会寻求外来帮助。这种情况即使在大革命之后也没有很快改变。而在华盛顿管理种植园的那个时期，几乎所有的东西都需要每年向外购买。这种模式使得弗吉尼亚的每一个种植园都成为一个小王国。的确，弗农山庄内的三百个人已把庄园变成了一个独特的、自给自足的社区。华盛顿对他的工头们常发出的一个指令是“不要购买任何你们自己可以制作的东西。”因此，农作物的种植和收割在所有要做的工作中只占了一小部分。

庄园里有一批工人，都是些黑奴、契约佣工和雇工。其中一些人在铁匠铺工作，他们不仅要参与种植园的劳动，而且还要承接外来业务；一名专门烧木材的工人为庄园提供烧火取暖用的木炭；一帮木匠们总是忙个不停，他们的闲暇时间都被用来在亚历山德里亚或“联邦城（华盛顿去世后以他名字命名的华盛顿市）”建造房子。另外，庄园里还经常雇用一名制砖工，使泥瓦匠们得以有砖可用；花匠和园丁们则打理菜园，种植了数以千计的葡萄藤、果树和绿篱植物。

一架水磨，在工人的操作下，不仅要碾磨出供大家一日三餐所需的食物，而且还要磨制优质的面粉，以便在市场上卖出特别高的价格。1786 年，华盛顿称他生产的面粉，“我相信，在质量上可以与这个国家的任何其他面粉相媲美。”弗农山庄牌面粉的卖价很高，以至于庄园直接从外面买进小麦碾磨碎加工成面粉，从中赚取一些钱。面粉在装入庄园桶匠们会制作的木桶后，由华盛顿的大篷车将面粉拉到市场上出售。

庄园里也有自己的鞋匠，后来还培训了一批织布工。在此之前的1760年，虽然华盛顿当时的力量远不如现在强，但他还是从伦敦订购了“450厄尔[①] 低支纱柳条棉布、4卷侧腹羊毛、350码肯德尔棉布和100码荷兰毛毯”。1768年，华盛顿的庄园已经能够生产出他所需的大部分布料，因为那一年他的织布工纺织了815.25码亚麻布、365.25码羊毛织品，144码麻毛交织物和40码棉布，总计是1365.5码，由一名男织布工和五名黑人女孩共同完成。当织布机运转有序时，就能织出各种各样的布料，根据当时的记录，其中有“条纹羊毛布、格子羊毛布、条纹棉布、亚麻布、鸟眼花纹羊毛布、棉毛布、麻毛布、棉制印度棱条格薄细布、棉制条纹弹力布、亚麻梳短麻纱、丝棉条纹布、斜纹布、粗麻布、细平布，床罩布、鸟眼花纹尿布、粗绒羊毛布，纬二重单面绒布、棉亚麻混纺粗布、条子褥单布、人字形平行花纹布和斜纹里子布等。”

华盛顿的庄园最显著的特色之一是它的渔业。捕的鱼用盐腌制后，大部分当作肉供黑奴们食用。华盛顿在描述庄园有利的捕鱼资源时这样写道，“这条河……一年四季盛产各种鱼类，春天最多，有美洲西鲱、鲱鱼、巴斯鱼、鲤鱼、鲈鱼和鲟鱼等等。庄园里有一些很好的渔场;总之，整条河岸就是一个大渔场。”每当有鱼群游过时，就会拉出渔网，捕获的主要是鲱鱼和美洲西鲱。在好的年头，捕获的鱼不仅能充分满足家庭的需求，还可以拿来卖：平均价格是一千条鲱鱼四或五先令，一百条美洲西鲱十先令，一年中卖出的鲱鱼最多可达八万五千条。

新教堂的建址

华盛顿总是给人以惊喜。他虽是一个冷静、克制和严肃的男人，但会突然灵光一闪，做出坚决、果断的举动，并抓住机会，解决立即需要完成的事情。他会克制住自己的急性子和暴躁脾气，等着让别人

①厄尔：英国长度单位。——译者注。

先说或先做，然后才会站出来发表一些简单明了而又经过深思熟虑的意见。以此方式，他可以掌控住整个局面，从而使他的决定可以得到坚持不懈的贯彻和执行。

正如我所说的，那时弗吉尼亚的城镇很少，是按照英国古老的习俗根据教区来划分区域的，因此，附近的重要人士极容易成为教区的教区代表或委员。弗农山庄地处特鲁罗教区，华盛顿不仅是特鲁罗教区的教区委员，同时也是费尔法克斯教区的教区委员。当时，碰巧特鲁罗教区的教堂已变得破败不堪，几乎已是颓垣一片，需要新建一个教堂。教区为此召开了几次会议，会上出现了两方不同的意见：一方希望在原址重建教堂；另一方则觉得老教堂的位置不够靠中心，要求重新选址，在方便教区居民的地方建新教堂。最终，为了解决此事，召开了一次会议。华盛顿的朋友乔治·梅森很能言善辩，他在会上站出来发言，凭其良好的口才支持把教堂建在旧址。他认为他们的祖辈都曾在那里做礼拜，死后也安葬在那里，所以应该在原址重建教堂。大家似乎都为梅森的言辞所打动，准备接受梅森的提议。

华盛顿同样也有备而来，提出了自己的理由。虽然没有梅森的演说天赋，但是华盛顿从衣袋里拿出一卷纸展开，放在与会人员的面前。在这张纸上有华盛顿事先画好的特鲁罗教区平面图，图中清楚地标出了老教堂的位置和每位教区居民的住地，以及他提议的新教堂建址。华盛顿说的不多，只是向大家展示了他的调查结果，然后让大家自己去看。由于华盛顿提议的位置综合考虑到了各种便利条件，体现了公平的原则，而且是地处中心，因而人人都能意识到教堂首先是为生活服务的。华盛顿的意见合情合理，无疑是战胜了梅森雄辩的演说。最终，波西克教堂是根据华盛顿所画的平面图上标出的新址建造的。

家庭生活最快乐的时光

在和他妻子的子女和孙辈们相处的时候，是他家庭生活最快乐的时光。华盛顿用“杰克”和“帕齐”的名字称呼其妻子与前夫所生的两个孩子约翰·帕克·卡斯迪斯和玛莎·帕克·卡斯迪斯。华盛顿与卡斯迪斯夫人结婚时，两个孩子分别只有六岁和四岁。在成为孩子们的继父之后，华盛顿在第一批从伦敦运来的货物清单中，订购了“价值十先令的玩具”“六本儿童启蒙读物”，以及“一个值十先令的流行的婴儿状穿衣玩具娃娃”。接着，他订购了“一个价值一几尼的流行的穿衣玩具娃娃”和“一盒姜饼玩具和甜糖果或酒心巧克力”。不久他还给每个孩子订了一本圣经和祈祷书，是“在土耳其整齐装订的”“在扉页上写有字母镶金的名字”；另外还有“一架很好的小型竖琴”。由于帕齐在还是一个小姑娘时就患上了癫痫病。为此，在1769年，“完全为了让她（在她医生的建议之下）尝试一下用水疗法治病的效果”，华盛顿带领全家翻山越岭来到“温泉”露营，可“收效甚微”。接着，在病了四年以后，“癫痫病又一次突然发作，在不到两分钟的时间里，她没有说一个字，也没有半点呻吟或叹气，最终停止了呼吸。”“可爱天真的女孩，”华盛顿写道，“比起她迄今为止所走过的痛苦之路，是去了一个更加快乐和安宁的世界。”尽管如此，但失去“亲爱的帕齐·卡斯迪斯”，“使这个家庭陷入了一种难以言状的悲痛之中。”

教训无耻的偷猎者

在狩猎季节，华盛顿几乎每天都打猎，经常是收获颇丰，而且还总是坚持不懈。像所有真正的猎人一样，华盛顿对非法狩猎深恶痛绝，尽管他开枪猎杀的次数相对较少。他对一名无赖偷偷潜入他的领地，猎杀溪水和水湾中的帆布潜鸭的行为非常恼火。一天早上，华盛顿听到枪声后，立刻骑马穿过丛林，看见偷猎者正准备坐着独木舟离开。那家伙看到追赶而来的华盛顿后举起了枪。说时迟，那时快，就像神话中众人熟知的冷血而又有耐心的人物，华盛顿骑马猛地冲入河水中，夺过枪，把独木舟拉上岸，将偷猎者从船中拖了出来，狠狠地揍了一顿。如果对方立马屈服，华盛顿可能会很快作罢，但是当他对华盛顿的生命构成危险时，华盛顿就会像往常一样，骤然爆发出狂热的斗志。

狩猎季节当然也是一个最慷慨和热情好客的季节，期间总是会有很多的请客吃饭，而弗农山庄则是主要的聚会场所，山庄的大门始终是向宾客们敞开的，人们来此一聚，一起谈论时兴流行或受欢迎的事情和活动。与朋友或客人聚会是家常便饭的事，而一人或一家独处的情况则是例外。只有一家人在一起吃饭，才会被当作是非同寻常的事件，小心翼翼地在日记中记录下来，因为华盛顿简直就是殷勤好客的化身。虽然他有早睡早起的习惯，但他热爱社交，喜欢有满屋子的客人。尽管华盛顿本人是缄默安静的，而且就他自己的思考和情感而言，他喜欢一人独处，但从通常的字面意思上看，他绝对不是一个喜欢孤独的人。华盛顿喜欢生活、快乐和与人交谈，喜欢音乐和跳舞，在天气不好的时候还喜欢玩牌，尽情地享受着与年轻人和朋友们欢聚的美好时光。所以，弗农山庄总是宾客满座，主人在他的日记中写道，虽然他养有一百多头奶牛，但他还得要外购黄油，这种经历是任何时期的乡绅都不曾体验过的，而且在能够俯瞰波多马克河的开放的庄园房子里，主人慷慨热情，从来都不会缺少宾客。

一封幽默的信

塔夫脱总统在对泽西市民发表纪念华盛顿诞辰的演讲中说道，他并无兴趣要把美国第一任总统华盛顿与他的继任者们做比较，但有一件事情他还是愿意知道的，那就是华盛顿是否具有幽默感。他没有见过任何有关这方面的证据。在此，我们建议塔夫脱总统去关注一下由乔治和玛莎的后代小朱利安·E·英格尔先生保存的下列一份可以说明问题的文件：

亲爱的先生：

我收到了您7月25日写的书信。这一天您本该在教堂祈祷，做一名优秀的基督教徒——奇怪的是您对真理视而不见，听不到传布福音的启蒙声音，也没有警醒您具有至善意识的事情——您能否如我那样怀着虔诚的热情在每个礼拜日去教堂？那对您的身心有好处，我希望能使您具有同样的热情——不过听着——有人告诉我说最近您家中引进了一种新产品，对此您赞美不已。您花了很多时间在看新产品的各个部件，充满了安逸和舒适。这样，您就很少有时间去了解作物的生长情况，同时也缓和了因我们的财产——指的是烟草——在生长紧要关头受到害虫侵袭所带来的焦虑感和警惕性，那种害虫自诺亚时期就已存在（现在我已提到他的名字，那个诺亚是多么的不近人情，容许一窝害虫在方舟上出生），但或许您也和我们一样——那就是，它们没有烟草可吃。另外，我想我们给狗去了绰号。如果你想要更多，我会帮助您——献上我诚挚的问候。

您亲爱的和忠诚的，乔治·华盛顿

1762年8月28日于弗农山庄

附：不要忘记代我向巴塞特夫人、杜迪小姐和小辈们问好，不能把杜迪小姐归入为身体弱小的一类人，那样对她不公平。我期待着在十一月的第一天去拜访您。

致巴塞特，于埃尔特姆。

信中提及的“新产品”是指一个儿子和继承人，儿子的出生令巴塞特满心欢喜。“杜迪小姐”是指朱迪·迪格斯小姐，附近一名农场主的女儿。朱迪小姐的勇猛和强悍是出了名的。华盛顿清楚地记得，她在一次摔跤比赛中击败了一名勇武的男子。

健康、多面的男人生活

就整体而言，华盛顿过的是一种有益健康、丰富多样的男人生活。这种生活方式使他能够保持身心的年轻和强健。四十岁的时候，在参加村里投掷铁条的比赛中，对手们没有一个能比他扔得更远。在整个弗吉尼亚，没有人能够像华盛顿那样有力而自信地骑在马上，没有人能够像他那样能够远途跋涉；而且在威廉斯堡，也没有人能像他那样在总督的招待会上显得威风凛凛。此外，华盛顿走路的步伐灵活有力。无论从身体还是精神上，始终是充满活力。华盛顿不仅只是一位有实际经验的木匠和铁匠，他在锻造铁器和锯伐树木方面同样还表现出良好的智慧和坚定的意志，就像他此前在与法国人作战时那样。乡绅的生活并没有使他变得愚钝和麻木，也没有使他变得自我放纵。他始终保持着良好的状态和运动员般的体格，强壮而有耐力，感觉敏锐，意识强烈，为人热情亲切。事实上，许多人经过几年安静闲适的乡村生活后会变得沉闷而一无是处，但华盛顿则是显得更加成熟，就像所有慢慢成熟的男人一样，在介于青年和中年之间这段平静的欢乐时光中，变得越来越强壮，越来越有能力，越来越有智慧。

注重仪表

1763 年，华盛顿写信给伦敦的裁缝，定制衣服，华盛顿指示他要“按照衣服穿着考究的绅士尺码，即六英尺高，比例匀称。相对于一个身高六英尺的人，要说有什么区别的话，我要显得瘦一点而不是胖一点，腿和手臂都很长。您注意要将这次的马裤做得比上次寄给我的长一些。我希望您保留此次做的这套衣服的尺码，如果下次有什么更改，我会说明的”。这一次，他还订购了“六双男式骑马手套——要大号的，不要中号”……几打长袜，“要长，要大一些”。

迄今为止所知的有关华盛顿外表长相的最早文字描述，是他的战友兼朋友乔治·默瑟在1760年写下的。默瑟用如下的语言描绘了华盛顿的“肖像”：

> 他可以说是像一名印第安人那样身杆笔直，高六英尺两英寸，穿着长袜；他1759年当选议员时体重为一百七十五磅。他的身上肌肉发达，显示出无穷的力量。他的骨头和关节很大，他的手和脚也是如此。他的肩膀很宽，胸部却不厚不圆；腰部匀称，臀部宽大，手臂和腿很长。他的头虽然不大，但外形很好，优雅地架在漂亮的颈脖上；鼻子不算突出，但大而笔挺；一双敏锐的蓝灰色的眼睛彼此分得很开，眉头紧蹙；脸长而不宽，颧骨高而圆，下颚坚实。他的皮肤虽然很白，但在阳光的照耀下显得很明亮。他的面部表情虽然看上去显得威严，却也讨人喜爱，充满善意。他的头发是深褐色的，扎有一个辫子。他的嘴巴很大，通常情况下是紧闭着的，但有时也会露出一些有瑕疵的牙齿。虽然会因受情绪影响而表现出深厚的情感，他的容貌总体上还是端正、平和的。在交谈中，他会注视着你的脸，从容不迫，显得谦恭而又有吸引力。他举止优雅，步伐雄健；而且他还是一名杰出的骑手。

社交娱乐活动与迪斯默尔沼泽公司

华盛顿在一本日记中有一系列笔记，记录了英国快速军舰“波士顿”号到达贝尔瓦正前方的波多马克河畔后日复一日、持续不断的欢宴活动。军舰的指挥官是托马斯·亚当斯爵士。军官们在弗农山庄和贝尔瓦受到了热情招待。早餐会和晚宴不同寻常，而且在军舰上有时还举行茶会。华盛顿、费尔法克斯家和其他富有的种植园主在波多马克河上都拥有漂亮的驳船，驳船是从英国定做的，由身穿制服的黑奴们操控，船上有整齐精锐的海军部队和最好的现代化的船夫。

由于离安纳波利斯不远，在议会开会的时候，华盛顿和夫人会一同前往，结交一小部分体面的社交人士。会议期间，也会举行很多晚宴和舞会，偶尔还上演戏剧。华盛顿总是喜欢看戏，但在他那个时期，他很少有机会满足自己的这种兴趣。他会在舞会上跳舞，据说他是一个严肃、拘礼的舞伴，不过这种说法可能并不是指他结婚初期的情况，而是在后来的日子中，因为在他为妻子和女儿进口的物品中，提到了面具。

华盛顿与附近地区的其他一些企业家共同参与了一项在南弗吉尼亚沼泽地排水计划。他个人亲自勘察，要么骑马，要么步行至骑马不能到达的地方。在下次弗吉尼亚议会开会的时候，基于他的勘察和提议，成立了迪斯默尔沼泽公司。在公司的运作下，沼泽地的治理工作得以持续推进，该地区的改善工作也由此得以真正展开。

第十一章　弗吉尼亚上校与随之而来的冲突

印花税法令与帕特里克·亨利

自 1763 年开始一直到 1774 年——就在华盛顿担任大陆军总司令的前一年，他和在英国的许多人一样始终是英王的一名坚定的效忠者，然而在此期间，他并没有低估英国当局不明智的举措所造成的不良影响。早在 1763 年，英国贸易部就宣布，殖民地地区在法国印第安人战争期间发行的纸币不再是法定货币。华盛顿对此表示忧虑，担心"会在殖民地引起熊熊烈火"。印花税法案颁布时，他还撰文提出了许多正当的理由，说明法案无法实现其目的的原因。另外，他也是最早的预测者之一，认为以征收进口关税增加税收收入的做法将会导致北美人生活节俭和英国制造业受损。

欧文也曾明智地说道，反对印花税法的第一波浪潮发生在弗吉尼亚，这是一个不祥的征兆，因为弗吉尼亚被认为是对宗主国最忠诚的一个殖民地。1765 年 3 月，议会通过了印花税法案。两个月后，在华盛顿也是议员之一的弗吉尼亚议会下院，帕特里克·亨利提交了一份著名的提案，宣布只有弗吉尼亚议会全体代表议会才享有权利和权力向本殖民地居民征税，任何反对者都是弗吉尼亚的敌人；在演说结束时，为提案辩护的亨利慷慨激昂，说出了惊人的豪言壮语。他的演说被后人所传颂，在学校教室的讲台上已被颂扬数百万次。提案最终得到通过，只是在形式上略有修改，但保留了起初的精神和内容。此举令副总督惊慌不已，他连忙解散议会，并下令重新选举。由此，弗吉尼亚在二十四小时的时间里超前一步，仿佛是向前推进了一个世纪。

印花税票出现以后，大家通常就像对付天花一样对它敬而远之，没人想要它，已经拥有的人也都把它放在不为人所见的地方。按规定，所有具有法律效应的印刷品必须贴有印花，否则就无效，所以法院只好关门，这可高兴了所有的罪犯，当然律师除外。人们把法令生效这一天当作哀悼日来纪念，唯一的庆祝活动就是把印花税法案执行者的肖像悬挂在绞刑架上，或者是用火焚烧。持续三个月的抗议活动使议会意识到颁布该法令是一项错误之举，毕竟他们本不应该如此愚蠢……这项法令在实施后的第四个月被废除了，整个北美为之欢欣鼓舞，也使华盛顿兴奋不已，因为他此前曾担心印花税的实施"将会比想象的还要可怕和恐怖，不论是对宗主国还是殖民地"。

大酋长的预言

1772 年，华盛顿上校在克雷克医生与一群猎人和樵夫等其他一些人的陪同下前往卡诺瓦进行勘探，调查那里大片辽阔、很有价值的土地。那时，卡诺瓦远离边境定居点几百英里，而且只能沿着印第安人走的小路才可通达，需要蜿蜒穿过多个山口。

一天，他们经过路途的艰难跋涉，正当疲惫不堪地在营地休息时，发现一批印第安人在一名商人的带领下正在靠近。他们在不远处停了下来，一名翻译走过来解释，说他带领的这批人中有一位大酋长和一些随从士兵；酋长是西北地区几个印第安人部落中一位了不起的人物，十六年前布拉多克将军战败的那场战役就是他统率着印第安人和法军联手发起的；酋长听说华盛顿上校西行来到此地，特地请求拜见。当然，拜见的目的他自己会公布于众。

华盛顿上校客气地会见了使者，然后在接到通报的短暂时间里尽可能地为接待如此尊贵的个人将营地整理得井然有序。然后客人们得到了引荐，其中有些是身材高大、富有男子气概的殖民地居住者，但等酋长一走近时，华盛顿马上就从众人中指出了莫农加希拉河战役中的英雄，虽然自上次在喧嚣的战场上相遇时间已过去了十六年。这位印第安人身材高大，相貌高贵，显得气宇轩昂。

篝火点燃了，大酋长对华盛顿讲了下列一番话：

> 我是一名首领，同时也是许多部落的统治者。我的影响力远及五大湖区和蓝岭地区。我长途跋涉来此地，是想见一见那场大战中的一位年轻勇士。那一天，白人的鲜血染红了我们森林中的溪水，我首先注意到的是那位年轻的军官。我招呼着我手下的年轻人，说道，'瞄准那名高大、勇猛的军官。他不像是英国军人，他拥有印第安人的智慧，他的士兵英勇善战，他自己一人则是暴露在枪林弹雨之中。快，瞄准目标，打死他。'我们的来复枪排成一排射击，但是他知道如何躲避子弹，我们的射击完全是徒劳，有一种比我们更强大的力量在保护他免受伤害，他不能在战斗中死去。我老了，很快就会到阴曹地府我父辈们的大篝火旁与他们相聚，但在我离去之前，我要对一件事情做出预言。听着！大灵[①]保护着那个人，并引导着他的命运。他将成为一个还未诞生的民族的首领，他们将会欢迎他成为一个强大帝国的缔造者。

"我们在英国的权贵们"

华盛顿越来越不堪忍受英国政府的暴政，清醒地意识到时局会向何处发展。"一个时期，"他说道，"当我们在英国的权贵们完全只是满足于剥夺北美人民的自由的时候，我们似乎很有必要采取措施避免这种干扰，以维护我们从我们祖先那里得来的自由。但是，问题的焦点在于如何才能有效地实现这一目的。显而易见，我想人人都会毫无顾虑和毫不犹豫地用武力来捍卫如此宝贵的自由福祉。但是，我还是请

① 大灵：the Great Spirit，平原印第安人认为的上帝。——译者注

求允许我再补充一点，武力应该是迫不得已的最后手段。有人说，事实已经证明我们向国王的请愿和对议会提出的抗议都是毫无效果的。抵制他们的贸易和制造业，究竟能够在多大程度上唤醒或提醒他们对我们的权利予以关注和重视，还需要拭目以待。”

华盛顿率先在弗吉尼亚成立了一个会社，并一丝不苟地履行协议。他在把购物订单发往伦敦时，小心谨慎地吩咐对方先不要把货物发过来，除非议会的法令在此期间被撤销。时局变得越来越激化，华盛顿则是沉着冷静地关注着事态的发展。他丝毫没有退缩，而是刻意而又坚定地向前。他不允许自己被时局引发的激情所影响或左右。有人说，停止从英国购买商品好倒是好，可是我们向英国出售货物也中断了。他们需要我们的烟草，如果议会不废除印花税法，我们就拒绝提供烟草。华盛顿站出来对这种观点提出了反对意见，他认为这只是万不得已的最后一种手段。有关其中的理由，他在一封信中做了说明：

> 就我个人的生存而言，我相信，我们并没有减轻负担，只是令他们感到忧虑和不安。我认为，至少我希望，为了实现这个目的，我们的公共美德足以使我们放弃除基本生活必需品以外的任何东西。我们有权利这样做，世界上没有任何其他力量能够强迫我们去采用其他的方法，除非首先将我们变成最卑贱的奴隶。而且，毫无疑问，相比较而言，我们停止货物出口的确是一种较为便捷有效的方法，但是，如果我们欠英国钱，只有最后迫不得已的需要才能证明我们不还钱的正当性。所以，对此我还是很持怀疑态度的。我希望还是先尝试其他的办法，合法而又能还钱的办法。

“先要把人逮住后再施以绞刑”

罗得岛普罗维登斯的亚伯拉罕·惠普尔船长是最早对印花税法和征

税官的压迫做出最强烈反应的人士之一。作为一艘体积不大的船“斗鸡”号的一船之长，船的名字取得恰如其分。在法国印第安人战争期间，他俘获了二十三艘法国商船。惠普尔在一次前往西印度群岛的巡航途中，他的小船遇到了大风，不得不把枪支和最重的炮弹扔入海中。然而，就在此时，一艘巨大的法国船在不远处出现，面对如此强敌，惠普尔实在没有能力对抗，于是就想出了一个计谋。他将一根桅杆砍成几段，漆成黑色，使之看上去像大炮，并架在炮门口。惠普尔命令船员把他们的帽子放在船用的绞盘杠杆上，摆好架势，做出船员们仿佛是在准备射击的样子。惠普尔就这样利用毫无危害性的装备，勇敢地逼退了法国武装民船。结果，法国人调转船头，很快就消失在视线里。

不久，惠普尔船长带着八十名志愿者，乘坐多条小艇向“加普西”号英国缉私船进发。他宣布说，他是来抓捕杜丁顿中尉的。然后，他登上船，逮捕了杜丁顿及其手下，并在岸边焚烧了令人憎恶的“加普西”号缉私船。惠普尔这次大胆勇敢的行为激怒了英国。指挥另外一艘英国船的华莱士船长，写信给惠普尔船长说：

你，亚伯拉罕·惠普尔，于 1772 年 6 月 17 日烧毁了国王陛下的“加普西”号船，我将会把你绞死在船的桁端。

惠普尔的回复也很有个性：

致詹姆斯·华莱士先生：

总是先要把人逮住后才能施以绞刑。

亚伯拉罕·惠普尔

宴会与斋戒

当弗吉尼亚议会再次召开会议，准备为邓莫尔夫人的到来向总督表示祝贺，此时一切都进展得很顺利。然后突然之间情况发生了变化。从由华盛顿协助成立的联络委员会传来了一封信，信上提到了一些对波士顿不利的措施。一时间，其他的事情都立刻被搁在了一边。一场声势浩大的抗议活动提上了议会的议事日程。6月1日，波士顿港口法案实施的这一天，被定为是斋戒、耻辱和祈祷日。最初的结果是迅速解散议会，接着在罗利酒店的长形会议室另召开了一次会议，对波士顿港法案予以了谴责，通过了继续终止从英国进口货物的决议。另外，联络委员会受托准备召开一次全美大会。最终，事态很快开始朝着危险的方向发展。那一天晚上，华盛顿与邓莫尔勋爵共进晚餐，一起骑马，并在第二天晚上出现在邓莫尔夫人的舞会上。华盛顿不会蔑视持不同政见者，也不会对对手们的动机提出疑问，因为这不是他的风格。但在6月1日到来的时候，他在日记中写道，当日，他斋戒一天，并到教堂做了指定的祷告。华盛顿个性率直，总是言行一致。当他斋戒和祈祷的时候，确实非常真诚，这无疑是一种不祥的预兆。而喜欢与这位聪明且易相处的议员交往的总督阁下本可以很好地有所考虑，并得出结论，可他大概根本就没有注意到。总督本也可以通过思考，进而明白像乔治·华盛顿这样类型的人也为政治犯罪斋戒和祈祷的时候，其反对者们最好要小心对待，并引起重视。

华盛顿提交决议

英国可以阻止船只出入波士顿港，但却无法控制殖民地人民的爱国热情。爱国热情已迅速席卷各个殖民地，使陷入困境的“美国佬”感到了一丝安慰。由此产生的结果之一是第一届大陆会议的召开，所有殖民地都派了代表参加。大陆会议于1774年秋天举行，虽然参加的代表中有忠诚得像迫使约翰国王签订《大宪章》的英国人，但是大陆会议坚持殖民地人民作为英国臣民所应享有的权利，有权制订自己的法律，有权在本地征税；同时还坚持享有司法审判的权利，以及请愿的权利。另外，大会谴责了英国军队粗暴干扰的错误行径，起草了给国王的请愿书，向英国、加拿大和美国人民发出了呼吁，并决定，如果到1775年春天仍未实现和解，那么将再次召开会议。

华盛顿是这次大陆会议的参会代表之一。虽然华盛顿是乔治国王的忠实子民，但他并不愚蠢。早一年前，在回复友人布莱恩·费尔法克斯——老友费尔法克斯伯爵的弟弟——提出的殖民地应该向英王请愿的建议时，华盛顿明确地表明了自己的立场，说和现在新提交的一样，过去已提交了许多请愿书……而且……认为如果已经递交的请愿书无济于事，那再写请愿书无疑是浪费纸墨。除此之外，华盛顿还和朋友们一起投票表决，尽自己所能以避免任何可能产生的危害。然后，他也像一名忠诚的英国人那样行事，而没有忘记自己是一个诚实的人。在大陆会议召开前夕，华盛顿主持了费尔法克斯县的一次政治会议，会上准备了一系列议案。虽然议案在内容上表现出了极度忠心的态度，但同时也提醒英国政府，说明他们对于主权只有一个诉求。

这些议案由华盛顿在一次弗吉尼亚各地区代表参加的大会上亲自陈述和提交。为了说明议案的理由，华盛顿这位一向沉默寡言的年轻代表突然一反常态，发表了雄辩有力的演说，令他所有的同伴们大为震惊。他的演说一定是发自内心的，因为在陈述结束时，他表示自己已做好了准备，准备个人出钱招募和装备一千人的军队，并率军前往波士顿，与英国将军盖奇相抗衡。当时，盖奇将军正带着大批英国正规军队用武力控制和打压波士顿。

“更像是一名傲慢自大的土耳其帕夏”

费尔法克斯县的大会如期举行，会议由华盛顿主持，通过了自治和如何应对马萨诸塞州惩罚性措施等一系列决议。大会还呼吁居民们联合起来，抵制从英国进口货物。然后，在会上，也有人建议向国王写一封请愿书，提出抗议，要求国王就“对于我们的主权只有一个诉求”予以考虑。虽然尝试了各种办法，采取了各种措施，但最终的诉求始终离不开华盛顿本人，而且费尔法克斯县居民大会通过的这些决议也充分体现了华盛顿这位领导者特有的立场。两天后，他写信给提议写请愿书的、令人值得尊敬的布莱恩·费尔法克斯，重申了自己先前提出的问题：

> 难道不是盖奇将军就任后所采取的一系列行径，在议会发表的一系列演说，以及颁布的公告和法令，使其全然不像是一名英国派来的总督，而更像是一名傲慢自大的土耳其帕夏？而且他还声称任何影响大不列颠商业活动的行为都要被视作叛国罪论处。他的所作所为难道不是代表了在一个自由的国度里实行最专制的暴政制度的一个史无前例的例证吗？……我们早已尝试了请愿的方法，可结果却是徒劳的。难道我们还应该以此种哭诉的方式来消除痛苦吗？

华盛顿的战斗精神正在高涨，那不是一味鲁莽地向前冲，不是无知地宣战，也不是对现实问题的熟视无睹，而是一种卓识的远见，一种对事实明确无误的洞察力。

沉默寡言的人变得能言善辩

8 月 1 日，华盛顿代表费尔法克斯县出席了在威廉斯堡举行的弗吉尼亚地区代表大会。大会通过了一系列与费尔法斯县市民会议议案相类似的决议，并选举了出席全国大会的代表。一向沉默寡言的华盛顿此时非常激动，已到了想要有所行动的程度。他“发表了一次前所未有的最雄辩有力的演说”。他说道:“我将征募一千名士兵，我会自己出钱来保障士兵的装备和供给，而且还要带领他们前往波士顿救援。”他确实有能力，因为他在演说中表达了付诸武力的决心。尽管他一直是如此的沉默寡言和不喜社交，但当有话要说的时候，他的言词能够唤起在场所有听众的情绪，他们觉得他的言语中有着一股强大的号召力。他庄严而镇定地面对严峻的现实问题，但他热情高涨，斗志昂扬。为此，大会把他推举为出席大陆会议的六名弗吉尼亚代表之一。而后，他有足够的时间在弗农山庄做些准备工作。同时，他又给费尔法克斯写了一封信。有意思的是，信里提到了他通过为数不多的新闻报道所了解到的有关盖奇将军性格特点和马萨诸塞人民反抗情绪的情况。接着，他启程北上，开始了一段漫长且布满荆棘的征途。

一种固有的自由精神

布莱恩·费尔法克斯是华盛顿的朋友，在政治上是一个自由党人，但他首先是英国人，而不是美国人。在给他的信中，华盛顿写道，“一种固有的自由精神第一感觉告诉我，政府当局已经实行一段时间且现在仍在竭力推行的措施都与任何一条自然公正的原理相抵触。”麦肯齐上尉曾是华盛顿的老朋友兼战友，但他现在在波士顿与盖奇为伍。1774 年,华盛顿在给他的信中写道,如果说所有的殖民地都不渴望独立，“这可能是你所依赖的，但他们绝不会屈服于自己宝贵的权益的丧失。”

同年，华盛顿表示，如果有需要，他愿意担任一支弗吉尼亚连队的指挥官。他在给弟弟的信中写道，“如果需要的话，我将全心全意为事业献出我的生命和财产。”1775年初，他写信对在英国的乔治·威廉·费尔法克斯说，战争是一个令人悲伤的选择，“但是一个品德高尚的人能在抉择面前犹豫不决吗？”他的精彩演说使费尔法克斯县会议的提案得以通过。而且，前文也提及过，他还愿意自己出钱招募和装备一千人的军队，并带领他们前往波士顿。这一切都表明此时他已不再是一名十分忠诚的英国子民了。博特考特和邓莫尔是乱世时期英王派驻弗吉尼亚的总督，他两人都与华盛顿建立了真诚的私人友谊，并且在不违反弗吉尼亚权利的前提下，在职权范围内给予了华盛顿非常宝贵的帮助。著名的费尔法克斯县市民大会通过的系列决议无疑也体现了华盛顿的立场和态度，因为最终签署这些决议的都是英国人。而在给麦肯齐的信中，他则提到了独立，“在北美但凡一个有思想的人都希望没有这样的事情，这令我很满意”。

诉诸武力和万军之主

我想对于乔治·华盛顿而言，1775年的春季一定是一个伤感的时节，他一定觉得自己的人生会有很大的变化。他妻子的女儿死于病中，令他陷入无比的哀思之中；年轻的约翰·卡斯迪斯结婚成家，并定居别处。此时，到处传来战争的声音，在那些曾前往弗农山庄做客的人中，有的后来成为美国军队的将军。在弗农山庄，华盛顿偶尔仍旧会骑着马去狩猎，但昔日的美好时光已一去不复返。乔治·费尔法克斯回了英国，贝尔瓦的那些开心的伙伴们都已分散在各地，那里的房子也在一场大火中被烧毁。

然而，此时眼前则是到了要付诸行动的时候。华盛顿不再去猎狐，而是离开了家，作为一名代表前往里士满，参加在那里召开的第二次弗吉尼亚代表大会。此次大会召开的目的是让大家去听参加费城会议代表们的报告，同时商讨下一步的行动。包括华盛顿在内，大家都清楚地意识到必须要做好最坏的打算，这从他们一直认真地在为独立的连队进行训练中可见一斑。现在应该让那些连队组成一支真正的军队。再向国王请愿已没有任何意义。

“我们必须战斗！”帕特里克·亨利大声疾呼说，“我一再强调，先生们；我们一定要战斗！诉诸武力，这是万军之主给我们所留下的一切。”

大会成立了一个委员会，负责计划组建一支弗吉尼亚军队的汇报事宜。华盛顿是委员会的成员之一。

但是当人们决意准备战斗的时候，如果他们明智的话，都会清楚地意识到，摆在他们面前的大部分任务不仅是为军队解决衣食问题，而且还要考虑到那些依靠军队的人民。因此，大会又另任命了一个委员会，华盛顿同样是该委员会的成员之一。该委员会的职责是制订鼓励制造业的计划，这样可使人民不依赖英国。此前，弗吉尼亚几乎没有什么制造业，差不多所有的必需品都是用烟草从英国换购的。但是如果他们准备要向英国开战，他们必须自己丰衣足食。虽然当时做任何事有点为时已晚；而且对奴隶制的问题也没有清楚的认识，不可能发展多种产业，但是大会建议民众们成立联合会，推动羊毛、棉布、亚麻和大麻的生产和发展，同时鼓励使用本土制造的物品。

第二次大陆会议已经准备在费城召开，华盛顿再次被推举为出席大陆会议的代表。与过去相比，此次他是更有准备。当选代表的那天，他写信给弟弟约翰·奥古斯丁·华盛顿说：

“如果需要，我将为这项事业全身心地奉献自己的生命和财产。”

“哥哥用利剑刺穿了弟弟的胸膛”

冬去春来，近四月底的时候，华盛顿再次前往北方，一些来自于莱克星敦和康科德的消息已传遍各地。华盛顿觉得事态已越来越明朗了。在注意到殖民地的人民已开始战斗，且对抗非常激烈后，他对在英国的乔治·费尔法克斯去信说：“这是多么的不幸，就像是哥哥用利剑刺穿了弟弟的胸膛，兄弟间自相残杀，曾经一度是快乐与和平的美洲平原要么是血流成河，要么是成为奴隶们的栖息地。这实在是一个痛苦的抉择。但是，一个品德高尚的人能在抉择面前犹豫不决吗？”然而，另一方面，在议会中，无论是品德高尚的人，还是其他人，似乎都认为有可以犹豫踌躇的空间，都会按照民族的做事风格，在做出决定性的举措之前，先开展讨论和辩论。经过代表们激烈的针锋相对和商议讨论之后，同意向国王提交第二封“恭敬顺从的请愿书”，同时也是在一番争辩后通过了成立联盟的决议，以及议会继续行使既定的统治权的决议。然而，此时摆在他们面前的最紧迫、最棘手的问题是如何应对包围波士顿的军队，以及那里实际存在的敌对状态。

就华盛顿而言，他和以前一样，沉默寡言，只是密切观察着。他作为军事委员会的主席，努力工作，制订防御计划，为征募一支军队作准备。在这紧要关头，他个人的行动对人民来说具有重大的意义。第二次大陆会议期间，他惯常地穿着蓝色和浅黄色的弗吉尼亚上校军服出现在会场。如果他说行动的时候到了，那么他至少是已做好了随时应招出战的准备。这是他的风格。

消息传到费城

寒冷的季节很快到来，1775 年这是一个多事之年，但是对于我和我爱戴的那些人而言并没有多大的改变。各个殖民地群情激愤，尤其是马萨诸塞，在那里众人对《管理法案》表现出了无声的置之不理。律师和陪审团都不愿按照国王的旨意行事。人们纷纷找出在法国印第安人战争中使用过的旧滑膛枪，并进行整理检修。男人们接受军事训练，女人们铸子弹模。

由于贿赂塞缪尔·亚当斯和汉考克未能成功，盖奇将军决心在康科德逮捕他们，夺取火药库。伦敦的一家报纸报道说，“叛徒的头颅不久将用来装饰巴尔神殿。”然而，事态仍在发展。早春的时候，富兰克林博士回到了家，对与英国政府的调解结果很是失望。他明白无误地告诉我们说，现在除了开战，已别无选择。1775 年 4 月 23 日的夜晚，我在横跨切斯纳特大街的多克溪桥上一边漫步，一边思考着，富兰克林的话一直萦绕在我的脑海里。我在那里待了一会儿，为了点烟，我用打火石取火。这时，突然听得一阵不是很清楚但越来越响的嘈杂声朝北传来，然后州议会的会场传来响亮的铃声。这个铃声不是因为火灾。我有些疑惑，迅速前往第二大街，只见大街上男女成群。我叫住一名男子询问发生了什么事情。他告诉我说，“交战了，交战了！盖奇将军被杀了。”信使已经抵达了咖啡馆，街上没有一个人清楚具体的情况。所有人都去了切斯特南大街，因为那里正举行大会。据我所知，确切的消息可能会在那里公布。

李将军和盖茨将军拜访弗农山庄

大会休会期间，华盛顿回到了弗农山庄，回到了他所热爱的骑马狩猎的快乐生活，回到他的家和农场，回到他的马和猎犬们身边。要知道，华盛顿曾多次带着猎犬外出骑马奔跑，而最近一次享受这样的快乐是许多年前的事了。和从前一样，他回到了弗农山庄后，依旧关注和等待着，他看到战火已在东部迅速燃起。当弗吉尼亚代表大会再次召开时，会议通过了武装和训练军队的决议。华盛顿什么也没有说，只是服务于委员会，起草防御计划，并开始检查各地纷纷建立的独立连队。华盛顿在法国印第安人战争中的老战友来到弗农山庄，寻求鼓励和同情。查尔斯·李也来到了那里，他是那个时代典型的军事冒险家，出生在英国，才华出众，但性情古怪，情绪不稳。霍雷肖·盖茨也来了，同样也是英国人，他对英国国内的前景感到失望，他没有李将军来得敢于冒险，也没有李将军那样的才华和价值。

“我现在提名弗吉尼亚州的乔治·华盛顿”

6月的一个上午，大陆会议召开前夕，约翰·亚当斯在召开会议的大楼前的街上来回走着。他的双手交叉紧握在背后，低着头，显然有什么麻烦事困扰着他。

他的沉思被前来的堂兄弟塞缪尔·亚当斯所打断。塞缪尔跟他打招呼问道，“你今天早上的主题是什么？”

“噢，军队，军队！”约翰·亚当斯回答道，“今天上午我决定进入会厅，详细讲述殖民地的情况，为的是想说明做出一些果断决定的必要性。我总的目的是要劝导会议择日表决把军队正式改编为北美联合殖民地的合法军队，然后提出选举总司令的建议。”

“不错，”塞缪尔·亚当斯说，“我赞成，约翰堂兄弟，但是你对总司令有合适的人选吗？”

“我告诉你，是来自弗吉尼亚的乔治·华盛顿，他是会议的代表。”

“噢，千万别，千万别！”塞缪尔·亚当斯吃惊地回答说。

“必须这么做。应该要这么做，理由有这些。”

接着，约翰·亚当斯把堂兄弟的注意力引向了国家的确切情况。这项事业若要取得成功，中部和南部的殖民地绝对需要与东部的殖民地心手相连。当时，美国军队是在剑桥，绝大多数士兵来自新英格兰，由阿蒂马斯·沃德将军指挥，沃德将军也是新英格兰人。已经有一些来自其他地区的人士出面阻挠，对新英格兰在军队中所占据的突出地位提出了抗议，而且有明显持续下去的态势。作为团结各方力量的一个手段，唯一的出路就是从东部殖民地以外的地区挑选总司令，由此可将所有地区团结在一起，形成一个整体，用亚当斯的话说，是一个任何力量无法抵抗的整体。

塞缪尔·亚当斯一脸沉思地听着堂兄弟的话，然后发表意见说东部人民对沃德将军的爱戴将会成为选举的严重阻碍。他提到了阿蒂马斯·沃德突出的表现，他的学识（他毕业于哈佛大学），他在法国印第安人战争中立下的功绩，还有所有知道他的人对他的尊敬。塞缪尔·亚当斯同样也提到一个众所周知的事实，那就是约翰·汉考克本人也渴望这个职位。

对于约翰·汉考克的渴望，约翰·亚当斯置之不理。大家都知道他对汉考克的态度不怎么样。虽然他认同堂兄弟所讲的有关阿蒂马斯·沃德的种种优点，但是他依旧坚持自己的原则，要选弗吉尼亚上校为总司令。他提到了华盛顿在殖民地战役中非凡的贡献，认为华盛顿如此年轻，精神健全，久经沙场，这些远远弥补了他缺少学校教育的遗憾，而且各地人民对他的诚信正直和男子气概充满了信心。

经过深入的交谈之后，塞缪尔·亚当斯承诺“支持这项提议”，然后两人一起进入了会议大厅，这时会议已经开始。约翰·亚当斯很快起立发言，这是他最慷慨激昂的演讲之一。他敦促大陆会议正式接受这些军队。他自己已做好准备，宣布说，“要武装军队，任命一名指挥官，通过表决获取供给，然后着手干事。”

一些比较胆小的听众表示了担心，并提出了反对。约翰·亚当斯用难以抑制的热情再次起立说道：“先生们，如果这次大陆会议不接收这些军队，不出十天，新英格兰将会接收，新英格兰将会孤军奋战！是的，凭着强大的军队和清醒的良知，英格兰将会单独面对敌人。”

亚当斯强烈的言辞消除了所有的反对意见。这时选举事宜得到了确定。经过一场热烈的辩论之后，会议同意正式接收这些军队。

下一个问题就是为军队选举一名指挥官，因为此时的军队已不再是“叛军”，而是隶属于北美联合殖民地。当然，所有人也都再次期待约翰·亚当斯的提议。而他也已经做好了提议的准备。

任命的当天，他在大会上开始了演讲。他最初说的是沃德将军，用了不少赞美之词，这甚至足以使那些坚强的新英格兰士兵最亲近的朋友们都感到信服满足。然后，他挺直了身子，停顿片刻后又说道“但是我要推举的并不是这个人！”

现场的变化极富戏剧性，所有会议代表的眼睛都注视着演讲者。在亚当斯的右边坐着的是乔治·华盛顿，身穿弗吉尼亚上校制服。华盛顿也迫切地想知道约翰·亚当斯真正想要提名的人选是谁。

会场更安静了。接着，约翰·亚当斯讲述了新指挥官所必须具备的资格条件。在演讲快结束的时候，他的讲话变得更加雄辩有力。他是这样结束演讲的:“先生们，我知道这些资格要求很高，但我们都知道，在这个紧要关头，这又是新指挥官所必须具备的。有没有人会说整个国家都找不出这样的人？我的回答是有，他就在我们的身边，他正是我要推举的人——弗吉尼亚的乔治·华盛顿。”

听到这话，大吃一惊的华盛顿从座位上跳了起来，径直冲进了隔壁的一个房间。所有人都静静地坐着，惊愕万分。在鸦雀无声之中，塞缪尔·亚当斯依照先前对堂兄弟的承诺，提议休会，好让大家在这个时候商讨审议。这个提议得到同意，然后休会。

华盛顿上校当选为总司令

邦克山战役的前两天，大陆会议正式接收了所有殖民地招募的军队；就在美国人前往邦克山，去创造辉煌历史的当天，大陆会议的代表华盛顿得知自己已毫无异议地当选为总司令。在那个时期，培养指挥官的条件和环境一点也不缺乏。在先前二十年与法国印第安人战争的诸多艰难困苦中，任何参与过战斗的人都获得了很多机会，为此而满足高兴。已在指挥马萨诸塞军队的沃德有过艰难的境遇;伊斯雷尔·帕特南也是如此；还有斯凯勒，不仅与法国人交战过，而且还接受过军事科学教育；格林、波默罗伊、蒙哥马利、斯达克和普雷斯戈特虽然不是那么卓越突出，但他们都是可信赖的战士。而查尔斯·李和霍雷肖·盖茨，他们都曾是英国军人，他们是为了自己国家的利益离开的祖国，而他俩在二十年前则会使每一个见到穿军服的外国人的美国人都感到敬畏，但是对于大陆会议而言，尽管根本谈不上无所不知，但还是明白战斗能力并不能代表战争的全部，战争的结果很大程度上取决于总司令的个人性格。华盛顿的军事经历众所周知。作为他本人，两次大陆会议都参加了，就坐在他们中间，他的才智和品德给人留下了深刻的影响，甚至连伟大的查塔姆在向英国上议院发表讲话时也说道:“在这个世界的几个主要国家里，我找不出哪个国家的人民或参议院能够在如此复杂困难的环境中胜过在费城召开全国代表大会的美国代表们。”在问及同样是大陆会议代表的人时,帕特里克·亨利代表说道:“如果你是从可靠的信息和公正的判断角度看，华盛顿上校无疑是最伟大的人选。”

华盛顿的总司令委任状

大陆会议

新罕布什尔、马萨诸塞湾、罗得岛、康涅狄格、纽约、新泽西、宾夕法尼亚、纽卡斯尔、特拉华的肯特和苏赛克斯、马里兰、弗吉尼亚州、北卡罗来纳部和卡罗来纳的联合殖民地代表——

致乔治·华盛顿先生:

我们极其相信和信任您的爱国心、行为和忠诚。基于这些品德，任命你为联合殖民地军队的将军和总司令，指挥所有招募的力量，或即将招募的军队，以及其他所有自愿参军入伍为捍卫美国自由和抗击任何敌人入侵的人士。

我们严格要求所有的官兵听从您的指挥和命令，而且在履行各自职责过程中勤奋努力。

我们也嘱咐和要求您认真地履行我们赋予您的信任，在军队中实行和遵守严格的纪律和命令，使士兵接受相应的训练，并为他们提供所有便利的必需品。

您要依据战争的规定和纪律（见附件）来规范您的行为，在接受联合殖民地此次大会或今后大会以及大会委员会不时下达的命令和指示后，要准时遵守和执行。

此委任状在经此次大会或今后举行的大会撤销之前一直有效。

奉大会之令

约翰·汉考克，主席

1775 年 6 月 19 日于费城

证明人：查尔斯·汤姆森，秘书

第十二章　总司令与新兵

“有一件事情令我内心充满了难以言表的担忧”

1775年5月，当华盛顿离开弗农山庄前去参加大陆会议时，他不曾料到自己会被推选为总司令。而当他受命出任总司令的时候，他马上给妻子写信：

我现在坐下来给您写信，有一件事情令我内心充满了难以言表的担忧；而且一想到此事给您所带来的不安，我就更加忧心忡忡。大陆议会已经决定由我负责指挥为捍卫美国事业所征募的所有军队。我必须立刻前往波士顿就任指挥。

您可以相信我，我亲爱的帕齐，我十分认真地向您保证，我不但没有追求这一职务，而且还尽我所能去避免担任这一职务，不仅是因为我不愿意同您和家人分开，而且也因为我意识到这个担子太过艰巨，是我力所不能及的。在家中和您一起生活一个月所感受到的真正的幸福，要远多于我在外待上七七四十九年时间所能找到的幸福……我应该不会为战争的艰苦和危险而苦恼；我的痛苦是因为留下您独自一人，我知道，您会忧虑不安。

为了尽可能避免由此而给家人带来的孤独感，华盛顿同时写信给两个家庭的其他成员：

此刻，我非常担心的是，我害怕这件事情会使你母亲陷入不安之中；因此我希望，你无论如何要振作她的精神，要尽量让她心情保持平静。的确，我必须承认，我的事一定令她非常不安，但是既然命运已不可避免地安排我担任这一职务，因此我应该更希望成功的到来，以及我们圆满幸福的相聚。

我恳求您和巴赛特夫人，如果可能的话，常去弗农山庄，而且也希望我妻子的其他朋友们也能如此。我希望你们能使她安下心来，因为冬天到来之前我不可能回来，而她孤身一人让我十分担忧。

我希望我的朋友们会去看望我的妻子，并尽可能地提振她的精神，因为我知道我的离开对她来说将是一个沉重的打击；为此我感到非常难受。我希望您和我的妹妹（虽然距离遥远）今年夏天能够去弗农山庄小住一段时间，同时也可轻松一下。

海军准将惠普尔的英勇事迹

华盛顿被任命为大陆军队的总司令的当天，罗得岛购进两艘单桅纵帆船，“普罗维登斯”号和一艘体积更小的船，并由亚伯拉罕·惠普尔负责指挥，以将英国人赶出纳拉干海湾。惠普尔指挥着他的小舰队，成功地完成了任务。惠普尔在美国革命中在海上首先打响了第一枪，要早于约翰·保罗·琼斯被美国新政府所认可，因而成为美国海军历史上的第一位准将。惠普尔准将的许多英勇事迹使他与保罗·琼斯一样被看作是美国革命的英雄。然而，战争给人所带来的命运很奇怪，因为有关惠普尔的许多英勇事迹很少被人提及。人们有时说惠普尔是指挥了波士顿倾茶事件中乔装打扮的印第安人，但实际上他并没有参与那项冒险行为。惠普尔的英勇行为则是有着更多的英雄主义和机智敏锐的成分。事情发生在1778年，当时，他突破穿过了被英国舰队封锁的罗得岛海岸，将重要的急件送往法国。他选择在4月一个暴风雨的夜晚来执行这项危险的任务。他指挥着“普罗维登斯”号小船。

当穿越封锁线的时候，惠普尔挑衅地对着英国军舰，拼命转动船的舷侧，用比强风声还要响亮的声音命令手下那些乔装打扮用来迷惑敌人的人，但同时对其他的手下则采用相反的策略，语调很轻。就这样，“普罗维登斯”号单桅纵帆船得以逃脱，前往法国，把急件送到了富兰克林博士、约翰·亚当斯和亚瑟·李等人的手里，这些在巴黎的美国委员们最终为美国独立战争成功地争取到了法国的援助。

亚伯拉罕·惠普尔就任美国海军第一准将的时候，海军的着装看上去很奇怪。于是，他自己出资为全体船员配备了制服。惠普尔依靠“普罗维登斯”号小帆船，在海岸线上巡逻，与许多英国的大军舰相抗争，以捍卫殖民地贸易的利益。在马萨诸塞湾，他曾受命去拦截一支由一百五十艘船只组成的驶往西印度群岛的船队。他把自己装扮成哈利法克斯德商人，加入了这支船队，然后每天夜里从船队中分离出几艘船，而且在黑夜的掩护下，他成功地将占领的十艘大船护送驶入波士顿港。船上装载着的粮食和其他供给物资，极大地缓解了被封锁的殖民地的物资需求。他的贡献在价值上超过了一百万美元。

“实力薄弱的美国人几乎不能跟上他们”

几近拖延，在可恶的《印花税法案》遭到废除之后，富兰克林于1775年春天回到了北美。当他横渡大西洋的时候，“严阵以待的农民已做好准备，整个世界枪声四起。”在到达费城之后，富兰克林写信给对殖民地持友好态度的埃德蒙·伯克：

> 盖奇将军的军队进行了大撤退，三小时内后撤了二十英里——这在历史上几乎是绝无仅有的；实力薄弱的美国人，一路（从康科德和莱克星敦两地）赶来波士顿，几乎也跟不上他们。

在伦敦的时候，富兰克林用“无风不起浪”的谚语解释了美国人民起义的原因。然而，他对美国人民事业的热烈支持却激怒了国王和政府，以至于他们撤销了他邮政局长的职务。虽然英国政府官员们对富兰克林进行了人身攻击，但威廉·皮特，后来的查塔姆伯爵，却称他“不仅是英国人民的荣誉，而且也是人性的荣誉。”

富兰克林在费城给在伦敦的朋友斯特拉恩写了一封著名的信：

斯特拉恩先生：

你是一名国会议员，也是造成我们国家毁灭的众多人中的一员。你已经开始烧毁我们的城镇,谋杀我们的人民。看看你的双手,沾满了你亲属们的鲜血。你和我曾是好朋友,但如今你是我的敌人,而我也是你的敌人。

本杰明·富兰克林

“人口甚少但英雄辈出”

坚强的美国人所做出的是一个大胆的决定。如果当初他们将自己完全联合统一在一起，那么结果可能就大不一样了。但是，新英格兰人民是如此得迫切和坚决，以至于他们等不及他人加入就率先担负起自己的责任。在所有十三个殖民地中，人口总数仅为二百六十万，虽然从中组织的对抗力量,与乔治国王的英军相比,在数量上要少得多,但我们应该不会忘记大不列颠王国当时的人口同样也比起现在要少得多。

英国正规军和殖民地民兵之间爆发战斗的原因一经揭晓，其他殖民地群情激愤的人民就开始赶往波士顿，加入了爱国同胞们的战斗行列。当战斗的消息传到伊斯雷尔·帕特南耳朵里的时候，他正在康涅狄格的庞弗里特自己的农田里耕作。他立刻放下手上的农活，传话让民兵们随他一起前往，然后他跳上马背，快马加鞭地奔驰了一百英里，并在十八小时之内赶到剑桥。民兵们也在剑桥集合。与此同时，约翰·斯达克也从新罕布什尔赶来，率领着该殖民地的第一支连队。此外，当时还是上尉的本尼迪克特·阿诺德则在纽黑文聚集了六十名学生和民众，也同样很快赶到，加入作战的爱国同胞们。由此，从农场和山坡到乡村和部落，愤怒的殖民地居民纷纷赶来声援。结果，在很短时间内，盖奇将军和他的士兵们就发现自己已被一万六千名装备简陋但意志坚定的民兵们包围在波士顿。

显然，没有人知道下一步该采取什么行动。虽然他们决心要把那些英国士兵围困在城市里，但对于预期想要达到的结果，或者说下一步的行动，却无人决定。

5 月 1 日，两起事件的发生很大程度上决定了殖民地的未来，决定了战争的走向。其中之一是伊桑·艾伦和他的青山民兵占领了提康德罗加要塞。另外一起事件是大陆会议在费城的召开。这次大会讨论的主要议题是殖民地与军队的关系的问题，以及军队总司令的任命事宜。

背井离乡，离妻远友，放弃财富和安全，冒险反抗

由于任何一名军人，无论性格如何，都清楚该如何打赢一场既定的战役，为此可能有许多爱国人士都羡慕华盛顿的位置，而且如果处在华盛顿的位置，其他任何一个人也可能会比他获得更多的满足。要知道，华盛顿婚后的生活非常幸福快乐，而且他也有充分的能力享受这样的生活。一般情况下，对于许多男人而言，往往会非常乐意地以战争为由而离开家。而对于华盛顿来说，他并不需要逃离，因为既没有一名脾气暴躁的妻子来管着他，也没有债主登门向他讨债；况且任职的薪水，即使他接受了，也无法弥补他因无暇打点个人财产事务所

造成的损失。他是背井离乡，离妻远友，放弃财富和安全，冒着军人的生命危险，踏上了反抗者的命运之路。许多年轻男子在凝视华盛顿指挥军队的画像时，总是充满了羡慕的眼光。然而，如果有一幅画像能表现出华盛顿孤独沉思的心情，那么即使是最卑贱的乞丐也不会羡慕这位年轻的指挥官……

一个人的事迹是历史造就的，而对于华盛顿而言，历史是光荣的。但是，一个人的人生和性格是由他的出生、教育、环境和自我训练所决定的，不过后者的影响更为主要。华盛顿之所以成为总司令，只是因为他个人的性格魅力所致，而他后来所取得的成就也正是他还在默默无闻的时候就培养起来的男子气概所造成的结果。所有这些在过去都已提到过，但有些事实则如同祈祷和祝福词一样被夸大，不能过度地重复。

“国家的自由是安全的！”

6 月 21 日，华盛顿在一队骑兵的护送下从费城出发，前往波士顿，同行的有斯凯勒和李。斯凯勒和李刚被大陆会议任命为少将。一行人走了大约二十英里的时候，只见一男子骑着马飞奔而来。这名男子是信使，正匆忙地赶往费城，向大陆会议通报邦克山战役的消息。消息震动了所有人，大家都想知道详细情况。

有人问他说：“为什么当地的人会被迫撤退？”

“是为了军火。”他回答说。

“他们抵挡住了正规军的火力了吗？”华盛顿焦急地问道。

“抵挡住了，直到敌人只有四十米左右的距离，他们才开火。”

“这样，那么国家的自由是安全的！”华盛顿大声喊道。他清楚地记得以前随布拉多克将军作战时的场景，而且也明白新英格兰农民在面对从查尔斯顿登陆上岸的一批整装列队的英国士兵出现时会是一副什么样的场景。如果这些农民能够在英军面前表现出无畏的精神，那么他们就可以成为真正的战士。

一路上，各个城镇的居民都出来迎接华盛顿的马队。在纽瓦克，纽约省议会的一个委员会前来护送他入城。华盛顿将斯凯勒少将留下来担任指挥，自己匆匆赶往剑桥，因为邦克山传来的消息使他焦急万分，想立刻与军队会合。

在新英格兰，随着离战斗发生地越来越近，华盛顿发现当地人民的情绪越来越激动，越来越热切。每到一座城市，都有市民前来迎接他，并将他护送至下一个城镇。在纽瓦克就是如此。所有的大学生都出动了，而且他们还有一支小乐队；有意思的是，领头的是一名大学一年级的学生，他就是后来在世界上引起轰动的，以编写单词拼写课本和辞典而闻名的诺亚·韦伯斯特。在斯普林菲尔德，华盛顿一行受到了马萨诸塞省议会的一个委员会的接待，而最后在6月2日抵达沃特敦时，华盛顿受到了正在举行大会的马萨诸塞省议会的欢迎。

王　者

华盛顿具有如此冷静的头脑和心智，已给他那个时代最能干的人留下了深刻的印象，以至于在他的整个生涯中都很难挑出一个错误。除了超常的判断能力之外，更引人注目的是他在道德方面的高度自律。按他的个性来说，华盛顿并非温顺和平庸之辈，并非一般的意志力就能够驾驭的。他富有激情，他的怒火一旦被激发，会非常可怕，甚至能使强者也会像受了惊吓的小孩一样感到畏惧。这种惊人的兽性受到了一种钢铁般意志力的遏制，并被一个温柔亲切的灵魂所掌控，因而任何低劣、可耻的想法都不会渗入。头脑清晰，意志坚定，一心一意为公共事业做奉献，廉洁正直，毫无野心，不图虚荣——这就是华盛顿的个性特征。大自然是在一个尊贵神圣的殿堂中供奉着这样一个伟大的神灵。华盛顿身材高大（超过六英尺），庄重英俊的脸庞，高贵的气度以及谦和而有威严的举止，无不表明华盛顿的王者风范。

美国的首要人物

作为美国的一位首要人物，华盛顿前往目的地履行职责。1775 年 7 月 3 日，星期一上午，华盛顿骑马抵达一片广阔的牧场，即马萨诸塞的剑桥。在一棵枝叶茂盛的榆树下，在集合的军队和好奇热情的民众面前，华盛顿拔出剑，正式成为大陆军的将军和总司令。如今，那棵出了名的古老的榆树仍然还在，并且得到了很好的保护。

当时，华盛顿已经四十三岁——正好是朱利尤斯·恺撒在高卢指挥军队并使自己成名的年龄，也正好是拿破仑犯人生大错向俄罗斯宣战时的年纪。但是，乔治·华盛顿与两位征服者恺撒和拿破仑是多么的不同啊！恺撒和拿破仑的所作所为是因为迷恋权力，而华盛顿则是出于对自由的热爱——甘愿牺牲舒适、安逸和快乐的家庭，以及他所喜爱的宁静的生活，因为他觉得率领军队赢得自由是自己的职责。

华盛顿是一名英勇的战士，在 7 月一个温暖的早晨，他站在剑桥的一棵榆树下，我们可以用“仪表堂堂”一词来形容他的形象。他身材高大，结实挺拔，棕褐色的头发像绅士那样梳成一列，有着一张玫瑰色的面孔和一双清澈明亮的眼睛——这是一个身体强壮健康，相貌英俊潇洒的男人，身着蓝黄色军服，肩上佩戴着一副肩章，头上戴着的三角帽饰有象征自由的帽章。华盛顿这位大陆军的总司令望着他所指挥的军队，决心要把他们变成真正的战士，带领他们去夺取最后的胜利。

“他那个时代最高贵的人”

和现在一样，那时的美国人都了解战争，因此，无论是从军队内部还是外部，有人说华盛顿算不上是一个好的将军。可能是有少数人认为，好将军和他训练有素的官兵们一门心思考虑的只是如何战胜敌人，而华盛顿则把大量的时间用在琢磨如何为他那些衣衫褴褛、饥寒交迫、装备简陋且缺乏训练的士兵们解决粮食、衣物、军火和训练方面的问题。由于所有的英国士兵都是远离家乡，况且其中许多普通士兵都是无家可归者；而对于那些美国民兵来说，情况则恰恰相反，他们都有自己的家庭、农田和店铺等，因此行军不出几日他们就会牵肠挂肚，总是想着自己的事务。即使是待遇最好的人，也都是出了名的爱发牢骚。如果一支军队里有不满情绪，那必定是在各个方面的情况都不好。所以，当他们的抱怨声传到了华盛顿耳朵里后，他会用其个人的智慧缓解大家对自己处境的忧虑。他在战争各个时期写下的文字都表明，他一直是对军队的物质条件和精神面貌非常关注和重视，同时还考虑到因有那么多人放弃产业劳动加入军队而对社区所产生的影响等问题。如今，华盛顿给人留下的普遍印象显然是他冷漠、沉思的形象，这是画家和雕塑家们按传统墨守成规地在他们的作品里描绘的美国革命总司令的形象。但是，如果我们只要对华盛顿这位他那个时代最高贵的人的生活稍作了解，就可发现他其实是极富真诚和热情，这在现在甚至连普通的左邻右里都会说他是个好人。

弗吉尼亚猎狐者与新英格兰农民

在一个时期内，所有的人都曾一度对弗吉尼亚上校担任总司令非常忧虑。他率领的部队就像是一批乌合之众，把威廉·豪爵士的军队围困在波士顿。我们都无法理解他为何会像绵羊般顺从地默默接受这样的安排。我的姨母盖诺是一位优秀的写信人，与她通信的人很多，其中有一两位就待在剑桥的营地。

“我的弗吉尼亚猎狐者，”我的姨母说道，“和新英格兰农民相处的日子倒霉透了。他倾向于采用专横的态度，不管对谁。他太喜欢绑缚受鞭打犯人的柱子了，认为所有人的服务应该是没有报酬，像他自己一样。他做事情缓慢，但聪明。”我姨母盖诺还说道，“他肯定能摆脱困境，一定有耐心。你看着吧，休，他会慢慢地理解那些人。”

面对这位好心的女士的自信，我微笑着，然而她是正确的。在纪律涣散的军营里，最初他们的折腾让他病倒了，而且说了许多有关他的奇怪的事情。和其他人一样，他开始研究战术，犯下了军队管理方面的许多错误，吸取了不少深刻的教训。

这一时期，举国上下心神不宁。我们每天都听说这个或那个人已前去加入包围威廉爵士的部队，使得部队的人数日益增多。而且，在匆忙之中，人们纷纷建造了许多贡多拉小船——与真正的贡多拉又完全不同——以防卫我们的河流之用。各个议会相继成立委员会，为军队筹集武器、帐篷、水壶和毛毯等。与此同时，议会不仅为选举事宜争吵不休，而且还下令抓捕亲英分子。此外，到了10月，大陆会议的前任主席去世，传来了黑森人雇佣军到来的消息。这个纷乱骚动的季节，人们宣泄着愤怒的情绪，严肃地等待事态的发展。

“他们的精神胜过他们的实力”

总司令发现自己受到了马萨诸塞当地人民的热烈拥护。不过，用华盛顿的话来描述马萨诸塞的士兵们是最恰当不过了：“他们的精神胜过他们的实力。”华盛顿有一些得力助手——李、伊斯雷尔·帕特南、阿蒂马斯·沃德、盖茨和格林等。虽然李像是个兵痞——现在我们会说是一个坏脾气的怪人，但他有能力，且严行纪律。伊斯雷尔·帕特南具有无与伦比的能力，善于利用有识之士提出的建议，并有效地付诸行动。阿蒂马斯·沃德则是一名资深少将，尽管他很快就满足于他之前率领军队与印第安人作战时的中校军衔，但他具有很高的军事才能；他是一名受过教育的绅士、智力丰富的律师和立法委员，他的条理性和对事业的关注使他在军中显得颇为重要。盖茨则是一位很有用的民兵指挥官。而就格林而言，他的脑子里满是军事科学理论，他的智慧使得他在任何机会面前都能成功地把握住。除了这些人之外，还有一些值得信赖的战时总督，康涅狄格的特兰伯尔就是其中的代表。

华盛顿着手加紧巩固自己的阵线。像其他新上任的指挥官一样，利用名人效应提出需要更多资金和人员的要求。他的防御工事几乎是迫在眉睫的，因为他不仅只得依靠自己的命令和美国人的镐锹，另外还在于经费和补给到得很慢，因为需要议会批准才行。各个议会都相类似，他们会先坐下来大肆商讨一番，却做不了一件小事情。

按照弗吉尼亚祖先和传统的做法，华盛顿在剑桥会开“家庭招待会”。如果有人认为这是很容易做到的，那就让他先想想其他人的麻烦和困难，然后再尝试着扮演和蔼可亲的主人角色，每天接待几十个来得不是时宜的来访者。每一个遇到困难的人都会向华盛顿抱怨，甚至连斯凯勒，美国革命期间最尊贵的人士之一，也会向华盛顿表示自己的不满。但当华盛顿向来自纽约的斯凯勒少将坦露了自己面临同样的麻烦和困难时，令他感到很惭愧。此外，直接面对敌人的海滨城镇的代表们也前来向华盛顿请求兵力和武器的援助，而不愿把当地的民兵派出来。这段时期的痛苦折磨是以前在弗吉尼亚没有过的。华盛顿给人的印象是天生的冷淡缄默。任何真诚的人，通过倾听他人的抱怨，都会学会如何克制自己对上帝和妻子的叹惜，不让自己的内心世界表露出来，以免不合时宜地与他所肩负的责任相抵触。

“盖奇将军，小心你的鼻子”

至于士兵们的生活和职责任务，我们也许可以从在剑桥的随军牧师威廉·爱默森的信中获得更好的理解，他是在华盛顿出任总司令之后不久写下这封信的：

> 新的主人，新的法律。华盛顿将军，李将军，将军们每日都在阵地上。每日早晨祷告之后都要向各个团宣读华盛顿将军阁下的新命令。现在的管理极其严格，军官和士兵之间差别分明，每个人都必须各守其职，否则就会被绑起来，根据所犯错误的情节轻重，接受三十或四十下的鞭打处罚。好几千人每天上午一直从早上四点干到十一点。简直难以置信，有那么多的任务被完成。防线已经从剑桥延伸到了神秘河，这样很快敌人就不可能从防御工事之间穿过了；有一个地方则是故意不设防，目的是想把敌人引出堡垒。谁能想得到，十二个月的时间过去后，整个剑桥和查尔斯敦竟然到处都是大陆军军营，到处都是堡垒和堑壕。所有的土地、良田和果园都成为公共用地——牛羊在割过草的土地上喂养，整片的玉米地被吃空，大量排列整齐的槐树被砍后，当作烧火用的木材或其他公共用途。关于这一切，我必须得说，看起来让人感到一丝忧郁和悲伤。我的住处就在著名的希望山山脚下，在这里也做好了迎接敌人进攻的准备。在营地间行走是一件非常有趣的事情。营地的宿营帐篷各不相同，如同不同的主人着装不同那样，每一顶帐篷都体现了扎营者的性情和品味。有的帐篷是用木板或帆布搭成，有的则是一半用木板一半用帆布。另外，也有用石头或草皮砖块或灌木丛搭建的。有的是在仓促之中搭起的，有的则是用花环和藤条编织后为帐篷配上了奇特的门窗。有些像真正的帐篷和大帐篷，看起来就像是英国正规军的营地，而住在这些帐篷里的都是罗得岛人，他们拥有全套的帐篷装备，而且全

是最典型的英国风格。不过，在我看来，军营里各种各样的帐篷给人的感觉更多的是一种美感，而不是一种缺陷。

在剑桥的绝大部分士兵都来自新英格兰殖民地，其中马萨诸塞的人最多。然而，其他一些殖民地的人也正匆匆赶来加入，尤其是宾夕法尼亚。在宾夕法尼亚，人们要求参军的热情非常高涨，为此不得不采取了限制名额的措施。一家殖民地的报纸向我们报道了一位领导者所采用的一种独特方法，即在选拔最佳人选的同时又不冒犯那些可能不被选中的人。那位领导者用粉笔在木板上画了一个正常人大小的鼻子，然后把画放置在距离一百五十码远的位置，称谁能将目标打得最准，谁就跟随他去剑桥。结果，有六十多人射中了目标。然后，这家报纸最后在描述这件事情时用了很聪明的文字：

"盖奇将军，小心你的鼻子！"

"丹尼尔·摩根的步枪兵，"大部分由弗吉尼亚的开拓者们组成，有一小部分来自马里兰和宾夕法尼亚西部，他们也是招募来的最好的士兵。新英格兰士兵不是很热情友好地欢迎他们，这是由于他们对爱尔兰人有偏见的缘故，因为这支步枪兵大多是爱尔兰血统或在爱尔兰出生的，他们以枪法好而著称；据说他们能够在深林里奔跑的时候装子弹，而且人人都能够在三百码开外将一只奔跑的松鼠射中。这些步枪手们的着装也很独特，每个人都穿着宽松的狩猎衫，胸前都写着帕特里克·亨利的名言"不自由，毋宁死"。这支步枪兵的领导者丹尼尔·摩根本人也和他的士兵一样与众不同。丹尼尔·摩根出生在新泽西，是威尔士后裔，他身材高大，体格强壮得让人难以置信。他曾经经历光着脊背被英国军官鞭打一百五十下的处罚；还有一次，他在脖子已经被步枪子弹击中的情况下，居然还能从印第安人手里逃脱。

外表最不像士兵的士兵

这支军队，如果可以这么称呼的话，正在围攻波士顿。他们几乎都是新英格兰人。但是夏天的时候，有一些来自宾夕法尼亚和弗吉尼亚边境的军队加入，他们表现出了极大的兴趣，因为他们可以用步枪在三百码的距离内拼命地射击，而滑膛枪只在一半的射程内才有效。

由于没有钱买武器，他们就像南非的布尔人那样，每个人就从壁炉上方的挂钩上取下步枪，将牛角制的火药筒斜背在肩上，把子弹袋扎在腰间。

从着装看，他们都戴有圆帽，这是在任何乡村小店都能买到的没什么价值的东西；他们的衣服都是家里的妻子缝制的，有时候也称长罩衫，无非也就是一件衬衣，在腰上扣上皮带，衣服下摆挂到臀部，而不是塞进裤子里，这和农场劳工的衣服一个样，用棉布做成；而现在这种面料是用来做工装裤，或床罩和枕头的。在深林里时，穿着的衣服则被称为步枪衣或狩猎衫，有时候还用流苏状的披肩做装饰，而腰带上方足够宽松的位置则是塞满了大块面包、咸肉、干鹿肉、一只煎锅或咖啡壶，直至能吃苦耐劳的樵夫变成外表最不像士兵的士兵。

“非常需要一种热心公益的精神”

英国人没有采取冒犯的行动，所以华盛顿也不能挑起一场战争。好几次，在波士顿的英国军队差点就打破了殖民地的防线，然后把部分的农民遣回家，把剩下的人赶入林中。或许这是英国将军很想做的，但他必须按命令行事。乔治三世国王的智慧虽然不够成熟，但他不是一个凶暴的君主。如果可能的话，他更倾向于和平取胜。而诺斯勋爵虽然是个趋炎附势之辈，但很有头脑。如果他们相信美国人最终会厌战而屈服，那他们也没有全错。我们知道，有时候在军队中，所有高层人员的劝说努力，对阻止那些早期曾非常热衷脱离军队回老家的士兵来说，还是必要的。当天气还暖和的时候，在波士顿当兵，简直就像是进行愉快的野餐一样，但当寒冷的夜晚来临时，由于缺少大衣，轮流值班站岗似乎比步行十英里去参加乡村舞会还要来得痛苦，于是年轻的士兵们开始想家。许多想家的美国人孤身一路跋涉前来参加战斗，一直从大西洋沿岸来到太平洋沿岸。因此，当家离得不远，回家的路又是如此友善地在召唤的时候，那该是一个多么美妙的诱惑啊！许多士兵一定有脱离部队回家的念头。况且，军队中许多士兵被征召时承诺的服役时间也即将到期。

华盛顿自己从战争开始到结束时也非常想家，而且也意识到自己有可能成为光杆司令。因此，他急于向敌人发起进攻，但受到大陆会议或战争委员会的限制，甚至是两者的限制。他通过休假的方法确保了许多士兵能够延长服役期限。到1776年初，他仍然还指挥着军队，但却使他的耐心和对同胞的关注付出了惨重的代价。他向大陆会议抱怨说，在新英格兰“非常需要一种热心公益的精神”，而且“没有积极紧迫地投入到国家的事业中去，尽管对此我徒劳地自以为是真实的，但我觉得我们在这至关紧要时刻很可能就会被遗弃”。

大臣们挑起并拖延了大革命

有趣的是，英国的政府部门，自1760年到美国革命战争结束，或多或少受到了无能的国王的影响。据说乔治三世国王拥有许多个人美德——因为很个人，而长期不被他的臣民们所知——但是，作为君主，他从不慷慨他的情感，也没有开阔的思想；他有偏见，没有涵养，心胸狭隘，乖张反常；他夸大的德行和虔诚，在参与政府管理时则表现出了目光短浅和意志固执的特点；他的良心会使他将仇恨转化为职责，他的宗教信仰情结会使他把自己的抱负神圣化；由于他的抱负是要通过狭隘的宫廷政治去统治帝国，因此他宁愿让寄生虫样的官员们去阿谀奉承他的愚蠢，而不愿让政治家们来教导他的无知。在一个自由的国家，国王居然有如此的性情，这是与高效率的做事风格所不相容的，因为各个党派已分裂成各个小集团，已为个人的权宜之计制订了明确的原则。这将朝廷分裂成小党小派，那些规定的信条准则都是个人的权宜之计。比尤特是国王的第一任首相，他在短暂的执政期内，由于史无前例的腐败和无能，在一场民众的蔑视和憎恨风波中下了台。继他之后是乔治·格雷维尔，《印花税法令》的始作俑者和浮躁的美国独立战争支持者。格雷维尔处事强硬、阴沉、武断和吝啬，虽然对议会事务的细节了如指掌，对错综复杂的英国法律熟门熟路，但观念受到限制，思想固定，没有原则性的远见卓识，表现出一副特有的刻薄的诚实，这一点可以经常在那些脾气粗暴的人和技术型知识分子身上看到。专横得像个暴君，很快就发现他不够顺从，而成为不了国王的工具，再加上他能让国会通过武断措施的盛气凌人的脾气，使他不断地在衣帽间里向国王提出一些狂妄无礼的问题。而国王则对一名臣仆未能向美国征税和惩处威尔克斯感到失望，在没有辱骂他的主人的同时，撤了他的职，让辉格党领导人白金汉侯爵接任。无论是在美国革命前还是期间，白金汉侯爵一直是殖民地人民的可靠朋友。在他手下，《印花税法令》被废除。然而，他的执政显得太过开明，以至于无法让控制国王意志的政客们满意。然后尝试的是联合内阁的形式，由查塔姆组阁，由来自不同党派的成员组成，但他们没有任何可以团结的凝聚力，因而这种天性无政府主义的安排显然是一个不祥的预兆。当查塔姆因得了痛风而精神痴愚时，内阁的次序变得混乱不堪，控制权反常地落在了财政大臣查尔斯·汤森德的手里。查尔斯这人虚伪放荡，犹豫不决，自以为是，且肆无忌惮。不过，作为演说家，他相当出色迷人。沃波尔在谈及他的一次演讲时说，仿佛就像是加里克在表演康格涅夫的即兴戏剧场景那样。但是，他没有道德准则和政治原则。在下议院的无限赞美声中，在对赞美的无限渴望之中，他的行为似乎一直是受到了虚荣心的驱动。格雷维尔为自己最近的失败而感到苦恼，但仍旧顽固地要向美国殖民地征税，不错过任何机会用令人恼怒的讽刺挖苦查尔斯这位全能的政治上的享乐者。有一次，他对着财政大臣的席位说道："你们都是懦夫，你们害怕美国人；你们不敢向美国征税。"受到嘲讽的汤森德从座位上激动地站立起来喊道："害怕！懦夫！不敢向美国征税？我的确敢向美国征税！"然后，汤森德因自己孩子气的、虚张声势的勇气，提出了一个著名的议案。这个议案最终使英国失去了十三个殖民地，使英国增加了一亿英镑的债务，同时也玷污了英国的公共形象。而后不久，汤森德去世，也许是天意，使他幸免见证因为自己极富虚荣、冒昧放肆的举动所带来的后果，而政策决定权结果落到了诺斯勋爵手里。诺斯是个为人温和、平庸普通、做临时工的政治家，同样没有高尚的美德，也没有特别的缺点。在他的主政下，美国战争开始了，并全面铺开。在乔治三世的所有首相中，诺斯是最受君主尊重的，因为他不仅总是对国王提出的不理智和顽固的方案圆滑地言听计从，而且还利用自己相对较聪明的头脑和较随和的脾气借助辩论去掩盖方案的不足和不公正之处。为此，查塔姆和卡姆登在上议院曾怒喝过他，伯克和福克斯在下议院也就治国之才抨击过他。但是他有温和的个性，对众人的咒骂无动于衷，而且在面对长达数小时的痛骂附带弹劾威胁的演说，依旧睡得安稳，并且像尤利西斯或萨默斯那样推行受命于宫廷的愚蠢路线。内阁指挥的战争开展得很糟糕，不过幸运的是，他的一个聪明想法最终没有成为现实。他想把在美国的指挥任务交给克莱夫勋爵，但好在克莱夫差不多在那时候决定自杀了，这样我们的农民士兵可以避免在战场上遭遇一位将军而得救了。要知道克莱夫这位将军意志力非凡，足智多谋，是自马尔伯勒去世之后欧洲最杰出的指挥官。这里应该附带说一下，诺斯勋爵的和解计划是充满了暴政的友善和敲诈的仁慈，这让人想起了一则法国的小寓言：一个农夫把所有居住在他谷仓的动物房客们召集起来，然后温柔严肃地对它们说："亲爱的动物们，我把你们召集在这里，是要征求你们意见，问你们我应该用什么调料来烹饪你们。”“但是，”一只起来造反的小鸡喊道，“我们根本就不想被吃掉。”温文尔雅的召集人却回答说：“我的孩子，你偏离了话题！”

纪律涣散，弹尽粮绝

华盛顿骑马穿过防线视察他的军队时，即使有任何的自满，他也会迅速醒悟过来。他发现在波士顿有四位经验丰富的英国将领——盖奇将军、豪将军，克林顿将军和伯戈因将军。尽管伯戈因将军写过两部剧本，在萨拉托加被迫投降，但实际上他远非是美国人所想象的那种人。这些将领们手下有一万一千名训练有素、装备精良的士兵，而且在海湾还有一支强大的英国舰队。相比之下，华盛顿拥有一万四千名士兵，这些士兵都是带着满腔的爱国热情离开家前来参加战斗的，他们斗志昂扬，个个都清楚该怎么打仗。然而，华盛顿在试图向敌人挑战时意外地发现自己部队的弹药很匮乏，只够射击十分钟。十分钟所有的弹药就会耗尽。

除了弹药匮乏，纪律也很涣散，部队中缺少能够严明军纪的军官。罗得岛准将格林是一名贵格会教派磨坊主之子，他对部下的管理和指挥则是一个例外，而且他后来还表现得比除华盛顿之外的任何印第安人武士都要出色，华盛顿的级别从一开始就高于他。大多数军官都是勇敢固执的，他们对那些挑选自己当军官的士兵过于尊重，而不会要求士兵们去从事任何令人不快的训练。军队的供给缺乏，医药护理不足，没有像样的防御设施，而最糟糕的是没有资金。

举国上下搜寻火药

到7月底，军队在防御方面已有所改善。然而在8月初，当一切都向好的方面发展的时候,突然发现火药没有了。一支未经过正规训练、组织松散的部队，每个人的子弹盒里只有九发子弹，却要面对一支训练有素、装备精良的敌军。虽然焦虑和紧张的情绪是显而易见的，但同时鉴于北美丰富的资源条件，华盛顿做出了一个果断的决定。信使被派往全国各地，去挨村挨镇地搜寻火药，甚至还派遣一艘船前去百慕大群岛，因为一直在打探的将军听说那里有很多火药。这样，迫在眉睫的压力暂时得到了缓解，但是整个冬天，弹药缺乏的问题仍然很严峻。

与此同时，华盛顿一边全力以赴地处理身边的紧急事务，一边关注着国家其他地方的局势。他密切关注莫霍克河谷约翰逊领导的印第安人，密切注视着纽约的特赖恩和亲英分子们的一举一动。他严厉而又机智地拒绝了派兵前往康涅狄格和长岛，他清楚什么时候该让，什么时候该说不。然而，对于一个刚起义的殖民地新将军而言，说不字是多么难的事啊！但是如果他把部队集中在一个地方，那他就无法为夺取下一个战地做好充分的准备。他派蒙哥马利率领一支远征队经尚普兰湖前往蒙特利尔，同时让阿诺德带领一支部队穿过缅因的蛮荒之地，袭击魁北克。这项计划无论在制订和执行方面都是大胆、英明的，几乎使加拿大永远地脱离了英国政府的控制。但是，连续发生了几件小事情，而每一件事情又是致命和不可避免的，结果由于在亚伯拉罕平原的行动延误，这次战役失败了。不过，就这次行动计划而言，充分体现了华盛顿对形势的把握，明确的判断力和计划布置的周密性，可视作一名伟大军人的杰作，因为它不仅具有重要的军事意义，而且如果这次战役取胜的话，还具有很重要的政治价值。

这次远征加拿大具有行动大胆和意义深远的特点，与令人疲惫的包围战相比，很符合华盛顿的脾气和性格。对于围攻波士顿，所有人都尽了最大努力，但大陆会议仍在期待不可能的事情发生，而且还抱怨因为没有船只无法保卫港口。华盛顿本人对这样的批评从内心感到厌恶，他为只在战壕里单调地干活感到恼怒。按照他的性格，他渴望战斗。必须承认的是，他为了完成不可能的任务已按自己的方式做好了充分的准备。9月初，他提议乘小船袭击波士顿，从罗克斯伯里德狭长地带人手，但是军官委员会一致否决了他的方案。一个多月后，他再次提出一个攻击方案，同样再次遭到了他的军官们的否决。据说战争委员会从来不打仗，也许觉得在这种情况下保持现状很好，这可能是他们的习惯，因为现在看起来提出的计划是显得不顾一切、孤注一掷的。而对我们来说，那些战斗方案则是体现了华盛顿的性情，还有他的自我控制力，因为华盛顿自己不受任何怀疑的影响，已经做好了越过委员会的准备。

审讯的亦是朋友亦是敌人

华盛顿将剑桥最美丽的殖民地房子作为他的指挥部，这栋房子一百年后成为诗人朗费罗的住所。在漫长的波士顿包围战期间，华盛顿的妻子曾前来探望，也住在这栋房子里。华盛顿发现他的士兵是最不像军人的士兵，不论是在纪律方面还是在外表方面。那些当选的军官们都让士兵们为所欲为。对于这些情况，华盛顿曾写道：

> 让这样的军官执行命令几乎是不可能的——求宠于那些士兵（因为他们是士兵们选出来的，他们也许认为可再次依靠士兵们的笑容）似乎是他们关注的主要目标之一。我已对这类军官进行了严厉的批评，尤其是马萨诸塞的军官居多。自从来到这个军营后，我已经解除了在邦克山战役中表现懦弱的一名上校和两名上尉的职务，解除了为自己连队多冒领经费和给养的两名上尉的职务，

还解除了在敌军出现并烧毁一间房子的时候不在岗位上的一名上尉的职务。除此之外，我同时还逮捕了一名上校、一名少校、一名上尉和两名中尉，进行审讯。总之，我一个也不饶恕，但我还是担心这样做也不起作用，因为这些人似乎对任何事情都不在意，唯独关注自己的利益。

这是一支除了真正的军人没有之外什么都有的部队，用孩子们的话语来说，是“富人、穷人、乞丐、强盗、医生、律师、商人、首领、技工、裁缝”，还有“农民”——而不是“士兵、水兵”……

在波士顿的英国指挥官盖奇将军，像对待罪犯一样对待被捕的“反抗者”，而且用蔑视甚至是粗俗的话语回敬华盛顿针对此事提出的抗议。英国政府派往北美的指挥官始终都是些愚蠢傲慢之徒。盖奇嘲笑华盛顿“篡夺权力”，叫嚣着要把美国“罪犯”处以绞刑。华盛顿冷静而又不失尊严地回复说：

我现在的职责是要告诉你，在将来我会调整我的行为，会像你对待我们那些被你拘押的人那样，完全按照你的规则，对付已经或可能会落入我们手中的那些绅士。

针对盖奇的态度，华盛顿的回信带有一丝嘲讽：

你假装，先生，蔑视不是与你出自同门的所有军官。我无法想象得到，一个勇敢自由的民族，以其最纯正、最根本的力量，会廉洁地选择那样一位更受人尊敬的军官。真正的宽宏大量和开明的思想会易于理解和得到尊重，而不是主张采用残忍的行为。

盖奇和华盛顿相识于二十年前的布拉多克战役。然而，值得怀疑的是，这位英国将军的内心是不是有足够的度量去理解华盛顿这位起义军指挥官的嘲讽。

帕特南与胖女人

我们知道这些年他过着的是什么样的生活（有一次他在马背上度过将近四十八个小时），我们没有必要怀疑他拥有强健的体格，更不必替他担心为国家服务会变得苍老。庆幸的是，他还能时常开怀大笑。尽管早期的传记作者试图掩盖华盛顿身上表现出的一种显而易见的弱态，但乔治·华盛顿知道如何保持乐观的心情。一次，在波士顿的冬天，一起叛变事件被揭露时，华盛顿正抬头从指挥部的窗口向外望去，看到此起叛变事件环节中所缺少的一个人物出现了——是一个体态高大肥胖的女人，高大强壮的帕特南将军正跨坐在马鞍上押着俘虏前来。见此情形，华盛顿几乎是笑得直不起腰来。鉴于令人开怀大笑的事情很少，因此说一说记录在案的华盛顿每一次开心欢笑的经历是个不错的话题，我们应该感到满足，因为华盛顿不止一次地畅怀大笑，而那个胖女人的事情也并不是唯一的笑料，就和在昏暗的黄昏时分透露出的点点星光一样。

"抓住两名强壮的步枪兵的脖子"

一天上午，当华盛顿在指挥部和沙利文密谈议事的时候，驻扎在哈佛大学北部一块封闭牧场的马布尔黑德团的克洛弗上校进来报告说，他的士兵要发动兵变。华盛顿立即大步走到始终在门口准备着的马匹前，跃上马，急速朝营地奔去，沙利文将军和克洛弗上校则紧随其后。当时，华盛顿的仆人庞佩先去放下栅栏，但等他刚下马，华盛顿就已经起身跃过庞佩，跃过栅栏，跃过一切障碍物，冲进谋反的人群中。这是马布尔黑德渔夫与摩根手下的弗吉尼亚步枪手之间一场著名的搏斗。弗吉尼亚的步枪手，穿着部分像印第安人衣着的有流苏和褶饰边的狩猎衫，挑起了北方士兵的斗志。他们先是进行言语攻击，然后是拳脚相加，很快至少有一千人加入进来，大多用雪球当武器。“将军将马缰扔到了仆人的手中，冲进争斗最激烈的人群中，抓住两名强壮的步枪兵的脖子，将他们分开，一边和他们说着话，一遍用臂力摇晃着。”

放松与“激发”

当大陆会议最终决定应该攻打波士顿的时候，大陆军的实力尤其薄弱，而英国军队的阵地却有所加强。大陆会议曾派一个三人委员会来波士顿与华盛顿以及一个新英格兰委员会商讨过。其中在波士顿没有财产的弗吉尼亚和卡罗来纳的代表出于爱国心表示，如果有必要的话，在交战中应该火攻波士顿，甚至连宾夕法尼亚的代表，在波士顿出生的本杰明·富兰克林也未对此持反对意见。而新英格兰委员会当然不仅不愿意看到波士顿毁于炮火之中，而且也不希望看到任何可能挑起英国人火烧波士顿的事情发生。

不过，美国人用炮火攻打波士顿的可能性微乎其微，因为他们几乎没有炮兵部队，而且连装九磅或两磅重的炮弹的火药也不够。幸运的是，华盛顿派遣的一艘巡逻艇缴获了英军的一只运输船，船上装有大炮、子弹和引火燧石，但没有火药。这时，出现了一位名叫诺克斯的波士顿书商，此人注定后来会成为名人。早在战役之初，诺克斯就已前往泰孔德罗加，去寻找一年前被伊桑·艾伦缴获的部分军火，而且尽管有很多障碍，就像内战时期没有运输工具那样，他还是把军火运了过来。在冬天，他是用雪橇运输大炮，穿过了佛蒙特和新罕布什尔两地。虽然火药仍是短缺，但庆幸的是，被派往纽约去阻止一场突如其来的示威活动的李将军，从纽约的皇家兵工厂给华盛顿送来了大量军火。

长时间的对波士顿的无能为力，并没有使华盛顿完全丧失勇气。他的妻子也来到了军营，或者更礼貌地说，是华盛顿夫人来到了剑桥。这样，华盛顿身边至少有一个人不会和他谈论要求升职和契约的事，不会和他谈论国家的形势。她甚至还坚持要庆祝主显节之夜，庆祝他们的结婚周年纪念日。尽管华盛顿最初反对，但她不予理会，这样做或许是为他考虑，因为总司令需要更多的娱乐活动。

和其他热心的爱国人士一样，华盛顿的内心变得更加坚强了。英国皇家海军的莫厄特中校乘船进入法尔茅斯（今天缅因州的波特兰）时，华盛顿根本就没有想帮助殖民地人民独立事业的意图。莫厄特中校对法尔茅斯开始一连串的炮轰，引发了可怕的大火。不过，可以骄傲地说，法尔茅斯在美国城市中是出类拔萃的，它经受住了考验。大火使得每一名爱国者都非常憎恨英国，而且是丝毫没有内疚感，同时甚至还纠正了华盛顿对英国统治可能抱有的侥幸心理，因为强悍的中校声称所有其他的海港都将遭受与法尔茅斯同样的待遇。另外，在南方，邓莫尔勋爵，华盛顿曾经尊敬的一位熟人，炮轰和火烧诺福克之举则是大大激发了北美人民对爱国事业的满腔热情。

第十三章　把英国人赶出波士顿

1776 年元旦升起大联盟旗

最早的美国国旗有红白相间的十三道代表联合殖民地的横条，旗帜左上角是一个缩小的英国米字旗图案，由英格兰圣乔治的十字和苏格兰圣安德鲁的十字交叉合并而成。1776 年元旦，这面旗帜在剑桥的希望山冉冉升起。

关于美国殖民地和革命的旗帜，几年前有一本书出版，书中介绍说，大陆会议在 1775 年秋天任命由富兰克林、哈里森和林奇三位先生组成的一个委员会负责殖民地旗帜的设计任务。1775 年 12 月 15 日上午，委员会抵达剑桥，并于当天午夜完成了任务。委员会、华盛顿将军和其他两三位不知名的人士一起就为陆军和海军设计军旗的问题进行了讨论，为此他们用了将近二十页纸。据说，大联盟旗的设计结果得到委员会的一致批准，并被华盛顿将军所采用。但是，作者在书中并未对此和相关说法做出权威性的说明。

1776 年 1 月 4 日，华盛顿将军写信给他的军事秘书约瑟夫·里德上校。在信中，华盛顿说道：

> 我们最终赞成国王陛下最仁慈的讲话中的观点，以及他对备受欺骗的美国臣民们的温柔情和同情心！虽然还没有引起共鸣，但是我们知道这是必然的；正如诺斯勋爵所说的（我们本应该相信，并由此做出相应的行动），我们现在知道英国司法的最后通牒。我把讲话内容发给你，其中大部分是波士顿的绅士贵族们提出的。可笑的是，在没有事先知道和做出打算的情况下，我们因那天新

军队的正名给予了他们很多的欢乐。但是在讲话公告出来之前，我们已经升起了大联盟旗，以表示对联合殖民地的敬意。但要注意！在我们看来，在波士顿此举被视作我们对演讲做出反应的一种姿态，一种屈服的信号，正如我们昨天晚上听到波士顿人所说的那样。至此，我推测他们一定会想我们为何正式投降。

不是星条旗

的确，华盛顿和他的士兵们，甚至是几乎所有的人，在他们能赋予我们美丽的国旗更完美的意义，使之成为我们现在引以为豪的一面代表一个自由、独立的国家的国旗之前，要承担各种责任，忍受各种困难，同时也要充满信心，满怀希望。从那时起，美国国旗的演变是一个逐渐而又缓慢的过程。

无论如何，第一面国旗绝对不是星条旗。图案上简单的彩色横条告诉了我们一个非常有意思的故事。这面旗帜表明，美国殖民地即使在当时也都没想到要脱离英国，他们仍然是在压迫中要求自由的忠诚的英国臣民，他们相信英国国王应该会同意把权利赋予他们这些在海外的忠实子民。富兰克林和大陆会议为华盛顿的军队所设计的旗帜就证明了这一点。与现在的美国国旗不同的是,左上角不是一个蓝色星区，而是由英格兰圣乔治的红色十字和苏格兰圣安德鲁的白色十字交叉合并而成的英国米字旗图案。另外，旗帜上还有十三道代表联合殖民地的红白相间的线条。这样的图案设计表明，十三个殖民已联合在一起，而且，如果国王和他的顾问们赋予他们与英国人同等的自由，允许他们有代表参加国会，参与政府事务，拥有殖民地自主管理权，他们仍对英国国旗表示忠诚。

当华盛顿和国旗委员会在马萨诸塞剑桥的军队驻地举行升旗仪式时，现场发出了十三次欢呼喝彩声，同时鸣枪十三响——相当于鸣礼炮十三响。

1776年元旦，在波士顿河对岸的剑桥，华盛顿站在士兵队列的最前面，亲手升起了这面旗帜，此时离通过《独立宣言》的费城大陆会议的召开刚好六个月。英国人在看到这面新旗帜后，似乎把此举理解成是殖民地地区最终会缴械投降的意思。

“不得不对我的军官们隐瞒”

与此同时，华盛顿也不断地被民众们缺乏耐心的抱怨声所困扰，对此我们可以从他写给里德的信的内容判断出来。“我清楚自己的真实内心，”他在2月10日写道，“但是如果我说出来，除非是对朋友，否则会是一种虚荣的表现。我知道自己是处在一个尴尬的境地，知道民众对我寄予了很大的期望；但同时我也知道由于部队缺兵少将，没有武器弹药，且士兵们的食宿条件差，因此几乎做不了什么事情。而最令人感到羞愧的是，我知道，如果我向民众提出我的需求，而且为之做出正当的辩护，那么这必将会使我把自己的弱点暴露于众，必将伤害到我们的事业。因此，我决定不那么做，而不会认为有绝对的必要让每个人都清楚这些情况。”

“对我来说，我自己的情况有时也是非常令人厌烦，因为如果我不寻求公众的帮助，而只是保持平静，那我不久就得孤注一掷了。目前，我没有一支装备精良且士兵人数达两万的军队，实际上我指挥的部队还不到一万人，其中还包括生病的，在休假的，以及没有武器装备和军装的。总之，我的情况就是这样糟糕，我一直不得不使用一些技巧和手段，对我的军官们隐瞒。”

波士顿的封锁

冬天，对波士顿的围困仍在继续，整个过程依然是单调乏味，没有任何引人瞩目的特别事情发生。英国人仍然待在他们的工事里不出来，只是看着围困的大陆军在缓慢地增加兵力。此时，整个殖民地地区对大陆军的不作为感到不满，甚至连大陆会议也急于需要一些战果来重振民众们的热情。华盛顿同样也是非常焦急，在战争委员会上多次提议要对波士顿发动攻击，但结果却遭到了大多数将领们的反对。他原本希望趁冬天港口结冰封冻的有利时机，军队可以直接从冰面上行进靠近波士顿市区。尽管刚入冬时天气寒冷，可结果整个冬季的气候却很温和，港湾一直没有封冻。与此同时，在莱奇米尔角修筑完新防御工事的帕特南将军，也一直渴望能保持其士兵们的士气，为此决定采取一次军事行动。于是，他从位于科布尔山“坚不可摧的堡垒”抽调了一支大约两百人的队伍，由他手下爱将诺尔顿少校担任指挥，前去袭击和抓捕驻扎在查尔斯敦的一支英国守军。这是一次既大胆又提振士气的行动。由于进入查尔斯敦隘口的防卫非常严密，因此诺尔顿带领他的军队跨越磨坊水坝，绕过山的底部，直接潜入英军堡垒下方，放火烧了卫兵室和周围的一些建筑物，并抓获了几名英军士兵。虽然堡垒的大炮响个不停，他们还是不损一兵一卒地撤回。这次大胆的冒险行动所取得的效果是帕特南没有预料到的。

“这是一项高尚的事业”

此时，更多的军火已从纽约的皇家兵工厂和其他地方运来，另外又增加了十个团的民兵，华盛顿的开展举措也不再遭到反对。在莱奇米尔角帕特南构筑的工事阵地，立刻就部署了迫击炮和大炮，以形成对波士顿北部的控制；而南部的多尔切斯特高地随即被占领。

“如果有任何事情，”华盛顿说，“导致与敌人交战，我们就要试图巩固那些高地，因为这样我们在交战中能够控制城市的大部分地区，以及几乎整个港口。”而且，这也有助于他把防御工事推进到诺克山和波士顿对面的其他一些要地，据此通过炮击和轰炸可以把敌人赶出城市。

在华盛顿的要求下，马萨诸塞议会命令所属各城镇的民兵向多尔彻斯特和罗克斯伯里结集，以备按事先计划在防线各据点提供武器弹药和其他装备给养保障。

华盛顿痛苦地意识到，自己对此次战役成功抱有非常之大的期望和依赖，因为此时殖民地民众的情绪非常低落，产生了不信任感，而且南方和北方都面临着危险。蒙哥马利倒在了魁北克城墙前，在加拿大的军队已经解散；特赖恩和亲英分子们在纽约挑起事端；邓莫尔在弗吉尼亚的侵扰不断，克林顿和他的舰队正沿着海岸线秘密前行，图谋滋事。

华盛顿的命令说明了他此时严肃和焦急的心情。2 月 26 日，他下令禁止士兵们玩牌和其他游戏活动。“在这个大家都感到痛苦的时刻，”他写道，“士兵们可以找更多的事情去做，为上帝和他们的国家服务，而不是让自己沉溺于罪恶和不道德的行为之中。我们从事的是一项高尚的事业，是一项富有美德和为人类服务的事业；我们的利益和安逸，以及我们的后代都依赖于我们的行动。总之，我们所作所为的结果不是带来自由，就是带来奴役，因此，这也许是检点行为的最大动机。但是，军队中的士兵可能也有必要知道，如果有人在行动中有逃避行为，把自己隐藏起来，或是在没有指挥官的命令下就临敌而退，那他就会被当作懦弱的典型，立即被枪毙。胆小鬼们懦弱的行为经常会扰乱一支最好的军队的士气。”

“可怕的‘明天’何时到来，我不知道”

3月4日，星期一晚上，华盛顿的部队发起了对多尔切斯特高地的攻占。由于地面冰冻得很厉害，难以挖掘战壕，因此在之前的两个晚上，收集了大量的柴捆、土笼和拧紧的干草捆，以充当临时防御用的胸墙和角面堡。在这两个忙碌的夜晚，对面大陆军要塞的大炮则对敌人的排炮进行了炮击，吸引了敌人的注意力，使敌人没有注意到大陆军的行动准备。同时，敌军也用猛烈的炮火进行了回击，隆隆的炮火声掩盖了大陆军马车运送军需物资和大炮所发出的辘辘声。

敌人对即将发生的事情几乎没有一点察觉。对此，我们从一名英国军官3月3日给他在伦敦的朋友写信的内容中可见一斑：

“最近六个星期，或近两个月来，我们的处境是愉快得难以想象。我们看戏，举行舞会，实际上还准备开化装舞会。英国似乎已经将我们遗忘了，而我们也试图将自己遗忘。然而，昨天夜里发生的事情却使我们意识到自己的处境并不是那么令人愉快。那些造反者过去一段时间内一直在组建一个炮兵连，而昨天夜里他们开始欺负我们。两颗炮弹落在了离我很近的地方，有一个炮弹落在了蒙克顿上校的房子上，幸运的是，滚到大街对面后才爆炸。很多房子被毁，不过没有伤亡。造反者的军队，”他接着说道，“我相信，不够勇敢，但大家一致认为他们的炮兵军官至少与我们是不相上下的。”

住在大陆军军营附近的约翰·亚当斯的妻子知道一次大的行动正在酝酿和计划之中。她在给丈夫的一封信中表达了自己作为一名爱国女性在那些令人紧张的夜晚时的心情。

“自从你离开我后，我一直处于一种忧虑的状态，”她在周六那天写道，“据说这个月明天的明天，可怕的明天何时到来，我不知道。但是你听！房子伴随着大炮的轰鸣声不停地震动。我一直在门边，发现那是我们的军队的炮击声。我发现命令传来了，要求所有余下的民兵星期一夜晚十二点前奔赴前线。我今夜一点都没睡。”

星期天，她又继续接着往下写："我十二点后上床睡觉，但是一点都没休息。炮击仍在继续，整个夜晚我的心一直随着隆隆的炮声而怦怦直跳，跟它们保持一致。我们白天十分安静，但是明天会发生什么，只有上帝知道。"

星期一，行动开始的那天晚上，她又继续写道："我刚从佩恩山回来。我在那里一直坐着，听到惊天动地的大炮声，我可以感觉到炮弹是从何处发射的。那声音，我认为，事实上是属于最响亮的一种，也是真正最壮观的一种。现在有不停的炮火声。但是，哦，一些致命的念头会和这个声音联系在一起！我们有多少同胞要倒下！

"我差不多十二点上床睡觉，但睡了又起身，这样反复不断。我无法入睡，仿佛我也是在战斗中。窗户的抖动声，房子的震动声，二十四磅重炮弹持续发出的轰鸣声，以及炮弹的爆炸声，给我们的感受是，我们意识到了一幅几乎难以想象的场景。我希望能带给你波士顿的快乐，即使在我发出这封信之前它已经是成为一片废墟。"

像神话故事《阿拉丁神灯》里的魔仆那样动作迅速

星期一夜晚，正如前文所描述的那样，炮轰一开始，托马斯将军率领部队小心翼翼地从罗克斯伯里和多尔切斯特的防线秘密出发。一切都尽可能悄然有序地进行。走在装有挖壕工具的大车前面的是一支由八百人组成的掩护部队。接着是托马斯将军的工程队，有一千二百人，后面跟着由三百辆组成的马车队，马车上装着的柴捆、土笼和七八百公斤重的干草捆。大批草捆被放置在多尔彻斯特隘口沿线靠近敌人的一侧，以保护途经的部队免受敌人火力的攻击。庆幸的是，正如华盛顿所描述的，尽管皓月当空，十分明亮，但双方据点发射的炮弹火光和隆隆声以及炮弹在高空的爆炸声完全吸引住了敌人的注意力，这样，部队在敌人全然没有察觉的情况下于八点钟到达了高地。然后掩护部队马上一分为二：一半人继续前往最靠近波士顿的据点，另一半则前往最靠近威廉斯碉堡的据点。在经验丰富、曾主持过邦克山防御工事设计的工程师格里德利的指挥下，工程队开始修筑工事。这是一项十分艰苦的劳动，因为地上的冻土已达十八英寸之厚。但是士兵们的热情比平时还要高，因为总司令的目光正在注视着他们。尽管到现场去并不是他的职责要求，但对于这样一次重大的行动，华盛顿不可能不到场。

整个晚上的劳动都是按美国人惯常的活动方式和技巧进行。凌晨四点另一支部队前来换班的时候，两个碉堡已初步建成，足以抵挡住敌军小型武器和葡萄弹的攻击。碉堡的修建使用了大量的柴捆和干草捆。天快亮时，一座令人望而生畏的堡垒已在高地上巍然耸立。我们可以借用一名英国军官的话来证明这一事实："早上天刚亮，我们发现多尔彻斯特高地要塞出现了两个角面堡，侧面还有两个更小一点的碉堡。这些都是在一夜之间完成的，其效率就像神话故事阿拉丁神灯里的魔仆那样动作迅速。从这些山上，他们可以控制整个城市，所以我们必须把他们从这些要塞赶出去，否则我们就必须放弃这个地方。"

蘑菇状的堡垒在晨雾中隐约可见，豪将军凝视着堡垒，惊讶不已。

"这些造反者，"他惊呼道，"一夜之间完成的工作量比我整个军队一个月所做的都还要多。"

华盛顿也一直在十分焦急地注视着，想看看碉堡在晨曦中露出来后会有何种效果。"敌人早上一发现我们的工事时，"他写道，"似乎显得非常困惑不安，从他们的移动情况可以看出，他们想发起进攻。"

尽快撤离此地

一位在多尔彻斯特高地的美国人对当时的情形做了描述。波士顿城里的各个要塞和在港口的军舰开始发射猛烈的炮火。"猛烈的炮火，"

他写道，“不断地直泻到山上，但令人惊奇的是，我们的士兵们对此几乎一点都不害怕。”可以察觉到英国军队正在行动，似乎是要乘船通过港口，在多尔彻斯特海滩登陆，来袭击我们的工事。附近的山上和制高点上都是人，他们都想亲眼见证一场即将到来的恐怖的武力冲突。华盛顿将军阁下在现场作动员，为士兵们打气，而士兵们的反应显然是兴致盎然的，对敌人的到来表现出了急切的渴望。每个人都知道自己的位置。我们防御用的胸墙得到了加固，我们在阵前放置了许多装满石块和沙子的木桶，一旦敌人来犯，我们就会移动这些木桶，朝山下滚去，砸断冒犯者的双腿。

托马斯将军的部队增加了两千人的援兵。一旦南部的高地遭到攻击，老帕特南就准备率领他的四千名精兵袭击城市的北部。“整个上午，”上面提到的那名美国人说道，“我们随时都在期待着一个可怕的场面出现，没有什么场面比布里德山战役的大屠杀更难以预料的了。”

华盛顿骑着马在高地各处巡视，提醒部队说今天是 3 月 5 日，是波士顿大屠杀的周年纪念日，号召他们为被杀害的同胞们报仇。“我们的军官和士兵们，”他写道，“对号召似乎已没有耐心了。对此，我想，我们一定是幸运的，因为成功和胜利完全站在我们这边。”

到了晚上，英国人开始行动，由珀西勋爵担任这次进攻的指挥。两千五百名英军登上了运兵船。运兵船准备把他们运至威廉斯碉堡处的集合地点。然而，此时一场强烈的暴风雨从东边袭来，使得运兵船无法抵达指定地点，而且运兵船也无法为他们提供掩护和支持。巨浪一直拍打着他们计划登陆的海岸，因此这次进攻只好推迟到第二天。

但是，第二天，天公仍不作美，仍然是狂风伴随着暴雨。进攻再一次推迟。而与此同时，美国人则在继续加固自己的工事。当暴风雨减弱后，豪将军觉得对方的工事过于坚固，难以攻破，因此只好彻底放弃进攻。

那又该如何是好呢？从高地射向城中的炮火说明他们已无法站稳脚跟，而且舰队也同样毫无遮拦地暴露在炮火中。接替格雷夫斯的海军上将舒尔德姆对豪明确地说，如果美国人继续占领高地，他的舰船就不能继续停留在港口。因此，经战争委员会讨论通过，决定尽快撤离此地。但是，此时出现了一个伤自尊而窘迫的问题，因为登船的军队将会完全暴露在毁灭性的炮火之中。怎样才能阻止这种情况发生呢？豪将军的高傲个性不会让自己屈服投降，而是想方设法利用波士顿居民的恐惧心理。为此，他暗示，如果他的军队在登船时遭到骚扰，那他就可能被迫火烧波士顿，以掩护英军撤退。

英国的滑稽歌舞杂剧变成了情景剧

英国军官们此前曾在波士顿搭建了一个临时的剧院，官兵们和托利成员都加入了进来。就在那天晚上，即将上演一部名为“波士顿的封锁”的短剧，用滑稽歌舞杂剧的形式，以讽刺围困他们的北美爱国军。据说，在剧中，华盛顿的形象是一个笨拙粗鲁的年轻人，戴着一个大大的假发，拿着一把生锈的剑，被一个农夫装束的乡村傻瓜看管着；那名像模像样充当警卫官的傻瓜手里拿着一把七八英尺长的明火枪。

剧院挤满了人，观众尤以军人为多。第一幕结束后，第二幕的滑稽剧幕布刚升起时，一名中士突然露面，并且宣布“警戒炮在查尔斯敦已打响，美国佬正在袭击邦克山”。刚开始，大家都以为这是娱乐剧的一部分，直到豪将军发话说“军官们，赶快到紧急集合地去”时，众人才醒悟。

随后现场陷入一片混乱，每个人都急忙挤出剧院。与往常一样，女人们的尖叫声此起彼伏，还有当场晕倒的。滑稽剧《波士顿的封锁》以一种严肃的场面收尾，而不是喜剧的结局。

《伦敦纪事报》针对波士顿事件发表一份具有嘲讽口吻的评论，称伯戈因是那场滑稽歌舞杂剧最后一幕的作者，尽管这样的评论并不公平。“伯戈因将军开辟了一场戏剧性的战役，在这场战役中，他本人是唯一的管理者，决定与老乡们进行防御，就像英国民间故事人物大拇指汤姆那样；而另一方面，那些老乡们则正准备在初春的时候上演《针锋相对》。”

“从来没有像这样痛苦的一帮人！”

现在，敌人每天为撤离做着准备工作。通过公告，当局命令居民交出所有的麻棉物品，及其他所有货物，以免落入造反者手中，成为为他们继续备战的给养。纽约的亲英分子克林·布什获得授权负责此项任务:先收取货物，然后装上两艘运输船。因此，以执行命令为借口，克林·布什和他的追随者们开始破坏开门营业的商店，夺走商店里的所有货物。那些海军和陆军官兵们也像打家劫舍的匪徒一样纷纷效仿，私闯民宅进行掠夺。14 日，豪将军发布一道通令，称第一个被抓获的打家劫舍的士兵已被当场处以绞刑。然而，在 16 日，居民的房门还是被军队砸开，家中的货物遭毁坏，家具也被破坏得面目全非。虽然有一部分家具是军官们所有的，但也遭损毁，因为他们既不能卖掉，也无法带走。

一连几天，由于逆风的影响，军队的登船工作被拖延了。对波士顿市内发生的事情不完全了解的华盛顿担心敌人的行动可能是声东击西之策。因此，他认为情况已到了危机时刻，决定在 16 日星期六派一支部队前往诺克山。部队不顾敌人的炮火，在夜里筑起了一道胸墙，由此可以控制波士顿隘口和南部区域。同时，一名逃兵给英军送去了错误的情报，称美军计划发起总攻。

于是，英方耽搁已久的登船工作在匆忙和混乱之中开始了。波士顿港出现了一幅喧闹混乱、引人注目的场面。包括运输船在内，共有七十八艘船只准备起锚朝海上驶去；有一万一千到一万两千人在急着登船，其中有士兵，水手和逃难者。许多人，尤其是逃难的人，都带着家小和随身物品。事实上，与国王的军队相比，逃难的人的处境更加不利，他们不得不自己开船，因为国王的运输船抽不出足够多的水手。在提及那些在波士顿“曾是有头有脸的政府人员”在这次伟大的斗争中所扮演的不友好的角色时，华盛顿说道：

“大家都认为，从来都没有存在过像现在这些可怜不幸的家伙那样痛苦的一帮人了。他们所接受的教育使他们相信英国在实力上拥有可以面对任何敌对势力的绝对优势，相信如果眼前没有外来援助的话，他们在对抗中甚至要比正规军高出一筹，更具侮辱性。因此，当波士顿的登船命令下达后，没有遭到电击——没有震耳欲聋的霹雳声——总之，最后审判日的号声令他们惊恐万状。他们已计穷智竭，意识到自己的忘恩负义，正如我所讲述过的，选择让自己的生命在一个多暴风雨的季节里听任汹涌的波涛的摆布，而不愿见被他们激怒的同胞们。”

英军哨兵是假人

据称，拿破仑曾评论说从来都不知道何时会遭到抽打，但他们在美国革命时期还没有堕落到如此可悲的无知程度，因为当豪将军和海军上将舒尔德姆看到那些胸墙时，都一致认为波士顿是守不住了，觉得应该迅速撤离。没有人强迫他们必须留下来。美国人甚至不开一枪一炮来转移他们的注意力，而作为回礼，英国人也没有放火烧掉一间房子。这在当时是北美有史以来最令人感动的一天。不过英国人是做了所有的工作，而美国人则在一旁注视着，这对于不需做出任何行动的人来说是极为快乐的。最后，一名美国哨兵发现在他面前的英国岗哨是个假人。然后，过了没多久，美国人的旗帜第一次在波士顿上空飘扬。

“混乱无序的场面”

上午早些时候，驻扎在剑桥和罗克斯伯里的军队已经列队行进。帕特南指挥的几个团已经登船，没查尔斯河顺流而下，前往休厄尔据点，从陆路和水路监视敌人的动向。大约九点钟时，看到一支大部队从邦克山下来，而载满士兵的船只等待着准备起航。美军从营地派遣了两名侦察兵前去侦察。英军的防御工事里似乎还有人把守，因为四周都有背着滑膛枪的哨兵。注意到哨兵们一动也不动，就靠近细察，发现那些哨兵只不过是一些为了阻止美军前进而竖立的假人。再往前去，侦察兵发现英军已丢弃了工事，就给出了明确的信号。于是，军营的一支分队就前去占领了工事。

帕特南指挥的部分军队现在被派回剑桥；另一部分则按命令前去占领波士顿。沃德将军也带着五百人从罗克斯伯里出发，穿过隘口。在隘口一带，布满了敌军为试图阻碍美军前进而设置的铁蒺藜，也叫乌鸦爪。城门被打开，美国人敲着军鼓，举着军旗，胜利入城。

到十点钟时，敌人登船完毕，已经出发离港。帕特南占领了城市，并控制了各个重要的据点。有十三道代表殖民地联盟的横条旗在所有要塞上空升起。

在接下来的一天，华盛顿自己也进了城，受到了热烈的欢迎。他环顾四周，看到周围全是因炮火严重破坏而留下的凄惨痕迹，不过没有达到令他担忧的程度。此外，种种迹象也说明英军撤退时仓皇之极——五门大炮被砸掉炮耳，有些大炮在匆忙之中被塞住火门，有的则被丢弃在码头上。

“豪将军的撤离，”华盛顿写道，“其仓促程度是我所无法想象得到的。波士顿现在的景象就像是一幅模糊图像，与当时布拉多克将军战败后邓巴军营的物资储备被毁一样。大炮在一个地方被肢解成碎片，而炮架则被丢弃在另一个地方；到处是脱裂的炮壳和隐埋的子弹，到处一派混乱无序的场面，另外还有痛苦。”

我们在结束华盛顿个人生涯中这一重要历史章节时，还要说说国家最高权力机构所赋予他的荣誉。在曾率先提名华盛顿担任总司令的约翰·亚当斯的动议下，大陆会议一致通过了向华盛顿表示感谢的决议，并下令铸造印有波士顿拯救者华盛顿的肖像的金质奖章，以纪念英军撤离波士顿的事件。

它迫使衣衫褴褛的男孩子们去战斗

不朽之作《无国之人》的作者，牧师爱德华·埃弗雷特·希尔博士，在谈话中讲述了许多有关华盛顿的故事。这些故事都是希尔博士在童年时代听那些亲眼看见过的老人们讲的。根据他所能回忆的，他记述了这样一个故事：

> 一位年迈的教区居民曾经告诉我说，1776 年 3 月 17 日，当英军撤退后华盛顿进驻波士顿时，华盛顿把城中最好的酒店作为自己的司令部。酒店在国王大街的头上，当时称州议会大街。此前，豪将军也住在这一家旅馆。对我讲这个故事的人的母亲是旅店老板的女儿，那是还是一个满屋乱跑的小女孩，自然对所有发生的事情都很感兴趣。
>
> 华盛顿将军特别喜欢小孩，他把小女孩叫到身边，抱在膝盖上，问道：
>
> “既然你看到了双方的士兵，你最喜欢哪一方？”
>
> 小女孩犹豫了一下，但还是像伟大的华盛顿一样没有说谎。她带着孩子的真诚回答说：
>
> “我最喜欢穿红色军服的英国士兵。”
>
> 面对她的坦率，美国将军微笑着，然后温柔地说道：
>
> “是的，亲爱的，红色军服是最好看，但是它却迫使衣衫褴褛

的男孩子们去战斗。”

没有一个人曾在更困难的情况下进行指挥

给约翰·奥斯丁·华盛顿的信

亲爱的弟弟：

……对弗吉尼亚来说，对武器和火药的需求不是很迫切。对于这个国家，虽然你无疑已经听到了许多夸大和恭维的故事，但事实上有许多你想象不到的不足。我在这里已经好几个月了，一个人拥有的滑膛枪子弹（难以置信的）不足30发。因火药缺乏，我不得不屈服于敌人大炮的侮辱，节省我们少得可怜的子弹，保持到只有手枪射程的距离才使用。除此之外，还有另外一件事情，那就是就这支军队的实力而言，或许只有依靠正义才能够说清楚。我们为火药所困，但面对敌人，坚守住了阵地。我们解散了一支部队。同时又招募了另一支部队。我们的力量几乎没有任何优势，但最终将他们打败，结果他们只好从这块大陆上最坚固的一个地方很不体面地撤退，而我们也付出了巨大的代价来强化和巩固……

我相信我可以用伟大的事实来证实，自从有军队建立以来，还没有一个人曾在比我更困难的情况下进行指挥。细数其中的细节，足足可以写一本书。我面临的诸多困难和痛苦是如此的特别，以至于为了不让敌人察觉，我不得不向我的朋友和我的军队隐瞒，以此使我的行为受到了不符合我性格因素的影响，特别是那些身在远方的人，根本就不知道主导我行为的那些特殊原因。尽管如此，根据从各方听到的反馈，我仍高兴地发现对我声誉的评价还是公正的，到目前为止我的行为还是普遍令人满意的。英军撤退后，我从殖民地常设法院以及波士顿行政委员们那里收到的致辞和问候——我想这些将会公开发表，就是一种令人高兴的证据，说明他们对我行为的认可，对我个人的尊敬。对此，我在其他不同事例中也有所发。在我退役时，所有这些将会留下许多令人舒心的思考和遐想……

查尔斯·李将军，我想此时是和你在一起。他是我们军队里第一个拥有军事知识和经验的军官，他很诚实，也颇具善意，非常热衷于这项事业，但是我害怕他变幻无常和火爆易怒的脾气。不过，因为他拥有超常的判断力和精神，为此我就他去那个部门任职向我的同胞们表示祝贺。我现在已经快写了八页纸了，我想应该就此打住，特别是我还要用一点时间来开始给朋友们写信。所以，在此请向妹妹和我的孩子们转达亲切的问候，向朋友们问好。同时，我也向你表达我真实的情感，你亲爱的哥哥和忠实的朋友。

乔治·华盛顿

1776 年 3 月 31 日于剑桥

“坏透的杀亲者”

华盛顿没有沉醉于自己所取得的胜利。甚至在英国舰队还在港口逗留时，他就已开始派遣军队前往纽约，为下一次的攻击做准备。他进入波士顿城是为了检查各项预防天花流行病蔓延的措施是否到位，然后也准备离开。在战争爆发的第一个冬季，他的脑子里一直有两个念头，这两个念头无疑对他今后的道路产生了深刻的影响。一个念头是他坚信战争必定会有一个痛苦的结局，不是带来镇压就是带来完全的独立。他在 2 月写道：“对于我自己，自从听说邦克山战役后所采取的一些措施时起，我就从来都没有和解妥协的想法。”此前早些时候，他曾说道，“我希望我的（弗吉尼亚）同胞们将会战胜英国海军给他们带来的任何损失。诺福克毁于大火，其他地方也面临着遭破坏的威胁，但我希望这一切最终只会使整个国家紧密团结在一起，去抗击一个似乎已完全丧失美德的民族，用情感把文明的人民与最残暴的野蛮人区别开来。”带着这些想法，他设法使大陆会议认识到战争的持久性，竭尽全力确保他的军队长期存在，同时还坚定地应对每一次战役。而华盛顿头脑中的另一个念头是他在围困波士顿期间想到的，他认为亲英分子是一股非常危险的力量，他们不应该得到宽恕。华盛顿在给盖奇的第二封信中提到了他们。个性坦率的华盛顿指责他们是“坏透的杀亲者”，而且准备在纽约和其他地方用最严厉的态度对待他们。当华盛顿的情绪起来后，体现出了他充满力量的个性中严厉和冷酷的一面。在这一点上，他的态度现在看来似乎是有些严厉的，因为如今的那些年老的保守党成员看上去已不再令人害怕。但在当时他们是危险分子，华盛顿如此憎恨他们，似乎他们是参与了卑鄙恶毒和大逆不道的活动，因此华盛顿提出了镇压和清除祸害的建议。头脑清醒、目光敏锐的华盛顿确信战争不是和平，确信对国内敌人的和善态度是一个惨痛的错误。

到此为止，华盛顿奔赴新英格兰接受的任务已经完成，而且完成得很出色。他赢得了胜利，波士顿的各种问题也得到了解决。因此，他在命令军队继续前进的同时，自己动身前往纽约，去迎接一直在等候着他的更加艰巨的考验。

第十四章　星条旗与《独立宣言》

就即将到来的战役与大陆会议商讨

按照程序，华盛顿将军参加了大陆会议。经过和华盛顿商议，“决定成立一个委员会，与华盛顿将军阁下、盖茨少将和米夫林准将为即将进行的战役共同制订军事行动计划”。

下令制作旗帜

至此，他们需要有另外一面旗——一面真正象征自由的旗帜。1776年6月，《独立宣言》宣布前几个星期，由华盛顿将军、罗伯特·莫里斯（后来成为美国革命的短期资本经营者）和乔治·罗斯上校组成的一个三人委员会前去拜访罗斯上校侄子的遗孀罗斯夫人，请她制作一面旗子。委员会的成员们显然是采纳了本杰明·富兰克林博士的建议，因为富兰克林本人也非常热衷于国旗的设计，而且还是上届旗帜委员会的主席。而华盛顿和他的朋友们似乎也非常清楚他们想要一面什么样的旗帜。

在与宗主国关系处理混乱和麻烦不断的那个时代里，至于星条旗的设计理念是如何从众多千奇百怪的设计中脱颖而出的，早已得到说明。十三道横条从海上和陆地代表了十三个殖民地，有时是采用十三颗映衬在蓝天或大地上的白色星星，这些星星一般都是五角星。委员会似乎赞同把十三颗星排成一个圆圈，配以蓝色底衬。华盛顿在他的草图中把星星画成六角形，据说，他想使旗帜上的星星有别于他盾徽上的星星，因为盾徽上的星都是五角星。如果富兰克林也建议如此，并不足为奇。但是，此前已有几面由十三道横条构成图案的旗帜，而且当时星星设计的规格也有很多。如果华盛顿的盾徽上的星星真的与旗子上的星星相似，那么这有可能是华盛顿为何不允许复制的真正原因。但是，华盛顿不是那样的人。根据现在已有的线索和资料，我们无法从他的言论或著述中找到任何证据，甚至连相关的蛛丝马迹也没有。的确，华盛顿所写的东西很大程度上也似乎与他复制盾徽上的星星的想法很矛盾……

当华盛顿和他的秘密和自己做主的委员会需要有人来制作他们设计的旗帜时，他们就很自然地想到了聪明和技艺高超的“寡妇罗斯”——人们有时这样称呼她。贝齐是委员会成员之一罗斯上校侄子的妻子。华盛顿颇具绅士风度地把设计方案摆在这位风华正茂的年轻女子面前。当罗斯夫人看到六角星的设计图案时，她就拿起一张纸，折叠一下，剪了一刀，然后将纸展开，微笑着展示出了一个漂亮的五角星。

罗斯夫人的心灵手巧令三个男人非常高兴，觉得这位聪明的小妇人正是他们要找的人选，可以委托她制作出一面绝妙的新旗帜。他们把要求告诉了她——十三道红白横条，红色的在顶部和底部，其中七道是红色的，六道白色的；另外有一个蓝色正方形，从顶部一直穿过七道条纹，延伸至第八道条纹为止，在蓝色区域内是由十三颗白色星星排成的一个圆圈。大陆会议把它描述成是“一个星座”，或是一个星群。据说，约翰·亚当斯希望星群排列成竖琴状，按照天琴座的形状，因为天琴座正好有十三个星星。但对此他们排列不出好看的形状，于是就决定将星星排成一圆圈。他们希望新国家的组建将会是永无止境的——会与时间一起永生。

星条旗的想法不是源自华盛顿的盾徽

采用星星和条纹的想法都不是源自华盛顿的盾徽，华盛顿本人也有所说明。他是用饱含深情的语言描述了我们的国旗：

“我们从天上摘下了星星，从祖国取得红色，它被白色条纹隔开，这表示我们已经和祖国分离，而白色条纹将会传承给后代子孙，代表自由永世长存。”

此外，我们也会注意到别处的一些解释。大陆军联盟旗上的条纹，以及我们国家国徽的前身，原本有可能是六道白色条纹覆盖红色英国国旗的形状，这一解释与华盛顿所说的相一致。

历史学家本森·J. 洛辛永远都不会相信华盛顿军服上的盾徽是美国国旗最初的灵感来源，他在给托马斯·吉本斯的信中表达了自己这样的想法。他认为采用条纹可能是受到了英国东印度公司旗帜的启发，因为各个海港的殖民地居民对此都一直非常熟悉。

起草和讨论《独立宣言》

1776 年 7 月 1 日，大陆会议召开会议，由本杰明·哈里森担任主席，通过了起草《独立宣言》的决议。大会成立专门委员会，由托马斯·杰斐逊担任主席负责起草《独立宣言》。杰斐逊那时很年轻，是弗吉尼亚的代表，虽然不善言辞，但他的文笔很出名，不仅是一位“现成的作者”，而且也是一位有能力的作家。杰斐逊曾希望约翰·亚当斯来起草文件；但有远见的亚当斯，正如他当初力保华盛顿就任军队总司令那样，基于同样的原因，坚持让杰斐逊这位年轻的同事来完成这项工作。在自传中，亚当斯对自己的回绝而又坚持要杰斐逊做这项工作一事给出了如下的理由：

1. 他是弗吉尼亚人，我是马萨诸塞人；2. 他是南方人，我是北方人；3. 我在早期不断推动各项举措中所表现出来的热情，使我成为一个令人讨厌和不快的人，与他所写的相比，我起草的任何文件在大陆会议上会受到更严格的审查和批评；4. 最后一点是，我很欣赏他优美的文笔，而我根本就没有这样的才华，这条理由就足以说明问题，因此我坚持认为他不应该犹豫，而是相应地作好会议记录，在一两天内给我拿出草稿。

7月1日那一天，由于家里人生病，理查德·亨利·李（起草《独立宣言》的动议者）没有在场，就约请支持议案的约翰·亚当斯来做辩护报告。虽然亚当斯的发言可能不像李那样热烈，且具有吸引力，但他的智慧更突出，他的演讲很有影响力度。毫无疑问，如今许多人在学校里，在透露出赞赏目光的听众面前朗诵他的演讲词，高呼“沉溺或游泳，生存或死亡”时，会毫不犹豫地赞成独立。在大陆会议上，马萨诸塞的塞缪尔·亚当斯、新泽西的威瑟斯庞博士和南卡罗来纳的爱德华·拉特利奇等一些人也都发表了热情洋溢的演讲，给予了支持。

虽然有一些人反对这项议案，但世界上有什么决定会让任何人都同意呢？约翰·迪金森发表了最强烈的反对演说，他提出了这样或那样的观点，他认为世界已经形成，反对采取任何新的行动。

“国家不会变得更强大，计划与法国、西班牙和其他国家结盟也都是不确定的。未来获得英国的支持不会有任何希望。殖民地自身没有固定的政府，我们首先应该把这些细节安排好，然后在世界各国中间建立美国。”——这一番话并非没有分量，但其效果毕竟就像是一位担心的母亲在孩子学会游泳之后同意孩子下水一样，或是对年轻的老师和内科医生说在取得工作经验之后才会被雇佣的话一样。学习来自于经验，几个世纪前，有一位作者称，就约翰·迪金森提出反对采取新行动的所有理由而言，它们本身都是对的，但会阻碍决议的通过。“看风的必不播种。望云的必不收割。”

1776年7月2日，大会一致通过决议，宣布殖民地自由和独立。九个殖民地在前一天投票支持了这一决议，纽约则是保持沉默……因为纽约的代表没有得到这样的指令，宾夕法尼亚投了反对票，南卡罗来纳也是，特拉华也算在反对票里面，尽管它的一位代表投票支持决议。最后的投票则是一致通过，至少有十二个殖民地已同意，纽约的代表们虽然不反对，但觉得他们不应该投票。

最终，杰斐逊起草的《独立宣言》经过修改和充分讨论后，于1776年7月4日正式通过。

谋杀或绑架华盛顿的阴谋

目前，英国人的伟大目标是要占领纽约和哈德逊河，想以此为基础开展军事行动。借助于盼望中的火力强大的武器装备的到来，他们计划在沿海地带采取军事行动。

在这重要的关键时刻，传来警报说城里和长岛的亲英分子正在策划一个阴谋，说他们突然拿起武器与到来的英国军队进行合作。有关此事情况的严重性已在流传。一些亲英分子将会破坏国王桥，而有的则要炸毁军火库，用大钉堵塞大炮，屠杀所有的校级军官，华盛顿本人也要被杀死或是抓去交给敌人。华盛顿的一些随身警卫据说也参与了这一阴谋。

科比酒馆与华盛顿的住处很近，是密谋者集会的一个地点。有一个叫吉尔伯特·福布斯的人，是名军械工，“身材矮小结实，穿着白外套”，在招募人员，给他们钱，还要求他们“发誓保守秘密”。从这家酒馆，通过一名“穿蓝色衣服、肤色像混血儿的黑人”，与在船上的总督特赖恩保持通讯联系。据说，华盛顿的随身警卫就是在这家酒馆被贿赂收买的。托马斯·希基是华盛顿的随身警卫之一，他肤色黝黑、身高六英尺六英寸，身体壮实。据说，他不仅自己入伙，而且还帮助收买他的战友下水，其中有鼓手格林和笛手约翰逊。

事件调查委员会还获得了进一步的证据。先前在皇家炮兵部队服役的格拉厄姆中士是一名老兵，他曾受特赖恩总督雇佣暗地里侦察城市周围和长岛的地形和防御工事，为制订行动计划提供情报。等英国舰队到来时，一艘军舰会用炮火轰炸位于雷德胡克的炮兵连，同时，一支部队会在炮火的掩护下登陆，迂回行军突袭长岛上的防御工事。然后，船上的部队一分为二，一部分沿哈德逊河而上，另一部分则沿东河而上；军队将在纽约北面登陆，控制国王桥，切断城市与农村之间的所有联系。

虽然给出的证据有许多还值得怀疑，但可以肯定的是，他们已秘密招募了人员，并已宣誓要采取敌对的行动。但是华盛顿不相信阴谋分子已经制订好了任何正式的计划。

“此事，”他写道，“我希望，及时发现就会被镇压。”

根据市长在委员会面前的承认和交代，他知道招募亲英分子入伙和收买华盛顿警卫的企图，尽管他称自己不赞成他们的做法。有一次，他应特赖恩总督的要求，替他付钱给军械工吉尔伯特·福布斯，以支付他已经提供的步枪和双膛枪，以及制造其他武器的费用。虽然（据他自己所说）当时极不情愿，犹豫和迟疑了很长时间，并且警告军械工说一旦被发现，就会被处以绞刑，但他还是这样做了。警告军械工人如果找到他会被处绞刑。结果，市长和其他一些人被关押在监狱里等候审判。

托马斯·希基，华盛顿的警卫之一，接受了军事法庭的审判。他是爱尔兰人，曾是英国军队的一名逃兵。军事法庭认为他犯有叛变和煽动叛乱和通敌罪，判处他绞刑。

判决得到了华盛顿的批准，并用一种最严肃、最高调的方式立即执行，为的是在这个有人变节的危险时刻给人以警示。6 月 28 日上午，希思、斯潘塞、斯特林和斯科特各旅所有不在执行任务的军官和士兵们，十点钟佩带武器在各自阅兵场集合，然后列队前往刑场。每个旅派了二十名上了刺刀的士兵把犯人押到行刑地点，鲍厄里街附近的一块空地。据说，在那里，托马斯·希基在两万人的面前当场被处以绞刑。

《独立宣言》传到纽约

华盛顿满怀喜悦欢庆《独立宣言》的通过和发表。的确，《独立宣言》只不过是一种对长期存在的局面的正式认可，但它也使那些一心想和解的人的希望破灭，已经阻碍了国家的军事行动，因为和解的奢望已经妨碍了国家的军事行动。

7月9日，奉华盛顿的命令，在傍晚六点向全军各旅宣读了宣言。"将军希望，"他在命令中说道，"这一重大事件将会重新激励每一名军官和士兵去进行忠诚而英勇的战斗，因为我们都知道除上帝之外，国家的和平与安全完全依靠于我们军队的胜利，而现在上帝是在为一个国家服务，一个有足够力量回馈其功绩的国家，一个会给予他最高荣誉的自由的国家。"

兴奋不已的纽约民众并不只是满足于通过按铃来表达他们的喜悦之情。在鲍灵格林有一个铅灰色的乔治三世塑像，既然国王的统治已经结束了，为何还要保留这尊雕像呢？因此，在同一天晚上，塑像在民众的叫喊声中被推倒，砸碎后造子弹，"用于争取独立的事业中"。

一些军人也参与到情绪沸腾的民众之中。华盛顿发布命令，检查是否有骚乱现象出现，同时强调纪律，禁止军队有任何不规矩的放纵行为。是他的不懈努力和高尚的事业心启迪了他的军人同胞们，使他们感觉到这绝对不是一场普通的战争，不允许掺入低级庸俗的情感和烦躁。"将军希望并相信，"他说，"每一位军官和士兵都会像基督教战士那样努力生活和战斗，捍卫他的国家最宝贵的权利和自由。"

熔化乔治三世塑像造子弹

纽约人现在对于自己的政治地位有了明确的认识，这使他们完全像平民百姓通常从事爱国的活动那样，欢呼，按铃，燃起篝火。

但是，无论是大会决议、《独立宣言》和总命令，还是民众的热情，都无法确保华盛顿的军队力量得到加强，而这正是他迫切需要的。城里城外的工事和曼哈顿岛上的华盛顿要塞都无法阻止两艘英国战舰沿哈德逊河北上。英国战舰经过时，几乎使全城的人都精神崩溃了。军舰在哈德逊河被称为哈弗斯特劳湾的宽阔水域自在地航行着。尽管如此，但英国的这次冒险行动也起到了好的效果，促使美军加强哈德逊河的防御工事，并且也使华盛顿派遣了非常能干的民兵准将乔治·克林顿去哈德逊河教训哈德逊河上游的亲英分子。

在这个时候，做一名亲英分子，与当一名总司令相比，几乎是同样不舒服的，但这没有让华盛顿对国王的朋友们表现出怜悯之心。刚开始，亲英分子们的意图是好的，他们唯一的错误是对国王非常忠诚，以至于他们一心向着他们的主子们。如果他们在言行上保持中立，他们就不会有任何麻烦。但是光说理论是站不住脚的，因为说话是人的人性情感的主要体现，他们的舌头不停地摇摆不定，被迫扮演着一个双面角色，既要表示国王的忠诚，又要挽救自己的财产，这样他们就迅速成了这个国家有史以来最出色和最恼人的说谎者。

“考验人灵魂的时代”

“考验人灵魂的时代”（托马斯·佩恩在危机时刻所写）是富兰克林的一贯信条，他永远是高兴乐观的。在那些贫穷和灾难的日子里，他从未放弃希望。当他听到坏消息时，他会大声喊道：“最终会好的。”他把一万五千美元（这是宾夕法尼亚议会给予他的奖励）用于争取自由的事业上，这证明了他的真诚——将人民给予的礼物用于维护国家的利益上。

等到英国大臣们开始意识到他们以前的想法大错特错时，已为时过晚。《独立宣言》发表后不久，豪勋爵给富兰克林去信，建议召开一个会议，以期宗主国英国和美国之间达成和解。富兰克林在回信中写道：

> 长期以来，我一直是在用诚实真切和孜孜不倦的热情努力和保护着，以免大英帝国这个精致高贵的花瓶破碎，因为我知道，一旦打破，分离的就无法复原，碎片的力量和价值只有在花瓶整体中存在。破镜重圆几乎是永远不可能奢望的。

后来，双方举行了一次会议，参加的人员有代表英国的豪勋爵，以及代表殖民地的富兰克林、约翰·亚当斯和爱德华·拉特利奇。在会上，豪勋爵对他们表达了兄弟般的深厚情意："如果美国失败，我会像失去一个兄弟那样感到悲痛。"

富兰克林鞠了一下躬，平静地说道："我们将会尽我们最大的努力使勋爵阁下免受耻辱。"

"乔治·华盛顿先生，等等，等等"

"我们预想纽约和加拿大将会有一个血腥的夏天。"华盛顿将军回到纽约后在给他弟弟的信中这样写道……

英国军舰开始抵达纽约港，几千名士兵在斯塔腾岛登陆。豪将军和他的兄弟豪勋爵到后发现华盛顿占领了纽约，以及用将军的名字命名的两个要塞——华盛顿要塞和李要塞。两个要塞分别建在哈德逊河两边的对面，目的是阻止英国舰队从宽阔的河流往上推进。但是，华盛顿薄弱的军力不足以保卫和控制纽约以及周围的乡村，因为有一些大河隔着。豪勋爵此行带来了乔治国王赋予的赦免权力，他试图与殖民军队总司令开诚布公的对话。他派一名信使送来一封信，信中用的称呼是华盛顿“先生”。华盛顿将军的秘书拒绝接受信使送来的信件。然后，一名军官来到华盛顿的司令部，和他对话，说“乔治·华盛顿先生，等等，等等”。尽管军官受到了礼貌的接待，但信还是被回绝了。

“但‘等等，等等’意味着一切事情。”送信人抗议道。

“也可能意味着任何事情！”华盛顿笑着说。

然后，华盛顿还补充说豪勋爵的“赦免权力”不会有用的，因为没有什么可以赦免的，事实上，也没有要求赦免。

当然，信中的称呼形式只是件小事——但华盛顿认为自己代表着新生的年轻的共和国，英格兰必须意识到这一点。至少豪勋爵了解了华盛顿的性格以及他礼貌相待的公正性，这是以前盖奇所无法看到的，因为他写信回英格兰说他们不妨给“将军”华盛顿合适的头衔。然而，豪兄弟俩的努力谈判并没有使战争结束。

现在，华盛顿的军队人员来自更广泛的地区，不只是新英格兰和南方。至于一直困扰年轻总司令的困难问题，约翰·亚当斯曾说道：

“在旋风中驰骋，需要更镇静，更深刻的认识和更多的勇气，不要步入马尔伯勒的后尘。”

第十五章　战败撤退

豪将军扭转局势

豪兄弟俩都是经验丰富的军事指挥官，而且有克林顿和康沃利斯两位优秀的将军协助，手下还有三万多名装备精良的士兵——他们为生活而战；而华盛顿只有不到一万八千名士兵，而且大多数士兵对战争一窍不通，作战用的滑膛枪也缺很多。但是，华盛顿有地理位置的优势。他不仅控制着整个城市，以及哈德逊河的要塞，而且还占领着长岛的布鲁克林高地。这个高地正对着城市南面。豪将军和他的部队驻扎在斯塔腾岛。他认为，如果能占领布鲁克林高地，把他的大炮架在那里，他就能把华盛顿赶出纽约，正如华盛顿通过占领多尔切斯特高地，将他逐出波士顿一样。

帕特南将军指挥九千名士兵控制着布鲁克林高地。帕特南将军相信英军会向他们发起攻击，就派出了大约一半的兵力迎战。两万名强壮的英军，几乎是美军五倍的兵力，从斯塔腾岛而来，在长岛的西南海岸登陆，开始向布鲁克林高地挺进。英美军队很快遭遇，英军打败了人数不多的美军迎战部队。这就是长岛之役（1776 年 8 月 27 日）。然后，英军准备包围帕特南将军。

如果不是华盛顿的智慧和技巧，帕特南将军和他的整支部队必定会全部被俘。夜里，起了大雾，华盛顿利用浓雾成功地使所有的士兵乘船渡过哈德逊河进入纽约。早晨，当英军指挥官准备伸出双手清剿占领“反叛者之巢”时，正如他自己所言的，他确实占领了反叛者之巢，但巢是空的，所有的鸟都已经飞走了。

从长岛英明撤退

第二天下起了瓢泼大雨，在一场伟大的战斗之后，仁慈的上帝几乎一直保佑着负了伤而又精疲力竭的士兵。一些小规模的战斗和炮轰仍在发生，这表明一切都在按常规进行着。28 日，万物都被一场大雾所笼罩，但浓雾散去后，很快就发现斯塔腾岛的英国军舰有行动的迹象。正如两天前英军在两条战线之间推进的那样，既然没有任何办法可以阻止东河上的英军前行，战争委员会决定从长岛战线撤离。不过这有利于美军士兵撤离。尽管雾很大，两条河上的所有船只都被调集过来，在夜色中停靠在布鲁克林渡口。船一到，就立刻让一个由马布尔黑德渔民和水手组成的马萨诸塞团的士兵们充当船员。另一方面，与所有英明的人一样，华盛顿清楚，此时适合他做的唯一一件事情就是亲自去带领军队撤离，监督登船撤退行动。米夫林将军和他手下的八百名士兵，以及英勇善战而最近在战斗中损失严重的三个团的残部坚守在防线上；而剩余的八千名士兵，带着他们所有的储备和物资，撤退到渡口，后面由亚历山大·汉密尔顿上尉指挥少量的人担任掩护。亚历山大·汉密尔顿上尉后来成为美国政界的重要人物之一。

米夫林回到防线上坚守阵地，直至接到撤退的命令。他的部队也悄悄安全地渡过了河。华盛顿自己差不多与最后的一批人乘船渡过了河。此时，“可信赖的走私者”一词首次载入美国军事史。此人是受住在渡口附近的主人的派遣，去向英军通报美军撤退情况的。但是，他的出现惊动了英军前哨的黑塞兵。黑塞兵不懂英语，更不懂刚果一布鲁克林英语，而这位老兄也没有接受当代教育的机会，可以去上大学学习德文。因此，他们把他看押起来，直到天亮。当英军最后明白他的意思后匆忙赶到渡口时，仅仅俘获了与美军部队毫无关系的三名小偷。

众人把长岛战役的失败责任推到许多不应该承担的人身上，认为格林将军对于敌军能从要道毫无防守的左侧长驱直入负有全责，尽管他那时正生病，除了照顾好自己的身体之外无法做任何事情；而帕特南和沙利文虽然对地形不熟悉，但也应受到指责。

作为总司令的华盛顿，除了长岛问题之外，应为发生的其他所有一切有关战事的事情承担责任。作为一名军事评论员和本书的作者，我以名义担保，认为唯一真正应该受指责的是豪将军。他的军队人实在太多，没有给美国人一个公平的机会。“即使天崩地裂，也要伸张正义！”这次成功撤退的功劳一半归功于华盛顿，另一半应归功于天意，这样说是很公正的，因为虽然天意是东河上浓雾的唯一的散播者，但是华盛顿利用浓雾作掩护，顺利地完成了撤退。

在基普湾大发雷霆

此时，华盛顿面对困惑的时局，意识到由于延误他也收获了很多，他可以更好地制定自己的计划。他写道：“我们不仅延误了战机，导致敌军主力对国家入侵时，采取抵抗行动已为时过晚；而且还让敌人把兵力集中到了一个地方……因此，可以断定，如果我们年轻的军队在开阔地域的战场与人数和素养均占优的对手相对抗，我连铁锹和斧子都会用上”。然而，除了华盛顿之外，所有人看到的仅仅是已经过去了的失败和当前的危险局势。

英国军舰逐步沿着河流而上，显然是准备包围美军并切断美军的退路。华盛顿准备撤退，但是消息的不确定性几乎使了他的小心警惕化为乌有。9月15日，军舰开始开火，英军开始在基普湾登陆。那里的胸墙是由不久前在布鲁克林服役的民兵把守的，他们一看到敌人打来就立刻放弃了，他们的惊慌失措影响到了康涅狄格的两个团。华盛顿策马加鞭来到战场上，冲入人群，努力把队伍重新集结起来，但当一看到有六七十个英国兵出现时，队伍又散了，士兵们四处逃窜。一怒之下，华盛顿拔出手枪，用剑指着逃跑者。此时，进攻的英军已经离他相差不到一百码的距离了，华盛顿手下的一名军官急忙勒住他的马头，将他强行拉离了战场。

在怀特普莱恩斯的一次短暂而激烈的战斗

随着日子一天天地过去，华盛顿在哈莱姆高地等待着，计划向长岛发起进攻，他决心孤注一掷，除非局势发生决定性的变化。然而，局势的确发生了变化，无论是华盛顿还是其他人显然都没有预料到。英国军舰沿哈德逊河而上，经过要塞，扫清了我军引以为豪的防御屏障。英军摧毁了美军的小战舰，控制了河流。然后，豪将军在弗罗格角登陆。在那里，他暂时遭到了接华盛顿命令驻守的希思的阻击。这两起事件显然使美军的处境充满了危险，再一次撤退已成为必要。这无疑是战争委员会的结论。10月16日，委员会一致同意总司令的撤退决定。豪将军在弗罗格角停留六日，运来大炮等物资，但按兵不动。至于他为何停留的原因现在已变得不重要了，只要他停留就足够了，他给了对手六天的时间。这六天的时间对于豪将军而言几乎毫无价值，但对于华盛顿来说却是不可估量的重要。华盛顿利用这六天时间做好各项准备，主持战争委员会；然后在17日，美军故意移至怀特普莱恩斯一个地势坚固的地方。在途中，他们与英军进行了两三次小规模的战斗，并取得了胜利。威廉爵士带领英军在后面紧跟着，非常小心谨慎，因为此刻他脑子里闪出一个人影，那个在前面指挥没有经验的美军部队的人，和这个人打交道，为了安全起见，还是小心为妙。

28日，豪将军来到华盛顿的阵地前方，发现美军在人数上与他的部队不相上下，且工事坚固，正满怀信心地等待着他的进攻。他犹豫了，困惑了。最后他感到他必须先做一些事情。他派出四千名士兵猛攻美军的一个边远据点查特敦山。那里大约驻扎有一千四百名美军。于是，发生了一场短暂而激烈的战斗。美军随后秩序良好地撤回到大部队，损失的人数不及对手损失人数的一半。此时的豪将军更加小心谨慎了。

他等了两天，去寻求增援，第三天下雨，第四天豪将军发现华盛顿已撤退到了更高的山上，那里的防线非常不易攻破。为此，他控制住了所有后面的通道，等待发起第二次进攻。豪将军对局势认真思考了两三天，然后撤退至多布斯渡口。这就是长岛战役的胜利结局。英军浪费了两个月时间，但美军仍然未受影响。

“若我们确实有幸再见面，那么，我们必定会微笑”

李将军因在南面取得的一系列胜利，地位明显提升了。他会有意贬低和批评其他一些指挥官的军事行动。到达的那天，在给军中老友盖茨将军的一封信中，他就军队的地位问题提出了质疑，指责华盛顿是屈服于大陆会议的命令，认为这一切是因为华盛顿爱管闲事所造成的。“我们两人私下里说说，”他写道，“大陆会议好像是每一步都失策。我所指的并非是其中的一两个人，而是他们所有人。我已非常自由地对他们发表我的看法。在我看来，华盛顿将军很大程度上应当受到指责，因为他没有用辞职来威胁他们，除非他们不再用愚蠢的方式干预军队，制造混乱。再见了，我亲爱的朋友。如果我们确实有幸再见面，那么，我们必定会微笑。”

与此同时，10 月 11 日，大陆会议在得知英国军舰“凤凰”号、“雄鹿”号和“鞑靼”号已经进入哈德逊河，于是就通过了一项决议，要求华盛顿，如果可行的话，不惜一切代价要有效阻止英国军舰在华盛顿要塞和宪法要塞之间的北河上航行，同时要控制最近北上的英军军舰的出口，切断其援助。

面对种种冲突，华盛顿于 16 日在李将军的总部召开了一次战争委员会会议。在会上，宣读了大陆会议以及部分代表介绍有关上层亲英分子制造骚乱情况的信函，同时还通报了从俘虏的英军逃兵身上获得的情报，说明了英军准备包围美军营地的意图。

在经过一番考虑和辩论之后，除了一人反对之外，所有人都认为要确保交通通道不被敌人切断是不可能的，但由此而引发的后果必须考虑到。

鉴于大陆会议就华盛顿要塞的决定是必须执行的，大家一致认为，华盛顿要塞应该“尽可能长时间地守住”。

为此，就派遣了一支强大的守备部队驻守于此，并且正式由华盛顿来负责，将华盛顿要塞坚守到底。同时，为了表示对李将军的尊重，把由格林将军驻守的对面泽西岸边的宪法要塞改名为李要塞。事实上，李将军当时是军中的偶像，甚至连总司令的家人也对其很尊敬。华盛顿的副官坦奇·蒂尔曼在给朋友的一封信中写道:“你问及李将军的健康状况如何以及我们的士兵勇敢与否，对此，我的回答都是肯定的。李将军在我们军队中对提升士兵的士气贡献不小。”

“或许要丧失个性”

像其他大多数和蔼可亲的绅士一样,豪将军也是非常懒惰的。因此，他没有急着进入新泽西，切断华盛顿的军事补给线，占领费城。本来他只需用一半的兵力就可以把此事搞定，可他反而停下来去攻占一个既没有用处又不具威胁性的华盛顿要塞。华盛顿及时赶往，一直走到了南部的帕利塞兹岩壁，去观察被占领的以他名字命名的要塞，看到守卫要塞的美军士兵在祈求饶命时大量地被黑森兵用刺刀砍倒和捅死，他们不知道如何按照德国军队的规矩投降。见此惨状，华盛顿没有大骂大陆会议和格林，尽管大陆会议和格林都反对华盛顿提出的撤离华盛顿要塞的建议；相反，一向沉默寡言的总司令突然哭了起来。不过，此起事件也再度证明了他在恰当的时间做恰当的事情的罕见能力。

华盛顿要塞的沦陷使华盛顿失去了三千名士兵，而此时，军队中剩下的所有士兵的服役时间将在两周内期满，华盛顿自己估计可能留下的正规部队只是哈德逊河两岸的两千名士兵。难怪当时就大陆会议延误“按确保胜利的条件征兵”一事，他在给弟弟的信中说道，他“对事态的逆行几乎厌烦得要死，我提出严重抗议，一年两万英镑的金钱奖励毕竟无法劝服我去做或许要丧失个性的事情，因为在如此痛苦的情况下，我不可能按照公众所期望的那样去行事”。

长岛战役后的六星期

这就是长岛战役后的六星期的情况。华盛顿只能采取守势，但他的防御难以使局面有所好转，英国人迟早会迫使华盛顿放弃，关于这一点，连具有普通战术经验的士兵都能清楚地认识到。但是华盛顿不会轻易言败，就连他最有能力的格林中尉也没有意识到军队所面临的危险。从南方赶来的李将军，虽然不是一名爱国者，但却是一名较出色的军人。他在对局势作了解后，就给大陆会议写信，然后与华盛顿会合。与此同时，在长岛海湾的英军正不断向美军后方推进，最终在新罗谢尔附近登陆，并向华盛顿退守的怀特普莱恩斯移动。然而，敌人的行动还是受到了抵抗。渐渐地，抵抗者们学会了该如何应战。豪将军在通过海湾进入韦斯特切斯特县之前，在长岛，汉德率领的英勇的宾夕法尼亚人曾让他吃尽了苦头；在邦克山战役中，他学会了该如何尊重普雷斯科特；此外，他还曾领教过格洛弗上校领导的马布尔黑德人——他们长期在海上，对陆地上的任何事情毫不畏惧……

最终，华盛顿将大部分军队集中在怀特普莱恩斯，利用前面的布朗克斯河和沼泽地，加强高地的防御。正是在附近地区，美国人首次恐惧地目睹了英军的重骑兵，但也正是在这里，华盛顿通过向每位缴获英军马匹和装备的士兵给予一百美元的特殊奖励，打消了美军士兵的心理恐惧。要知道，一百美元可以激起强大的斗志和勇气。

在怀特普莱恩斯，华盛顿修筑的防御工事，连外国防御工事专家都难以辨认，这着实也让豪将军吓了一跳。这工事由带根的玉米秆堆积而成，再在底部粘上大块的泥土，犹如土堤一样。在和平时期，玉米有时能够拯救这个国家，但从来没有上升到可以用来修建防御工事的地位。

时间已到了十月底，对于华盛顿的军队而言，天气已经变得很冷了，他们身上穿的衣服少得跟流浪汉所穿的差不多。更糟糕的是，他们的衣服都已破损，而华盛顿手中没有新的衣服可以发放；就连粗劣的毯子都没有做好，更别提发放了。夜里冻得直哆嗦的士兵在白天战斗中的表现很糟糕。基于这个原因，再加上敌军在发起攻击之前定会加固其阵地等因素，华盛顿一直等到豪将军挖好战壕，然后退守五英里至北卡斯尔，再次构筑防线。这样的举动显然让敌军感到厌恶，因为按照这样的推进速度，华盛顿可能可以让他们追上好几年。为此，豪将军突然决定放弃，退回纽约。而在北卡斯尔，由于前面是克罗顿河，华盛顿很容易从这里撤退，他就留下一支部队驻守，由李将军指挥；另外，他让在皮克斯基尔的希思指挥一队人马负责高地的防守任务，自己则率领余下的部队渡过哈德逊河，进入新泽西，以查明豪将军的动向。

英军占领华盛顿要塞

然而，豪将军已下定决心，认为这次战役决不能颗粒无收，因此他将注意力转移到哈德逊河的防御以及对李要塞和华盛顿要塞的攻占上。在这方面，他取得了很大的成功。从军事上看，大陆会议坚持认为这两个要塞必须而且也能够守住，将领们也持相同看法，而最特别和最不幸的是，格林竟然也这样认为。华盛顿凭借自己一贯准确而敏锐的洞察力，注意到敌军军舰出现在哈德逊河上后，就明显觉得应该放弃这两座要塞，尽管英军的举动表现得很随意。华盛顿坚持自己的看法，虽然他反对大陆会议的决议，但却深受格林的影响，就命令他见机行事，以决定是否撤退。正如他自己后来所承认的，这是一种懦弱的行为，为此他十分自责，从未掩饰过自己的过错，而是尊重事实。虽然努力想守住这两个要塞，但就像他之前所预见的那样，两座要塞双双失守。负责守卫李要塞的部队得到安全撤离，而华盛顿要塞却遭受了猛烈的攻击，在经过一番鏖战之后，两千六百名士兵以及所有物资都落入了敌军手中，损失严重，整个殖民地地区都感到十分沮丧。

与此同时，华盛顿已进入新泽西，并在丢失李要塞之后开始撤退，而沉浸在胜利喜悦之中的英军则是在康沃利斯勋爵的带领下快速推进。华盛顿的命运面临着危机，而革命也遇到了危机。他的军队人数越来越少。民兵们几乎消失殆尽，几个团的士兵因服役期满而每天都在离去。华盛顿命令李将军前来增援，因为他手中还有一支部队。虽然华盛顿在一个月内几乎每天都在下命令，但李将军却置若罔闻。

谁会责怪他呢？

在哈肯萨克，华盛顿大约只有三千名士兵。由于地势平坦，如果敌军攻过河来，部队几乎毫无抵抗之力。因此，他把军队撤到纽瓦克，这样前面的一条河暂且可以阻挡敌军。然后，他派副官里德去找新泽西的利文斯顿总督，请求增派民兵——因为有兵总比没有好；派米夫林将军匆忙赶往费城，请求大陆会议和地方当局给予援助。此外，华盛顿还命令仍在北卡斯尔的李将军渡过哈德逊河，向南进军与他会合。华盛顿对李将军寄予较大的期望和依靠，因为李将军手下确实有一支装备不错且可以继续服役的军队。

但是，李将军除了看自己在镜中的形象之外，从来没有尊重过别的军官。他开始把自己看作是一名独立的指挥官，不仅不服从命令，而且还沉着冷静地制定出自己的作战计划。他试图削弱守护高地的希思的力量。李将军只有一条人生原则，那就是，自始至终只考虑查尔斯·李自己的利益。许多和他一样身处要职的优秀将领，也可能会被他们本不应该获得的赞扬和不切实际的恭维声冲昏头脑，甚至连华盛顿最好的朋友里德也被李将军的光环所迷惑，从而忘记了自己的荣耀。令人吃惊的是，里德在给李将军的信件中批评了华盛顿，而对李将军大加赞扬。更糟糕的是，其中部分信件被华盛顿看到了。就在华盛顿需要他所有朋友的时候，他们却给予了他所遭受过的最残忍的伤害。这件事情之后，如果他不再依靠和信任任何人，谁会责怪他呢?

一封给玛丽·菲利普斯母亲的信

在公众的行为中，一些老的关系也表明了态度和立场。这里有一封华盛顿写给他二十年前没有与其结婚的玛丽·菲利普斯母亲的信：

致菲利普斯夫人，菲利普斯博罗

夫人：

战争的不幸以及给人们所造成的不痛快境况，更多地令我们感到悲痛，而不是想方设法去回避，但每个人都负有责任，应尽可能多地去减轻这种痛苦。我绝不会去给一名女士增加痛苦，因为我觉得，由于菲利普斯上校不在身边，即使没有任何不便，她也必定已经感到了很多不安。

我没有下达过任何要搬走居民储物的特别命令，但是从事情的性质看，由于大陆会议的某些决议缘故，这个方法被采纳了。然而，令我满意的是，它并不意味着是要夺去各个家庭的生活必需品。我绝对不会不同意你保留部分储物，以作为生活的基本所需，而且我也相信你的承诺和保证，不会留下更多的物品。

乔治·华盛顿

1776 年 10 月 22 日于驻瓦伦丁先生家的指挥部

在华盛顿那年秋天所写的信函中，无论是涉及军事方面的，还是涉及私人事务的，一封封的信件都提到了当时的货币情况。在8月15日给代理人伦德·华盛顿的一封长信中，他写道:“过去卖十先令一桶的玉米现在要卖四十先令；过去卖三英镑一桶的猪肉现在卖五英镑。”

在确信豪将军计划在新泽西采取行动之后，华盛顿将主要兵力从那里撤出，而且还是不得不从一点到另一点地撤退。12月初，华盛顿渡过特拉华河，结果新泽西落入了英军之手。

与一名黑人仆人共用一条毯子

有一次，将军与皮克林上校在认真的讨论事情，一直谈到了深夜。如果有多余的毯子和草席,华盛顿就准备与皮克林上校共住一晚。于是，华盛顿就问黑人仆人普里默斯。“噢，是的，”普赖默斯说，“有很多草席和毯子，很多。”

半夜里，华盛顿醒来，环顾四周，看到了普里默斯。华盛顿看了他一会儿，然后开始说话。

“普里默斯，”华盛顿说道，“普里默斯！”惊醒的普里默斯揉揉眼睛。

“将军，什么事？”他说道。

华盛顿从床上起来。“普里默斯，”他说道，“你说你有足够多的毯子和草席，是什么意思呢？你把你自己的毯子和草席给了我。虽然这样可能使我睡得舒服一些,可你却不得不坐一整夜。”“将军,这没什么，”普里默斯说道，“没什么！我身体好得很！将军，您不要为我麻烦自己了，睡觉吧。我没事的，我睡得很好！”“但这有关系，有关系，”华盛顿说道，“我不能这样做，普里默斯。如果有一个人要坐着，那我坐着。但我认为我们谁都没有必要坐着。这条毯子足够大,可供两个人盖。过来和我一起睡。”

“噢,不,将军！”普里默斯说着,开始反对。“不,让我坐在这里。”“我说过来，睡在这里！”华盛顿说道，“这里的空间能容纳两个人。我坚持要求你睡在这里。”

华盛顿一边说着，一边将毯子铺开，并将自己的身子移到草席的一侧。普里默斯声称，他为自己和总司令共用一条毯子的想法感到极其震惊，但华盛顿的语气是如此的坚决，以至于他不能犹豫。因此，他自己做好了思想准备，躺在华盛顿的身边。将军和黑人仆人普里默斯同睡一张草席，同盖一条毯子，一直睡到第二天清晨。

第十六章　“来自朋友的创伤”

自己的心腹竟对他做出如此不公的评判

在仓促和骚动之中，华盛顿忠实的朋友和追随者里德上校给李将军写了信，但信的语气和内容可能会让读者感到诧异，因为读者知道他在这之前对总司令一向忠心耿耿。在信中，里德上校向李将军表达了众人希望他应该到主战场上来指挥战斗的愿望。然后，他又说：

> 我不想贬低别人来恭维或赞扬您；但是，我确实认为这一切都亏了您，才使这支军队，美国自由的保卫者，没有被完全切断退路。您的坚决果断，是其他人所不具备的一种素质，尽管他们也有可贵之处。我认为我们能够从约克岛，国王大桥以及平原成功撤退和逃离，都应归功于您的坚决果敢。我相信如果当时您在场的话，华盛顿要塞的守军现在仍会成为这支军队的一部分。根据所有情况，坦白说，我衷心地希望您能离开目前的地方，在那里你良好的判断力以及丰富的经验几乎派不上用场，你应该到十分需要您的判断力和经验的地方来。这不是我一个人的想法；军队的每个人，包括军官和士兵都对你有信心。敌人不断打听你的去向，如果你一出现，那他们似乎就没那么自信了。

在提到最近发生的华盛顿要塞失守一事时，里德随后又继续写道：

> 如果当初华盛顿将军能够按照自己的判断行事——对他的判断，我们都表示支持。我相信，我们就可以挽救驻守的士兵，但

是很不幸，格林将军做出的判断截然相反。这使将军变得犹豫不决，直至战斗开始。将军啊！一名优柔寡断的将领是一支军队所能遇到的最大不幸之一；这场战争期间，我常常为此次战役悲叹不已！综合各方面的情况来看，我们目前的处境很可怕，令人十分担忧，需要有智慧一流和意志坚定的指挥官。我认为，一旦季节许可，您和其他人应当赶赴大陆会议，制定组建新军队的计划。最后，我想明确无误地说，您的到来和在场是最最重要的。

对于身陷困惑之中的华盛顿来说，连自己的心腹都会对他做出如此不公正的评判，那他也许有理由担心公众也会很容易对他的品性和行为产生误解。

“被一名乳臭未干的小孩所俘！”

有一个故事可以说明当时这个地区的生活状况。有一名寡妇，和她十二岁的儿子相依为命生活着。母子俩发现自家花园里的蔬菜不断被偷。男孩决心守夜抓贼。于是，他就在离菜园不远处选了一个地方蹲守，手中握着上了膛的枪。在一段时间里，男孩还清醒着，没有犯困。但过了一会儿，当他的新鲜感过去后，开始犯困时，突然发现有个人正在把花园里的水果往一个大袋子里面装。男孩轻手轻脚地慢慢靠近，然后用枪指着那名偷水果的士兵的后背，命令他拿着沉甸甸的袋子在前面走，还说他如果想转身或丢掉袋子，那只有死路一条。身材高大的士兵只好服从，被带到美国军营。作为战俘交给美军。后来证明那名士兵是苏格兰高地人。当然，不足为怪的是，当那名被俘的掷弹兵最终敢转过头来，看到抓自己的是谁时，顿时充满厌恶地大叫说：“一名英军掷弹兵竟被一名乳臭未干的小孩所俘！竟是乳臭未干的小孩！”

当时在这个地区，那些试图回家或探望自己家人的军人都会受到监视，在很多情况下，会在自己孩子的眼前被处以绞刑或击毙。有一个人冒险回家时，遭到了跟踪。因拒绝投降，正当较之常人更加可怕的亲英分子准备破门而入时，慌乱不安的妻子把他藏到灰堆之中，只靠一根露出的长鹅毛管呼吸，甚至连脸都全盖住了，依靠这种方法他才逃过一劫。虽然所有的凶杀和劫掠行径并不都是某一派的人干的，但笼罩该地区的白色恐怖充分说明了战争在任何地区和任何时期所造成的恐惧。

华盛顿“拆错信”

就在这困惑担忧的时刻，一份快信送达指挥部。这封信是当时在北卡斯尔军营的李将军写给里德上校的。我们在前面提到，里德在21日从哈肯萨克给李将军去过一封信，而李将军的这封信就是他给里德的回信。华盛顿以为这是一封公务信件，便将信件拆开。只见信中写道：

我亲爱的里德先生：

我收到了您那封既亲切又过奖的来信。我和您一样有同感，对致命的优柔寡断悲叹不已，这一缺陷在战争中比起愚蠢甚至是缺乏勇气都要严重得多。一个果断大胆的人，即使犯了错误，还有可能由于偶然的原因获得成功；但如果生性优柔寡断，哪怕是最有才能的人也一定会永远失败和犯错的。华盛顿将军不断以施压的方式建议我率领手下的大陆军过河与他会合，也可以说是命令我这么做。出于对多方面因素的考虑，这项建议，或者说是命令，让我陷入进退两难的境地。

在说完相关考虑因素之后，李将军又接着说道：

我之所以按兵不动，是因为我们刚刚收到情报，罗杰斯的兵团，包括轻骑兵、部分高地士兵和一个旅，目前正处于暴露之中，这给了我们一个下手的最佳时机。昨晚我本该发动进攻，但雨太大，一旦我们的军备被淋湿，军队就无法作战。希望今晚情况能有所好转……我就等着亲自消灭罗杰斯，然后我就带部队过来。说实话，我确实认为，有我在，我们的司令官会干得更好。

华盛顿浏览完信后，意识到在最需要支持和同情的困难时刻，他的人格和军事成了众矢之的，遭到了被自己视为知己的朋友以及一个喜欢讽刺挖苦别人且自以为是的人的诋毁和议论。华盛顿觉得自己的自尊心受到了极大的伤害，朋友间的友谊也遭到玷污，但不管怎样，他还是强忍住了，他在李将军给里德的信内附了一张纸条，纸条上冷冰冰地写着：

亲爱的先生：

这封从怀特普莱恩斯来的快信被交到了我的手上。我不知道是一封私人信件，更没有去多想，于是就拆阅了信件，正如此前从同一个地方或从皮克斯基尔给你送来的所有公务信件那样，我都会拆阅。可待我拆开信后，发现是一封私人信件。为此，我只能做出如实的解释，我拆阅此信，既非本人初衷，也非故意为之……

华盛顿超乎寻常的镇定和极其冷淡的语气想必对里德产生了很大的影响，可能比最严厉的责备都还要强烈。

在随后的交谈中，里德竭力为李将军来信中那些令人不快的文字作解释，称自己对华盛顿本人的人格及品德的尊重和钦佩从未动摇过，他写给李将军的信中绝对没有言行不一致的内容。

对于里德而言，值得庆幸的是，华盛顿从未看过那封信。在那封信中，有些内容是无法靠解释就能搪塞过去的，李将军回信中所表达出的意思已足以令华盛顿感到震惊。然而，华盛顿胸怀宽广，对人不会长期怀恨在心，尤其是在纯粹的个人问题方面。他仍然尊重里德上校，始终表现出对上校优点的高度认可，并像往常一样就军事问题向他征询意见。但是自那以后，当初对他怀有知己般的信任已出现了难以弥合的裂痕。他们之间的信件交流变得越来越少，不像以前那么频繁和真挚，间隔时间也越来越长，而且仅限于公务交流。

独自面对严峻的现实

12 月 2 日，华盛顿和三千名衣衫褴褛的士兵正在普林斯顿，英国军队紧追其后。此时，英军确信华盛顿已在他们的掌控范围之内，认为这次不会再有任何差错，因此他们觉得没有必要强行军。但是他们并不了解，对华盛顿而言，就算几小时的时间也很重要。在休整过之后，英军抵达特拉华河，却发现美军已到了河的对岸，而且所有的船只都已被毁掉，两军之间的距离已拉开七十英里。

此时正值冬季，灰蒙蒙的白天已越来越短，且寒风凛冽，暴风雪不断。仅仅是恶劣的天气，似乎就可使仍聚集在将军周围的那些身体虚弱的士兵们最终逃散和离去。大陆会议下达了招募新兵的命令和任务，本意虽好，但是却没有多少实际价值，如同空头支票一样。既然威尔士民间英雄格伦道尔可以从遥远的深处呼唤出神灵，那他们也同样可以获得成功，从失败之中，面对肆虐的寒冬，在大地上设法征召士兵。华盛顿困惑不安地四处找人，从一个乡镇到另一个乡镇，该做的都做了，新况且请求提供兵源、经费和物资的信函也都已发往南北各地。虽然多数努力都付诸东流，完全是徒劳的，但依然很执着。李将军不会来了，泽西的民兵也不会出现了；而与此同时，数以千计的士兵正准备接受豪将军的特赦，中部的一些州已经明显地出现了动摇的迹象。费城正面临着威胁，纽波特已经落入敌人之手，而华盛顿已经撤退了九十英里，仅仅是借助于宽阔的河流，一次又一次地躲过了敌人毁灭性的追击。大陆会议通过表决做出坚守费城的决定——但华盛顿将军拒绝执行，于是大陆会议随后也撤离了。

除了华盛顿一人之外，没有其他人还在选择面对严峻的现实。他依然是坚定不移。每时每刻，他都在努力争取，能有所作为，并在一次次失望的任务和行动中重新振作起来，保持镇定。

李将军被俘

早餐后，李将军坐下来给盖茨将军写回信。在信中，他像往常一样，对总司令进行了一番放肆的冷嘲热讽。他写道：

> 华盛顿要塞一仗的神机妙算把我们辛辛苦苦建立起来的良好根基完全葬送了。我们还从来没有遭受过这样的打击。你我之间讲句心里话，是某个大人物无能到可恨的地步。他让我们陷入了一种进退两难的境地：如果我留在这个地方，我和我的军队就要冒风险：如果我不留在这里，这个地方将会永远失去……至于你的事，如果你认为你能及时去援助那位将军的话，我主张你一定要去。你至少能挽救你的军队……

在李将军写信的时候，威尔金森的眼睛朝窗外一条小路望去。小路约有一百码长，从房子这里一直通向大路。威尔金森突然发现大路的拐角处有一队英国龙骑兵直冲过来。威尔金森喊道："阁下，有英国骑兵！"

李将军问道："在哪里？"他刚在信上署上自己的名字。

"就在房子周围！"——因为他们已经散开，把房子团团围住了。

"警卫队哪里去了？妈的，警卫队，他们为什么不开火？"然后他停顿了一下又说:“先生，务必查看一下警卫队情况怎么样了。”

不幸的是，警卫们也像他们一样麻痹大意。由于早晨寒风凛冽，他们就把枪架在一起，跑到大路对面的一所房子的南侧晒太阳去了，此时正被英国龙骑兵追赶着呢。事情的经过是这样的：前一天晚上，一名亲英分子来找将军，抱怨说军队牵走了他的一匹马。他在得知李将军要在哪里住宿和吃早餐之后，就连夜骑马十八英里，到不伦瑞克去向英军通风报信，然后哈考特上校就带领龙骑兵赶来了。

这所房子的女主人本想把李将军藏在床上，但是却被他傲慢地拒绝了。据威尔金森自己的叙述，他自己则占据一个一次只能容一个人靠近的位置，左右手各握一把手枪，决心击毙第一个和第二个闯进来的英国兵，然后挥剑拼杀。用他自己的话来说，在这种“令人不快的情况下”，他听到有人喊道:“如果将军五分钟内不投降，我就放火烧了房子！”稍停了一会儿，那人又郑重其事地发出了威胁。两分钟之内，他听见有人喊道:“将军在这里，他投降了。”

英国骑兵虽然欢呼了一阵，但还是急急忙忙地把俘虏抓住，以免美军赶来营救。他们吹响军号,把正在追赶逃散的警卫们的龙骑兵召回。李将军光着头，穿着拖鞋，披着粗呢上衣，被押上拴在门口的威尔金森骑的那匹马。接着，这一队骑兵就带着他们的俘虏咔嗒咔嗒地回不伦瑞克去了。三小时以后，不伦瑞克方向响起了隆隆的大炮声，这表明敌人为能俘获李将军已是高兴得欢欣鼓舞。他们吹嘘说，他们俘获了美国的守护神，因为他们认为李将军是叛军将领当中最有科学头脑、最有经验的将领。

“都怪他自己愚蠢和大意”

“在收到这封信之前，”华盛顿在给弟弟奥古斯丁的信中写道:“你无疑已经听说了李将军被俘的消息。这是一次额外的不幸；更让人头疼的是，这都怪他自己的愚蠢和大意，根本就没有考虑自己的行为会带来什么样的后果。当他在离自己军营三英里，且二十英里之内就有敌军的地方住宿时，一名卑鄙的亲英分子连夜向敌军通风报信，敌军派一队轻骑兵将他俘获凯旋，而他却遭受屈辱。”

对于华盛顿而言，由于他的宽宏大量，这是他对曾想取代自己的李将军的行为措辞最严厉的批评了，而且这番言论也只是他与兄弟私下通信交流时说的。在致大陆会议和战争委员会的正式信件中，华盛顿没有对李将军的行为进行任何严厉的抨击，丝毫也没有，只是对他的被俘表示遗憾，认为这是军队的一个损失。

审时度势

到了12月中旬，豪将军觉得美国军队很快就会解散，于是他就在各个据点布置了重兵，自己则退回了纽约。他的假设不错，结论也符合逻辑，但是他还是犯了一个老毛病，忽视和低估了美方将军。正当豪将军在回纽约的路上，华盛顿带领着他那支已不成形的军队，决心发起进攻，对英军的一个偏僻的据点发动袭击。12月14日，就在豪将军出发回纽约的这一天，在那天的信函中，我们第一次发现了特伦顿。面对寒冬，尽管军队不整，增援无望，民众饱受惊吓，但四千名美军士兵依然下定决心，准备向指挥有方、兵种齐全的两万五千名英军士兵发起进攻，这是一种何等大胆的精神。

这里，我们暂且最好先了解一下形势，以及所面临的巨大困难，然后再设法弄明白华盛顿是一个什么样的人，能够脱颖而出，战胜一切。另外，我们还要铭记一点，那就是他从来没有欺骗过自己，也从来没有掩盖事实的真相。两年后，在描述当时的这个重要时刻时，他称之为是“美国最黑暗的日子”。他从未放弃希望，这千真万确，因为他的性格中没有失望两字，但他的勇气也绝非源自错觉。他在18日给弟弟的信中写道:“如果不尽全力招募新的军队,那么战争基本上就结束了;”而且他还补充说:“你无法想象我目前有多茫然。我相信从没有人陷入如此境地,困难多,可办法少,无法从中解脱。然而,我坚信我们的事业是正义的,坚信我们的事业最终会取得胜利,尽管一段时期内还会有乌云笼罩。”信中看不到丝毫的抱怨、吹嘘和绝望。但在提到大陆会议和李将军时,却能察觉到他内心的痛苦。这封信的语气犹如五月的清晨一般平静,他在信的结尾还表达了对妹妹及其家人的问候和祝福。

“一帮最无助的流浪汉”

幸运的是,按照盖茨手下的斯凯勒将军的命令,威尔金森上校率领一支部队从北方出发,前来增援华盛顿,那天上午,在执行盖茨下达的寻找华盛顿的任务的时候,威尔金森无意中发现了李将军。威尔金森躲过了英军龙骑兵的抓捕,把情况向李将军所部的高级将领沙利文作了通报,然后回到了盖茨那里。不久,这两位将军又出发前往华盛顿的营地,并于12月20日到达。

援兵的到来使华盛顿的兵力扩充到五千余人,但是十天后,其中四分之三的士兵因服役期满而无法参战,因此华盛顿手头人员紧缺,大约只有一千五百名士兵可投入到1777年的战斗中去。然而,在给弟弟的私人信件中,他却写道:“我坚信我们的事业是正义的,坚信我们的事业最终会取得胜利,尽管一段时期内还会有乌云笼罩。”即便这几句话是在舒适的图书馆桌子上写的,文笔也应算不错,但是如果读者能够理解当时华盛顿的处境——他是艰难穿过新泽西的一帮最无助的流浪汉首领,那么我们就能明白其中的难能可贵之处。他们饥肠辘辘、衣衫褴褛,印第安人不但未能向他们提供补给,而且还巴不得他们能早点离开。在他们身后穷追不舍是比猎犬、时常追赶流浪汉的城镇警察更为凶狠的追兵。司令对大陆会议和各个殖民地发出的求助,杳无回信，主要中尉也不听从他的命令。他身陷迷茫、屈辱及无助之中，他本该维护自己的尊严，回到弗农山庄；但从前文提到的他写给弟弟的信来看，说明他还是坚持了自己的原则。

“都什么时候了还给我递信！”

威尔金森的回忆录向我们提供了一些情况。威尔金森从费城返回后，带来了盖茨给华盛顿的一封信。当时，地上有一些积雪，沿路积雪上有穿着破鞋、脚上流血不止的士兵们留下的血迹。在最后几英里的路上，威尔金森正是凭借这些血迹找到军队的行军路线的。他在回忆录中说，他顺着行军路线到达华盛顿的营地，发现华盛顿手里拿着马鞭，准备上马。“当我把盖茨将军的信递给他时，他还没有接信就严肃地喊道：‘都什么时候了还给我递信！’我回答说这是盖茨将军托我送来的。‘盖茨将军！他现在在哪里？’‘我今天早上在费城才和他分手。’‘他在那里做什么？’‘据我所知，他在去大陆会议的路上。’他认真地复述了一遍：‘去大陆会议的路上！’然后，他拆开信，而我则鞠躬告别，去了河岸边的圣克莱尔将军那里。”

华盛顿是不是猜测到了那些想要拆他台、但还处在苗头的阴谋呢？在一项大胆果敢的计划就要付诸实施的时刻，如果盖茨不是留在军队中，而是急于去找大陆会议，这一情况是不是会引起华盛顿对盖茨此行目的的怀疑呢？也许没有。华盛顿品质高尚，不会轻易怀疑别人，然而他已经有充足的理由对盖茨持不信任态度。

第十七章　特伦顿与形势的逆转

“前进，进攻！”

除了最近刚招募的短期服役兵之外，其余的部队在月底差不多就会解散，于是华盛顿决定采取行动，以鼓舞整个国家的士气，并促进新兵征召工作。因此，他计划先向驻扎在特伦顿的三个团的黑森雇佣兵发起攻击。然而，正如此类行动通常所带来的结果一样，这次的联合行动又失败了。在圣诞节的下午，华盛顿亲自率领一支部队行军九英里，沿特拉华河西岸挺进。他们冒着风雪，到达一个渡口，花了近乎整个晚上才从那里渡过了河。此时，凛冽的寒风肆虐着，特拉华河上漂满了浮冰，士兵们鞋履破旧，他们冻裂的脚在雪地上留下了斑斑血迹，而盖茨从费城派来的军官正是顺着血迹赶上了他们，将一封信送到华盛顿手中。因此，综合各种因素看，这支小部队是以一种非常特殊的方式庆祝了圣诞节。

由于在渡口的耽搁，天亮前发动进攻已不可能，而暴雪和冰雹的肆虐也使得滑膛枪完全无法使用，因此，指挥其中一个纵队（华盛顿将其军队分成两个纵队）的将领沙利文派了一名信使前去询问华盛顿该怎么办，华盛顿怒不可遏地喊道：“前进，进攻！”于是一支长长的队伍，任凭冰雹击打着脸庞，仍在艰难地前进。那天凌晨，即使只有扫柄做武器，华盛顿和他的士兵们也会发动进攻，也可能取得胜利。

拉尔上校的致命游戏

与此同时，华盛顿并没有估计错，那些黑森兵们并没有察觉到危险的来临，一直在彻夜狂欢。许多英军轻骑兵都已卸甲遛马或是四处劫掠，德国黑森兵们是彻夜高歌，肆意喧闹，狂饮作乐。黑森兵的指挥官拉尔上校自己则是整个晚上都待在亚伯拉罕·亨特的家里。亨特与英军和美军都有往来，是个两面派，对任何一方都不忠诚。

在这个特殊的夜晚，亨特邀请了拉尔上校和其他几个人到他家享用“圣诞晚宴”，一直到了深夜，这些毫无戒备的军官们还在打牌，喝酒。正当拉尔上校准备发牌时，他的黑人仆人，来不及禀报便匆匆闯进房间，将一张便条塞到他的手里。侍从解释说，送便条的人刚开始请求接见，但遭到了拒绝，于是他只好写了这张便条，并嘱咐情况紧急，一定要马上交到拉尔上校手里。如果拉尔上校当时知道这张便条上的内容是一名发现美军正在推进的亲英分子送来的情报，那么美国革命的历史可能就要重写了。然而，拉尔上校并没有放下手里的牌，而是看都没看就将便条塞进口袋，因此当他得知华盛顿前来攻击时，已为时过晚。在历史上，许多重大事件成为转折点，但都没有这位黑森上校的玩忽职守来得夸张。

就在此时，美军正分两个纵队稳步逼近：沙利文指挥的纵队从地势较低的道路行进，而由格林带领的纵队则是沿地势较高的道路靠近。美军用他们的刺刀击退那些惊恐不已的英国哨兵，并且迅速安置好大炮，这样就可以在顷刻之间把所有街道扫平。

最终意识到危险的拉尔上校，赶紧冲出亨特的房子，去召集士兵备战，结果他和其他十六名士兵都死在美军的枪下。很快，将近一千名黑森雇佣兵成为大获全胜的美军的俘虏。

“他的脸上露出了一丝笑容”

尽管黑森兵的指挥官拉尔得知了这次突袭行动，但结果还是出人意料的。华盛顿骑马走在军队的前面，从北面逼近敌军。他的前卫是18岁的弗吉尼亚青年詹姆斯·门罗中尉，后来的美国总统，经过那天早上的战火洗礼，他成长了许多。沙利文沿着河流从城市的西面发起进攻，同时将部分士兵调往城市的南端。顷刻间，所有的英军前哨阵地都遭到了袭击。面对始料不及的袭击，那些外国士兵显得无可奈何。此时，一些饥肠辘辘、疲惫不堪和衣衫褴褛的美军士兵，突然看到大约有五百名敌军已经是在四处逃窜了，其中还有一支可怕的英军骑兵。黑森雇佣兵的指挥官拉尔上校，尽管开始也想要逃跑，但他还是集结城中的大部分部队进行反击，直至被击毙。而后，他的军队突然想到可以撤退至普林斯顿，但当发现欣德的步枪兵（现在已是老兵）阻挡了他们的去路时，他们改变了主意，露出了原形。当华盛顿注意到这一情况时，他非常惊讶地独自一人上去查看。鉴于他的整个纵队都尾随其后，那些黑森兵们也都放下了武器。惊奇不已的华盛顿发现，他第一次独立作战就抓获了一千名战俘！其中的一名战俘后来在谈到华盛顿时说道：“他的眼睛里几乎已经看不见任何怒火和激情了。”这样的评论，对于一双彻夜无眠，而后又饱受冰雹肆虐的眼睛来说，并不足为奇。那位诚实的荷兰人还说道，“然而，当他开口说话的时候，他的脸上露出了一丝笑容，正是这丝笑容赢得了大家的好感和尊敬。”如果读者能把美国之父当作一个活生生的人而不是历史的木乃伊来看待的话，那么就不会对华盛顿会微笑的这一事实记忆如此深刻。

华盛顿关于特伦顿战役的报告

给大陆会议主席的信

先生：

我十分高兴地就此次战役的胜利向您表示祝贺。昨天早晨我对驻扎在特伦顿的一支敌军部队发动了进攻，并取得了胜利。25日晚上，我命令参加此次行动的军队从麦克肯基渡口后侧列队行进，这样天一黑他们就可以开始渡河，原本预计我们应该能在十二点之前把所有的士兵和必需的大炮运过去，并在次日清晨五点左右便可以轻松地到达距离我们约九英里的特伦顿。但是当晚河面上结了大量的冰，严重阻碍了我们船只的前行，以至于直到凌晨三点，所有的大炮才得以被运过河；当所有士兵再次会合成形准备出发时，已经快四点了。这让我对能否突袭特伦顿感到失望，因为我深知我们拂晓之前是不可能都到达那里了。但是我也同样清楚如果再渡河回去的话，肯定会被发现并遭到追击，于是我决定无论如何都要向前挺进。于是，我将我的部队分成两路，一路从低处或者说水路行进，一路从高处或者说是彭宁顿路行进。由于两路部队推进的距离要几乎相同，我就命令每路部队都要迅速消灭敌军前哨，直扑特伦顿，这样也许就可以在敌军组织力量反击之前就将其制服。

从高处行进的纵队八点整到达敌军前哨；三分钟后，我从低处方向传来的枪战声判断，另一支队伍也已经上去了。敌军的前哨只是做了微弱的抵抗，就人数来说，敌哨的表现已经是很好了，他们从房子后面不断开枪射击，边打边退。没多久，我们便看到他们组织起来的反击力量；但是从他们的表现来看，他们仍犹豫不决该怎样行动。由于我们的猛攻，我们占领了敌军的大炮，并且步步紧逼，敌军试图排成一列纵队，从他们右侧的小路向普林斯顿撤退。不过，我察觉到他们的意图，派了一支部队在途中挡住了他们的去路。从我们的部署看，敌军意识到自己已经被包围了，如果再有任何抵抗，必定会粉身碎骨，因此他们同意缴械投降。结果，投降的敌军中有二十三名军官，八百八十六名士兵。同时我们在城中发现了受了重伤的拉尔上校和其他七个人。我不知道具体死了多少敌军，但是我猜想不会超过二三十，因为他们从未采取过任何常规的反击行动。而我们的损失，事实上根本微不足道，只有两名军官和一到两名士兵受伤……

我非常确信，如果尤因将军和卡德瓦拉德将军的部队能够顺利渡过特拉华河的话，在他们的协助下，我定能够将所有敌人赶出他们在特伦顿以南的阵地。但是我们的士兵人数远不及那里的敌军多，也不及特伦顿以北普林斯顿的敌军轻步兵加强营，我认为我们要想在当天晚上带着战俘及缴获的大炮返回，必须得格外谨慎。我们在镇里找不到任何应急储备。

为了对所有的军官和士兵表示公正，我必须得说他们在此次行动中的表现反映了他们身上最高贵的品质。在异常严寒的夜晚艰难渡河，在暴风雪夹杂冰雹的肆虐下艰难行军，似乎一点也没有减弱他们的热情；相反，在开始进攻时，他们每个人都竞相往前冲。如果要我说我特别欣赏哪支队伍的话，那么对其他的来说就是极大的不公。我的第一副官贝勒上校会很荣幸地将此信呈交给您；您可以从他那里知道其他更多的细节。在任何时候，他都表现得非常勇猛，这使我觉得有必要向您特别推荐他，此致敬礼……

乔治·华盛顿

1776 年 12 月 27 日于指挥部

“乔治不会忘记自己是谁的”

在革命的几乎整个艰难岁月里，华盛顿的母亲一直留在弗雷德里克斯堡。战场上的消息纷纷从北方传向南方，一名信使可能会带来我军胜利的捷报，而另一名“紧随其后的”信使却可能会带来令人悲痛的灾难和战败的消息。正当我们的革命事业起起落落之际，这位坚信上帝的智慧和庇佑的母亲，仍然坚持自己平和的生活宗旨，给其他也有儿子参加这场艰苦战争的母亲们树立了榜样，同时向众人表明，虽然无谓的担忧是人类的天性，但是对于她们来说却是不值得的，因为她们的儿子是在为人类无价的权利以及未来的自由和幸福而奋斗。

当光荣而令人欣慰的胜利消息从特拉华河畔传来时，我们又从那绝望的边缘找回了希望。华盛顿母亲的许多朋友都在等着前来向她道贺，她很平静地接待了她们。她知道这是一个最令人振奋的消息，并且也意识到取得如此突出成就的乔治似乎确实是当之无愧，值得他的同胞们赞扬和祝贺。在回应那些前来祝贺她的爱国人士们（大多数人手中拿着信件，从信中他们只能读到一些摘录片段，因为那时的报纸不像现在这么多）时，她继续说道:“但是，亲爱的先生们，你们过奖了。乔治一直都没有忘记我早前的教导——尽管人们这么赞美他，但是他不会忘记自己是谁的。”

在此，我也想谈一下一种荒谬的说法，虽然大家从不曾相信，但由于这样或那样奇怪的原因，有人认为华盛顿的母亲的立场是倾向于英国的，然而这种猜测毫无事实根据。就像其他许多日益衰老的人一样，她在战争伊始便开始为是否能取得胜利感到担忧，而且在战争进行的过程中，她也担心我军的作战手段缺乏，难以战胜像英国这样强大而又令人生畏的国家；我们的士兵虽然勇敢，但是纪律涣散，供给匮乏，难以与装备精良和经验丰富的英王军队相抗衡。虽然这位弗吉尼亚妇女丝毫没有被诸如此类的担忧所束缚，但那些最坚定的爱国人士和最坚毅的人却持有并表露出了这种担心。

“被授予几乎无限的权力”

也就在这个关键时刻，华盛顿收到了大陆会议一个委员会 12 月 27 日寄来的一封信件，信中向他传达了一项决议，决定赋予他极大的军权。委员会在信中说道：“我们能够安全地把我军无限的权力交给将军。这样一来，无论是个人安全、自由还是财产，都能把危害控制在最小的程度上，这实在是国家的一大幸事。”

华盛顿对这一番高度信任的言辞做了高贵而富有个性的回复。

> 承蒙大陆会议授予我至高无上的军事权力，为此我深感荣幸。我绝不会认为，由于大陆会议信任我，我就可以不履行任何公民义务，相反，我会时刻牢记，正如刀剑是维护我们自由的最后手段那样，一旦自由得到牢固确立，首先应该丢弃的就是刀剑。

罗伯特·莫里斯筹集“现金”

特伦顿战役的告捷，敌人的恐慌，以及敌军从特拉华河的撤兵，大大提振了殖民地人民的士气。军队因招募了新兵，并和在特拉华河畔驻守有力据点的民兵会合后，实力大大加强。华盛顿决定再渡特拉华河，占领特伦顿，然后谨慎地对英军发起进攻。30 日晚上，行动付诸实施了。此时，来自东部的民兵中有很大一部分人服役期将满，华盛顿答应给每位士兵十美元的酬金，说服他们再延期服役六个星期。然而军队的资金状况使他根本无法兑现承诺，于是华盛顿写信给独立革命时期伟大的爱国金融家罗伯特·莫里斯先生，向他求助，恳请他援助这笔紧急迫切的资金。并解释说必须是现金，而且数目巨大。这个要求似乎无法得到满足。虽然当时政府的信誉很低，但是他对罗伯特·莫里斯个人充满信心。怀着异常沮丧的心情，莫里斯很迟才离开账房，思考着如何才能满足这个请求。在路上，他遇到了一个富裕的贵格会教徒，就向他说明了自己的迫切需求。

那名教徒问道："罗伯特，你能用什么担保呢？"

莫里斯立刻答道："我的借据，还有我的名誉。"

"我愿意借给你。"莫里斯得到了肯定的回答。第二天早上，罗伯特·莫里斯就给华盛顿写信说："我今天一早起来，给阁下送去了五万美元。我很高兴您能让这支军队继续作战；如果以后还需要钱应急，您可以交给我，无论是通过社会关系还是在个人能力范围之内，我都愿尽我所能。"

"老狐狸"与普林斯顿战役

康沃利斯将一部分军队留守在新泽西的普林斯顿，自己带着另一部分军队向南面前进，试图抓获华盛顿。他发现华盛顿正位于特伦顿市与特拉华河的一个湾口之间。那天晚上，这位英国将军睡觉时，心里断定华盛顿逃不了，因为前面有英军阻挡，而身后是又宽又深、漂满浮冰的特拉华河，他还有能够逃脱的希望吗？康沃利斯对他的军官兄弟们自鸣得意地说，明天早上他们就能把"老狐狸装进袋子"。当这位英国将军还在做着美梦的时候，华盛顿就像一只"老狐狸"，偷偷地绕过他，前往普林斯顿。在普林斯顿的战役（1777 年 1 月 3 日）中，美军的先锋部队被英军击退。就在这时，华盛顿出现了。他知道，一旦被打败，那么美军也就完了。华盛顿命令军队尾随其后，他一人骑马来到了距英军不到三十码的位置，停在敌人的阵前，暴露在两军的火力之中。有几次，他整个人都被弥漫的硝烟所淹没。

“感谢上帝，阁下安然无恙！”

华盛顿在普林斯顿战场的英雄事迹已载入史册。从已故的菲茨杰拉德上校口中，我们经常能重温这起让人永久铭记的伟大事件。菲茨杰拉德将军曾是华盛顿的副官，每次当他讲述这位伟人所遭遇的危险和几近奇迹般的死里逃生时，他总是肃然起敬，感慨流泪。

当默瑟将军的部队开战后，华盛顿令菲茨杰拉德副官把纵队后部的部队带上来。可当菲茨杰拉德赶回刚才与总司令分别的地方时，总司令已经不在了。副官四下寻找，发现华盛顿正奋力调整被敌军迅猛攻击后陷入混乱的阵型。几次努力，试图扳回局势，可都徒劳收场，于是华盛顿勒住了马，面向敌军，屹立不动。这是他对士兵们最后的呼吁，他仿佛在问，你们愿意抛弃你们的将军，让他落入敌人手中吗？结果，呼吁并没有白费。挫败的美军迅速集合起来，荷枪列队；敌军也停下来开始整队；这位美军统帅置身于两军阵前，就好像是被安置在那一样，成为双方火力的目标。双方火力势均力敌。将军有可能逃离死亡之神的魔掌吗？菲茨杰拉德副官对他所挚爱的将军所处的险境非常惶恐，他把马缰绳搭在马脖子上，把帽檐拉低遮住脸，也许这样他就不会看到将军死去了。这时传来一阵滑膛枪的枪声，接着又是一阵高呼声，这是胜利的欢呼声。副官战战兢兢地抬头望去，噢，是胜利的场面！敌军已经溃败并四处逃窜。菲茨杰拉德上校在弥漫的硝烟中朦朦胧胧地看见了华盛顿的身影。将军高声喊着，“活着，没有受伤，一点伤都没有。”同时还挥舞着帽子，鼓舞他的战友们乘胜追击。

菲茨杰拉德上校被认为是美军中最棒的骑手之一，现在他已完全顾不上挡在路中已经阵亡和仍在垂死挣扎的人，策马飞驰到华盛顿身边，大声喊道：“感谢上帝，阁下安然无恙！”这位最受喜爱的副官是一名爱尔兰人的儿子，英勇热心，身强体壮，“尽管不习惯于多愁善感”，但是现在却像孩子一般，喜极而泣，放肆地发泄着自己的情感。

而在任何最激动人心的场合都一向能保持冷静的华盛顿，也激动地紧握他副官兼朋友的手，然后命令说："快去，我亲爱的上校，去把部队带上来——这一天是属于我们的！"

华盛顿关于普林斯顿战役的报告

致大陆会议的一封信

先生：

我很荣幸地告诉您，自从上次我从特伦顿来信之日开始，我便带领着我的军队转移到这个地方。由于特拉华河上的浮冰给我们渡河带来了极大的困难，这给敌军回到他们的几个宿营地并在普林斯顿集结全部的力量提供了机会。敌军向特伦顿逼近的前哨部队如此庞大，准备如此缜密，再加上我所获得的一些情报，以及敌军了解到我军最好的部队已在1月1日分散，所有这一切都足以让我相信他们正在策划发动一场袭击。

我们的处境极其危急，而且我们的兵力又少。立即转移无疑会使新泽西民兵们心中刚刚升起的希望曙光再次破灭；而把……部队（总共约三千六百人）……带到特伦顿，就相当于把他们带到一个完全暴露的地方。然而，无论如何都要做出一个选择，最终还是选择了后者。我命令他们在特伦顿和我们会合，他们1日立即连夜行军赶到。2日，如我所料，敌军开始向我方逼近；经过一些小规模的战斗之后，敌军的先头部队在凌晨四点左右到达了特伦顿，而他们的后方部队则远在梅登黑德。他们试图从不同的地方渡过穿越特伦顿的圣皮克溪；但是当发现浅滩有我军驻守时，他们停止了行动，并点起了篝火。我军则在圣皮克溪的另一端停住。这种情况一直持续到天黑，我军炮轰敌人，敌军也用他们的野战炮向我们开火，但我们几乎没什么损失。

这时我才发现敌军在人数上大大超过我们，他们所摆的阵营是想包围我们，于是我命令部队在天黑后马上把所有的行李悄悄地转移到伯灵顿。晚上12点钟当我们再次开火后，就只留哨兵驻守在特伦顿的桥上，其余的人则渡过圣皮克溪，迂回行军前往普林斯顿。我知道他们只有很少的兵力在普林斯顿，可能还有很多物资储备。有一件事情我确信无疑，那就是，这样一来我们看上去就不像是在撤退（其实是撤退，但整支部队要冒着被切断后路的危险）；另一方面，如果幸运的话，我们还可能把豪将军赶出特伦顿，为我们的军队赢得荣誉。令人兴奋的是，我们成功了。我们在日出时分到达普林斯顿，那里只有英军三个团和三支轻骑兵队的兵力，其中两支轻骑兵队正在去特伦顿的途中。英军三个团，尤其是前两个，进行了英勇的反击；战死的、受伤的和被俘的敌军一定多达五百人；其中超过一百人死在战场上；在这次战役中我所俘获的敌军，以及在上次追击中和从特拉华河带过来的俘虏，加起来有将近三百人，其中有十四名军官，全部都是英国人。

然而这种好运最终与我们英勇而令人尊敬的默瑟将军的牺牲相抵消了。

我所获得的最好的消息是，豪将军已经将他所有的部队从特伦顿和普林斯顿撤离了。我正在努力求证此消息的可靠性，由此相应地调整我的行动计划。民兵们士气高涨，有人告诉说他们正迅速赶来。但是我担心那些来自费城的民兵们难以忍受漫长而又艰苦的冬季战役，尤其是在他们的毯子和行李很不幸地已被送至伯灵顿的情况下。然而，我必须公正地对待他们，我要说，这些民兵们，尤其是市民们，在如此寒冷的季节里，他们所承受的劳苦远远超乎了我的想象。我正前往莫里斯敦，我应该想方设法把他们安置在最隐蔽的地方。迄今为止，我们身边什么东西都没有了，我们许多可怜的战士几乎是赤脚走路，衣衫褴褛不堪。此致敬礼……

乔治·华盛顿

1777年2月5日于普拉克明

关于效忠和职级的问题

1月，华盛顿发表公告，要求那些曾支持过豪将军的居民们在30天之内前来报到，以宣誓自己效忠于美国。如果他们不这么做，就会被当成敌人对待。这项举措非常合乎情理，而且公告使用的是最温和的语言。从理论上说，让一大批人既作为和平的美国居民存在而同时又作为英王乔治的臣民存在，是不可能的。否则，无论从哪方面来看都是非常危险的，也是令人难以容忍的。因此华盛顿决定要分清善恶，弄清楚谁是要受保护的，谁是要遭打击的。但是，华盛顿这一必要的明智之举，却在大陆会议遭到了质疑，他们指控他侵犯了民权和大陆会议的决定权。事实上，关于这项举措，什么都未付诸实施。但是这件事说明了一个问题：在这样一个政府的领导下发动战争，需要有丰富的策略和极大的决心，政府成员们根本就不明白其真正的意图是什么，他们无法认识到在打败英国之前就为民权感到担忧是几乎没有必要的，因为一旦战败，所谓的民权也将和整个美国一起迅速消亡。

另一个麻烦重重的问题是军衔问题。大陆会议的成员们在人员提拔和任命过程中都倾向于考虑地方上的要求，而较少考虑到军事上的成就，而且他们的个人偏见也极大地影响了他们的决定。因此，军官们个个怒火中烧，嫉妒不已，然后很多人提出了辞呈，部队损失了许多军官人才。虽然决定人员任命的大陆会议仍会愉快地干自己的事，但由此而在军中蔓延的怨声载道之声便会源源不断地传入华盛顿这位忠诚的总司令的耳中。他不能视而不见，尽力去平息纷争，安抚怒气，渡过难关。不管怎样，这一切他都做到了，他凭借种种手段都做到了，包括通过个人呼吁和写信。他的那些信里充满了尊严，耐心和爱国情，即使对于今天和未来有骨气的学生们来说，也是印象深刻，意义非凡的。

华盛顿的公告

一些美国居民，由于受到敌意动机的不良影响，受到敌军的威胁恐吓，以及受到去年 11 月 30 日勋爵豪将军发布声明，称英王委派的专员能够给予赦免权等因素的蛊惑（现在这些专员正在公开进行战争并侵略这些州和地区），完全不顾国家的利益和福祉，投靠敌人，签署效忠声明。在有些情况下，他们是被迫进行效忠宣誓，做出自己不拿起武器反抗，同时劝阻他人诉诸武力对抗英国的承诺和保证。鉴于此，我们必须分清谁是美国的朋友，谁是英国的朋友。美国各州的居民以及受到这些州保护的每一个人，都是美国及其各州（内心其实并不坚决反对拿起武器的）的国民，都应该时刻准备着保卫共同的家园，抵御敌人的侵略。因此，依据大陆会议赋予我的权力，我代表美国，在此严格命令和要求每一个已签署效忠声明，作过效忠宣誓，以及接受过此类庇护和证明的人前往指挥部，或者是前往最近的大陆军或民兵部队的办公室营地（直到政府当局提出进一步的规定要求），交出证明和通行证，或声明放弃接受庇护，宣誓效忠美国。由此，较之于自己国家的自由和幸福，那些更愿意寻求英国利益和庇护的人都将获得完全的自由，他们及其家人必须立刻从敌人的阵线中脱离出来。我特此声明，从今天开始三十天内，任何拒绝服从此令之人，都将被视为是英王的追随者，都将被当作美国的公敌对待。

讽刺地回复豪兄弟的赦免声明

两位豪先生，我们已看了你们的声明，觉得十分奇特，有些方面值得注意，但是恐怕别人都会不屑一顾，那么就由我们对公众利益的问题来发表一点看法吧。罕见的是，我们看到的是奴隶在为自由的美国人提供自由，是小偷和强盗试图给予我们权力和财富，是凶手给予我们宽容；一个发伪誓的暴君借两名受雇佣的屠夫之口，“命令”这些独立州的所有政权和军队放弃各种权力，向英国权威低头，承认屈从于一名外国的暴君，即使这位虚伪的陛下手上还散发着血腥味和屠杀的恶臭。这真是太奇特了，简直是一帮绝望无助的恶魔们极端傲慢和愚蠢的穷凶极恶的集中体现，此刻他们还在为完成暴力和杀戮而挣扎。假如土耳其奥斯曼帝国国王派他的两个奴隶到英国，命令所有的英国人承认自己是土耳其人的奴隶，并根据在“六十天”内达成和解的条件，保障英国人的权力和财产，赦免曾拿起武器对抗国王殿下的英国人，那么他们或许就远不会觉得那么罪恶，也不会显得那么愚蠢。

豪先生，威廉·豪先生，我祈求你们能再读一遍你们的声明，想想你们看上去有多少谦逊，再想想美国人是多么鄙视你们，并记住最卑微的自由之人也会鄙视最高贵的奴隶。

华盛顿采用了豪的做法

豪将军以及他的两万八千名士兵如今只能眼睁睁地看着华盛顿带着五千名士兵再次占领新泽西。普林斯顿战役后，康沃利斯放弃了特伦顿、博登敦和普林斯顿，将所有的英军撤离，并悄悄地回到新不伦瑞克。华盛顿认为普林斯顿战役之后再马上攻打新不伦瑞克会很危险，因此他继续北行进入新泽西的中心区域，并在位于纽约和特拉华河之间的中间地带，纽约西面的莫里斯敦高地上占据了一个坚固的阵地。帕特南带领了少量军队从费城而来，占领了普林斯顿，而希思则带着几支军队驻扎在哈德逊河畔。也就是说，华盛顿带着几乎不足一万人的部队在新泽西一路扎营，整个冬天以及接下来的春天都没受到豪将军的两万八千名敌军的侵扰，直至1777年的6月。

华盛顿不断地消灭新不伦瑞克和安博伊驻地的英军散兵，正如加勒威所述，通过这样的方式，被消灭的英国正规军人数超过了在莫里斯敦用围困、击溃和挨饿等方式消灭的豪将军士兵的数量。3月，华盛顿手下可作战的士兵不足三千人，但是面对纽约英军的强大兵力，他仍然泰然自若。

华盛顿采用豪的做法。在接下来豪将军留在美国的一年半时间里，不管兵力已经减少到了多少，华盛顿这位爱国将军一直将军队驻扎在离他的辉格党对手几英里之内的地方，不受敌军的干扰和追击。他们无须再退入印第安人和西部成群的水牛之中。

第十八章　布兰迪万与日耳曼敦

在莫里斯敦等待

正如华盛顿本人所说的，经过“两次在特伦顿和普林斯顿的幸运之战”，他占领了莫里斯敦一个坚固的阵地，等待时机。他的计划是牵制敌军，将所有行动推迟到春天。现在来讲他的目的是件轻而易举的事情，看上去也非常简单，但要在1777年寒冷而阴沉的冬天实施这项计划却是非常严峻的。特伦顿和普林斯顿战役取得胜利后，泽西饱受英军之苦的农民们，最终响应了华盛顿的号召，开始骚扰并切断了敌军边远部队的退路，从而限制了敌军的行动。但是，民众所依赖的殖民地的主力部队处境却非常可怜，而且部队的面貌也在一天天发生变化。华盛顿对短期服役制的做法进行了谴责，因为它带来可怕的结果。随着新的一年的到来，绝大多数大陆军士兵退役离去，而增补的又迟迟未到，征兵工作又拖沓得令人生厌。因此华盛顿只能被迫暂时用新的民兵来补充，以保持部队的面貌。还没有哪一名指挥官承担过如此艰巨的任务。有时，似乎整支部队真的就要消失了，华盛顿也不止一次地预想过，到了周末或月底，他周围的士兵人数可能会不足五百名。3月初，他拥有近四千名士兵，但仅仅过了几个星期，他就只剩下三千名新兵，他们食不果腹，鞋履破烂，衣衫褴褛，装备不足，而且几乎毫无军饷。而与他形成鲜明对比的是，豪将军在战场上拥有一万一千名士兵，纽约城中还有更多的士兵，他们纪律严明，装备优良，训练有素，食物丰富，供给充足。这显然是天壤之别，但是人的天赋和意志的力量是如此的强大，能使一支优秀的英国军队被他们衣衫褴褛的对手所包围，安静得没有任何危害之举。

华盛顿最初的计划是不顾一切危险守住阵地，他确实也这么做了。日复一日，他的信寄往四面八方，他用可怜但又可敬的诚挚呼吁人们入伍，恳请提供物资。1月，在一封给罗得岛的库克总督的信中，为了抗议各州只为自己所在州招募军队的做法，华盛顿用几句话表明了自己的意图。他说，“您一定要明智，一场新的战役即将打响，时间很快就会到来；而且，上一次战役还没有结束，我也不认为会结束，除非敌人离开泽西。”

康韦上校

在所有接受任命的外国候选人中，有一位名叫康韦的上校，他是爱尔兰人，但是据他本人讲，他已经在法国服役三十年，称自己是圣路易斯骑士军团的骑士，戴着骑士勋章。迪恩先生曾把他当作功勋军官向华盛顿推荐，并写信给大陆会议，认为康韦完全可以胜任副官长或准将的职务，而且他也向华盛顿说明了他能够胜任这些职务的理由。而康韦上校想要得到准将的职务。在大陆会议授予两位法国军官德费摩斯和德博雷职务之前，华盛顿就已经发现这两名军官在法国服役期间的职位要低于康韦上校，因此现在如果让康韦上校担任比他们两人还低的职务，那对他来说是非常尴尬和难堪的。

华盛顿在给会议主席的信中说道，“据我所知，我不能假称自己对康韦上校的功绩和能力非常了解，但他似乎是一个坦诚的人，倘若他确实服役了如他自己所说的那么久的话，我想他一定会比许多已经被提拔的军官更能胜任，能更好地为我们服务，因为他也会说我们的语言。”

因此，康韦被授予了准将的军衔，但后来的事实证明他并不能胜任这一职务。他妄自菲薄，专横跋扈，他因用阴谋诡计和卑鄙的手段对抗华盛顿而臭名远扬，对此，我们在后面会提到。

将军的死里逃生

在特拉华的时候，华盛顿将军曾死里逃生。他和拉斐特侯爵骑马外出侦察，只有两位军官和一名勤务兵跟随。沙利文将军让一位军官带领半支部队在后面跟着，但是将军担心这么多人会引起敌军注意，便下令让他们在丛林中等待。从丛林中望去，他们看见将军正骑马笔直朝敌军前哨而去，从他们的位置上可以把一切看得清清楚楚，但华盛顿自己却看不到。一位英国军官发现了他，似乎要下令让士兵开火。但是当士兵举起枪时，军官又阻止了他们。也就在他准备下令射击的时候,侦察完的将军已经骑马转身离开。这真是个神奇的故事,不是吗?对此，至今没人能够解释。

许多年以后，我在加拿大遇见一位英国军官，亨德森将军。我对他说起了这件事，他立刻就说自己就是当时那个要下令开枪的军官，他说当将军骑马转身离开时，他打不定主意是否该向别人的背后开枪。当他得知被他手下留情的人是谁时，他感到又惊又喜。

华盛顿流泪——没钱给士兵们

我从詹姆斯·布朗口中得知了一件经证实的关于华盛顿的事情。布朗曾在纽约日内瓦做了四十年的邮政局长，我对那里也非常了解。我的证人是尊敬的查尔斯·C. 克拉克，他曾在纽约中央铁路局做了多年的副主席,也是我亲密的私人朋友。现在,布朗已经离开人世很久了,当时他是一位非常著名的人物。我完全相信他说的是事实。他是个好人，而且诚实。他曾是“革命时期的金融家”罗伯特·莫里斯办公室的一名年轻职员。他当时就坐在桌边，目睹了这一事件:

布兰迪万战役前两天，华盛顿拜访了莫里斯在费城的办公室，说他们已经拖欠士兵军饷很久了，并说那些士兵由于条件艰苦已经无心作战，因此他们很可能在即将到来的战斗中打败仗。

“您能帮助我们吗？”总司令恳求道，声音沙哑而激动。

莫里斯悲伤地摇摇头，说道：“我已经用尽了自己所有的办法和名誉。我万分悲痛地向您坦白，我现在一无所能了——什么都做不了！”

华盛顿将军用大手遮住脸，手指抵着前额，不禁流下了眼泪。他坐在那里哭泣着，泪水顺着他的手指流下来，滴在了他的手腕上。

将军很快恢复了他惯常的镇静。他起身后，一言不发地走了出去。莫里斯也跟着起身，静静地跟在他身后，他忧伤地望着华盛顿缓缓地行走在大街上。

两天后，也就是1777年9月11日，华盛顿在布兰迪万与豪勋爵遭遇，结果战败。

在布兰迪万溪的查德浅滩战败

9月11日清晨，英军向华盛顿与其主力部队驻守的查德浅滩进攻。经过一些小规模的战斗，英军开始远距离炮轰。与此同时，康沃利斯带着主力部队迂回行军十七英里，袭击了美军的右翼和后方部队。统领右翼部队的沙利文将军未能守住上游浅滩，并且又由于未得到情报而遭到了突袭。华盛顿得到消息说敌军正在朝他右翼部队逼近，凭着一个伟大军人的直觉，他准备渡过位于他前方的河流，击败那里的敌军，但是他受到了错误消息和情报的误导和干扰。当他得知真相时，已为时过晚。右翼部队已经遭袭并溃败，敌军几乎就紧追其后，而且前方的敌军也正在朝美军大肆逼近。华盛顿能做的都做了。美军迎了上去，在几个地方做了英勇的反击。但是扭转局面的关键时机已经错过了，现在唯一能做的就是急速撤退，部队几乎是彻底溃败。

这次战斗惨败的原因显而易见。华盛顿为此次战役作了周密的计划，也很好地选择了阵地，如果他没有受第一条情报的误导，他甚至可以在英军突袭他右翼部队前先给他们一个下马威，打击英军中间的部队。但是美军一开始在人数上就不敌英军。美军只有一万一千名可以作战的士兵，而英军则将一万八千名士兵中的一万五千人投入了战斗。其次，美军又常常苦于情报错误，缺乏对敌军行动的系统了解。这样一来，华盛顿的进攻便遭到了致命的遏制，沙利文也因此遭到了突袭；当然，沙利文也有过错，忽视了他前面区域的防守，这是他未能守住上游浅滩的原因所在。此外，美军的失败，也是由于突发情况出现时，经验不足的新部队自乱阵脚的缘故，当他们在惊恐中得知自己遭到突袭，甚至还可能被包围时，他们一下子就不知所措了。

这次战败是彻底的，惨烈的。几天后，韦恩将军也遭惨败，差点全军覆灭。但是经过这次劫难，我们可以注意到部队自那次同样不幸而又非常相似的长岛战役后所取得的进步。那时，整支部队看起来都灰心丧气，全军陷于困境之中，除了撤退，别无选择。而现在，尽管豪将军也是像以前那样给予我们以致命的打击。华盛顿在几天之内迅速重新集结部队，发现士兵们依然斗志昂扬地沿着兰开斯特路前进，再次去迎接战斗。在战斗前夜，一场大暴雨袭来，致使武器和军火受潮不能使用，痛苦失望中，华盛顿只得被迫撤军。但是无论如何，这次向前的行动对军队的进步意义深远。不过,情况看起来并不十分乐观，尤其是在韦恩战败后，豪将军步步紧逼，占领了费城，并将主力部队驻扎在日耳曼敦。

关于布兰迪万战役的报告

致大陆会议主席的一封信

先生：

我很抱歉地告诉您，在今天的交战中，我们被迫让敌军控制了战场。不幸的是，尽管我尽全力想得到最确切的消息，可我们收到的关于敌军正向布兰迪万进发并准备渡过距我们大约六英里的上游浅滩的情报是不确切的，是矛盾的。这阻碍了我及时做出抗击敌军的部署和安排，让敌军乘机攻击了我军的右翼。结果我军在第一次交战时还没来得及加强兵力便被迫撤退。在敌军袭击我军右翼部队时，留守在查德浅滩另一侧的敌军渡过了浅滩，并且袭击了驻守在那里的韦恩将军带领的纵队和马克斯韦尔将军的骑兵队，经过一番激烈战斗后，韦恩将军和麦克韦尔将军也同样撤退了。而驻守在查德浅滩下游两英里处的阿姆斯特朗少将的民兵们却没机会参战。

但是，纵使我们在种种不利的条件下作战，并且因上述原因而被迫撤退，我相信我们损失的人数并不多，要远远少于敌军。根据我现在能得到的最确切消息，我们损失了七八门大炮，之前已经转移的行李全部完好，士兵们的毯子得以保存，如果他们一直背在身上的话，无疑也会丢失许多。我已经命令所有部队到切斯特后方会合，现在他们正在那里部署晚上的行动。尽管白天遭遇不幸，我很欣慰地看到士兵们仍然精神振作，我希望下一次我们能弥补现在的损失。拉斐特侯爵腿部受伤，伍德福德将军手部负伤；还有一些其他军官受伤或阵亡，但现在具体的死伤人数还无法确定。此致敬礼。

乔治·华盛顿

1777 年 9 月 11 日深夜 12 点于切斯特

附：我没有时间能早一点给您送去消息，自行动开始起来，现在是我第一次有空闲的时间。

一支战败的小部队对抗胜利者

布兰迪万战役失利后，华盛顿带着他大部分军队撤退至特拉华河畔的切斯特。尽管不能说华盛顿的军队已失去斗志，但士兵们看上去有些军心涣散。伤员被送到切斯特和其他地方治疗。其中腿部中弹的年轻的拉斐特被送往伯利恒，由摩拉维亚人照料他。

第二天，华盛顿带领大部分军队沿特拉华河北上，前往斯库尔基尔河。豪将军如今已经把华盛顿逼退到两条河的夹角处，可以迫使他投降，或消灭他。但是华盛顿仍不受干扰地渡过了斯库尔基尔河，并在两条河之间的日耳曼敦扎了营。

在他有能力的时候未能及时消灭华盛顿的军队，现在豪将军要想渡过斯库尔基尔河进入费城就有点困难了。河上的浮桥已全部被拆掉，陡峭的河岸使渡河更加困难。只要华盛顿还没被抓住，他可能就会攻击首先渡过河的那一小部分敌军。

英军想要进入费城，而华盛顿竭力阻拦，双方就这样僵持了两个星期，这是两人之间一场智慧的较量。只要能够避免，豪决定就不再挑起战斗。他看上去不慌不忙，并继续在布兰迪万战场附近扎营。韦恩派去监视他们的侦察员回来报告说，豪的士兵们正在安静地休息，做饭，洗衣。

经历过战败的痛苦，又看到豪军队的麻痹大意，华盛顿迫不及待想要尝试另一个方案了。很快他便渡过斯库尔基尔河，来到豪扎营的这一边，并行军二十英里，直到在保利西边一点的沃伦酒馆发现英军为止。两军在那里交会，战斗似乎一触即发。

但是并没有发生战斗。此时，一幅奇特的场景出现了，一支战败的小小部队居然又回到了胜利者的面前，直面向其挑战。

雾中之战

要想战胜布防严密的英国军队，唯一的希望就是突然袭击。华盛顿选择了在1777年10月3日夜晚发动袭击。晚上7点左右，华盛顿便命令士兵们起征，他们行军速度如此之快，以至于第二天早晨日出前便到达了目的地。尽管英军军营里已得到一些不确定的传言，说华盛顿正在逼近，但他们并没有引起警觉。就在城外，华盛顿将他的军队分成四个纵队，要求他们沿着通向城中的四条道路分别进入小镇。他下令四纵队同时向前推进，从不同方向发起进攻，然后通过猛烈的攻击，给敌军制造混乱，并分散敌人，以制造机会各个击破。鉴于美军在人数上远不及英军，这个旨在至少消灭整支英国军队的计划，确实是一个雄心勃勃、大胆勇敢的行动。但是他的行动是经过周密计划的，四个纵队满怀信心和希望地向各自的目的地前进，而美国未来的首席法官约翰·马歇尔，也在其中的一支纵队中。然而此时，浓浓的大雾笼罩着路面和战场，最终的进攻真正开始前，正在会合的四个纵队彼此已经完全看不到对方了，士兵们只得小心翼翼地摸索着前进。

在安东尼·韦恩将军的带领下，美军沿着通往街道入口的大路匍匐前进，很快袭击了英军哨兵，在他们还未来得及出声时就已全部干掉。突袭很成功，但当美军继续前行，清扫挡在他们前面的一切障碍时,他们突然遭遇了马斯格雷夫中校带领的一个团。敌军立即拿起武器，依靠栅栏和篱笆墙作掩护，双方展开了一场激烈的战斗。敌军进行近距离反击，在朦胧的大雾中朝着对方滑膛枪开火时发出光亮的方向射击。然而，仅仅过了一会儿，敌人的反扑便遭到了遏制，英军第四十团的大部分人员撇下了他们已被包围的中校和少量士兵，飞速地逃离大胜的美军。

然而，虽然马斯格雷夫中校已经走投无路，但他还远远没到被俘虏的程度。他唯一可以逃脱的机会是找到一个隐藏之处，等援兵赶来救他。他立即冲向位于身后的丘府官邸，带领士兵躲进房子，并指挥士兵从窗口朝那些跳出浓雾前来追击他们的美军猛烈开火。美军犹豫了一会儿。此时，这位勇猛的上校及其士兵已经被完全包围，不可能再逃脱。于是，一位年轻的弗吉尼亚中尉拿着白旗被派上前去，要求他立刻投降。毫无疑问，在朦胧的大雾中，他们根本看不见中尉手里的白旗或一点点白色的布头，在快走到对方可以听得见他喊话的地方时，从楼上的一扇窗户伸出一支滑膛枪，朝他射击，中尉立刻倒地身亡，手里仍紧握着白旗。

从那一刻起，整个事态的结局几乎就已经锁定了，因为根据华盛顿的计划，韦恩将军的部队原本应该撤离那幢防备严密的建筑，然后继续向前推进，可现在，他们却决意要对这种肆意杀害他们战友的行为进行报复，他们运来大炮准备将那幢房子炸成碎片。但是这座古老的建筑非常结实，大炮对它的石墙基本没产生什么影响。于是他们决定用火烧，然后再进行强攻。马斯格雷夫中校和他的士兵们在意识到复仇者的愤怒情绪以及自己所处的坚固堡垒后，决心英勇地战斗到最后一刻，以给对方造成巨大的损失，于是那些跳出浓雾冲入他们射击范围的美军们纷纷倒地。

猛烈的射击穿透窗户，冲破大门；泥浆和砖块在尘土中飞溅；烟囱倒塌，家具隔板被炸成碎片，尽管战士们前仆后继地试图趁机从一些入口进入，但只有一个人活着到达了窗口。事实上，至少有五十七名美军士兵倒在从这座临时碉堡的枪眼中射出的子弹下，而与此同时，每一名战士的阵亡又更加激起了复仇者的愤怒。当然，大陆军的其他纵队也听到这里的枪炮声，于是不一会儿，几个步兵营，一个旅以及一整个纵队都急匆匆地摸索着朝他们猜测的主战场赶去。然而，在大雾中，他们谁也看不清谁。

此时此刻，美军似乎已经胜利在望了，因为几个纵队已经对英军发动了猛烈的进攻，使英军在被迫后退中根本弄不清背后是敌人还是援军。事实上，华盛顿本指望施加少许的压力一定可以引起敌军恐慌，但是轰炸丘府官邸耽误了韦恩部队的行程，而且在还未来得及做出调整之前，其中朝着枪炮声方向赶来的两个旅径直到了韦恩部队的身后，并把他们误当成了敌军，直接对着自己的队伍开火，而围攻马斯格雷夫中校的美军以为自己后方遭到了突袭，便纷纷开始撤退。

此时，其他的美军纵队发现自己孤立无援后，见从费城的英军援兵赶到，便纷纷撤退。于是，一种非常类似于恐慌的情绪笼罩着整支美军部队。一时间，似乎本来前途一片光明的一天就要以彻底的失败而告终了。然而，华盛顿在格林的帮助下，很快控制住了那些撤退逃跑的美军士兵。当豪开始追击时，他发现美军已经熟练地布好了阵营，就只好撤退。他为能挽救自己的军队已经很满足了。

于是，华盛顿随即井然有序的开始撤军。他损失了约一千名士兵，其中四百人被俘，但是既然已经如此重创了敌人，所以大家都认为豪会打消营救伯戈因的念头。

战役如何失败

当形势不妙时，华盛顿一如既往地不顾自身安危，去面对他的那些惊恐不已的将军们，但是一切都无济于事。他感到深深的失望，在一开始时就表现出了这种情绪，因为他看到战士们竟然在胜利关头莫名其妙地撤退了。和在长岛和布兰迪万时一样，根本原因当然是这些未受过训练的新兵意志不够坚定，而经过第一次战败的惨痛教训后，华盛顿也确实曾感觉到自己取得了很大的成绩。大陆会议肯定了这次行动。当战场上的硝烟退去时，事实上，战士们都体会到真正重要的是他们已上过阵杀过敌。这给法国内阁也留下了深刻的印象。他们热切地注视着事态的发展，他们看到一支组建仅一年的军队便能够登上战场，忍受巨大的失败，主动发起一场勇敢无畏、部署完备的攻击，还差一点大获全胜，其中的意义非同凡响。在欧洲一些观察敏锐、训练有素的人士看来，日耳曼敦的战败表明未受过训练的殖民地人民具备令人生畏的作战潜能，而且他们坚强的意志和领导的意识，使得他们能够把这种作战能力转化成必要的状态和条件。另一方面，在那些冷静的旁观者看来，英国对殖民地的掌控能力似乎也在快速地减弱。华盛顿本人非常清楚这其中的含义，因为这正是他将战斗继续下去所依赖的原则之所在。

"啊，这些美国人真是一个能屈能伸的民族！"

但是，日耳曼敦之战给美国及其革命事业所带来的最令人振奋和最令人印象深刻的影响却产生在国外。法国外交部部长韦尔热讷伯爵对驻巴黎的美国特派员惊呼道："啊，主啊，先生，你告诉我这是怎么回事！在另一场战役中，英国庞大的军队在日耳曼敦的营地里遭到突袭，威廉先生和他经验丰富的老将们溃败逃亡了两小时。由于非人所能控制的一些意外情况的发生，华盛顿才与一场伟大的胜利擦肩而过！啊，啊，这些美国人真是一个能屈能伸的民族！今天将他们打倒，明天他们便起来反抗。然后，我亲爱的先生们，面对那些由沙场老将率领的技艺精湛、纪律严明、经验丰富的欧洲军队，这支创建不到一年的部队却创造了这样的军事奇迹。勇敢的美国人啊，他们值得法国人的帮助。他们定能取得最终的胜利。"

第十九章　盖茨将军与伯戈因投降

双重阴谋

在乘船从纽约出发之前，豪给伯戈因写了一封信。为了让信件故意落入华盛顿的手中，他做了精心安排。豪特地让一名具有爱国心的囚犯去送信，并给了他一大笔钱，豪这样做仿佛他是真的相信这样一名忠实可靠的信使。在信中，他写道，他会佯装从水路南下，但他的真实意图是前往波士顿，支援在奥尔巴尼的伯戈因。

这封信本身也是一个阴谋。豪的舰队消失在七月。炎炎夏日笼罩在海面上的薄雾中，然后一个星期杳无音讯，康涅狄格一家报纸还刊登了一则悬赏寻找这位失踪的将军的广告。

寡不敌众，战败被俘，伯戈因投降

无论华盛顿对北方大陆军总指挥的人选问题有何态度，在盖茨被任命后，他没有改变自己的行程计划。他知道盖茨至少是不会有害处的，不会阻碍事态的进程。因此，他就毫无顾虑地继续推行自己的政策。他认为林肯和阿诺德应该去负责指挥新英格兰的民兵，同时还写信给克林顿总督。对于克林顿的力量和勇气，华盛顿有足够的信心，他希望总督能够振作纽约人民的精神。华盛顿指出了可能采取进攻的各个地点，并提出建议，商议计划，密切注视动向，对豪实施严密的控制。由此，一张包围伯戈因的网慢慢而稳妥地撒开，最后收紧。新英格兰民兵在本宁顿向英军的一个师发起了猛攻，并取得了胜利；纽约民兵在奥里斯卡尼和斯凯勒要塞击败了英军的另一个师。此时，乡村的农民们也都起来保卫自己遭入侵的家园,纷纷加入军队。伯戈因奋力挣扎，时进时退，负隅顽抗。愚蠢、迟钝而又脾气温和温厚的盖茨则未做任何事情，不过这样的将官也并不需要。在那里的阿诺德虽狂暴好争吵，但非常勇敢，摩根也是一样，也已做好了准备，他俩与其他将领一起参与了所有必要的战斗。

可怜的伯戈因，即使称不上是一名出色的将军，但也是一位勇敢的绅士。他是一个聪明人,他的不幸在于他是在为一个愚蠢的政府服务。在这样的形势下，面对有主意的人，他的命运注定如此。豪率军离开去攻占费城；克林顿在河上游发动了烧杀抢掠般的突然袭击。入侵北部，虽然有它的实际意义，却带来了厄运。这是命该如此，无法逃避。伯戈因由于寡不敌众，战败被俘，最终投降。如果当初美军有一名英勇善战的将领指挥部队的话，英军可能早就无条件地作为战俘投降了。可以肯定的是，无论斯凯勒有什么样的不足，他都不会轻易放过他们，这一点就足以说明问题。由于有纽约和新英格兰民兵们踊跃参战保卫家园，再加上大片荒野的天时地利因素，伯戈因最终投降了。正如华盛顿所预测和计划的那样，曾是如此藐视美军及其总指挥的英国，在看到它的一支军队投降后，如果聪明的话，应该意识到它的这块殖民地从现在起将会永远丧失。特伦顿战役挽救了革命，而萨拉托加战役奠定了革命胜利的基础，从某种程度上说，都是华盛顿直接或间接努力的结果。

始终是一名绅士

当两军短兵相接，激烈交火时，亨利·克林顿已经从纽约到了哈德逊河上游，设计骗过帕特南，进而攻占了皮克斯基尔附近河流防御的三座要塞；而帕特南则拦截了克林顿送给伯戈因的一份急件。克林顿在急件讲述了自己取得胜利的战果和方法。如果信件真的到了伯戈因手里，那他就不会有条件投降了。正如群鹅拯救了罗马一样，1777年秋天，美国被催吐剂所拯救，因为这封信是从一个间谍的胃中得到的，当时他吞下了这封信，美军使用催吐剂让他吐了出来。

就在截获这封信前两天，伯戈因再次组织反击。他发现他的对手，比如说盖茨，虽然是个肆无忌惮的无赖，却也是一名很有作战能力的军官。伯戈因开始行动，但阿诺德不顾盖茨的竭力阻止，只身冲上战场，控制了敌人的中心区域，分散了敌人。伯戈因进行抵抗，在遭击退后企图撤离，但一两天后发现自己被包围，尽管他有一个方向可以突围，却也不敢轻举妄动。鉴于英军的粮食只能够维持三天，伯戈因便召集军官商量投降事宜。而此时，美军的一发大炮在他们商议的桌子旁飞过，加快了英军做出投降的决定。

10月17日，伯戈因与盖茨签订了一项体面的投降条款后，在萨拉托加投降。美军收获的，除了荣誉和战俘外，还有大炮和枪支弹药等急需的军事物资。最令人诧异的是，伯戈因投降后，盖茨对待战俘们的态度简直就像是一个绅士——这种情况在他的军事生涯中是罕见的。即使如此，他也不如斯凯勒。斯凯勒把伯戈因在奥尔巴尼的住所变成了自己的家，尽管伯戈因在投降前几天把斯凯勒位于哈德逊河西岸美丽的家给彻底摧毁了。

华盛顿也听说了关于伯戈因战败的传闻，但盖茨似乎认为没有必要特别写信向总司令汇报此事，因此他只报告了大陆会议。但盖茨的无礼行为并没有阻止华盛顿给他写信，华盛顿在信中写道：“在您的指挥下，军队取得了显著的成就，对此我个人向您表示祝贺，”并称这场胜利是“一起向美国军队致以最崇高敬意和荣誉的重大事件”。华盛顿并没有斥责他的一名中尉，要求他对未能适时报告做出解释，相反，他只是说道：“但是，对于这种对我军总的行动具有重大意义且振奋人心的事情，我仅仅通过传闻而得知，或是通过不具有真实性的信函渠道，没有你的署名证实的信件，我不能不说很遗憾。”

如果总司令觉得盖茨的无礼之举会受到他的去信的影响而有所改变，那么他对人性的判断就有问题。这封信唯一的效果是证明了华盛顿始终是一名绅士，即使是遭受了极端的挑衅和侮辱。

一起意义极其重大的事件

伯戈因及其军队的投降，除了它的直接影响之外，对共和国的事业来说，是一起意义极其重大的事件。到目前为止，战争的优势仍然在英军一方，即使在真正的朋友们中间，疑虑胆怯的人也无处不在，因为在他们看来，殖民地人民想要翻身几乎是一个空想。

发生在布兰迪万的事情虽然振奋人心，但难以激起人们的希望。所有的人把焦急的目光都转向了北方军队。人们急切地打听着从萨拉托加传来的各种传闻。当胜利的消息被证实后，从田野、车间和商业中心到教堂、省立法大厅和各党派阵营，举国上下一片欢呼，其中还包括在怀特马什的美军总司令华盛顿手下的疲惫不堪的各级军官们。不仅大陆会议发行的货币升值了百分之二十，而且资金也越来越多。全国的民兵深受鼓舞，到处都是满怀希望的面孔。

萨拉托加战役的胜利令大陆会议欣喜若狂，议员们甚至忘记了自己的威严。当盖茨的信使威尔金森少校出现在门口时，他被允许进入会场，在威严的议会面前当众宣布胜利的消息："在萨拉托加的整支英军部队都已放下武器；我军勇敢的将士正精神抖擞地期待着你们的命令，由你们的智慧决定这个国家是否还需要他们的服务。"

在众人欣喜之余，总司令却被忽视，几乎已被遗忘。洋洋得意的盖茨并没有因未向总司令汇报战况而受指责。

美军的胜利在大西洋彼岸也产生了重大的影响。在英国议会，它为反对派提供了有力的支持，大大打击了内阁政府的信心。"你们可以增加各种花费和努力，甚至是以更加奢侈的方式，"查塔姆倚靠在拐杖上，滔滔不绝地说了一连串的咒骂和谴责之词，“你们可以通过购买和外借来积累援助；与每一个可怜的德国小王子做交易，他出售其臣民，把他们送往一个处于混乱状态的外国；你们的各种努力永远是徒劳无力的；而依赖于这种唯利是图的援助，那则是更加徒劳的，因为它会激起你们的敌人不可遏制的憎恨。你们为了超越那些利欲熏心的劫掠之子，将他们以及他们的财产奉献给了残酷和贪婪的只为金钱干活的受雇佣者！”……

在取得这场胜利之前，虽然美国人没有获得任何重要的外国帮助和鼓励，但他们非凡的能力在欧洲大陆得到了最好的赞许。法国现在开始考虑美国专员提出的要求援助的建议。西班牙、荷兰议会、奥伦治亲王和俄国的叶卡捷琳娜女皇、甚至甘加内利（教皇克雷芒十四世）都惧怕和憎恨英国，因为英国在军备、商业和外交上越来越强势，但对美国则表示同情和友好。次年2月6日，法国承认美国独立，并与美国签订友好贸易条约，缔结防御同盟。

关于日耳曼敦与伯戈因的一封信

致约翰·奥古斯丁·华盛顿

亲爱的弟弟：

你9月21日和本月2日热情关切的来信已安全收到。

我已经记不起上次给你写信是什么时候，说实话，我现在所有的时间都被占用了，除了睡觉休息外，几乎没有时间给朋友写信。我能明显地感受到你对这支军队的担忧。或许这就是上帝的旨意吧，否则我们目前的形势会很乐观……要不是因为浓雾致使我军无法从三十码之外分清敌我，我相信，我们定能把那一天变成一个决定性的光荣日子，但是天意或是某种无法预计的事情让我们无法如此。当我们追击敌军一两英里后，敌军已经是混乱不堪，并四处逃窜，当我们胜利在望（每个人都这么认为）时，我们自己的军队先害怕起来，仓皇而散，阵脚大乱。直到我仔细观察后，才发现到底是怎么回事。我们同时推进的各路部队在敌人营地发起进攻后，正准备左右夹击敌军时，浓雾帮助了敌人，助了敌军一臂之力，成为他们的朋友，反而使我军判断失误，自乱阵脚。事实上，另外一个导致我军不幸的重要原因就是右翼部队的弹药不足。他们已与敌军交战了两小时四十分钟，所带的四十发炮弹已全部用完。战斗过后，我们移至离敌军二十英里的地方，重整队伍，照顾伤员，补充给养，做好进攻和防御准备。我们再度向敌军靠近，此时离他们只有二十英里。

在最后的行动中，我军死伤和失踪人数约有一千人，但我敢说，大部分失踪的人是趁机逃跑了……我们当然知道，现在费城的医院以及一些大的会议厅里住满了我们的伤员，另外，在私人住宅里还有我们的骑兵。总之，这是惨烈的一天。如果上天保佑我们，这本来应该是我们幸运的一天。

士兵的衣服问题也令我们苦恼不堪，对此我们立刻明智地感觉到，必须想出一个能获得衣服的权宜之计。

我对你家庭发生的变化致以诚挚的祝贺。告诉那对年轻夫妇，我祝他们的婚姻幸福快乐，真诚希望他们像现在一样永远幸福。请代为转达对妹妹的感谢和问候。我非常爱你们。

附：我还没来得及写完这封信，就收到了从纽约州送来的快信，得知了一条重要和光荣的消息：

昨晚八时，伯戈因将军和他的军队作为战俘全部投降，签署了投降条款。今天早上美军带着俘虏从菲什溪朝哈德逊河前进，并从那里到达马萨诸塞湾。

我们就这个喜讯向您表示祝贺，保持联系。

乔治·华盛顿

1777年10月18日于奥尔班尼

第二十章 福吉谷“漫长而沉闷的冬季”

在福吉谷，由于没有任何的城镇，因此就有必要为战士们提供营房，而不是夏季在野外露营的帆布帐篷。时值十二月中旬，部队开始准备过冬。华盛顿下令士兵们自己动手建造小村舍。士兵们被分为十二分队，每个分队建造一间小屋，以供他们自己居住。为了鼓舞士兵们的士气，华盛顿答应给每个团第一个建好并建得最好的分队奖励十二美元。由于找木板有些困难，他就拿出一百美元，对能发明替代木板且便宜易得的材料的军官或士兵进行奖励。

每间小屋长十六英尺，宽十四英尺，侧边和末端以及屋顶用原木建造，边上用黏土加固。每间小屋的后部有一个木制的壁炉，用木材做成，但壁炉四边衬有十八英寸厚的黏土。小屋的墙高六英尺五英寸。军官们住的小屋建在士兵们的后面。这些屋舍像街道边的房子那样齐整排列。有一个人来到营地，目睹了士兵们搭建小屋时的场景。事后他这样写道：“在我看来，他们就像是一群海狸，个个都忙得不亦乐乎；有的扛着原木，有的弄泥浆，其余的则是涂抹灰泥。”天气非常寒冷，一个月里，士兵们都在劳动，为冬天做准备。

然而，士兵们自己是在什么样的条件下开始劳动的呢？这里有一张画，上面画的是一名士兵前往福吉谷时的场景：“破烂的鞋子里露出了双脚；他唯一的一双长袜也是破烂不堪，赤裸的双腿露了出来；他的裤子破得难以蔽体；他的衬衣成了一串布片；他的头发凌乱，脸色苍白、面容消瘦，看起来饥饿不堪；整个外表看上去就像是一个被遗弃和遭忽视的人。”而且，一路上大雪纷飞。他只是众多饥寒交迫的士兵中的一员。军官们的状况也未必好多少。有一名军官裹着“一件用旧毯子或者毛织床罩做成的晨衣”。他们的制服破旧不堪，枪支锈迹斑斑，没几个人有刺刀；士兵们把火药装在了锡铁盒和牛角里。

这支队伍为何如此穷困凄凉，如果要解释清楚，那有一个很长的故事可讲，不过简单地说，他们是没有得到照顾，因为照顾他们的国家根本就不存在。殖民地联盟共有十三个州，每个州都派遣了军队作战，但是他们之间相互嫉妒和猜疑。虽然有大陆会议直接负责战事，但是大陆会议的成员们都是来自于彼此嫉妒的几个州。他们只在一点上达成一致意见，认为赋予军队过多的权力是不谨慎的。的确，他们曾给予了华盛顿很大的权力，但那只持续了很短的时间。他们非常担心有一天军队会统治整个国家，尽管他们也正在努力地想使国家摆脱英国的统治。但是，当他们谈到争取国家自由的时候，每个人都只是考虑自己所在的州，当初在谈论建立一个共同的国家时所表现出的热忱已经消失殆尽。大陆会议中有一些极其自私的人员，他们没有足够的爱国心，来为整个国家着想。

事实上，让一个国家的人民意识到他们有一个共同的国家，那需要很长的时间。直到独立战争，这里的人也都不会相互关心，或是关心整个国家。虽然他们确实是在准备成为一个民族国家，但他们没有这个意识。他们对英国表示愤慨，认为受到了不公正的待遇，因此，他们做好了战斗的准备，但是忍耐要比战斗更需要勇气。

他们如何让哨兵保暖

当华盛顿意识到再也不能依靠大陆会议，需要自力更生时，他便开始像对敌人作战一般奋力抗击饥荒和严寒。华盛顿有过当种植园主的经历，这一点现在对他来说是有利的，因为以前在农耕季节，他不得不自己建造房屋和磨坊，以保障大量劳动力的吃住。华盛顿凭借自己在这方面的知识和经验，把福吉谷改造成了冬季营地，即使说不上舒适，至少是可以居住的。在他的指挥下，一间间用原木造的小屋拔地而起，那些把屋舍建造得最好、最漂亮的士兵得到了奖励，还整齐地规划了街道，最重要的是，他说服了格林将军出任总军需官，负责征购必要的粮食和衣物。

格林是一名典型的武将，他讨厌放弃在战场上赢得声望和荣誉的机会，而去负责和从事乏味的士兵吃穿工作。“一个总军需官决不会被载入史册！”他厌恶地喊道，但是他还是无私地把个人愿望抛到一边，接受令他厌恶的工作，而且做的是那么的出色，如果在他之前尚无一名总军需官被历史所铭记，那么现在已经诞生了一位。在他积极有力的管理下，部队从全国各地征集粮食，采购可做毯子和衣服的各种布料。经过几个星期的拼命工作，军队最紧迫的需求得到了满足。

尽管尽了最大限度的努力，华盛顿还是目睹了士兵们所遭受的可怕的痛苦。由于不能为伤者提供合适的膳宿，饥寒很快引发了疾病，还没来得及有足够的士兵去守卫胸墙，疾病就已在整个营地蔓延，导致大量身强力壮的士兵死去。尽管如此，果敢的总司令还是奋力把军队团结在一起，与他们同甘共苦，夜以继日地努力改善条件。士兵们被他非凡的勇气和榜样的力量所鼓舞，几乎毫无怨言地承受着困苦。在轮到同室的“伙伴”站岗的时候，小屋里的其他士兵都会主动拿出自己的衣物等，表现出了一种战争历史上罕见的无私精神。整个寒冬，营房几乎都被厚厚的白雪所掩埋，衣衫褴褛的哨兵常常冻死在他们的哨位上。每天过的都是凄惨的生活。在土生土长的美国士兵中，几乎没有人放弃或逃跑;另外，相对而言，在那些出生于其他国家的士兵中，也几乎很少有人会禁不住舒适的条件诱惑，而转投敌人。华盛顿作为一名军事首领，这是他得到的最好的礼物。

“你算老几？”

在福吉谷那个极其艰难的冬季，即使在最恶劣的天气下，华盛顿总是亲自巡查简陋的营房，了解可怜的士兵们的状况。一个极其寒冷的下午，他遇到了“笨拙的一个班”，在一名傲慢无礼的中尉的指挥下，正在搭建原木小屋。中尉刚来到冬季营地不久，他用愤怒和嘲笑的口吻训斥那些士兵。华盛顿听了一会儿，不禁对中尉的残忍做法感到震惊，于是就义正言辞而又平静地喊道：

“不要虐待你的士兵，中尉！你没有看到他们都快要冻僵了吗?”

借着白雪的微光，只见眼前一位身材高大的人，披着一件长军用大衣，站在一棵深色的松树下，年轻的中尉没有认出总司令，就回敬道：“管好你自己的事情！你算老几？”

然后，树下的身影似乎变得更加高大，传来雷鸣般的声音：

“我是乔治·华盛顿将军，大陆军总司令……我命令，你被捕了。”

真实的人

有人已经用更好的文笔记录了可怕的福吉谷军营的那段悲壮而又光荣的历史。在那些求援信和急件中，一个伤心已极的人表现出了坚强的个性，他把悲伤化作了语言，至今没有人读来不会被感动。在我们面前，他所展现的只是一张严肃而安静的面孔，但其中也不乏透射出对饿着肚子、衣不蔽体的士兵们的安慰。在读他写给无能和鲁莽之士的信的过程中，最为惊奇的是，我发现他在讲述我们可怜的状况时是那么的冷静，而且是竭力克制他令多数男人所不及的强烈和热切的天性。在大陆会议面前，他几乎不像是一个大权在握的指挥官，尽管内心充满了不满。

我认为，我们对大陆会议内部发生的事情知道的少未免不是件好事。历史的沉默一直是友好的，能使很多人享有盛誉。但是，对于这个人不需要沉默，也无须任何的隐藏，因为他有太多的沉默。我们知道，即使生气的时候，他也没有措辞强烈的语言；在平静亲切的时候，他常常称二十岁大的副官汉密尔顿为“我的孩子”；在军营里，当看见士兵们饥寒交迫，裹着毯子在火炉边瑟瑟发抖的时候，“他对士兵所遭受的苦难，那些他既无法缓解也无法阻挡的苦难，表示深深的同情”。虽然他不苟言笑，但喜欢听斯卡梅尔上校讲的强烈而又令人惊奇的故事，但我不愿认为他会从那些任何女人都不应该听的歌曲中获得乐趣。

这个平静、刻板而又果断的人，一直在等待他的时机，堪称一名富有冒险精神的战士，他寄希望于每一个机会中，以令人惊叹的勇气和精神投入到毕生的事业中去。那么，除了傻瓜以外，难道其他所有的人因此就会认为他缺少狂热的激情吗？他也喜欢漂亮的衣服和很好的表现,恐怕有时甚至会很奢侈。我听说有一次他无力支付医生的账单，就推延了支付日期，同时送给了他一匹马和一点点钱用于教育和培养他的教子——那个好心的医生的儿子。在他的一些信件中，也有说笑，但不粗俗，不过对严肃的封建君主或少男少女们则不那么适合。拉斐特侯爵给我看过华盛顿写给他的一封信。信写得非常有趣,但很不严肃。他是一名虔诚的教徒吗？我不知道，但人们都说是的。或许他是很虔诚的，然而他也有过承受难以控制的愤怒或其他各种人性弱点煎熬的时刻，正如我的一位朋友一样，他不会大张旗鼓地讲自己的信条。

“仁慈的基督教徒的榜样”

一天，一名附近闻名的亲英分子被俘获，并被押至军营。他叫迈克尔·威特曼。他被指控向费城的英军提供了援助和情报。于是，他被带到西切斯特，接受了军事法庭的审判。事实证明他确实是一个危险分子，曾不止一次地企图做出对美军有危害的事情。结果，他被指控犯有间谍罪，并判绞刑。

就在执行绞刑的前一天晚上，一名奇怪的老人出现在了福吉谷。他矮矮的个子，一头长长的白发洒落在肩膀上。他的表情充满亲切，但也带着一丝悲伤和沉思；他的眼睛明亮而犀利，一直看着地上，只有要说话的时候才会抬起来。

士兵通报了他的来访。

“彼得·米勒？”华盛顿说道，“当然，快快请他进来。”

于是这位老者走了进去。

“华盛顿将军，我之所以来是想请您帮忙。”他用一贯温和的语气说道。

“我很乐意批准您的任何请求，”华盛顿回答道，“因为我们承蒙您如此多的恩惠。是什么事情，说吧。”

“我听说，”彼得说道，“迈克尔·威特曼犯了叛国罪，明天将被绳索绞死。我来就是想请求您赦免他。”

华盛顿突然后退了几步，脸上蒙上了一层阴云。“这不可能，”他说道，“威特曼是一个坏人。他竭尽全力背叛我们。他甚至想加入英军，帮助他们来摧毁我们。在这个时候，我们不能对叛徒施以仁慈。基于这个理由，我不能赦免您的朋友。”

“朋友！”彼得喊道，“不，他根本不是我的朋友。他是我最痛恨的敌人。多年来，他一直在迫害我，甚至当面打我和羞辱我，因为他非常清楚我不会回击。迈克尔·威特曼根本就不是我的朋友。”

华盛顿迷惑地问道，“那么您还希望我赦免他吗？”

“是的，”彼得答道。“我希望您能答应我这个重大的个人请求。”

“告诉我，”华盛顿犹豫地问道，“为什么您要请求宽恕您最憎恨的敌人？”

“因为耶稣也曾给过我同样的宽恕。”这位老人用简洁的话语回答说。

华盛顿转身走进另一个房间，很快又出来，手里拿着一张纸，上面写的是对迈克尔·威特曼的特赦令。

“我亲爱的朋友，”当他把特赦令放在老人手里的时候说道，“我感谢您为仁慈的基督教徒所做的榜样！”

从福吉谷到当时被叫作特克海德的西切斯特，即使抄近路，也有十五英里，而且当时几乎也没有可以通行的道路。夜晚即将过去，早上太阳升起的时候，迈克尔·威特曼将被用绞刑处死。特赦令如何才能及时送到，以挽救他的生命呢？

年迈体弱的彼得开始奔跑。从山顶向下望去，眼前看到的正是散乱分布的特克海德村，这时，太阳还没有升起。他发现街上有些骚动，人们正急匆匆地赶往乡村草坪；那儿已经有一批士兵，在一棵树下列好了队。

彼得使出全身的力气，继续向前跑去，很快就进入了村庄。迈克尔·威特曼在树的旁边站着，双手被绑在身后；树枝上悬挂着一根结实的绳索，再过一分钟，太阳就要从白雪覆盖的群山后面升起。一名军官已经下令把绳索套在叛国者的脖子上。彼得·米勒一边竭尽全力高声呼喊，一边继续奔跑着。那位军官听到喊声后停了下来。围观的人群好奇地四处张望着。彼得气喘吁吁地跑上前来，手里挥动着一张纸。

“赦令！赦令！”他上气不接下气地说道，“华盛顿将军的赦令！”

军官接过那张纸，大声地读着。

“给犯人解开绳索，放了他。”他命令说。

彼得·米勒拯救了他的敌人的生命，或许是他唯一的敌人。迈克尔·威特曼头低垂在胸前，离去，他已获得了自由，同时也已变了一个人。基督教徒仁慈的力量将他从可耻的死亡面前拯救过来，革命的爱国事业再也不必担心他会带来危害了。

“真不知道该说什么才好！”

在接受大陆会议召见之后，斯托伊本立即前往福吉谷。华盛顿很快认识到了他的才能；另一方面，在检查这支服色混杂且穿着破烂的队伍时，斯图本感受到了士兵们身上所表现出来的素质，认为他们唯一所需要的就是训练。他不顾英军认为只有中士才带领队伍操练的偏见，手里拿起滑膛枪，给士兵们做示范。既机智灵敏又不知疲倦，他从早到晚地带领士兵训练，教他们如何前进，如何撤退，或如何有条不紊地变换进攻或防御的方向——如何迅速而精准地做出引以为豪的普鲁士军队所擅长的各种动作。这对美军来说是一个新的发现和启示。所有的将军、上校和上尉们都被他的以身作则和极大热情所感染，在接下来的几个月里，营地变成了训练学校，在这里，老师和学生以充沛的精力投入到了持续的训练中。斯托伊本对普通士兵们的快速学习能力感到吃惊。他脾气易怒，但绝无恶意，这是他过剩精力的一部分。由于在训练中不时会碰到比较笨拙的班，他会用他所能想到的法语和德语咒骂语，让他的副官翻译成英语后进行谩骂。如果是“拜托！我的步兵朋友！”他会说成“拜托！我的朋友！蠢货！笨蛋！上帝呀，真不知道该说什么才好！”但是难以置信的是，经过了极其短暂的时间后，正如他后来所写的那样，那些笨拙的士兵变得很有军人的气质，已经学会如何携带武器，学会如何列队、展开和精确地移动等作战技术。

英军是如何度过冬季的

从1777年9月26日到1778年6月18日这段时间里，英军一直安稳地驻扎在费城。这对那些保皇派人士来说的确是一件乐事，同时也是他们推进社会进步的绝佳时机。这是他们用生命换来的结果，即使一次极坏的反叛也可以带来有利的条件。一名保皇派夫人曾为那个快乐的冬季写了一首热情、优美的诗歌。

然而，在这座贵格会教徒创建的老城里，有一种奇怪的景象。叛军战俘在沃尔纳特街的监狱里以老鼠为食，而那些管囚犯的军官们却变得很富裕。原本颇受尊重的城市里充斥着奢侈、投机、赌博和欧洲人对道德的漠视。一名黑森兵军官靠一种纸牌游戏赚得相当可观的钱财，使得年轻的英国军人纷纷破产，他们中有许多人被迫卖掉自己的委任书，身无分文地回家去了。军官们则是公开地带着他们的情妇抛头露面。在一次阅兵式上，一名军官的情妇坐着她的马车，穿着一件按照她情夫所在团军服式样制作的女装，在左右侍从的陪同下，招摇露面。

正如查特姆勋爵在英国议会所说的那样，豪的计划仅仅只是占领据点。去年冬天豪在纽约的时候，华盛顿也是采用了同样的计划，而且效果很好。为了加强防御，华盛顿在福吉谷的高地挖掘了战壕，相互间隔约二十英里，类似于那年冬天占据莫里斯敦高地时的做法。像在其他地方一样，在那里，华盛顿就可以长时间地等待，等待着与豪交战。豪本来几乎可以随时袭击福吉谷，向华盛顿发起进攻，摧毁或俘获饥肠辘辘的美军。豪有两万人，而华盛顿只有九千人，其中还包括了生病的、挨饿的和衣不蔽体的士兵，到了三月份，华盛顿的军队里有三千人投奔了英军，再加上其他许多人要么生病，要么在家里，所以在福吉谷的美军只有四千人。

混合庆典

（我们不再对混合庆典做过多的描述，因为许多作家对此都有过描述，但我们乐于列举下列的一段文字，是由一位当时在场的英国作家所写。此段文字淋漓尽致地刻画出了当时的一个荒谬的场面。）

“在两个凯旋门之间，身着各色军服的部队都在一条长达三百英尺的大街上列队，与国王的军队排在一起，等候着海军上将豪勋爵和威廉·豪将军两兄弟的到来。豪兄弟俩沿着盛大壮观的列队行进，后面跟着一长串侍从，其中有七名身穿丝质服装的玫瑰骑士，七名火山骑士和十四名身着土耳其服饰的少女，来到长宽各为一百五十码的一个区域，那里同样列有国王的军队。在这里，有骑士比武比赛和模拟古代骑士战斗的演出，以向那两位英雄致敬。在每个凯旋门的顶上都竖有一个用星星点缀的象征荣誉的人像，从小号中吹出焰火和几个词语：‘您的荣耀流芳百世’。”在这个时刻，根据那位作家所述，“人们开始将威廉服役的重要性与他所立下的功绩相比较，将他的影响力与那些给予他的无数溢美和奉承之词作比较。”

不幸的安德烈少校当时是一名上尉，他非常高效地筹备了这次非常华丽又有点女人气的盛典。在这个冬季，他推动了供亲友观看的业余演出，并帮助布景和设计装饰等。在给朋友的一封信中，他对“混合的庆典”做了热情洋溢的描述，称这或许是有史以来一支军队献给其将军的一场最壮观的娱乐表演，并说自己还在其中扮演了一名玫瑰骑士。第二年，在给一位女士的信中，他间接地说道，在为庆典做准备的过程中，他已使自己变成了一名十足的女帽制造和贩卖商，并表示愿意为她服务，向她供应帽子。

在举行这场豪华壮观、效仿英雄的娱乐表演的时候，在费城的英军多达一万九千五百三十人，从某种意义上说，他们是被福吉谷的美军部队所困住了。然而，美军部队只有一万一千八百人。那么，英军举行这样的胜利庆典无疑是选错地方和时间了！

第二十一章　康韦的阴谋

“出色的将军，从天上摘下月亮！”

我们应该预想到，空谈家与实干家之间的差异，以及立法者与军人之间的不同，是造成困难的根源。华盛顿不得不向大陆会议报告许多平常而又令人不快的事实。这是他职责的一部分，因此他就照做了。他总是镇定自若，彬彬有礼，不失尊严，但他行事的方式却是惊人的直接，尤其是在他恼怒的时候。他简单直率，甚至是直言不讳，但又会不时地采用严肃的讽刺，让人感到刺痛。大陆会议的成员们都是爱国的，用意也是好的，总体上也都会坚定地支持华盛顿，但是，他们并不熟谙战争，缺乏耐心，有时还极端地不切实际。这里有一封信，清楚地说明了当时的这种情形，以及华盛顿与统治者们的关系。1777年3月14日，华盛顿写信给大陆会议主席：

> 如果能够顺利实现大陆会议热切期待的目标——“把敌军限制在他们目前的营地，阻止他们从这个国家获得供给，在他们得到增援之前彻底制服他们”——我确实应该会非常高兴。但是在现阶段，要我完成这项如此令人期待的任务，试想可能性会有多大，或者说希望能有多大呢?

可想而知，这样的要求和建议是多么令人恼火！这好像等于大陆会议说：“出色的将军，为了表示你的忠心，用大西洋的潮水将敌人淹没；或是把天上的月亮摘下来献给我们”……山姆·亚当斯是一名天生的煽动者和训练有素的政客，作为一名组织者和管理者，纵观我们的历史，他几乎是不可匹敌的。他能力出众，却心胸狭窄、冷酷残忍。作为大陆会议和核心会议的成员，他是不可能对华盛顿这位寡言少语、耐心坚定而困难重重的军人报以理智的怜悯之心的，相反，他总直截了当地指向对方，有时还不顾一切地冲动好斗。另外，口才和文笔都很出众的约翰·亚当斯，虽然热情、爱国、高尚，但也与华盛顿脱离了联系。虽然曾提议任命华盛顿为总司令，但他很快就开始责难华盛顿，而且还常常吹毛求疵。这是他极易采用的一种惯常做法……

除新英格兰之外，其他的地方也有一些人对华盛顿表示不满。和华盛顿来自同一个州的理查德·亨利·李就是其中一个。在这一时期，他表现得非常挑剔，甚至还有点不友善，尽管此中缘由就目前来看还不甚明了。然后就是来自新泽西的出色优秀的克拉克先生，他认为华盛顿侵犯了民众的权利。除了他以外，另外还有一些人则认为，形势本来可以比现在更好。这些反对华盛顿的人说服大陆会议将盖茨调任北方军队。在盖茨的领导下，北方军队大战告捷，因此他们十分高兴。约翰·亚当斯写信给他的妻子说，值得庆幸的一个原因是胜利的浪潮不是由华盛顿和他的南方军队掀起的，因为那样的话对这位总司令的赞誉之声就会不绝于耳，达到令人难以容忍的地步；一个人可能聪明睿智，品德高尚，但他不可能成为神。

他一直怀恨在心

华盛顿早就对康韦自以为是的做法感到厌恶，他非常意外地听说康韦的申请很可能会被批准。于是，10月17日，他写信给当时还在大陆会议任职的理查德·亨利·李，警告他说这项任命将会与以前批准的不当措施一样带来恶果——将会给军队的生存带来致命的打击。他说道：

对于这样一件有趣的事情，我必须开诚布公地表明态度。我对国家负有的责任，以及对实现国家的真正利益和使人民获得公平的热切希望，都要求我必须这么做。事实上，康韦将军作为一名军官所获得的功绩和他在这支军队的重要性，远没有他自己想象中的那么实事求是。因为他奉行的原则是毫不保留地把自己所有的功劳都公之于世，而不会想到要去做任何必须完成的事情……我想问问为什么这位军中最年轻的准将竟然能够获得军衔并凌驾于那些昨日还是他上级的绅士之上；对于那些绅士，至少其中几位，我一定要替他们说个明白，因为他们都拥有敏锐的判断力和不容置疑的英勇气概……我非常肯定这样一个事实，即他们不会服从于康韦。因此，请您试想一下，在如此紧要的关头，如果这件事情真的发生，军队将会陷入怎样的处境中。

由于华盛顿对自负狂妄的康韦持反对态度，康韦立刻就投入了米夫林将军为首组织的一个小集团的怀抱。米夫林将军最近已经以身体不适为由辞去了少将和军需总长之职，但实际上又忙于策划反对总司令的阴谋，因为他长期以来一直对总司令怀恨在心。现在，康韦热切地加入到了他的阵营中，不久，康韦成了小集团中非常积极出色的一员，以至于使该组织获得了“康韦阴谋集团”的称号。阴谋集团的目标是削弱华盛顿在军队中的威望，抬高盖茨的地位，同时把北方战役胜利的功劳全部归在盖茨身上。而盖茨也做好了接受这样一种抬升的准备。盖茨一直为自己的好运气所陶醉，似乎忘记了他是收获了他人播种的成果，他之所以能打败伯戈因，是因为在他来到北部军区之前，作战计划就已经制定好，并付诸实施了。

反对派的高潮期

在驻守特拉华要塞的战斗以及设法从北方调集军队的过程中，有一件事情引起了华盛顿的关注。盖茨的部下威尔金森带着伯戈因投降的消息前往大陆会议报告。他已经在路上花了十五天时间，又用了三天时间整理资料，所以当大家建议给他一把剑的时候，精明的苏格兰人威瑟斯庞博士则建议“最好给这个小伙子一对马刺”。这番话，再加上时间的耽搁，似乎激怒了威尔金森，因为此时的他正变得越来越自大。虽然他最终成为一名准将，但他还是愤愤地骑马离开前往北方。虽然在后来的日子里，威尔金森变得守口如瓶，但在年轻的时候他总是藏不住话。在返回盖茨身边的路上，他就开始侃侃而谈了。他的话被记录了下来，被送到了司令部。11 月 9 日，华盛顿写信给康韦：

> 我昨晚收到了一封信，信中有下面这样一段话——“在一封康韦将军写给盖茨将军的信中，他说道：上帝已经决定来拯救您的国家，否则一名懦弱的将军和几个糟糕的顾问早已将它葬送。我是，先生，您卑微的奴仆。”……

这封简短的信到了康韦的手里后，产生了出乎意料的效果。据说，他曾试图道歉，当时还辞了职。至于盖茨，他着手写了很多表示怀疑的信，想知道是谁出卖了他，而且在事情曝光后，他苦恼了好一阵子。华盛顿的回信则是可以被视作典范，体现出了他的冷静和尊严，以及他处理整件事情镇定和不屑一顾的态度。但是，另一方面，他对盖茨又手下毫不留情，真是非常有趣。康韦阴谋集团由于这次突然的打击而遭到重创，他们一定已经模糊地意识到自己可能看错了人，认为华盛顿这名沉默寡言的军人或许不像是他们所想象的那样，用一个小小的阴谋就可以除掉的。尽管如此，他们还是重整旗鼓，利用伯戈因的投降在大陆会议中所造成的影响，开始着手控制军队事务。战争委员会的成员已经增加到五人，以盖茨为首，米夫林是成员之一。在这样的架构下，委员会接着将康韦任命为监察长，少将军衔。在康韦事件后，这样的任命，对华盛顿来说是一种直接的侮辱，也标志着反对派的阴谋行径达到了高潮。

“阴谋集团”

然而，当他们将阴谋付诸行动的时候，就失败了。进攻加拿大是最合他们心意的计划之一。于是，拉斐特被派到了大湖区，但他却发现没人在那里做任何的准备工作，因为提出这个计划的那些人本身就既无知又无能。结果，由于大陆会议和民众的反对，这个远征计划很快就搁浅和放弃了。此外，在他们的控制下，军需部也很快就名存实亡了。当大陆会议的一个委员会来到福吉谷时，发现这里的军需官也是严重失职。此时，被华盛顿揭露的那封康韦的亲笔信则是一直折磨着盖茨。整个冬天，盖茨都在写信，但纰漏却越来越多；而华盛顿的回信也变得越来越冷漠和严厉。于是，盖茨开始将责任归咎到威尔金森身上，而威尔金森则是傲慢地表现出了愤怒，并向他表示了挑战性的抗议。不久两人就很荒唐可笑地吵了一架。不过，在这期间，威尔金森与华盛顿有过一次见面，这次见面在一定程度上揭露了阴谋集团表里不一和背信弃义的行径。阴谋集团的卑鄙深深触动了威尔金森敏感的神经，于是他辞去了战争委员会秘书的职务，正如他所坦言的，理由是因为盖茨的背信弃义和虚伪欺骗。毫无疑问，这场争吵打击了阴谋集团的势力，但是盖茨本人却更进一步地削弱了阴谋集团的力量。他唯一的想法似乎就是通过怠慢华盛顿、抵制华盛顿的军队和在晚宴上拒绝为他祝酒等方法来超越华盛顿，然而这些方法既是荒谬的，也是徒劳的。

事实上，康韦阴谋集团十分软弱无能，以至于此刻让集团成员承担任何的责任都会使其土崩瓦解，但是他们明白，实现集团阴谋真正致命的障碍是他们一直想推翻的那个人。显然，他们认为可以把华盛顿赶下台。

于是，整个冬天，除了不得不回朋友的来信之外，华盛顿始终在默默地准备面对他的敌人的挑战。当康韦向大陆会议抱怨他在军营中受到不公正的对待时，华盛顿写信给大陆会议主席说，他不需要掩饰，他的态度确实很冷淡。他还写信给拉斐特说，现在诽谤的流言四起，他已经敦促军官们要冷静地对待康韦，同时还说道，“我坚信一切都会好起来，我们一定能够战胜所有不幸，笑到最后；我亲爱的侯爵，如果你将来愿意陪我回弗吉尼亚，我们定会笑对曾经遇到过的困难和那些人的愚蠢之举。”虽然他这样轻松愉快地给朋友写信，但他还是密切地注视着盖茨的一举一动，并对他步步紧逼。另外，他还用辛辣的语气讽刺了康韦的性格。他说道，“然而，令人悲叹的是，这位熟谙兵法的行家没有把他的才能用在战斗中，用在提出使我们能够获得‘我们预期的那种胜利’的明智举措上！”

可怜的盖茨在读华盛顿的信的时候非常不悦。2 月 24 日，一封更加简短的信件彻底结束了这场争论。到那个时候，阴谋集团已经开始瓦解，不久便解散了。威尔金森的辞职被接受，米夫林成为华盛顿的下属，而盖茨则被派去指挥北方军队。有一天，康韦一气之下提出要辞职，结果他的辞职要求得到了批准，措手不及间，他这样不愉快地失去了权力。于是,他就因攻击总司令一事和卡德瓦拉德将军吵了起来，最终两人进行决斗，康韦受了重伤。康韦自以为即将死去，于是就给华盛顿写了封满是悔恨的道歉信。然而，他不久还是伤愈康复，然后离开了美国，从历史的视野中消失。至此，这场内部的阴谋和大陆会议中的“仇恨派”最后以夭折和失败而告终。他们对坚强的华盛顿发起了猛烈的攻击，但一切只是徒劳，他依旧屹立不倒，仍然在坚定地领导着军队和人民。

“盖茨将军以毁坏我的名誉来提升自己”

在一封写给盖茨的信中，华盛顿用谨慎但又有力的语言暗示说道，康韦是“一个危险的煽动者”，盖茨是总司令不公开的敌人。这两个暗示现在都毫无例外地得到了证实。但是，不仅仅只有这两个人参与了攻击华盛顿的阴谋，给爱国事业带来了危害。

盖茨和康韦两人之所以非常危险，主要是因为他们一直在大陆会议进行游说，并组织了一个派别，在随后的战争中恶意地对抗华盛顿，而如此狂热的行为完全是因为他们的无知。诽谤总司令的匿名信，被送往大陆会议，送到各州州长手中，也送到了一些有影响力的国民手中，他们甚至指控华盛顿反对美国独立。华盛顿的回应主要是一封给国会主席劳伦斯先生的信，他在信中说道：“敌人卑鄙地利用了我。他们知道我的处境极其微妙，也知道出于安全和战略考虑我不可能对他们阴险的攻击采取应有的防御措施。他们知道无论对我怎样中伤诋毁，我都不可能去反驳，因为我一旦反驳，就会泄露那些在最危急时刻需要隐瞒的秘密。”华盛顿说这个阴谋集团的目的是，“盖茨将军想通过毁坏我的名声和削弱我的影响力来提升自己。我手中有不可否认的事实可以证明这一点。”

华盛顿从来没有公开过这些事实，只是谦虚地以为他们只是想攻击他个人而已，他似乎认为不必过多地关注他们。

华盛顿必须关注的是军队的纪律和供给这两件事情。监察长康韦和军需总长米夫林一直忙于帮助盖茨削弱华盛顿的影响，而未能履行自己的职责。承包商们，正如他们在无人监管的情况下一直所做的那样，通过偷窃和营私舞弊不断获利。为此，华盛顿任命格林为军需总长，并让斯托伊本男爵接替了康韦的职务。斯托伊本除了能用三种语言咒骂，能在不喝朗姆酒的情况下保持旺盛的精力之外，还高度具备了能胜任这个新职务所需的全部军人素质。格林也是非常适合担任军需总长这个职务。他们两人处理事务时一丝不苟，所以不久之后，也是军队成立以后的第一次，美军接受了很好的训练，而且无论是衣服和食物，还是军火，都被送达目的地，并放在最需要的地方。

“我不会在事业面前退缩”

盖茨对下一步该怎么做感到非常困惑，但是他最终还是给华盛顿写了一封信，好像是在说有一个无耻之徒窃取了信件，并可能发现了美国领导人的秘密，他请求华盛顿帮他找出那个无耻之徒。华盛顿用与来信相同的口气回了信，信结尾的几句话清楚地表明总司令已对盖茨失去了信任。

虽然此事就这么过去了，但阴谋集团很快又开始活动，这次他们是借助了大陆会议的力量。大陆会议对战争委员会重新做了人事任免，由盖茨任委员会主席，其他一些反对华盛顿的人也进入了委员会。此时，他们以为华盛顿会辞职，于是就推波助澜地散布华盛顿要辞职的谣言，而华盛顿则是粉碎了他们的阴谋。他在给一位朋友的一封信中说道：

> 散布辞职消息，是那些极力想改变现状的人为了实现其目的而采用的一种伎俩……只要民众认可我的努力，我不会在事业面前退缩。但是，如果是事业，而不是那个小集团要求我辞职，我会欣然接受，会像一位已经疲惫不堪的旅行者准备退隐休息那样高兴。

虽然阴谋集团没有被彻底打败，但他们的迂回策略已经宣告失败。他们在大陆会议中四处了解情况，统计对华盛顿怀有不满的人的数量，以确定是否有可能获得多数票通过一项逮捕总司令的动议。不管怎样，从本质上看，至少此事是不可能有历史记录的，只是有人在议论而已。在他们试图提出动议的那一天到来之时，他们的阴谋泄露了，华盛顿的朋友们开始行动起来。他们火速去请他们当中的一员——此刻并不在军营里的古弗尼尔·莫里斯过来，但又担心不能及时找到他。紧急之下，他们找到了纽约的一名代表，威廉·杜尔，他当时病得很重。威廉·杜尔把他的医生叫来。

“医生”，他问道，“我可以被抬着去大陆会议吗？”

“可以，但是您要冒生命的危险。”内科医生回答说。

“您的意思是说我在到达那里之前就会断气吗？”病人认真地询问道。

“不会，”医生答道，“但是对于您是否能活着离开大陆会议我不敢说。”

“很好，医生。您已经尽了您的职责，而我也要去履行我的职责了！”杜尔说，“请帮我准备一个担架吧，如果您不帮我，其他人也会的，但我更喜欢您的帮助。”

他的请求非常诚恳。当听说莫里斯已经带着有关军营状况的最新消息亲自赶来时，杜尔已经出发了。他的投票将会使华盛顿的敌人不可能达到目的，他们已经失去了机会，而且永远不可能再得到机会。

康韦将军的道歉

由于康韦将军之后没有再出现在美国历史上，我们就简略地来谈谈他。由于阴谋未能实现，失望之余，他脾气暴躁，变得非常无礼，经常用尖刻的话语指责总司令，这在军队中引起了强烈的不满。一次争吵后，他与约翰·卡德瓦拉德将军进行了决斗，结果身负重伤。他以为自己快死了，于是就给华盛顿写了下面这封忏悔信。

先生：

我发现自己只剩下最后的几分钟来写这封信了，我想借此机会为我所做过的、所写过的或者所说过的任何不敬的行为和言辞真诚地向阁下表示歉意。我的生命即将结束，正义和真理促使我一吐心中最后的感想。在我眼中您是一位伟大、正直的人。是您用自己的美德坚决维护了全国各州的自由，愿您永远受它们的爱戴、尊敬和敬仰。致以最崇高的敬意。

托马斯·康韦

1778年7月23日于费城

出乎所有人意料的，他的伤势后来居然痊愈了。但是当发现自己在军中已经没有军衔，又深受民众的责难，而且他的名字还成了反面派的代名词时，他就离开了这个让自己名誉扫地的国家，返回了法国。

不得安宁的华盛顿

但是即使在冬季营地，华盛顿仍是不得安宁。新麻烦出乎意料地接踵而至。其中最大的麻烦来自他非常敬佩的年轻朋友——思维活跃的拉斐特。这个劲头十足的年轻人想要通过美法联军在五个地区的联合行动征服加拿大。按照他的计划，所需的军力和经费几乎足可以征服英国，如此庞大的作战计划令大陆会议中的大部分人兴奋不已，但一些有理智的人则提议应该和华盛顿商议后再做决定。提议获得了通过，但是总司令认为进攻加拿大的背面是不明智之举，并提出了许多基于政治方面考虑的理由，因为如果联合行动胜利了，那么法国就会有正当的理由对它原来的领地宣布拥有所有权。最终，这项看似颇具吸引力的计划被放弃。

但是大陆会议并不总会想到去和华盛顿商讨，况且，就像其他所有战时国家的立法机关一样，议会成员的素质已急剧下降，结果导致贪污受贿和严重错误的现象比比皆是，而且性质恶劣。有关华盛顿对大陆会议这个所谓的光荣组织的看法，从他年底写给弗吉尼亚议会议长的一封信中可见一斑：

作为事业的忠实奋斗者，作为一个每天都在损失自己个人财产却没有任何特别有利的条件去解决争端的人，作为一个衷心希望美国繁荣强盛的人，却眼睁睁看着美国处在灭亡的边缘，或是说是认为已看到了这种苗头。亲爱的哈里森上校，我以最诚挚的态度恳请您把您最出色能干的人推荐到大陆会议去吧，以尽您拯救国家之力……在美国的共同利益不断陷入万劫不复的深渊之时，他们不应该满足于享受在各自所在州拥有的名誉地位和个人利益……如果要我根据我的所见所闻和粗略的认识对这个时代和那些人进行描述的话，我会用几个词来评价，那就是懒散、挥霍和奢侈，这似乎已迅速成为他们大部分人的追求；投机、贪污和对财富永不满足的欲望似乎已经超越其他任何因素，而且已经波及了各个阶层；派别争端和个人间的争斗成了当今的重要事情；而一个帝国的头等大事、日益累积的巨额债务、萧条的经济、贬值的货币和缺失的信用，以及由此而导致的所有匮乏，却被认为是次要的，未被考虑，被一天天，一周周地延误，好像我们的事情已是前途一切光明。

第二十二章　蒙茅斯战役与查尔斯·李的背叛

蒙茅斯战役

6 月 27 日晚上，英军左翼部队八千人，由康沃利斯勋爵指挥，扎住在从阿伦敦通往蒙茅斯的路上，蒙茅斯法院大楼附近。右翼部队的兵力差不多与左翼相当，主要由基恩鲍森带领的黑森人组成，他们驻扎在法院大楼边上通往米德尔敦的路上。在开拔行军时，右翼军队带头前进，并带着大型行李车。紧跟在后的左翼部队是最容易受到攻击的，亨利·克林顿爵士也在其中。美军先遣部队六千人，在李的带领下，驻扎在离英军东北方向大约五英里处，而华盛顿则带着主力部队在后面三英里的地方。华盛顿给李下达的命令非常明确。李的任务是从英军左翼部队的侧面向其发起猛烈的攻击，而华盛顿则会从后面赶上来彻底击败敌人。对于所安排的任务而言，从规模和战斗力上说，李带领的军队都是绰绰有余的，而且完全有理由相信英军的精锐部队会因此被切断退路，被俘虏或者是被摧毁。自战争开始以来，几乎从来还没有出现过这么好的黄金时机。

6 月 28 日，周日，这一天天气非常炎热，即使在阴凉处，温度计显示的温度也达到了华氏九十六度。一大早，克林顿就小心翼翼地出发了。基恩鲍森在通往米德尔敦的路上匆忙前行，而左翼部队则是跟在后面，直到过了蒙茅斯法院一公里多后才发现已被美军的纵队从北面包抄了。李已经从大路旁的弗里霍尔德教堂出发前进，沿着堤道穿过两个峡谷；此刻，当他的左翼部队正从北面包围康沃利斯，占据有利地形时，由韦恩指挥的中路部队已紧跟其后，而拉斐特率领的右翼部队则已经过法院大楼，正在南面从另一头直逼英军。康沃利斯立刻改变方向，同时派出一支分队沿路前往法院大楼，去阻击拉斐特的部队。虽然英军的处境极其危险,但是美军指挥官的行为却变得格外异常。正当韦恩刚打算发起攻击的时候，李却命令他停下来，说他只要佯攻一下就可以了，因为主攻会在另外一个地方展开。正当韦恩感到疑惑不解的时候，却看到沿路而来的英军正试图插入韦恩和拉菲特的部队之间。本来阻击他们是一件轻而易举的事情，但是，韦恩侯爵刚开始行动就被李阻止了，他只好抱怨地说，这样一来就不可能抵御英军了。此时，拉斐特起了疑心，赶紧派人去向华盛顿通报，说部队现在非常需要他。整个部队都不知所措。虽然战斗还没有完全打响，但是形势对他们显然非常有利，如果不马上抓住机会，很可能会招致某种未知的危险。李已经命令左翼部队中的一支分队撤回来，而其他分队看到这种反常行动后，以为是大撤退的前奏，于是也开始后退。于是，所有的部队都撤到他们之前经过的第二个峡谷东边的高地上。虽然撤退没有造成队伍的骚动或混乱，虽然他们未做任何抵抗便放弃了所有进攻的有利条件，但现在他们所处的地势非常有利于打一场防御战。然而，出乎所有人意料的是，李仍命令军队继续撤退，穿过峡谷的沼泽地。当他们来到堤道上时，队形已经开始变得有点混乱，许多士兵因为高温而筋疲力尽。没有人知道他们为什么要撤退逃跑，最初开始围困英军时的激情早已消失殆尽，随之而来的是极度的失望，他们只得通过咒骂进行发泄。他们的匆忙后退，导致混乱局面不断加剧，这种情况一直持续到了他们到达峡谷的西端。就在这里，李这位懦弱的指挥官遇到了骑马而来的华盛顿。华盛顿气得脸色发白，看上去像是一位复仇之神。

“这一切到底是什么意思？”华盛顿大声质问道。他的语气是如此强烈，表情是如此令人害怕，以至背叛者在他的怒骂声中浑身发抖，一句话也答不上来。当华盛顿用更强烈的语气和更愤怒的咒骂再次质问他时，他勃然大怒，并对派他去攻击整支英军一事开始抱怨。华盛顿说：“你接受了我的命令，却不想上场打战，对此我感到非常遗憾。”

李回答说，他认为发起这样一场大战是不明智的。然而，派他去打仗正是他的使命之所在。“无论你的想法是什么，”华盛顿严厉地说道，“我希望我的命令能够得到服从。”说完这些，华盛顿猛然转身去阻止军队的撤退，重新组织了队伍阵形。现在，时间是一刻都不容耽搁了，因为英军距离他们只有不到一英里，而且在队伍阵形形成之前，他们就已经开火。如果将一群混乱的逃兵置于不断增加的敌方援军面前，正如李几乎已经要做的那样，那将会危及整个军队的组织。

现在是检验斯托伊本训练美军士兵到底有多少可喜进步的时候了。撤退中的士兵们立刻转身，面对敌人的火力，迅速摆好阵形，而且是非常冷静和精确，就像是在阅兵式上所表现的那样。当他们阻止了敌人的进攻后，华盛顿立刻骑马回去将主力部队带了上来。格林在位于敌军左侧的一处高地上架起了排炮，对敌军进行纵向炮击，而韦恩则从正前方发动猛烈攻击。经过一番顽强的抵抗，英军终于被赶至李早上率领美军经过的第二个峡谷一带。与此同时，华盛顿派人通知后方几英里之处的斯托伊本，命他带三个旅上来，向撤退的敌军施压。在这之前，华盛顿再次遇到了李，就命令他到后方军队去，因为他已经完全不信任李了。在骑马离开战场时，这个叛徒遇到了正往前线行进的斯托伊本，于是他企图想用最后一个坏招。他竭力劝阻斯托伊本停止行动，并说斯托伊本一定是误解了华盛顿的命令。但是，可敬的男爵并没有被他所玩弄，而是坚定地继续前进。就这样，英军在混乱中被迫穿过峡谷，当夜幕降临时，他们刚刚在峡谷东部高地上重新站稳脚跟。至此，一天的战斗结束。华盛顿派出几支分队，打算天一亮就从两侧夹攻敌军；可克林顿在夜晚就已将伤员丢下撤退了，在破晓时分和米德尔敦高地上的基恩鲍森汇合。无论如何，此时再去追击他已没有任何意义。

“他们都朝这边过来了！”

当身后跟着一班随从的总司令到达蒙茅斯法院大楼附近时，他遇到了一个吹小横笛的小男孩，他顽皮地说道：“他们都朝这边过来了，阁下。”“谁过来了，小家伙？”诺克斯将军问道。“哎呀，阁下，不就是我们的人，还有他们后面追着的英国人。”小音乐家回答说。“不可能！”华盛顿大声说道，然后他就策马全速飞奔至前方不远处的高地。令他万分痛苦和羞愧的是，他发现小男孩的情报是非常正确的。美军的精英部队，五千名精挑细选的军官和士兵，正在全速撤退，并被敌人紧追不放。华盛顿首先询问的是负责指挥进攻的李少将，李很快出现了。两人之间发生了一次激烈的对话，华盛顿最终向他下达了到后方去的命令。在这次对话中，发生了一件鲜闻而又具有骑士气度的事情。总司令的副官汉密尔顿中校从马上跳下来，拔出剑，对将军说道，“我们被出卖了，阁下和军队都被出卖了，此时此刻，每一个真正支持美国和美国独立事业的朋友都必须准备冒死一战。”

虽然为他最喜欢的助手的慷慨激昂所感染，华盛顿还是认为这些话讲得不合时宜，他指着中校那匹不管周围上演的壮观一幕而只顾自己吃草的马，镇静地说道，“汉密尔顿中校，你要牵着你的马。”

“我从没见到过如此了不起的人”

现在，总司令开始全力挽救当天的局势。他命令斯图尔特上校和拉姆齐中校带着他们的团去抵御敌军的进攻，结果他们两人英勇地完成了使命；而华盛顿则亲自前去组织第二道防线。6月28日上午，他骑上那匹专门给他配备的白马，而在整个战争期间，他也只是在那一天骑了这匹马。这一天天气热得让人无法忍受，地面上沙土又深又厚，本来体力充沛的白马突然倒在主人的身下，当场就断气了。于是，随行人员立刻给他换上一匹栗色纯种马，这匹马鬃毛浓密，尾巴摇摆，有着阿拉伯马的血统，由他的仆人比利牵着。正是骑着这匹口中吐沫的骏马，华盛顿驰骋于前线阵地上，同时用他对革命战士讲话时一贯亲切熟悉的语调鼓舞着士兵们："坚守住，兄弟们，顶住敌人的进攻，南方的军队正在赶来支援我们。"

华盛顿始终是那么优雅高贵，威风凛凛，而在他骑上马时尤为如此，实在是骑士中的完美典型。正直的拉斐特在最后一次来美国的时候，兴致勃勃地说起了那个"考验人灵魂的年代"。从我们国家这位令人尊敬的朋友口中，我们可以生动地想象出华盛顿的形象，以及战场上的真实场景。拉斐特说："在蒙茅斯战役中，我负责指挥一支分队，因此照例说我应该非常忙碌；但是，我还是会在战斗的轰鸣和混乱中抽出时间，来敬仰一下我们敬爱的总司令。他骑着骏马，在士兵们的呼喊声中沿着队伍前进，用声音和以身作则的榜样来激励士兵，使我们一举扭转了战局。就像现在这样，我当时就在想，"拉斐特继续说道，"我从没见到过如此了不起的人。"

"被诅咒的大炮不再被认为是不吉利的"

在蒙茅斯战役的众多事件中，我们不能不提起著名的莫莉上尉的功绩。她是在普罗克特炮兵部队一名装弹兵的妻子，莫莉是她的化名。在普罗克特的炮兵连里，有一门炮已使六名美军炮兵死伤。因此，它被认为是一门不吉利的大炮，人们纷纷议论说，应该把它撤下去扔掉。而就在此时，正当莫莉上尉给大家送水时，她的丈夫脑部中弹，当场死在炮轮旁。女英雄立即扔下水桶，跑到她死去的丈夫面前，失声痛哭，"躺在那里，亲爱的，我会为你复仇的。"她紧紧抓住从可怜的丈夫已经失去知觉的手中刚刚掉下的推弹杆，把弹药推进炮膛，叫炮兵们点火发射，发射完以后，女英雄还把海绵塞进仍在冒烟的炮口。她履行了一名最专业的炮兵的职责，她的举动令人敬佩，而此时士兵们的欢呼声也已传遍整个阵地。于是，这门被诅咒的大炮不再被认为是不吉利的，而且炮兵连的炮火也变得比以前任何时候都要猛烈。这名刚勇坚强的女子一直坚守着岗位，直到夜晚降临，战斗停止。她被引荐到格林将军那里，格林将军对她的勇气和行为大加称赞。第二天她被带到总司令面前，华盛顿亲切地接见了她，给了她一枚金币，并保证她的英勇事迹将会永远被铭记。

这位杰出而勇敢的女性在革命中幸存了下来。无论何时，当她说起那门被诅咒的大炮和蒙茅斯战役中著名的莫莉的故事时，她都不曾忘记自己获得的光荣称号，也从不曾向人民和军队索取任何的捐助。

蒙茅斯战役之后

在蒙茅斯战役中，英军损失四百一十六人左右，美军三百六十二人。双方都有很多人是死于中暑。这一战一般被认为美军取得了胜利，而从某种意义上来说也确实如此，因为他们把敌人赶出了阵地。然而，从战略角度看，斯坦厄普勋爵认为蒙茅斯战役是一场平局，是相当正确的。华盛顿预先设定的目标由于李的背叛而未能实现，尽管如此，鉴于华盛顿迅速地转败为胜，大大提高了战士们的作战效率，从道义上讲，美军毫无疑问略胜一筹。蒙茅斯战役加深了人们对收复费城的印象，平息了挑事者对华盛顿的指责，沉重打击了克林顿军队的士气。在随后的一星期里，克林顿的军队中有两千多名士兵逃离，其中主要是黑森兵。

在战斗结束后的那天晚上，李的所作所为成了美军军官们热烈讨论的话题。到第二天，恢复镇定之后，李给华盛顿写了一封傲慢无礼的信，要求华盛顿就战场上对他所说的话进行道歉。华盛顿的回复如下：

> 先生：
>
> 你的信我收到了，我认为你说得非常不正确。我并没有像你所说的那样，在见到你的时候故意说了什么特别的话。我记得我所说的都是出于责任和迫于形势。一旦条件允许，你应该会有机会向军队，向大陆会议，向美国以及向全世界证明你自己的清白；或者让他们相信你犯有违抗军令之罪，相信你在本月28日那天犯有面对敌军行为不当的过失，因为你没有按照指示发起进攻，相反，却是在毫无必要的情况下慌乱而可耻地撤退。

对于华盛顿义正词严的信，李做了如下的无理回复：

> 你可以万分荣幸地给我这个机会，让全美国都明白她令人尊敬的军人们是如何地兢兢业业。我相信，这种临时职权和因此而产生的华而不实的威严，无论能扬起多少厚重的雾霭，都不能遮挡住真理耀眼的光芒。

华盛顿随后对此做出的回应是将其拘捕。军事法庭立即召开会议，法庭上他被指控犯有三项罪名：第一，没有奉命攻打敌军；第二，在战场上行为不端地做出既毫无必要又慌乱可耻的撤退决定；第三，公然冒犯总司令。经过长达一个多月的艰辛的审判，他的三项罪名都成立，并被停职一年。

这种从轻发落的荒唐判决是一个极端的例子，是一个人性判断失当的例子，是美国司法程序中一个惯常的特征。许多欧洲军人，即使在没有犯下那么严重的错误和没有那么充分的证据的情况下，也会被无情地处决。对于一名将军来说，没有比公然在战场上辜负信任、玩忽职守的罪行更严重了。然而，在李将军的案子中，尽管他罪大恶极，却免于应得的惩罚。

可耻的叛徒李

很长一段时间里，历史学家们总是仿效军事法庭，用宽容的态度来评论李将军的“刚愎自用”。差不多八十年之后，我们发现了一份文件，使他当初的行为有了最坏的解释，同时也使我们彻底明白了他这种行为背后的动机。李只不过是一个自私的投机分子，他从不相信美国人民一直为之奋斗的原则，或者说他事实上没有任何的原则。他来到美国是为了寻求好运，希望能当上总司令。一旦他的希望破灭后，他就立刻开始仇视华盛顿，嫉妒华盛顿，并企图阻挠华盛顿的计划，同时还私通敌军。他开始沉迷于自己在美国革命中充当某种反面派的想法，就像蒙克在查理二世时期王朝复辟中所扮演的角色一样，这正好说明了他为何在1776年秋拒绝率军前去支援华盛顿的原因。如果华盛顿战败或者被捕，那么作为副总司令，率领着一支独立军队的李，很可能就会去与英军进行和谈。他在纽约作为一名囚犯时，先是乞求大陆会议的召见，然后是给敌人提供帮助和建议，所有这些都可以得到同样的解释。他在蒙茅斯战役中的行为也同样是出于这种不诚实的伎俩和策略。此前，诺斯勋爵的委员会刚从英格兰到达美国，准备和美国人谈条件。但由于萨拉托加战役的胜利和美法联盟的建立，再加上费城的收复，使得他们的和谈条件几乎不可能实现。李想，不能让这些美国人的士气太高涨了，否则他们是不会听劝的，因此，他希望给克林顿提供一条全身而退之路。当他发现攻击不可避免时，他的第二个想法是掌握指挥权，以便主动控制游戏规则。如果华盛顿做出了李强烈认为不切实际的进攻行动而遭受失败，那么华盛顿可能就要再次面对康韦阴谋集团曾经精心策划和引发的那种令人无法忍受的偏见，这样一来，如果华盛顿垮台，那么或许就会很容易被人理解；而李这位阴谋家将不仅能够达到羞辱令他切齿痛恨的华盛顿的目的，而且还能满心憧憬地继任总司令一职，从而他就有机会通过与诺斯勋爵的专员们和谈，“光荣”地结束战争。然而，这些想法只不过是一个自私妄想之徒不切实际的诡计。如果查塔姆这位伟大的政治家当时还活着的话，那他和华盛顿通过公开坦诚的谈判，光荣地结束战争，也许并不是不可能的。像李这样的人，靠与诺斯勋爵专员们讨价还价想要有所作为，除了造成伤害和混乱之外，是不可能有其他结果的。但是，自私与正确的判断力常常是互不相容的，而李异想天开的计划正好完全符合他的个性，他在实施计划时所采取的策略也同样如此。对于一个拥有卓越军事才能的人来说，在战场上放走敌人，就像李在蒙茅斯战役中的行为那样,是不可能的。如果忠心耿耿的阿诺德那天也在场的话，毫无疑问，他一定会义无反顾地对敌人发动攻击，而李的背叛也就不会得逞。

事实往往如此，自私自利的阴谋者总是自不量力。最终，华盛顿赢得了胜利，背叛被揭露，背叛者蒙受耻辱。妄想的破灭激怒了李，他开始在报纸上到处写恶意诽谤的文章。他一听到华盛顿的名字就会大发脾气，他恶毒的嘴，后来还使他卷入到了和劳伦斯上校的一场决斗中。劳伦斯是华盛顿的一名副官，也是大陆会议主席的儿子。在决斗中，李并无大碍，只是身体侧部受了点伤。之后不久，在给大陆会议写了一封愤怒的信后，他就立刻被逐出了军队。“哎，我明白了，”他在临走时刻薄地对华盛顿说，“如果你希望成为美国的一名伟大的将军，你必须学会如何种植烟草。”于是，他隐退回到了谢南多厄河谷属于他自己的一个种植园。他还是活着看到了美国独立事业的胜利，尽管他曾经是费尽心机地想要破坏。1782 年 10 月，他孤独地死在费城一个简陋的小旅店里，身边没有朋友。他最后的遗愿是希望自己不要被安葬在神圣的地方或者是离教堂或会堂一公里以内的地方，因为他在这个世界上结怨太多，以至于不想在来生继续今世的噩梦。但对于他的这个愿望，不能由他自己说了算。最后，他被安葬在费城基督教堂的墓地里，有许多要人都出席了他的葬礼。

华盛顿将军辱骂过人吗？

据称，华盛顿大发雷霆并在盛怒之下爆粗口的事情有两次。第一次是在1778年6月蒙茅斯战役的战场上，他担任革命军总司令的第三年；第二次是1791年12月在费城他自己的房子里，他任美国总统的第三年。几年前，在一篇我有幸向纽约历史协会宣读的文章里，我提到了第一次的情况：

有人说，华盛顿见到李时，情绪十分激动，举止有失尊严，最后竟以暴力威胁甚至破口大骂。然而，没有任何有历史价值的证据可以证明这种侮辱性的指控，而散播这种观点的人总应该拿出证据来，要有凭有据才是。如果有什么粗俗的恶习是华盛顿在整个戎马生涯中一直坚决抵制的话，那就是这种辱骂人的习惯。

如果有什么证据可以证实那些广为流传的关于华盛顿那天言行举止低俗的故事，那么至少我还没有听说和看到过。对此，我深信不可能发现任何值得相信的证据，而且任何有正义感的和有能力的历史评论家都绝不会试图去证实相关的说法或传闻。因此，寥寥数语就足以表明我现在的目的。

当时，在还可以找到当事人，以及趁当事人对此事还记忆犹新的情况下，就对那天事情发生的情形和经过进行了持久漫长而极其严肃的调查。李将军的案件是由军事法庭审理的，从蒙茅斯战役结束后的第六天，也就是从7月4日开始，一直到8月12日才结束，判决结果是，在接下来的十二个月里，停止李在美国军队中的一切指挥职务。华盛顿将军和李将军就此事彼此给对方的信件，被提交给军事法庭，再加上目击者在法庭上宣誓绝无作假的证词和李将军的自我辩护，这一切都给军事法庭提供了决定性的证据，也证明了那些本来不应该被接受的虚假的传闻或故事完全是谎言。

第二十三章　法国的援助与美国的贪心

外国军官，法国同盟和三封信件

正当华盛顿在消灭美国的敌人的时候，富兰克林却在为美国交朋友。伯戈因投降后，富兰克林说服法国国王承认了美国的独立。除此之外，还组建了一支舰队，由法国人进行装备，配备人员和指挥。但是，直到经过了一段漫长、烦人而苦恼的拖延和耽搁之后，姗姗来迟的舰队才到达。

大陆会议和人民是欢欣鼓舞地欢迎法国盟军的到来。由于他们一辈子都生活在殖民地，因此都相信外国军官肯定比任何美国土生土长的军官要优秀得多。这种崇洋媚外的想法已经深入到了他们的骨髓里。不过，令人惊奇的是，华盛顿的爱国主义精神很快就彻底改变了这种迂腐的习惯和成见，因为他相信本土成长的人，尽管有一些自诩思想开放的人指责他具有狭隘的地方主义观念。

他再次写信对大陆会议主席说：

> 我相信，你一直认为作为一名世界公民的我，还不至于会轻易地受地方和美国情节的羁绊而有失偏颇，但是我必须承认我并非完全没有这样的情结。

当德斯坦伯爵最后终于带着法国舰队到来时，已为时过晚，已无法将豪勋爵赶出特拉华河流域，因此德斯坦去了纽约。由于他迟到了纽约，华盛顿就派他去与沙利文协作，将英国人赶出罗得岛。可他又晚了十天才到。当沙利文准备开始攻击时，豪勋爵得到增援的舰队出现了。德斯坦开船准备作战，但是一场暴风雨让双方的舰队都损失惨重。于是，德斯坦伯爵就带着舰队驶往波士顿，去修理损坏的舰船。为此，沙利文将军和他的士兵们都感到非常反感。将士们起草了一份抗议书，要求抵制并赶走法国人。

华盛顿立刻写了三封措辞婉转的信，从而阻止了一场灾难性的争斗。他对盛怒的爱尔兰将军说道：

您知道，第一印象一般是最令人记忆深刻的，也会在很大程度上决定法国人对我们民族性格的看法。在与他们交往时，我们应该牢记他们是一个久经沙场的民族，军事礼仪严格，当别人对他们似乎不怎么热情时，他们就容易发火。请允许我用最特殊的方式向您提出一点建议：增进和谐，友好协作，尽量消除军官们的不满情绪。

他还写信给年轻、勇敢的法国将军拉斐特：

先生，每个有头脑的人都会认识到法国舰队给我们带来的有利条件，认识到法国舰队指挥官的热情态度；但是在一个自由的共和政体中，你不能遏制民众的声音。每个人想到什么就会说什么，或者更准确地说，会不加思索就发表言论，因此在判断结果时也不会去关注原因。如果我们自己也有一支舰队的话，那么在同样的情形下，我们所遭到的谴责会比法国舰队多得多。

然后他写信给德斯坦伯爵，针对那些无法避免的困难表示了歉意：

正是处于如此困难的境况，阁下的美德和开阔的胸襟才会绽放出最耀眼的光芒，将军的名誉将会比胜利时刻更广为人知，是您的名誉带来了胜利；而那些夺走您荣誉的不利因素将永远不可能抹去属于你的光辉。虽然您取得的成功没能如您所望，但是您会高兴地想到，您已为我们共同的事业提供了重要的服务。

通过挽救美法同盟，华盛顿又再一次地挽救了独立事业，挽救了国家。这次凭借的是他高超的外交能力。

华盛顿的爱国自豪感

秋天，据报告，敌人的舰队再次出现在北部海岸。华盛顿立刻派人到最可能受攻击的据点进行驻守，并写信给德斯坦，用最清晰的语言详细说明了事情的来龙去脉和未来可能出现的情况。只要他的盟友愿意和他联手，他愿意去做任何事情，做出任何的安排。然而，华盛顿不知道的是，有人具有与生俱来的嫉妒心理，会害怕别人夺走属于共同成功的荣誉。在华盛顿看来，只要能够把英国人赶出美国，能够使美国真正独立，那么他完全愿意不要任何荣誉。但是，此时，面对法国盟军，他所有的智谋都是徒劳的。正当他计划给敌人致命一击，召集新英格兰民兵时，德斯坦却正准备去解乔治亚之围。在华盛顿写了第二封信后没几天，法军和美军向萨凡纳的英军工事发起攻击，但却被英军击退，损失惨重。然后，德斯坦又再一次离开，法国援助奋起反抗的英国殖民地的第二次行动结束。法军的到来，从道义上说，起到了很好的作用，而且，克林顿由于害怕德斯坦会再次回来帮助美军，就从纽波特撤兵，将军队集中在纽约。这就是法国盟军实际发挥的所有作用，如果他们想再做点什么的话，只有等待下一次的考验和更有利的时机了。

华盛顿的谦恭有礼和细心周到，以及时刻准备接受法国人的想法和计划的态度，都不能被误认为是太过迁就法国。他重视法国盟军，并主张要充分发挥他们的作用，但他却丝毫没有因此而失去判断力。尽管德斯坦的到来最初是让他心情激动，希望顿生，但华盛顿也趁机再次看清了有价值的盟军和自愿的冒险者之间的差异和不同，并再次告诫大陆会议，说与外国军官打交道时不能太过轻率，太过慷慨。1778年7月24日，他在给古弗尼尔·莫里斯的信中写道：

到目前为止，我们已经授予那些外国绅士太多的军衔，这样下去一定会招致以下两种恶果：要么被欧洲人鄙视，要么就是他们大量涌入，从而增加我们目前的负担。但我最害怕的既不是用在他们身上的花费，也不是他们所带来的麻烦，而是担心会造成一种在本质上影响深远、在后果上致命的祸害，其结果是将我们自己所有的军官赶出军队，不仅使我们自己的军队遭抛弃，而且还会把我们的军事委员会完全拱手让给外国人……我现在发现，斯托伊本男爵也想要辞去他在军队中的监察长职务。这会使准将们产生非常不满的情绪。总之，虽然我这位男爵是一名出色的军官，但我希望我军中除了拉斐特侯爵之外，不要再出现其他任何外国军官，因为拉斐特侯爵行事的准则和其他人做事的原则有很大的差别……

华盛顿再次谈到斯托伊本：

我很遗憾地说，非常有必要撤销他在军队中的职务；同时，我认为我有责任明确告诉大陆会议，他想在军队中获得永久实际权力的欲望会伤害到许多军官的感情，因为无论从军衔还是德行上来说，他们都更有理由获得重视；而且，那样做会引起很多不满，带来深远的不良后果。

“那些垄断者、投机者、挪用公款者”

虽然大陆会议给华盛顿制造的恼人的麻烦和折磨人的忧虑比敌人给他的还多，但还有另外一类人——他们在革命时期并不完全都是纯洁的爱国者——却使华盛顿愤怒到了极点。他们是一直存在于军队中的承包商，是那些从每一次战役中获取暴利的贪婪者。对于他们，总司令在1778年给他的军事秘书约瑟夫·里德的信中这样写道：

那些我们事业的谋杀者——垄断者……十分可悲的是，早在这之前，没有一个州视他们是社会的蛀虫，而是美国快乐幸福最大的敌人将其捕获。我想请上帝将每个州里最穷凶极恶的那个人吊在比处决哈曼时的绞刑架高五倍的绞索上绞死。我认为，对那些将自己的利益建立在损害国家基础上的人来说，任何惩罚都不过分。

他在1779年3月31日写信对詹姆斯·沃伦说：

我相信，正是由于证券投机和派别纷争所导致的我们货币的贬值，才中了敌人的下怀，这也是时至今日英军仍还在美国的原因所在……

他们的罪行还远不止此……有不少令人愤怒的情况存在，很多人……为了自身的利益……居然希望战争继续下去。难道我们以如此多的时间、鲜血和财富为代价建构起来的独立事业，竟会被几个为了增加自己的财富、为了满足自己的贪婪的阴谋狡诈之徒而颠覆吗？难道我们会最终成为自己贪得无厌的受害者吗？上帝，阻止这一切吧！要通过制定和实施有效的法律来阻止联盟各州里所发生的这一切……

我们的事业是高尚的。这是人类的事业，而其中的危险只有我们自己能体会。因此，我们要养精蓄锐，同时应该坚决惩处这些给我们制造了诸多麻烦、还迟迟不肯罢休的恶徒，应该努力补充我们的军队，努力提高我们的信誉，因为信誉决定一切。

然而，法国盟军似乎是加重了这种事态的恶化。人们开始认为英国的力量正在瓦解，而法国人将会获得胜利。华盛顿写信给大陆会议，说战斗力十分薄弱的是美军而不是英军。他还补充说道：

> 在我看来，如果我们能够把目前的状态继续维持下去，就已经算是一个奇迹了。如果国家的特性或策略一成不变的话，我们也许很快就会沦落到无地自容的境地，眼睁睁看着美国的独立事业不得不依靠外国军队来支撑。我们的盟军给予了我们慷慨的帮助，这使他们完全有权利获得我们的信任和感激，然而将革命事业全盘交给他们，这不是美国的光荣，也不符合革命共同事业的利益。

一连串的局部战役

与此同时，由于不能和华盛顿遭遇，而且也的确是迫于命令，克林顿不得已组织了一连串的局部战役，这些战役给美国人带来的烦恼要远多于他以往的任何一次大战。1778年底，在华盛顿不知情的情况下，克林顿派出一支远征队占领了萨凡纳，并且对当地人非常友好，以至于佐治亚州的很多人都放弃了爱国事业；另一支远征队进入了切萨皮克湾，占领了诺福克和朴次茅斯，那里存放有大量的军需品，停泊着一些军舰和商船。亲英分子，纽约的特赖恩总督，则带着一支大部队沿长岛海峡北上占领了纽黑文，他们肆无忌惮地烧毁耶鲁学院历史悠久的校舍，破坏了费尔菲尔德镇以及诺沃克镇的大部分地区，并给克林顿带回了很多有关这两个地方二十年来发生变化的消息，因为二十年前在这里，“可靠的走私”是垄断专营的。另外，特赖恩还制订了一个进攻新伦敦的行动，并得到了克林顿的批准，但是华盛顿在哈德逊河高地所采取的防御措施使得他们的计划不告而终。

作为个体的自由

夜幕降临，舞会如期举行。佩恩家族在布什山的老宅邸当时位于市郊不远处，一直闲置着，由一对黑人老夫妻照管，他们的工作就是打理房子和周围的土地，现在这里被用作举行晚会的场地。借 1779 年意外难得的休战之机，许多法国军官来到费城，以表达他们对大陆会议的敬意；尽管贵格会教徒当时在社会中占主流地位，但费城的民众还是尽情地享乐。这场舞会就是为了表示对法国军官的尊敬和促进美法两国的友好关系而举办的。

华盛顿也来到这里，并将出席舞会。总司令并不是完全赞同这种在费城已司空见惯的享乐活动，但他仍然非常希望能对法国军官们表示最诚挚的友好和敬意，而且他也迫切希望如此，因为此时人们对罗得岛的失利还耿耿于怀，由此可能会重新燃起他们对法国的不满情绪，况且这种不满情绪是在历经几世纪的宿怨后逐渐形成的。

那天晚上，在斯普林格茨庄园宅邸举行了一场盛大欢快的晚会。庄园灯火辉煌，明镜、油画和雕塑装饰其间，法国和美国国旗交相辉映；大宅外面是一片广阔的空地，碎石路和常春藤架上，葱郁的雪松和梓树林中，以及树荫处，都挂有灯笼，以方便众人散步消遣。晚会上有将近一百位法国和美国军官到场，但更多的是一些平民，包括大陆会议成员和一些社会政治名流。正如我们前文所说的，华盛顿也出席了，并且是晚会上众人瞩目的对象。

为了庆祝两国结盟，晚会首先表演的是一个舞蹈，彭伯顿和伊莎贝拉参加了舞蹈表演。这是一种四对方舞，是法国军官们带来的，刚刚开始取代较正式的小步舞。八名男士中，四名是法国军官，另外四人则是美国军官；而在八名女士中，四人身着蓝色礼服，头上饰有美国产的鲜花，另外四人则身穿白色礼服，披着绿丝巾，戴着人造鸢尾花。美国军官和代表法国的女士共舞，而法国军官则携身穿蓝色礼服的女士起舞。

很快，象征美法结盟的四对方舞就结束了，参加跳舞的男男女女也都回到了同伴们的中间。这时，海伦感到有人碰了一下她的手臂，她转过身，看到彭伯顿和华盛顿站在她旁边。

“海伦·格雷厄姆小姐，请允许我将您引荐给阁下。”彭伯顿说，而海伦则是深深地行个礼。

“海伦小姐，我有幸能和您跳支舞吗？”华盛顿说道，“我看到他们都在等我带头。”

海伦表示愿意，她将戴着手套的手放到华盛顿伸出的宽大的手掌中，随他来到舞池中央。

海伦激动得几乎说不出话来。这似乎太不寻常了。很多人都理所当然地认为，总司令阁下在考虑和年轻女士跳舞之前，应该首先邀请里德主席的夫人，然后是其他二十位贵妇人。但华盛顿这么做显然不是因为迷恋和任性。他崇尚礼仪，尽管礼节有时会令他深感厌烦。但严格来说，这不是一场以他的名义而举行的舞会——是为了向法国表示敬意——而他仅仅是以个人的名义参加的，因此他有权获得作为个体的自由。

第二十四章 “不值一文大陆纸币”

一位参战者讲述的石角战役的故事

华盛顿将军计划对国王渡口的两处英军据点发动进攻，而且是双重攻击，两处战斗将同时打响。但问题是两处的美军纵队无法互通信息，因而难以形成有效的配合，这使得华盛顿只能推迟对维尔普兰克角的进攻，至于之后如何，将取决于第一场进攻的成败。因此他将全部精力都转移到了攻击石角上；而奉命执行这次艰巨任务的部队也是严阵以待。

华盛顿将执行这次行动计划的任务交给了指挥军队轻步兵的韦恩将军。由于行动保密对确保战役成功的重要性要远胜于军队兵力的数量，因此就对已经在阵地上的部队未作任何变动。同时，命令一个旅出发前往战斗地点，以便在作战部队遇到严重意外不利情况时能给予掩护。另外，一旦骑兵队能在战斗中派上用场，李少校率领的轻骑兵将与韦恩将军携手对敌，而李少校的轻骑兵在获取情报并促成这次行动计划方面发挥了显著的作用。最终，袭击时间确定在十五日半夜十二时。

石角是一座居高临下的险要小山，在哈德逊河畔凌空突出，其中四分之三的山脚被河水冲刷着，剩下的四分之一大部分是沼泽地，一直延伸到河边，过了沼泽地，只有一处渡河点，但是在它与河的交汇处有一片沙滩，只有在潮水很低时才能经过。山顶上矗立着一座要塞，有重炮把守，在主防御工事前是几排胸墙和排炮；半山腰一带还设有两道铁丝网。排炮的作用是控制沙滩和沼泽地上的渡河点，对任何可能从这些地方向要塞发起进攻的部队进行炮击。另外，还有几艘军舰停泊在河面上，控制着山脚一带。要塞驻军大约有六百人，由约翰逊上校指挥。

下午八时左右，韦恩将军到达了距要塞一点五英里处的斯普林斯蒂尔，然后为准备突袭排兵布阵。

按照计划，美军将从左右两侧同时对山上的英军防御工事发起攻击。费比格和梅格斯的两个团与赫尔少校的分队组成右翼；巴特勒的团与默弗里少校的两个连组成左翼。同时，以弗勒里中校和波西少校带领一百五十名志愿军为右先锋，以斯图尔特少校带领一百名志愿军为左先锋。十一点半，两路部队开始向突袭地进发，两支先锋部队都配备了未上膛的滑膛枪和上了刺刀的步枪。在他们前面，有两支二十人组成的敢死队分别为他们开路，一支由吉本中尉率领，另一支由诺克斯中尉率领。他们安全到达了沼泽地。十二点二十分，突袭正式开始。

两路纵队在密集的炮火中勇往直前。他们越过每一道障碍，凭着刺刀挺进防御工事，没开一枪就夺取了要塞。

征服者所体现出的人道精神与他们的勇气一样引人注目，受人尊敬。所有的敌军在停止抵抗以后都得到了善待。

所有参与此次危险任务的部队都表现得积极而勇猛，这证明他们能够胜任最艰难的行动任务。时势造就英雄，他们的处境和能力使他们能够威名远扬。弗勒里中校第一个冲进要塞，砍断了英国军旗，波西少校几乎与弗勒里同时越过防御工事，第一个发出了“城堡属于我们了”的信号，吉本中尉和诺克斯中尉则是以无人能及的无畏精神完成了分配给他们的任务。在右路敢死队的二十人中，有十七人伤亡。

驻守的英军，包括两名军官在内有六十三人被击毙，被俘的达五百四十三人之多，俘虏中有一名中校、四名上尉和二十名少尉。此外，美军还缴获了要塞里的大量军火储备。

美军突袭部队所遭受的损失，与此次行动显而易见的危险性相比，根本就不算什么，死伤人数还没有超过一百。在右翼纵队里和费比格的团一起作战的韦恩将军，头部受了轻伤，当场昏了过去，但他没有到不得不离开队伍的程度，而是后来在随行人员的帮助下，和费比格的团一起进入了要塞。

夺取石角要塞的新介绍

石角和维尔普兰克角是防御哈德逊河高地的南部前哨基地，因此也是新英格兰和殖民地之间唯一通道的前哨阵地。春季的最后一天，亨利·克林顿将军率领着七十艘舰船和大约五千名士兵出现在两个前哨阵地前，准备包围哨所。一个哨所的要塞已建成，另一个则尚未建好，而驻守未竣工的要塞的三十名美军早已弃它而去。维尔普兰克角的拉斐特要塞遭到河对岸炮火的大肆轰炸。由于军舰的猛烈炮击和地面部队的大规模进攻，结果可想而知，只有七十个人的守军自然缴械投降。随后，英军大大加固了两座要塞，并派重兵把守。英军对这两个据点的占领是华盛顿所最不愿意看到的，因为这两个要塞的上游不远处就是美军为保护两片殖民地之间交通线而修筑的唯一仅剩的防御工事。除此之外，由于整个国家也需要有一点改变，从接二连三的失利中解脱出来，因此华盛顿决定要夺取这两座要塞。在这里，可能需要提醒读者的是，虽然华盛顿一直被视为谨慎的化身，他的军队却在一次次视死如归的突击之后声名远扬，这些出色的行动正是出自华盛顿之手。他在权衡防守和进攻方面是如此游刃有余，以至于拼死战斗的代表人物韦恩都说，只要华盛顿做好计划，他就会“猛烈轰击”。从随后许多无甚意义的讨论结果来看，总司令没有按韦恩的暗示行事，实在是一件遗憾的事。

要塞位于石角的山顶，居高临下，在哈德逊河河面上凌空突出。石角的四周几乎被河水所环绕，只有通过一座狭窄的小桥才能到达。英军已对要塞的防御工事进行了完善和加固，部署了重炮，除了铁丝网和壕沟之外，还设置了其他许多为阻止美军进攻的障碍，并派了六百名士兵驻守。韦恩受命带领三百名步兵发动突袭，并夺取要塞；而另一支部队则顺哈德逊河西岸而下，意在一举攻克维尔普兰克角的要塞。华盛顿下令在午夜时分突袭石角。由于突袭通常是在黎明前夕进行，因而部队不会感到任何意外。

韦恩的进攻一切顺利，他甚至在头部中弹负伤后也大难不死，尽管他担心自己会就此死去，还特意准备了临终遗言。虽然他手下的人有三分之一伤亡，但是剩下的人却俘获了将近三倍的敌军。破晓时分，他还让英国舰队感受了一下被他们自己的大炮轰击的滋味，只可惜时间很短，他们就仓皇驶离了。

尽管河对岸进行的行动失败了，但是由于英军在石角修筑防御工事时考虑不周，以至于除了他们自己外，那里的工事对其他任何人都毫无用处，所以这一处据点最终被放弃，不过这是发生在夺取石角的消息传遍全国乃至整个文明世界之后。外国军人如今在谈起当年韦恩的突袭时，仍把它视作军事史上最大胆、最成功的战例之一。至于克林顿，根据美军的这次行动，他认为华盛顿正在顺流而下，准备开战，因而他连忙迎上去应战，虽然自以为聪明，但结果还是不得不更加郁闷地撤回纽约，因为华盛顿从来不打无准备之仗。

忍受痛苦是革命战士的命运

福吉谷营地的生活之艰苦已无人不知，但是华盛顿的军队今冬在莫里斯敦高地临时营房所遭受的苦难则是有过之而无不及。这年的冬天来得很早，而且天气特别寒冷。补给运输受阻，弹药告竭，军需官既没有钱也无法借到钱来补充给养。连续几星期，军队一度只有一半军饷，有时没有肉吃，有时没有面包吃，有时肉和面包都没有。衣物和毯子同样也很短缺，所以可怜的士兵们真的是饥寒交迫。

华盛顿写信给宾夕法尼亚议会的里德主席，恳请该州能提供帮助和给养支援，以免导致军队解散。他说："在战争的任何时期，我们从来都没有经历过如此极度困难的境况"。

1780 年一开始，整个美军军营就处于挨饿的状态。"过去两个星期来，"华盛顿在 1 月 8 日写道，"整个军队，不管是军官还是普通士兵，处境危险，一直为粮食和物资匮乏所困。但是，”他又激动地说道，“他们仍以极大的毅力和耐心忍受困苦，这种精神值得嘉奖，应该受到他们同胞们的同情。”

革命最艰难的考验事实上并不是在战场上，因为战场上有振奋人心的呐喊，有获得荣誉的机会；而在破旧简陋、供给匮乏的军营里，除了忍受一切之外，根本就没有什么值得欢呼雀跃。忍受痛苦是革命战士的命运。

拉斐特带来的喜讯

在这令人沮丧的关头，德·拉斐特侯爵寄来一封信，日期是4月27日，信里说他已到了波士顿。据说，在看这封受欢迎的来信时，华盛顿的眼中充满了泪水。他回信时的满腔热情足以说明了他对拉斐特这位年轻贵族的敬佩之情。“您的信我已经收到，”他写道，“此刻我心里万分喜悦，是最诚挚的友情激发了我的喜悦之情，此刻我的心里更是迫不及待地想见到您，是对您到来的热切盼望激发了我的急切之情。我衷心的祝贺您安全抵达美国，当您到达司令部时，等待您的会是一位挚友的温暖怀抱和一张舒适的床铺。”

话说华盛顿的外貌

说到华盛顿的外貌，他（德·沙特吕侯爵）写道:“他体形高大挺拔，相貌俊朗，身材匀称，面容温柔亲和，但是没人会特意谈到他的具体特质，脑海中留下的只是一个他眉清目秀的整体印象。他的神情既不严肃也不随便，有时能在他的前额看到因思考而留下的皱纹，但从来都没有焦虑的痕迹；他使人尊敬，又能激发人的自信，他的微笑始终是和蔼可亲。”

“特别有趣的是，”侯爵继续说道，“看他和军队中的其他将领如何相处。作为一名共和国的将军，他没有法国元帅发号施令时的威严；作为共和国的的英雄，他使人油然生出一种敬佩之情，这种敬佩之情使他们想到自己的福祉是与这个人休戚相关。”

他用这样的语言概括了华盛顿的性格：“大胆而不鲁莽，勤勉而无野心，慷慨而不挥霍，高贵而不自傲，正直而不严厉；他似乎始终是这样，他的美德像色彩般绚丽夺目，但如果这种色彩多变和不确定时，那美德就成为缺陷。”

应邀去司令部赴宴

华盛顿很清醒地看到，当各州都在关注自己州的事务时，代表整个国家的大陆会议就会丧失其影响力和权力。“我认为我们的政治体制，”他写道，“也许可以被比作是一个时钟的机械装置，我们应该从中吸取教训；因为它告诉我们，如果忽视了作为整体支撑和主要动力的大齿轮，那么即使小齿轮运转有序也没有任何意义。”

他对那些议员和其他参与国家大事的人在费城的行事作风感到非常愤怒。他说：“花费三四百英镑的一个集会，一场音乐会，一餐宴会或一次晚餐，不仅会使人耽误国事，甚至会使人完全忘却国事。虽然我们军队中的大部分军官是万不得已而退伍，虽然少数更正直的人没有这样做，但他们正逐渐陷入贫困交加的境地。”他自己生活之简朴从他写给朋友的一封内容诙谐的信中就可见一斑。在信中，他邀请朋友到司令部聚餐，信是写给军医处处长科克伦医生的：

亲爱的医生：

我已经邀请了科克伦夫人和利文斯顿夫人明天与我一起用餐，

但是在道义上我是否一定要告知她们将要吃的食物呢？由于我讨厌欺骗，即使只是想法而已，所以我会告知她们的。毫无疑问，我的饭桌足够容下两位女士，关于这一点，她们昨天已经亲眼证实了。而桌上平日里摆的饭菜才是更重要的，这也是我写这封信的目的所在。

自从我们到达这个幸福之地，我们吃过一只火腿，有时候桌子上首摆有带肩肉的前腿熏肉，桌角是一片烤牛肉，桌子中央是一盘少得可怜的蚕豆或绿色蔬菜。如果厨子有心想露一手的话，那我猜他明天会这么做，这样我们就会有两个牛排馅饼或用蟹做的菜，因为这些菜我们会坐得相距六英尺远，如果没有这些菜，就大概会有十二英尺远。最近他非常聪明地发现可以用苹果做馅饼；问题是万一他吃力不讨好，我们可能不仅吃不到两个牛排馅饼，连一个苹果馅饼也没有。如果女士们能接受这样的款待，愿意屈就用铁盘子而不是以前的锡盘子进餐（不是因为摩擦才变成这样），那么我将非常高兴地欢迎她们的到来。

您真诚的，乔治·华盛顿

“各方捐赠”的大陆体制

1780年的夏季，糟糕的“大陆”货币变得一文不值。就像华盛顿所说，买一车粮食得用一车的钱。到1778年底，一美元纸币在美国北部各州值六十美分，在南部值十二美分。1780年初，它的价值已经降到两美分，而快到年底时十美元的纸币只值一美分。十月份，玉米在波士顿的批发价是每蒲式耳一百五十美元，黄油每磅十二美元，茶叶九十美元，糖十美元，牛肉八美元，咖啡十二美元，面粉每桶一千五百七十五美元。塞缪尔·亚当斯花了两千美元才买到一顶帽子和一套衣服。结果，这种货币很快就停止了流通，而且由于债务不能偿还，还出现了普遍的信用危机。说一件事情“不值一文大陆纸币”变成了最强烈的鄙视语。费城的一名理发师拿纸币当墙纸用，用来粘贴店铺的墙壁，另外，在街上被牵着走来走去的一条狗全身被涂满柏油，也粘了厚厚一层这种令人讨厌的纸币——成了古代挪威神话里的金羊毛羊的可悲替身。除了同盟国法国微薄的援助，以及本国外贸的少量盈余和与英军交易后积攒的一点收入之外，整个国家已没有钱可流通了。为了对各州征收费用，大陆会议动用的手段甚至让人想起了野蛮时期的实物交换。大陆会议要求各州上交所谓的“特殊供给品”，如牛肉和猪肉，面粉和大米，盐和干草，烟草和朗姆酒等，而不是直接要钱。这个即将成为世界上最富有的国家的财源就是用这种方式征集起来的，就好像是从乡村牧师们可怜的工资中硬挤出钱来一样。这也许可以被称作是一种“各方捐赠”的大陆体制。

第二十五章　阿诺德将军与安德烈少校

叛变前的本尼迪克特·阿诺德

早春时节，华盛顿遇到一件棘手的事情。军事法庭发现了本尼迪克特·阿诺德的劣迹并做出判决，按照判决，华盛顿要对阿诺德进行谴责。阿诺德随后犯下的十恶不赦、卑鄙无耻的罪行完全抹杀了他昔日获得的战功和荣誉。事实上，阿诺德曾是一名能力出众的爱国军人，足智多谋，骁勇善战，精力旺盛，乐观向上，对下属慷慨无私。但是，没有哪个将领，甚至连斯凯勒都没有受到过这样的羞辱，如此频繁而百口莫辩地长期处于极度愤慨中，这一点也是千真万确的。尽管如此，如果不是因为他性格中的致命弱点，他本可能已经光荣退役，可能会把自己的伟绩筑成记忆的丰碑，可能会像华盛顿那样，使无数有邮局的市镇、拖船和发酵粉等都以他的名字来命名。他的弱点在于他的挥霍无度。大多数手头不宽裕的美国军官在战争爆发时都必然负有债务，而阿诺德的奢侈铺张无疑使他原本不好的经济状况雪上加霜。对诚实的债务人来说，只要活着，就有希望；但对于一个败家子而言，则会变成一个十足的恶棍。

由于经济条件每况愈下，阿诺德的行为变得越来越具攻击性。作为费城军政府的首长，他过于炫耀摆阔，一些不正常的行为和开销足以引起人怀疑。宾夕法尼亚州的引证，尽管让他上了军事法庭，但除了证明宾夕法尼亚不喜欢他之外，却几乎说明不了什么问题。

华盛顿对阿诺德的惩戒词体现了总司令高雅的人格，几乎与他身处困境时所说的话一样：

我们所从事的是最纯洁的职业，哪怕是有犯错误的一丝可能也会使我们最为光辉的成就失色；而且稍有一点疏忽和不注意，就可能使我们失去民心，而要赢得民心是多么的艰难。对此你没有牢记在心，我要严厉批评你。虽然你在军中的表现令我们的敌人闻风丧胆，但你要将功补过，你必须在你的同胞们的监督下克制自己的行为，重新展现出使你有资格成为我们最受尊敬的将领之一的那些高贵品质。我本人会在我的权力范围内为你提供机会，让你重获国人的尊敬。

“有一支部队他们是永远战胜不了的”

阿诺德叛变的故事说起来毫不费力，虽然故事浪漫的一面已经为所有美国人熟悉，却也人为地为其增添了一点重要性。如果阿诺德的叛变阴谋得以实现，那就可能给美国带来巨大的灾难，好在它最终失败了，除了两名同谋犯之外，没有任何意义，也没有造成任何不良的后果。此事在历史上就像是一个情节生动的插曲，给人留下了丰富的想象空间。不过，故事本身对我们来说是有趣的，因为它向我们展现了处于人生最敏感、最艰难时期的华盛顿的形象。让我们来看看他是如何面对和如何处理这件事情的。

自法军登陆那天起，法国将军德·罗尚博和华盛顿都急于想会晤对方。罗尚博尤其迫切，但是华盛顿难以脱身前去见面。他在 10 月 21 日这样写道：

我们离敌人大约十英里。我们的民主政府要求我们必须格外小心谨慎。如果我不在的时候发生了任何不测，那么就会带来很多麻烦。但是，如果可能的话，我会全力争取尽快在某个方便的地方和您相见。

几个星期以后，华盛顿依约前往，并把军队委托给格林代为指挥。9月18日，华盛顿怀着一丝不安动身去见德·罗尚博。途中与阿诺德见了面，阿诺德给他带来了亲英分子鲁滨孙上校的一封信，想借此消除华盛顿对他所作所为的怀疑。20日，也就是安德烈和阿诺德见面商谈酬金条件的那一天，华盛顿正和德·罗尚博一起在哈特福德。与此同时，传来消息说，德·吉尚已经起航前往欧洲，海上的控制权因此丢失，行动的时机已经错过，这样，进一步会谈已没有必要。于是，华盛顿立刻返程，比原先预计的提早了两三天。

与他同行的有他自己的随从，还有诺克斯和拉斐特，及其随从军官们，另外和他一同前往的还有年轻的迪马伯爵。迪马记录了此次行程的经过，并对他们在途经各个乡镇时民众所给予的热情欢迎做了描述。有一个村子，他们是在夜幕降临时抵达的，村子里所有的人都跑了出来，孩子们拿着火把，男男女女都高声欢呼，称呼华盛顿为父亲，并拥挤在他身边，争相触摸他衣服的折边。华盛顿转过头对迪马说："我们也许会被英国人打败，那是战争的运气，但有一支部队他们是永远战胜不了的。"虽然政治领袖们在终日抱怨，军官们在策划阴谋，但是民众的热情给予了华盛顿坚定无比的信心。那个小村庄的人给予伟大而无私的华盛顿的认可，就像一个世纪后他们对待林肯那样。在人群中，听不到有人说华盛顿冷漠或缺乏同情心。他们爱戴他，相信他。华盛顿为他们的这种热爱之情所深深感动。感激和热爱对人性的吸引力总是非常强烈的，华盛顿的精神大为振作，第二天破晓时分，他带着轻松的心情骑马离开了菲什基尔。

"我们现在能信任谁呢？"

一路上，大家心情轻松轻快，早晨的天气也很好。当他们快到阿诺德的指挥部、鲁滨孙宅邸时，华盛顿骑马来到河边的角面堡，对年轻的士兵们说，他们都非常喜欢阿诺德夫人，最好能直接进去和她共进早餐。汉密尔顿和麦克亨利听从了他的建议。当他们正在吃早餐时，阿诺德收到了一封安德烈写来的短信，是由本该因此而被革职的詹姆森上校送来的，安德烈在信中警告他将会被逮捕。阿诺德立刻起身离开饭桌，说他要去西点，然后他就跳到船上，飞速地沿着河流向英国军舰驶去。华盛顿一到，就有人告诉他说阿诺德已经去要塞了。于是，华盛顿匆匆吃完早餐后，亲自前往那里。一到西点，没有人出来敬礼，也没有卫兵出来迎接，一切静悄悄的。他惊讶地发现居然没有人想到他的到来，而且阿诺德已经两天没在那里了。他巡视了防御工事后才返回，但此时他还是没有起疑心。

同时，被派去哈特福德的信使带着从安德烈身上搜出的信抵达鲁滨孙宅邸，连同一封安德烈自己写的自首书一起交给了汉密尔顿。汉密尔顿读后，赶忙去见刚刚从河边返回的华盛顿。他把总司令拉到一边，低声说了几句话，然后两个人一起进入屋里。当他们出来时，华盛顿看上去跟往常一样镇定。他叫来拉斐特和诺克斯，把信递给他们看，然后淡淡地说道："我们现在能相信谁呢？"他立刻令汉密尔顿前往维尔普兰克角去拦截阿诺德，可为时已晚，船已经开过去了，阿诺德已经安全登上了"秃鹰"号英国军舰。之后，由于阿诺德已逃跑，阿诺德夫人又因生病待在房间中，华盛顿就吩咐他的随行人员坐下来和他一起吃饭。饭后，他立刻着手布置加强要塞的守卫工作，因为这个据点差一点就叛变了。他对在西点的韦德上校写道："阿诺德已经投奔敌人而去，现在由你负责指挥，一定要提高警惕。"同时还传话给詹姆森，让他对安德烈严加看守。另外，他还命令驻守边远地区各团的上校和指挥官把部队带过来。所有该做的都做了，动作迅速，没有解释。这次阿诺德最突然、最骇人的叛变丝毫没有削弱他的勇气，扰乱他的思维。

然而，坚强沉默的华盛顿内心已是痛苦不堪，当把所有能做的事都处理完毕以后，他退入自己的房间，门外的警卫听到他整夜都是一直在房间里来回踱步。他最不希望看到的事情已经发生了，他没有料想到会这样，他实在不能理解。因为逃跑的阿诺德曾是他的一名挚友，阿诺德英勇大胆的战斗作风也深深打动过他，他一直都站在阿诺德的一边，给予他支持。华盛顿曾为大陆会议拒绝按顺序提拔阿诺德而难过，并且替他说情，最终使他如愿以偿。同时，华盛顿还曾因阿诺德在费城惹的麻烦而对他心生怜悯之情，并把军事法庭的训诫处罚执行得像是在表扬他。此外，华盛顿还曾想尽办法给阿诺德提供所有军人都渴望的机会，最终授予他西点指挥官之职。虽然华盛顿非常欣赏阿诺德的勇气，对他的不端行为从轻发落，但是现在这个卑鄙小人却是与他作对，逃之夭夭。被自己信任的人所背叛，使华盛顿陷入了痛苦的回忆之中。另外，还有一点令华盛顿揪心的是，他根本无法知道阿诺德的无耻背叛究竟会带来多大的影响。据他所知，在美方阵营中可能有一群像阿诺德这样的叛徒。我们永远都无法知晓华盛顿那时的想法，因为他一直都沉默不语，但是只要想象一下，听一听那个九月夜晚警卫听到的彻夜未停的脚步声，我们就能大致猜想到，华盛顿那颗坚强而充满热情的心，一定是承受了几乎难以忍受的伤害和痛苦。

能说的都已经说了，随着阿诺德的叛变，阴谋也就结束了。他没有任何同谋，他只是想拱手让出要塞，然后独吞英军给他的酬金。英国人企图散布有其他美国军官受贿的谣言，但是失败了。华盛顿及时做好了防御措施，阻止了英军企图攻击美军要塞的任何行动。克林顿想尽一切法想营救安德烈，但一切都是徒劳。安德烈将接受由美军最高级别军官组成的军事法庭的审判，拉斐特是其中之一。按他自己的话来说，审判只有一种结局。他将被判处以绞刑。出于做人的尊严，安德烈不愿接受这样的死法，请求执行枪决。华盛顿拒绝了这一要求，于是阿诺德走上了绞刑架。

“他缺乏情感”

此时，英国人，包括后来的一些英国作家，都对华盛顿坚持对安德烈处以绞刑的做法进行了攻击，然而，在华盛顿的一生中，他没有一件事情处理得比此事更正确了。安德烈是一个间谍和行贿者，他策反了一名美国将军，企图破坏美国的独立事业。这是一场阴暗而危险的游戏，他很清楚自己是在拿命做赌注。他最终失败了，为此也付出了代价。不给予严惩，华盛顿是不会轻易放过他的；如果他同意了，那么他就难辞其咎。虽然华盛顿很慷慨大度，但他不是情感主义者，所以他极尽严厉地惩办了这次痛心的叛变事件，这也是安德烈罪有应得。的确，安德烈是一个有才干、有教养、勇敢和举止宜人的人，虽然那时他值得一些人的同情和悲悯，但只是仅此而已。从严格意义上来讲，他不仅是一个间谍，而且还通过贿赂来实现其目的，想通过寻求休战来获取丰厚的回报。这一切都是雇佣和被雇佣的关系。毫无疑问，安德烈是忠诚爱国的，而且许多间谍也是如此，但他们是受利欲驱使铤而走险。被英国人毫不手软处决的内森·黑尔，与安德烈一样出身名门而有教养，也无比爱国，然而，除了是一个间谍之外，他什么都不是。安德烈靠贿赂和背叛谋利，无论我们怎样哀叹他的命运，他的名字永远都不可能进入威斯敏斯特教堂，因为在威斯敏斯特教堂，所有讲英语的人都会尊敬地弯腰鞠躬，也只有最不辨是非的人才会觉得应该在英国建立一座纪念碑来纪念他。

华盛顿最终把安德烈送上了断头台，这是他的职责所在，但同时他也为安德烈感到万分惋惜。无论对安德烈的目的和手段怎么认为，华盛顿对他没有做任何评论，除了说“他用那种毅力面对自己的命运，这种毅力在一个成就突出的男人和勇气可嘉的军官身上是可以预见的。”至于对阿诺德，他几乎同样保持沉默。当必须说到他的时候，华盛顿也只是用了最简单的几句话带过。对此，我们只有通过他写给劳伦斯的一封私人信件才对他当时的感受略知一二。他写道：

如果我没有弄错的话，阿诺德此时一定是在饱受精神的折磨。他缺乏情感。据最近我对他一些性格特点的了解，他似乎是罪孽太深，好像失去了所有的荣辱意识，他的才能促使他继续追求利欲熏心的企图，以至于没有什么时间来反省和悔恨。

徒劳地为安德烈上校说情

最后我的朋友回来了。“将军一会儿会见你，韦恩，但是没有用。把安德烈的信给我吧。”带着信，他又一次离开了，而我继续不耐烦地来回走着。十五分钟以后,他又回来了。“走吧,”他说道，“我已经尽力了，可没有用，如我所预料的。尽管畅所欲言吧，他喜欢坦诚。”我跟着他，没一会儿就进了较远点的房间，然后单独跟总司令待在一起。

巨大的厨房灶台里燃烧的木柴冒出熊熊的火焰，将军坐在一张整整齐齐放着地图和文件的桌子前写着什么。

他抬起头，礼貌地说道:“坐吧，韦恩上尉。我得让你再等一下了。”我鞠了一下躬，然后坐下，而他则继续写着。

他写得很慢，不时地停下来，在经过深思熟虑后，又接着继续写。我坐的位置对我观察他很有利，可以让我看起来并不是在故意看他。他的脸被面前的蜡烛照得轮廓分明。他穿着平常的衣服，是一件浅黄色的马甲和蓝黄相间的制服，涂了粉的头发整齐地梳向脑后，小心地用黑丝带扎成辫子。

他长着一双淡蓝色的眼睛，红润的双颊，结实的下巴上方是一个大鼻子，脸部表情显得严肃，我甚至觉得是严厉。至少过了半个小时，他才往后挪了挪椅子，抬起头来。

“韦恩上尉,”他说道，“对于这件可悲的事情，我已经回绝了好几位绅士。不过，我听说安德烈先生是你的朋友，我也没有忘记你阿姨在紧要关头所给予的及时援助。基于这些原因，以及汉密尔顿上尉和侯爵的诚挚请求，我愿意听听你的看法。请你简要地说一下好吧？”他说的很慢，似乎是在斟酌他自己所说的话……“我能为你做些什么呢？至于那位不幸的先生，他的命运已经不是我所能掌控的了。我已经读了汉密尔顿上尉交给我的信。”我看着他，他一边说着，一边从桌上拿起信又仔细地读了一遍，然后放下信抬起头。在他说话时，我看到他充满耐心的大眼睛变得出奇得大。

“先生，我为不得不拒绝这最为自然的请求而抱歉；我已经告诉过汉密尔顿先生，说这是不可能的。我也不会做任何回答，因为我不应该这么做，也没必要，或者更确切地说，不合适去说什么理由，因为这些理由对任何一个聪明人来说都再清楚不过了。就这些吗？”

我说道：“阁下，我可以再占用您一分钟吗？”

“这样的话，那就悉听尊便吧。你想说什么呢？”

我犹豫了一下，猜想自己肯定是一脸疑惑，我在想我请求见面时最想说的话是否得体。他立刻猜到了我的尴尬，于是就带着一丝笑意，温和地说道：

“啊，韦恩先生，无论做什么事，都救不了你朋友的命，改变不了他的命运；但是如果你想再说什么的话就请说吧，不要犹豫。为了这项对我们两个都很重要的事业你已经承受了很多。说吧，先生。”

出于这番鼓励，我就开口说道，“如果有任何的借口可以让处决推迟一周执行，那么我准备与一位朋友一起乔装打扮进入纽约，去把阿诺德将军带出来。我曾经是他的副官，我了解他所有的习惯，只要在纽约附近有一支可靠的小分队可以由我指挥，我就有信心成功。我已经仔细考虑过这个计划，我愿意冒生命危险去试一试。”

“你提出了一个很大胆的冒险计划，先生，但这样做肯定会失败的；军队又会失去一名勇敢的军人，而且我应该完全有正当的理由来做这个决定。”

我非常失望，沮丧之中我一时忘却了自己是处在一个威严的场合，这种场合会令所有的人不禁产生敬畏之情，而任何君王都无法做到这一点。

“上帝！先生，”我大声说道，“那个背叛者居然能不受惩罚而活着，而另一个只是做了自己职责内事情的人却必须羞辱地死去！”然后，我半惊半恐地抬起头，知道自己说得太多了。在我说话之前，他已经站了起来，毫无疑问，意思是说我该走了。他背对着炉火站在那里，挺拔的身姿让人感到比实际还高大。

一番激动的言词之后，我抬起头，当然也已经站起身，看到他一脸严肃，比我这辈子见过的任何人都要严肃。

“确实有一位上帝，韦恩先生，”他说道，“他会惩罚叛徒。就让这个人承受遗臭万年的唾弃吧。你的计划我不予考虑。我不想对你或者任何人隐瞒这件事给我所带来的损失，就像相信上帝存在一样，我也相信这么做是对的。先生，你已经为你的朋友尽了自己的义务了。现在是否可以结束我们这次有点痛苦的会谈呢？”

处 决

安德烈少校的处决定在中午执行。这天，他跟平常一样时间起床，吃了早饭以后——按照惯例，早餐是从华盛顿自己的餐桌上拿过来的——他开始为那严肃的一幕做准备。他的仆人劳恩前些天带着一批衣服从纽约赶来；安德烈早上刮了胡子，打扮得比往常更仔细，穿上华丽的深红色英国军官制服，尽管没有传统的肩带和佩剑。

彭伯顿的心都快要碎了，但是他很清楚自己对朋友的职责，所以一刻都不能让自己沉浸在悲伤中无法自拔。

“约翰，对于勇敢坚定的灵魂，所有人都无能为力。只要心是无愧的，良心是纯洁的，就像你一样，我的朋友，那么我们就可以无所畏惧地迎接死神的到来。”……

“准备好了吗，少校？”一名军官问到。

“我准备好了。”安德烈高傲地回答。

当安德烈从监狱出来，迎面而来的是自由清新的空气，他深深地吸了一口气，抬头凝视美丽的蓝天，这是他所喜爱的十月的天空，朦胧之中显现出金色的光辉。左右两名军官架着他的胳膊走来，彭伯顿走在他旁边。一名上尉带着三四十人立刻上来将他们围住。看到这些，安德烈意味深长地看了看彭伯顿，他以为他们是执行死刑的射击队，以为自己最后的请求得到了批准。

这时，一支五百人的外围护卫队也到了，队伍的前面几乎聚集了军队里的所有主要军官，都骑着马，但华盛顿和他的随行人员还没有出现。为慎重起见，他们待在了室内。另外，大批的士兵和附近村落的居民也都纷纷来到现场。

安德烈朝前走去，依旧保持着高度的镇定，还与认识的军官愉快地点头交谈，尤其是军事法庭的那些成员。

绞刑架竖立在一个可以鸟瞰四周的山顶上，从这里也可以看到华盛顿司令部的全景。可此时司令部的门窗紧闭，除了平常在屋前巡逻的哨兵之外，看不到一个人。

当心情沉重的队伍从大路向草地上走去时，安德烈首先看到了绞刑架。他突然退缩了，停了一会儿。

“我以为你们会让我免受这种侮辱！”

“我们只是奉命行事。”其中一名军官答道。

安德烈继续向前走。“看来我得吃尽苦头了，”他激动地说道，“但这很快就会过去。”然而，此时，愉悦的微笑却已经从他脸上消失。显然，他觉得一种不必要的羞辱带给他的刺伤远比死刑本身更深。

绞刑架只是一个粗糙但高耸的绞台，下方有一辆马车，马车上放着一口简陋的黑棺材。当安德烈站在马车旁等待一些简单的准备工作时，他似乎已经难以承受自己的痛苦：喉咙好像抽搐一样地收缩膨胀，一只脚来回地拨弄着一颗鹅卵石。他的仆人劳恩完全崩溃了，大声哭泣哀叹，这似乎惊醒了他的主人，让他恢复了常态。于是，安德烈转过头来，说了一些鼓励安慰的话。周围是一张张肃穆的脸，其中许多人甚至还流了泪。

随着一名军官的一声令下，安德烈轻巧但又是极不情愿地跳上马车，站在棺材上，然后环顾四周——他脸色发青地看着行刑者，看着悲伤的士兵和群众，看着带有浓浓秋意的美丽风景，渐渐消失在茫茫的天际。然后，原先那种自豪的神情又一次显现在安德烈的脸上——他看起来更像是一位乘车凯旋的英雄，准备接受追随者的欢呼，而不像是一名即将接受可耻绞刑的犯人。

行刑者走到他身边，极度轻蔑地把安德烈推到一边，把他的帽子扔到地上，除去手枷，解开他的衣领，拿起绞索调整与他脖子之间的位置。

斯卡梅尔副官长大声宣读了处决令。宣读完毕后，斯卡梅尔上校告诉犯人，如果他还有什么话想讲，那还可以说。

安德烈拿开蒙着眼睛的绷带，再次凝望四周，似乎在这最后的一瞥里，大地、骄阳、天空和人们的脸孔都是无比美好的。他用骄傲而清晰的声音说道：

“先生们，请为我见证吧，我是为国捐躯的，我是一名英国军官，也是一个勇敢的人。”

此刻，执行绞刑的刽子手拿一条绳索想绑住他的手臂，但是由于讨厌绳子蛇一样的触觉，安德烈把手闪到一边，从自己口袋里掏出了一条手帕，让刽子手把双手松松地绑在背后，然后坚定地说道：“我准备好了！”

几乎在说话的同时，马车被迅速推开，经过一阵剧烈的挣扎，约翰·安德烈高贵的灵魂彻底脱离了造物主所赋予的美丽躯体。

本尼迪克特·阿诺德的酬金

阿诺德得到了至少六千三百一十五英镑的一笔酬金，在那个年代，这是一笔不小的财富。他的妻子得到一笔每年五百英镑的养老金，而且他的孩子每人每年也可以得到一百英镑。除此之外，他还可以在英国军队里担任指挥官，可以得到额外津贴和升职机会。虽然有些贵格党人排斥他，但是他很受托利党贵族和国王的喜爱，于是他的家庭也融入了贵族之列，他的野心大部分得到了实现。如果他当初投降并成功地将西点拱手交给英军，那他毫无疑问也将会被封为贵族。他的几个儿子都加入了英国军队，他的子孙后代们仍然在英国占有受人尊敬的地位，致力于英国领土的扩张事业，这也是他们的祖先唯一记挂于心的事情。

第二十六章　在南部无助地观战

“我希望他们就此结束！”

军队中问题的激化以及问题本身的危险性都是有利也有弊的，因为问题的根源在于大陆会议和各个州的漠不关心和疏忽大意。南部联盟以及地方政府立法部门的绅士们都开始醒悟过来，意识到军队的解散意味着全盘的毁灭，他们自己的性命也岌岌可危；他们开始感到不安，担心饥饿、哗变的士兵们很有可能会进行报复。华盛顿在10月4日给马修斯写了一封无比愤慨的信，而军队的现状无疑使这封信具有突然而尖锐的现实意义：

“在这个和谐至关重要的时候，在我们应该竭尽全力互相帮助的时候，在我们应该敞开心扉接受信息，张开双手准备摆脱痛苦的时候，猜疑和妒忌蒙蔽了我们的头脑，党派思想盛行给我们带来了最痛苦的反思，预示了不好的结果。”

华盛顿在同一天也给杜安写了一封信，信中的内容充分说明了他对军中即将发生兵变的风声的高度重视：“战争的历史是一个充满空指望和权宜手段的历史。我希望他们就此结束！”

南方发生的事件同样也具有警醒的作用。大陆会议任命的南方军总指挥盖茨将军没有赢得胜利。他在卡姆登被彻底击败，而且他的撤退是如此迅速，使得人们根本不相信他能恢复元气。由此，大陆会议成员们也已经意识到，作为军事事务管理者，他们还有很多不足。10月11日，华盛顿就军队改组一事给他们写了一封令人钦佩的长信，这一次大陆会议是非常谦逊地接受了。他们之前也收到过许多类似的信，可总是从中获益甚微，好在危机和败仗使他们认识到了华盛顿来信的特殊意义。于是，他们认清了形势，采纳了总司令提出的所有建议。在同样理性的思想原则的指导下，他们决定应该由华盛顿来为南方军队挑选新的总司令人选。如果这个决定早点做出的话，很多事情本来都可以避免;不过就算是现在才下这个决定,也还为时不晚。10月14日，华盛顿任命格林担任这个困难而又危险的职务。格林就任南方军总司令是美军摆脱重重灾难的一个转折点，标志着将英国人最终赶出殖民地的开始，尽管英军在南方剩余的一块殖民地上曾打过一场不错的战役。

南方的联合行动

随着年末将近，由于在北方未能取得突破性的进展，华盛顿开始再次考虑要在南方进行一次联合行动。为了把这个想法付诸实施，他制定了一个计划，即联合占据佛罗里达的西班牙人，然后从佛罗里达继续前进，穿过佐治亚，从背后袭击英军。由于德·罗尚博反对这个计划，计划只好搁浅，但华盛顿一直都没有放弃南部行动的想法。现在主要考虑的不是去保卫某个地区，而是要集中精力打一场大胜仗来结束战争。那他能在哪里付之于实施呢？时间会告诉我们的。如果密切关注他的信函往来，我们就能很容易发现华盛顿的军事直觉已越来越转向南方。

在南方，形势的变化很快。7月17日，摩根在考彭斯打了一场漂亮的胜仗，然后有序地押着俘虏撤退，与格林的部队会合。尽管康沃利斯对这次意想不到的失败很是沮丧，但他还是决定前进，试图击败美军的联合部队，然后与在切萨皮克湾的英军会合。由于势单力薄，格林不敢冒险，而是巧妙地后撤了两百英里，在敌人到来前的两个小时渡过达恩河，安全逃离。待英军离开后，格林又重渡达恩河，紧跟在他们后面。整整一个月，他就这样与英军保持着很近的距离，平息亲英分子的暴乱，同时不与英军发生战斗。最后，他迎来了援军，认为自己有足够的力量可以来坚守阵地。于是，3 月 15 日吉尔福德县府战役打响了。那是一场激烈的血战，英军占有优势，格林放弃了阵地，有条不紊地把部队撤离出来。但是，由于康沃利斯这边损失惨重，他胜利的喜悦很快就化为泡影。18 日，康沃利斯开始全面撤退，格林紧追其后，直到 28 日，康沃利斯才顺利渡过迪河，逃往威尔明顿。然后，他决定继续向前推进，把战场移到切萨皮克湾。作为一名勇敢大胆、反应灵敏的高层次军人，格林没有继续追击，而是转身回去打击英军的分队，解放了南方各州。我们没有必要再追述他随后所取得进行的英勇战绩，我们知道正是通过这些战役才扭转了局势。我们甚至完全可以说是他扭转了整个战局，迫使康沃利斯退守到距离华盛顿不远的弗吉尼亚，由此也开始了解放南北卡罗来纳的进程。

“疯狂的安东尼”与兵变

1781 年伊始，大陆军中的一些士兵由于喝酒过度，情绪变得异常激动。因为军中没有女人可供士兵们传唤供酒，士兵们只好互相走动；而且政府还额外分配了威士忌酒。酒不是“陈年的”，事实上，在这个新生的国家里，除了士兵的衣服和抱怨之外，其他没有什么东西是年份长久的。太多的酒精刺激，太少的食物和衣服，以及政府强词夺理的欺骗，使宾夕法尼亚战线上的部分士兵拿起武器，在他们未受任命的军官的带领下，从纽约附近出发，开始向费城行进，去向大陆会议表示他们的不满。作为他们的合法指挥官，韦恩曾和他们理论，但是类似的话他们以前已经听多了。然后，在没有任何人支持的情况下，韦恩勇敢地拔出手枪。但是他们用刺刀制住了他，并说如果他想阻止他们的计划，那么他们就会毫不犹豫地杀死他。韦恩命令那些没有参与兵变的宾夕法尼亚士兵离开，但是暴动者把他们也说动了，于是，在没有一名正式任命的军官带领的情况下，世界上第一次也是最后一次出现了几千士兵列队行进的场面，其中每个人都对自己所经历的恶劣待遇感到绝望，但是他们没有一个人愿意投奔敌人。

勇猛冲动的韦恩以其在石角战役中的英雄形象而留名青史，但是为他赢得盛名的最重要的一件事情却是他在这次兵变中所表现出来的令人敬佩的冷静。他先派军官骑马去向大陆会议通报，同时派其他人在兵变士兵会经过的地区做了部署；另外，他还给兵变士兵们准备了一车粮食，这样他们就应该没有借口沿途去抢劫和偷盗了。韦恩向华盛顿报告了情况，然后自己跟随着暴乱部队，但不是以指挥官的身份，看上去也几乎分不出他究竟是一名过客还是囚犯。一名纯粹的士兵是不可能像韦恩这样做的，此时需要有一名爱国者站出来，所以跟往常一样，当紧急情况出现的时候，爱国将领就出现了。

华盛顿一时之间也忘记了自己是一名军人，只记得自己是一个美国人。他反对压制，并请求韦恩“尽力说服大陆会议提供给养救济”，因为他担心用武力压制他们（暴动者），后果是“要么逼他们投奔敌军，要么将他们解散，而一旦解散，他们就永远不会回来了”。然后，这位竭尽全力使一切转危为安的总司令，又迅速机智地派信使前往新英格兰，去通报情况，并请求给还未暴动的士兵发放军饷和供给。这样，他非常成功地为新英格兰的军队争取到了三个月的薪饷。

与此同时，兵变部队仍在有序地前进。尽管他们的指挥官是一名从英军弃投过来的军士长，但是他丝毫没有要重返旧部的想法。不过，当拉斐特、圣·克莱尔将军和其他一些军官来到军营的时候，他们还是被命令离开，这使得宾夕法尼亚州议会主席里德最终没有冒险来到军营，虽然他已带着议会的一个委员会，从费城前来迎接他们。

因此，当革命的爱国事业形势很不妙的时候，就像他和他的前任们在最紧要关头经常会无意识去做的那样，英军司令——哎呀！我的天哪！——想前来“救援”。此时，双方都感觉到最决定性的时刻已经来临。亨利·克林顿爵士派了两名使者带着满是溢美之词的邀请信前去见兵变的美军士兵们。因为克林顿不是一个美国人，所以他根本就不明事理；他以为所有的美军列兵都像他自己的士兵一样唯利是图。克林顿的行为使宾夕法尼亚的士兵们觉得自己是受到了莫大的羞辱，因为这意味着，尽管他们是暴动者，但他们也可能是叛徒。结果，为了表明自己的立场，他们将信使移交给了韦恩，韦恩随后就把两名信使当作间谍处以了绞刑。当韦恩将军拿出一百几尼给兵变的军士们作为他们交出信使的奖励时，他们立刻就把钱扔到了地上，并说道，“我们立即把间谍交给韦恩将军，不是为了得到什么奖赏，而是出于对我们国家的热爱；我们不认为自己有资格得到任何的奖赏，也一致同意不要其他任何的奖励。”

军队不满与经费要求

华盛顿将军曾对宾夕法尼亚战线上发生的兵变事件感到非常懊恼，不过现在他对由当地人组成的坚定忠诚的东部军队则是充满信心。他决心通过采取强有力的措施，以遏制那种给军队带来毁灭性威胁的情绪的进一步蔓延，同时派出一支小分队去阻拦兵变的士兵，要他们无条件服从。他指示带领这支分队的豪将军，即使有反抗，也坚决不能与他们谈任何条件；他们一旦投降，就逮捕几名最激进的带头分子，当场处决。命令立即得到了执行，泽西的兵变者们也都回到了他们自己的岗位上。

与宾夕法尼亚相比，为了能够更成功地策反泽西的美军兵变士兵，亨利·克林顿爵士给他们开出了与普林斯顿兵变士兵相同的待遇条件；同时，罗伯逊将军率领三千名英军被派往斯塔滕岛，其目的显然是想渡过河进入泽西，以控制任何可能针对纽约的军事行动。出于从美国利益的角度考虑，密使把克林顿的策反文件交给了他途中经过的第一个美军据点的指挥官，而其他的策反资料则在兵变士兵中间散发，但是兵变被镇压得太过突然，以至于他们都没有时间顾及那些待遇条件。

实施了强有力的措施之后，出现了一个令人欣慰的结果，那就是各个州在阻止军中不满情绪蔓延的同时开始关注军队的实际状况。受总司令表率作用的影响，他们也用同样的方式筹集了三个月的军饷，然后发给士兵，士兵们兴奋不已，认为此举证明了同胞们并没有完全无视他们所遭受的痛苦。

军队的困境虽然有所减缓，但由于民众被要求交纳的捐款或捐赠日益增多，再加上征收的方式令人愤怒，人民的不满情绪却是与日俱增。每一项公共支出的条款都是强制执行的，税款要么未付，要么就是通过强制手段征收。因此，反对该制度的抗议声四起，民众普遍不满，这种情况与军队的兵变相比，其危险程度几乎同样令人担忧。

对整个美国的有识之士来说，赋予联邦政府更大的权力已显得日渐必要；但是要纠正这种没有经验指导而仅凭一时热情制定的致命的权力分配体制，光靠那些有识之士个人的努力和力量还过于单薄。

为了把美国从复杂的窘境中解救出来，外国贷款似乎成为一种极其必要的应急之策，为此他们希望能从法国那里借到一笔贷款。大陆会议选派劳伦斯中校去完成这项有趣的任务，因为凭借其在总司令身边所处的位置，使他能够对美国军事方面的能力和不足有一个全面的了解。另外，大陆会议还指示他要充分利用在美国海域保持海军优势的有利条件。在出发前，他在司令部待了几天，收到了华盛顿的一封信。华盛顿在信中谈了自己对当前形势的一些想法。

在信中，华盛顿详细讲述了政府所面临的财政困难，并非常诚恳地说明国家无力提供充足的税收收入来支持这场战争。同时，华盛顿还详细讲述了强制征税制度在人民中所激起的不满，表达了自己的忧虑，担心随着战争的进行，战争所带来的罪恶会削弱民众的爱国主义感情。

基于这种事态，华盛顿认为当务之急是要立刻筹集一大笔钱款，并以此为基础，做好财政安排，重树政府信用，为未来的行动注入新的活力；同时，北美大陆的同盟军在随后的战斗中还要坚决努力地实现结盟诸国所达成的伟大目标。

除了钱款问题之外，华盛顿认为在美国海域保持海军优势是最大利益之所在。

对美国来说，这具有决定性的重要意义；而对法国来说，把海上战争转移到其盟友的海岸线上来，也会给自己带来极大的优势。

贷款或许现在就能获得，而美国未来偿还贷款的能力也有所体现。他有把握地断定，如果通过改变现有体制，采纳与民族精神更相一致的方法，善于将积极性和活力融入于公共措施中，从而能够防止厌恶和不满情绪进一步加深的话，那么这个国家还是具有强烈的意愿和充分的谋略的，也还是会持续不懈地努力的；但这一切必须要以强有力的财政援助为基础。“人民感到不满，但那是因为指导战争的方式的软弱无力和难以忍受所造成的，而不是战争本身造成的。”

“情绪使然”的分歧

“我的情况出现了意想不到的变化，”汉密尔顿（1781 年 2 月 18 日）写道，“我再也不是将军身边的人了。这个消息会让你感到惊讶，而发生这种变化的方式会让你更吃惊。两天前我在楼梯上经过时碰见将军——他告诉我说他想跟我谈谈。我回答说我现在就可以等他。我下楼把要送给军需官的一封紧急而有意思的信交给蒂尔曼。

“一回来找将军，我就被德·拉斐特侯爵半路拦住，然后我们就谈了大约一分钟的公事。他可以证明我当时是多么急切地想回去，离开他的时候是多么的唐突，当然，这只是出于我与他之间的亲密关系，我才会这么做。我没有像平时那样在房间里找到将军，而是在楼梯口见到了他。他很生气地招呼我说道：‘汉密尔顿上校’（他说），‘你让我在楼梯口等了整整十分钟；我必须告诉你，先生，你对我不尊重。’我没有性急，而是果断地回答说，‘我没有意识到，先生，但是既然您觉得有必要这样对我说，那么我们分手吧。’‘很好，先生’（他说）‘如果这是你的选择。’或是其他什么类似的话，然后，我们就各自走开了。我感到很不快，因为我深信我刚才离开的时间不会超过两分钟。

“之后不到一个小时，蒂尔曼以将军的名义来找我，说将军对我的能力、诚实和价值等等非常信任，想和我坦诚地谈谈，以消除两人之间的分歧，因为这本不应该发生，只是情绪使然。”

“超出了我的能力范围”

1781年的冬天悄悄地过去了，但等地上的积雪一融化，印第安人的破坏活动又开始了。在初冬的时候，克拉克前往弗吉尼亚，想得到一支部队的帮助，进攻底特律。他向华盛顿求助，华盛顿不仅完全同意他的计划，而且也充分认识到计划的重要意义。虽然华盛顿很乐意为他提供所有的帮助，但由于各州（包括弗吉尼亚）的自私自利和消极冷漠，所谓的中央政府大陆会议的权威性已被大大削弱，因此华盛顿也无能为力。他对克拉克写道：

> 给西部增派部队这件事已经超出了我的能力范围。如果各州能充实他们的大陆军力量，那么我们就应该能够在每个地区长久地派驻正规的部队，去抗击敌人。如果他们不这么做，他们当然就必须得采取措施靠自己的民兵来保卫自己，尽管这样的体制是劳民伤财的。

事实上，直截了当地说，肯塔基之所以完全处在毫无军队保护的状态，无疑是由当时那种分散的或州负有自治权利的政府体制所造成的；如果中央政府的权威能得到加强，那肯塔基州是本可以得到充分的保护的——甚至还可以获得更大的自由。

失望与相反的目的

华盛顿经常收到格林的来信，他在回信中只能表示同情。但是当他听说阿诺德在弗吉尼亚南部有军事行动时，他破例地提出支持南方的主张。为了抓获阿诺德这个叛徒，他派拉斐特率领一千两百名士兵，与准备在诺福克和朴茨茅斯阻击阿诺德的一支法国海军联手作战。在没有其他人知晓的情况下，拉斐特率军在华盛顿生日的那一天出发了。这里，那些相信缘分的人应该对此会予以关注。

两周后，整个法国舰队离开了纽波特，在一场天意神佑的暴风雨的帮助下，展开了阻击和封锁行动。为了协助美军抓获阿诺德及其大部队，舰队一路向着切萨皮克方向航行。两天后，英国舰队开始追击，并在弗吉尼亚海角赶上了法国舰队，一场激烈的战斗随之打响。双方的损失都很厉害，结果都匆匆各自驶离，去修理受损的舰船。在那个战争年代，修船可谓是两军的主导产业。

法国舰队的失利似乎让华盛顿有一种自战争开始以来前所未有的沮丧感。他写信给赴巴黎不久的特使劳伦斯，说他对此事感到非常遗憾，因为在那个地区的一场胜仗本可能使南部的局势出现决定性的转机，也可使弗吉尼亚节省许多不必要的开支。“因为世界因没有看到阿诺德在绞刑架上被处以绞刑而大失所望；另外，最重要的是，我们需要一点什么东西来继续支撑下去，直到你的使命的结果揭晓为止；我相信，我亲爱的劳伦斯，按照给你的指示，如果不能设法获得援助，继续进行战争是完全不切实际的，这一点就像白天过后是黑夜一样确定无疑。……我坚信，如果没有外国贷款，我们现在仅剩的兵力是根本不足以打这场仗的，更不用说增加兵力来为另一场仗做好准备。……我们不可能把各个州摊派的粮食和其他必需品都运送到军队中，因为我们连驾驶员都雇不起。”现在的情况是，年轻人都快要饿死了，因为他们连向父亲寄一封求助信的邮票都没有。

一封故意被拦截的信

同时，华盛顿写了一封信给当时在弗吉尼亚的德·拉斐特侯爵。他故意让这封信在途中让英军截获。华盛顿在信中说道，他很高兴地得知康沃利斯伯爵可能会加强朴茨茅斯或老波因特康弗特的防御工事，因为如果他是固守在约克敦，那么得益于其强大的防御能力，他也许能舒服安全地待在那里，直到强大无比的英国舰队来援救，或是把他带走。

这封注定被截获的信打消了英军总司令对其中尉安危的担忧，导致了亨利爵士的军事行动被延误；另一方面，在很大程度上，这也造就了盟军的胜利和约克敦英军的投降。

“你的职责，年轻人，不是说话，而是服从命令！”

华盛顿还写了其他一些类似的信。其中一名信使是一个名叫蒙塔涅的浸礼会青年牧师，也是一位热诚的辉格党人，华盛顿派他把一封急信送往莫里斯敦。他吩咐信使在国王渡口渡河，从哈弗斯特劳到拉马波，然后穿过关口到达莫里斯敦。蒙塔涅知道拉马波关口已被牛仔和敌军的其他朋友们所占领，于是他就大胆地向总司令提议说走北面的路会更安全。“我会被抓住的，”他说道，“如果我从拉马波关穿过的话。”“你的职责，年轻人，不是说话，而是服从命令！”华盛顿严肃坚定地回答说，同时还重重地跺了一下脚。蒙塔涅只好按命令行事，结果在拉马波附近被捕。几天以后，他被押往纽约，关在糖厂监狱——纽约最有名的军事监狱之一。第二天，从他身上搜出来的信件内容被刊登在《里文顿报》上，并引起了一场大游行，因为通过这些信，说明美军计划对纽约发动攻击。敌人开始警觉了，积极地做好准备，等待攻城美军的到来。蒙塔涅现在终于明白为何华盛顿在明知人和信都会被截获的情况下还如此坚定地命令他从拉马波关口穿过。

思考该做什么以及如何去做

正当华盛顿在思考该做什么以及如何去做时，一则情报把他心中的疑惑完全消除了。情报说德·格拉西斯伯爵带着大批军舰和部队，将在八月初离开西印度群岛，前往切萨皮克湾。于是，司令长时间的紧张不安彻底消除了。他把即将要发生的事情告诉了拉斐特（但是几乎没有告诉其他任何人），并且提醒他不要让康沃利斯再次进入南北卡罗来纳。针对华盛顿的提醒，这名年轻的法国人以其勤勉的态度和出色的才干密切注视着英军的动向，尽管美国历史学家从来没有因此给予过他赞誉和肯定。华盛顿事先做了让英军和他自己的军队都以为盟军将会袭击纽约的准备，接着把自己的军队和法国军队从哈德逊河东岸调到西岸，把敌人吓回到他们在泽西海滩上的防御工事里，然后向斯塔滕岛逼近。在克林顿意识到自己已经失败时，盟军离费城只有不到一半的路程了。此时，怒气冲冲的英国总司令似乎一时忘记了自己的声誉和风度，允许本尼迪克特·阿诺德前去洗劫了新伦敦市（阿诺德的家乡）……

“友爱之市”费城的民众异常热情地欢迎华盛顿的到来，但他们对他此行的目的也感到非常好奇。只有罗伯特·莫里斯是例外，因为华盛顿向他借了两万美元给不到两千人的士兵发放军饷和筹集给养。那些士兵们衣衫褴褛，心神不安，身无分文，将要前往更南面的地方——他们之前从未到过的地方。华盛顿到达后三天，市民们开始从这支小部队的外观上看出了一点端倪，部队的队形安排得非常巧妙，以至于整个列队能绵延两英里长的路。幸运的是，由于街道上满是灰尘，因此士兵身上破旧褪色的军服不会像原先看起来那样醒目。接下来的一天，罗尚博的部队身着灰色制服，在响亮的军乐声中穿过了城市。自从英国军队匆匆离开以后，当地人还是第一次听到这样的军乐。

“给一名二十四岁年轻将军的诱人建议”

德·格拉斯伯爵的舰队，由二十八艘在编军舰和一些快速舰组成，载有德·圣西蒙侯爵指挥的三千名经验丰富的士兵。8 月 30 日，舰队停靠在切萨皮克湾。很快，快速舰投入到了运送部队至詹姆斯河的任务中去。部队在那里登陆后，将前去增援此时正在弗吉尼亚指挥作战的拉斐特的部队。这里，我们的叙述要提到一件展现高尚德行和宽大胸怀的事情，以示对拉斐特的赞誉和怀念。

法国陆军和海军一到我们的水域，他们的指挥官就对拉斐特说：

“现在，侯爵，现在是属于您的时间了；那永不褪色的桂冠尽在您的掌握之中！荣耀对您翘首以待。圣西蒙身经百战的团和您自已的大陆军，您已经有五千人在握，另外，还有即将从军舰上登陆的一千名海军陆战队士兵和一千名水兵，总共七千名出色的士兵，再加上您的民兵，所有这些加起来，你手头已经有一支超过一万人的部队了。凭借这些，您可以向敌人的尚未完成的防御工事发起猛烈的攻击，并在敌军联合部队到达前就可结束战争，因此您可赢得名垂青史的荣誉。”

“相信我，亲爱的先生，”正直的拉斐特在美国访问期间曾说道，“这对一名年仅二十四岁的年轻将军来说是一项非常诱惑的建议，坦白地说，我对名誉毫无野心；但是出于难以抗拒的原因，促使我此刻只能听从这样的安排。我们敬爱的将军赋予我的指挥权已经远远超出了我应得的范围，超出了我的年龄，或者超出了我的战斗经验。从我踏上美国土地的第一刻起，一直到 1781 年的战役为止，我已经深深感受到了这位举世无双的总司令对我的情感，不但如此，还有他慈父般的关爱。那么我怎么能从即将戴上他额头的荣耀桂冠——长年的劳苦、焦虑和战斗所应有的回报——上摘下一片叶子呢？最后，我是否能够确信在战斗中一举获胜呢？从敌人出了名的勇敢和严明的纪律来看，这次战斗的胜利必定要以大量的鲜血为代价。”

“如果他们烧了我的房子，我就会不那么痛苦”

康沃利斯打算联合的部队在冬季和早春的时候已经被分成小队派往弗吉尼亚。1月初第一拨到达的部队是阿诺德率领的，于是大规模的劫掠就开始了。不久以后，菲利普将军带着增援部队也赶到，并担任总指挥。5月13日，菲利普将军去世。一星期后，康沃利斯出现在彼得斯堡，并取得了控制权，之后把阿诺德派回了纽约。

同时，虽然摩根和格林的出色表现可以暂时使华盛顿松一口气，但他还是经历了一个最艰辛和最痛苦的冬季和早春。他尽量抽调部队去增援格林，甚至远远超出他应该抽调的力量。当弗吉尼亚的战斗打响后，他从自己身边抽调了更多的人前去支援，但是由于缺少海军力量，他很大程度上也只能是感到无助，眼睁睁地看着越来越多的英国军队被派往南方，眼睁睁地目睹自己的家乡弗吉尼亚被蹂躏，而没有任何能力去阻止。在经历了这些重大的考验之后，他又要面对另一个不小的考验，这次令他心痛不已。英国军队到了波多马克河流域，为了保护弗农山庄，伦德·华盛顿为他们提供了茶点，态度和善。伦德的出发点是好的，但是做法不当，华盛顿写道：

> 如果我听说是因为你没有依从他们的要求，所以他们才把我的房子和大片农场都化为灰烬，那么我的痛苦也许会少一些。为了阻止大灾难的爆发，你应该把自己当作我的代表，应该好好反省一下跟敌人交好、还自愿为他们提供茶点所树立的坏榜样。

第二十七章　猛攻约克敦

“用捕鼠器去抓康沃利斯”

军队在费城的大街上穿行着，民众中爆发出一阵充满希望的欢呼声，看来行动计划是再也不可能隐瞒了，大陆会议也已获悉了行动计划。因格林的胜利而兴高采烈的人们，心中又燃起了新的希望。每一扇窗户前都挤满了漂亮的女子，在部队经过时，她们朝风尘仆仆的士兵们投去无数的鲜花，同时欢呼声响彻云霄，这一切预示着伟大的翻身得解放的日子很快就要到来。为了快速前进，士兵们疏开队形行军，队列绵延了将近两英里。首先进入人们视线的是饱经战火的美国士兵们，他们身上穿着的简陋的军服，仿佛是在诉说着一个没有政府的国家资源如何匮乏的故事。随后而来的是形象英武的法国士兵，他们穿着华丽的服装，这样的装备条件，就相当于是一个政府把它用不义手段所征得的四分之三的税收都用于了军队。另外，有一些法国士兵还在大陆会议主席面前举行了阅兵式游行，但时间很短暂。正在匆匆赶往切斯特的华盛顿，收到了一则令人高兴的消息，说格拉斯已经到达了切萨皮克湾。然后华盛顿又把消息传回了费城，人们欣喜万分。乐队在大街上演奏，每一幢房子上都升起了星条旗，所有路边酒馆里的人都向勇敢的将军表达了胜利的敬意，“华盛顿万岁！”就是人们那天的祝酒词。“他已经用捕鼠器去抓康沃利斯了！”

六年后重返弗农山庄

一收到德·格拉斯抵达的喜讯后，华盛顿一边让部队继续前进，一边与德·罗尚博一起离开军队，从埃尔克岬口由水路匆匆前往弗农山庄。他离开家已经六年了。当初离开时，他还只是一名弗吉尼亚上校，心中充满了对国家安危的担忧，有一大堆未知的问题等着他去解决。历经六年的征战和努力，成功与失败，在取得战争最终胜利的前夕，他作为那个年代的第一名军人回到了阔别已久的家。当他在这片深爱的土地驻足，凝视着脚下宽阔美丽的河流时，心中想必是充满了鲜为人知的各种思绪和回忆。他在那里停留了两天，然后继续前进，于14日抵达威廉斯堡，17日登上"巴黎"号军舰，与德·格拉斯会晤，商议围攻的方案，同时也就他取得的胜利向他表示祝贺。

两人的会谈应该是非常融洽的，此前，一切都进展顺利，一切都充满希望，双方的合作和谐愉快。然而此时，这次战役中的最大危险正在向他们逼近。华盛顿已设法征集到了足够多的运输工具；但由于人手不足，耽误了时间，再加上运输缓慢，风浪变化无常，导致了进一步的延误。在这期间，德·格拉斯听说英国舰队的援军已到，变得非常紧张，想要带舰队驶出海湾；另外，又由于季节的更替，他也急于想回到西印度群岛；最为重要的是，他不想在海湾里作战。因此，他强烈建议在约克河口留下两艘军舰，然后亲自带着他的舰队出海。约克敦战役似乎已经有未开战就要结束的苗头。

华盛顿再次巧妙地写了一封劝告信。得益于传信人拉斐特的劝说和呼吁，华盛顿再次取得了成功，德·格拉斯终于同意留下来。感激不尽的华盛顿写信给他说，"一个胸襟开阔的伟人知道如何为至关重要的全局利益牺牲自我。"在那样的情况下，鉴于这番溢美之词的普遍真实性，我们不禁为德·格拉斯有"一个伟大的胸襟"而感到欣喜。

不是来拿酒杯，而是去坟墓

康沃利斯伯爵的第一个司令部设在纳尔逊秘书先生的房子里。秘书先生是纳尔逊州长的亲戚，曾在殖民地政府担任秘书多年。房子是一幢非常高大雄伟的砖楼，高高地耸立着，大大超过了城墙的高度，这给美军炮兵提供了一个很好的目标，他们从一名逃兵口中得知这是英军司令部所在地之后，马上就进行了猛烈的炮击。直到一名仆人正把一碗汤端向主人的餐桌时，被一枚炮弹击中，康沃利斯伯爵还在这幢房子里。

当时，这位英国将军先是把他的司令部安顿在纳尔逊州长家，最后搬到了一处公寓里，位于城市最南端的堤岸上，为了方便居住，两个房间的墙上都装了护壁板，地上铺着厚羊毛毯。就是在这个洞穴般的住所里，伯爵收到了亨利·克林顿的最后一封来信，信是可敬的科克伦上校送来的。科克伦乘坐英军的一艘快艇，从查尔斯海岬上岸，然后弄到了一艘敞舱船，在浓雾的掩护下穿过法国舰队，安全到达后提交了信件。信中克林顿命令康沃利斯伯爵必须坚守到最后一刻，并向他保证立刻派一支七千人的部队前来增援。

晚餐后，在和伯爵喝酒时，勇敢的科克伦上校提议说要上壁垒去看一看那些美国佬，然后回来时再为华盛顿的健康满满地喝一杯。在场的每个人都劝他不要如此鲁莽行事，因为此时所有的防御工事都已遭到毁坏，工事已没有任何可以躲避的地方。然而，上校还是固执己见，并高兴地留下酒杯作为他的代表，直到他回来为止，他以为自己很快就会回来，于是就一意孤行地出去了。可怜的家伙，他的确回来了，而且也确实很快，但他是被士兵抬进来的，但不是来拿酒杯，而是去坟墓。

战斗打响

14日，我们到达了威廉斯堡，美军和法军的各个纵队也都已迅速到达，25日之前，我们就已经从军舰上搬下了大炮和挖壕沟的工具。所有可用的力量和能够调度的军队都已到位。

我可以简要地说一下敌军的情况。约克半岛位于詹姆斯河与约克河之间。约克河南岸就是约克敦小镇,周围矗立着七个菱形堡，小镇的左右两侧是很深的溪谷和汇入约克河的溪流，陆地上到处是战壕、野战工事、铁丝网和砍倒的树木。

河的对岸是格洛斯特角，同样也修筑了坚固的防御工事，几艘英军战舰停泊在它前面的河面上，航道已被沉船所堵塞。法国舰队控制了小镇以下的河面，而我们则是控制了约克半岛。

25日夜晚，在简短地巡视过舰队之后，我们的总司令睡在露天的一棵桑树下，把树根当作枕头，睡得很香，躺在不远处的我们都能听得到他的鼾声。

那天夜晚，康沃利斯放弃了他的外围工事，把他的军队撤回到城内。第二天我们就占领了这些外围工事，但斯卡梅尔上校却牺牲了。作为我们当中的一员，斯卡梅尔欢快的歌声和有趣的言谈曾带给总司令许多的快乐。28日美法联军从半岛出发往前行进了十二英里，在约克敦外两英里处扎营，迫使敌人的警戒哨和一些骑兵巡逻队撤回了城里。

10月1日，天气晴朗，我们已经挖掘了一条两端都在河岸上的半圆形壕沟。我们在匆忙间竖起了两座胸墙，但遭到了敌人猛烈的炮击，于是我们不得不停止修筑工事。华盛顿阁下有点焦急，从帐篷中出来，叫上正在写字的蒂尔曼和我，然后就一起骑马往前去，忠实的黑人比利一直跟在身后，我们过去一直认为比利比我们所有人都清楚当下的情况。军中牧师埃文斯先生也跟着来了，但其实很多战事都是与他无关的。当我们靠近的时候，炮弹正从我们头顶飞过，在我身后的比利说道：

“该死的英国兵正在死命地打我们。”

然后，一颗炮弹打到附近的地面上，扬起一阵尘土落在我们身上。站在一边的埃文斯先生清楚地目击了这一过程，说道，“我们都会被炸死的。”然后颇懊悔地看了看他的海狸皮帽子，帽子沾满灰尘，已被弄脏。

“你最好把这顶帽子带回去交给你的夫人和孩子，”总司令说道，“这可不是你该来的地方，先生。”

虽然我也不喜欢这样，但当我们骑马回去时，我并不感到后悔。

10 月 9 日晚上，阁下亲自点着了第一炮；连续四天四夜，双方的大炮猛烈交火。

10 日深夜……整个约克敦都被浓浓的烟雾所覆盖。一阵阵的海风不时把烟雾吹开，从烟雾缝隙里我们看到了一弯皎洁的明月和漫天的繁星。我们长时间地躺在一个小山丘上。我想是因为这一特殊的时刻和无法抗拒的命运让我们变得严肃而沉默。远处七十门大炮在我们的阵地上轰鸣，敌军的排炮也在持续不断地疯狂反击。

“救救我，因为我一直是名优秀的士兵”

随着信号的发出，各分队立刻展开攻击。当美军正在攀登菱形堡时，华盛顿的副官劳伦斯中校率领着两支连队突然出现在他们侧面。菲什少校向他打招呼说：“哎，劳伦斯，什么风把你吹来了？”这位英雄回答说：“我在司令部没事做，就来看看你们都在做些什么。”这位勇士中的勇士，那个年代和国家的勇猛之士，一马当先冲入工事，亲手俘虏了英国指挥官坎贝尔少校。美军进攻时的口号是“记住新伦敦”。但是此刻，就像在石角战役中一样，尽管保利和格里斯沃尔德要塞惨无人道的屠杀完全让美军有理由燃起心中复仇的火焰，但是恩惠，神的恩惠，眷顾着我们高高飘扬的国旗。

在整个围攻期间，华盛顿一直都是处于敌军火力的危险之中，军官们的劝阻完全没有用。华盛顿在观察敌军工事时，密集的子弹和弹壳不断地从身旁飞过，新英格兰战线的一名军官就在离他几码的地方被子弹击中死去，副官科布上校恳求他从胸墙上下来，可无济于事。有一次他去主炮阵地视察时，拉姆上校手下的一名炮兵的腿被炮弹炸断了。他们把他抬到后方时，他认出了总司令，不禁大喊道，"上帝保佑阁下，救救我，因为我一直是名优秀的士兵，整个战争期间我一直都跟随着您。"这名勇敢的战士的恳求令将军深受感动，他立刻下令让克莱克医生前来对他进行特别治疗，但已为时过晚；截肢之后，死神最终结束了他的痛苦。

"工作干完了，而且干得很漂亮"

11日，第二次进攻开始。14日，美军炮兵开始朝两座菱形堡开火，炮击取得了很好的效果。华盛顿立即下令部队发起进攻，较小的那座菱形堡在十分钟之内就被汉密尔顿指挥的美军所占领。法国军队则猛攻另一座防守更严的大菱形堡，他们打得同样英勇，在近半小时的战斗后，也占领了堡垒。进攻时，华盛顿一直站在大炮边通过炮眼观察着。在双方交战时，华盛顿不只是一名观战者，他始终是毫无顾忌地置身于战场上，暴露在敌人的火力之中。然而这天晚上，他实在过于暴露自己，以至于随时都有遭到枪击的危险。一名为他安全担忧的副官对他说，这个地点太危险。"如果你这样想，"他却严肃地回答道，"你有退到后面去的自由。"这一时刻太令人激动，意义太重要，而让人无暇顾及安危。以前在随布拉多克征战时的那种战斗精神在这里又最后一次地得以体现。他想要亲手拿起剑，带领美军进攻。然而，他不能那样做，他只能尽量地靠近他的部队，全然不顾子弹从身边呼啸而过。谁能想象得到此刻他内心的激动之情！别人看到的只是对敌军两座堡垒的猛烈攻击，而在华盛顿眼里，他看到的是，整个革命，六年来所有的努力、思考和斗争都在攻击菱形堡的炮火声和硝烟中达到高潮，胜利也将在这场快速激烈的战斗尘埃落定之时到来，他等这一天等得太久，等得太辛苦。他看着军队穿越铁丝网，登上菱形堡，他的整颗心都要飞出去了。此时，他的心中已经完全没有了危险意识，当两座棱形堡被攻克，一切都过去后，他深深地吸了一口气，转过头对诺克斯说道："工作干完了，而且干得很漂亮。把我的马牵来。"

康沃利斯的投降

10 月 17 日，康沃利斯侯爵内心非常挣扎，他企图从约克河逃跑的计划已经失败，于是就击鼓要求休战谈判，经过一番谈判后最终签署了投降协议书。英军士兵作为俘虏将留在弗吉尼亚和马里兰，军官们则将在宣誓获释后返回欧洲。十九日两点钟左右，战败的英军在美法联军的夹道看护下沿路而行。他们把军旗装在盒子里，乐队演奏着一支英国进行曲；按照礼仪，这种场合下战败军队只能演奏他们自己的曲子。一些诙谐风趣的人一定是特意营造了这样的气氛，因为他们是踏着《世界发生彻变》这首古老的英国民谣走过的。这种场面一定是令那些可怜的家伙感到非常悲哀。

作为一名随从，我有幸看到了这场空前大战的精彩结局。随着败军垂头丧气地走上前来，我们的总司令笔直地坐在马上，脸上是无人能读懂的表情，因为他的神情既不是得意也不是满足。

英军俘虏领头的是奥哈拉将军。奥哈拉骑着马迎向华盛顿将军，他脱下帽子，并就康沃利斯侯爵身体不舒服不能前来表示歉意。

没有人相信这个借口或认为这是一个男子应该有的风度。将军阁下弯腰致意，觉得康沃利斯不来并无大碍，但他不能接受奥哈拉将军的佩剑，而是庄重地示意奥哈拉把剑交给林肯少将。因为在查尔斯顿，不幸的林肯少将曾放下自己心爱的佩剑投降，而这次他终于有了一次补救机会。

长长一列灰心丧气的英军俘虏走过后，被带回约克敦看管了起来。

战争的最高荣耀

17 日上午，雷鸣般的轰炸终于停止了，时间一小时一小时地过去，即使最灵敏的耳朵也都听不到任何的声响。发生了什么事？难道康沃利斯逃跑了？他也不可能已经阵亡。现在人人都非常紧张：每个人都盯着南边的大道，然后都开始叫道，“信使来了，信使来了！”家家户户的人都跑了出来。老人拄着拐杖，女人们怀里抱着孩子，孩子们张着好奇的眼睛，小手向外伸着——所有，所有的人，都屏住呼吸，既满怀希望又充满恐惧，等待着信使的到来。是的，这一天信使蹬着红色的马刺飞奔而来。但是即使他乘上风的翅膀，也赶不上人们焦虑的等待。

喊声最后终于响起——“他来了，他来了！”尘土中出现一名疾驰而来的骑马者。他策马扬鞭，那匹马满身汗珠，胁腹颤动，张大鼻孔呼吸空气，沿路奋力奔跑着，而骑马人不时地挥着帽子，朝挤在路上焦急等待的人们高呼“康沃利斯被抓住了！”

阵阵欢呼声撼动天际。见此，那些亲英的托利党人惊惶失措地转身躲藏了起来，而辉格党人则互相拥抱，喜极而泣。哦！在那举国感恩和赞美的一天，人们纷纷向上帝许愿，愿上帝保佑那位将永远被奉为美国国父的伟人，这的确是独立革命战争的最高荣耀。自约克敦的英军投降后起，敌对情绪逐渐消失，美国迎来了国家独立和帝国崛起的曙光。

“我们的后代将会为我们高呼万岁”

康沃利斯在约克敦投降之后，华盛顿对军队说：

“我勇敢的将士们，不要让胜利的满足感误导你们去侮辱战败的敌军。让我们停止呼喊，停止那些令他们倍感羞辱的喧闹欢呼。对我们来说，只要见证他们所受的耻辱就足够了。我们的后代将会为我们高呼万岁。”

“然后他们确实在看我们，但并不十分高兴”

在康沃利斯试图逃跑的过程中，所有的条件，就像在长岛时一样，都有利于美国和美国的独立事业。因此当逃跑计划落空后，他在17日上午击鼓要求休战谈判。19日，双方谈好条件，英军缴械投降。

壮观的投降仪式在两点钟举行。在通往汉普顿的大道上，美军站在右侧，法军站在左侧，附近地区许许多多的人都前来观看。

被俘的英军部队整齐地迈着严肃的步伐在美法两军之间走着。所有的目光都聚焦在队首。康沃利斯，名声赫赫的、令人畏惧的康沃利斯，才是千百双眼睛想要关注的焦点。但是他没有出现，而是派奥哈拉将军带来他的佩剑，并为他因身体不适不能前来表示了歉意。很明显，尽管美军在穿着和装备上也都还不错，但英国士兵只朝左边的法国军队看。法军的服装确实要比美军华丽得多，况且他们严明的纪律和将士们坚毅老练的外表也表明，他们并不是“游手好闲的骑士”，而是久经沙场的战士。

站在自己指挥的部队最前面的拉斐特看到英军俘虏只向法国军队致敬，而无视他亲爱的轻步兵队伍——他掌上的明珠和心中的骄傲，于是他就决定要把他们的目光“矫正”到右侧。他下令乐队奏起了《扬基歌》，“然后，”正直的将军说道，“我亲爱的先生，他们确实在看我们，但并不十分高兴。”

当被命令放下武器时，黑森士兵很是乐意。他们已经厌倦了战争；他们的烟已抽完，耐心已耗尽，他们渴望远离令人疲惫的行军、征战和无法忍受的酷热。但英国士兵并不这么想，许多士兵脸色阴沉，愠怒而又失望地把武器扔在地上。一名老兵的行为让周围所有人都为之动容。他紧紧地抱着他的滑膛枪，温柔地凝视着它，深情地亲吻了一下，然后猛然抛下枪，噙着眼泪离开了。

投降的那天，总司令骑着他最喜爱的那匹骏马。马的名字叫纳尔逊，浅栗色的皮毛，脸部和腿部呈白色，有十六个手掌那么高，作为在美国见到的第一匹被割过尾的马，它格外引人关注。这匹著名的战马在独立战争过去许多年后老死于弗农山庄。自从华盛顿不骑它之后，就再也没有人骑过，但是每年夏天它都会被带到牧场去吃草，每年冬天也会得到很好的照顾。华盛顿退休后在弗农山庄生活时，会经常到处看看他的土地，总会在牧场驻足停留，每当这个时候，这匹老马就会在围栏边奔跑嘶叫，为得到它伟大的老主人的抚摸而自豪。

康沃利斯坦率、男子气概的军人风范

投降的第二天，康沃利斯伯爵前往司令部向华盛顿致以敬意，并等待他的下一步指示。这位败将获得了作为一个英勇但背运的敌人应得的所有礼遇。康沃利斯优雅的举止，以及坦率、男子气概的军人风范，很快就使他成了司令部最受欢迎的人，在联合军队从约克敦撤离之前，他经常和总司令的随员们一起骑马去察看被夷为平地的工事。

在司令部款待三军军官的盛大宴会上，华盛顿斟满酒杯，在发表了仪式性的祝酒词之后，提议说，无论是在和平还是战争时期，“所有我们的朋友们”，都为“英军”干上一杯，并高度赞扬了英军首领，称赞其辉煌的戎马生涯，称赞其在约克敦战役中的英勇表现。当轮到康沃利斯敬酒的时候，他是这样开始的：战争确实已经结束，斗争的双方也即将化干戈为玉帛；也许部分地区还会有对峙，但不会再有更大规模的战争了，因为英国政府几乎不可能再派一支军队来美国。然后他转向华盛顿，继续说道：“当阁下在这场漫长而艰苦的战争中的辉煌事迹载入青史之时，不是切萨皮克湾，而是特拉华河河岸的美名，将为您编织出最耀眼的桂冠。”这里，他指的是 1777 年 1 月 2 日华盛顿率领军队行进的那个令人难忘的夜晚；那天，华盛顿带领着大部队零散的剩余将士，在宾夕法尼亚民兵的协助下，从敌军后方成功突袭，从而赢得了普林斯顿战役，给几近绝望的美国独立事业重新带来了希望。

华盛顿几件幽默的事情

弗农山庄的种植园里有三百七十头牛，可华盛顿还是非常伤心遗憾地说，尽管有那么多长角的牲畜，但是他仍得买黄油。另外还有一个小小的黑色幽默，当时，豪将军派人把休战旗送到纽约时，同时还带去一封信，信上称呼他为“华盛顿先生”。他从英国信使手上接过信，瞟了眼信的题名后说道：“为什么，这封信不是给我的！它是给弗吉尼亚的一个种植园主的——我会好好保存，等战争结束会亲自交给他。”然后把信塞进口袋，下令把休战旗扔了出去，并让枪炮手们做好准备。一小时之后，信使送来另外一封信，信上的称呼改成了“华盛顿将军阁下”。（这并不是完全真实的。）

此后不久，一位士兵带着一条狗来见华盛顿，狗的项圈上刻有豪将军名字。华盛顿派特使把狗送了回去，并附上一张纸条，上面写着“华盛顿将军向豪将军致意，并还上一条明显是属于他的狗，特此奉告”。在这件事情上，我认为，虽然华盛顿举止严肃，行事有原则，但也一定是受了其助手和副官们恶作剧的影响。

另外，还有一句话，听起来幽默，但也许不是笑话。当时，华盛顿掌握了波士顿军队的指挥权，给一生的好友克雷格医生写了信，问他有什么需要帮助。然而，信的字里行间却带着一丝伤感：

“但这些马萨诸塞州人遭遇的痛苦躲都躲不掉，随手都是。”

在另一封信中他这样评价康涅狄格州：

“他们的贫穷和吝啬超越了他们的信仰。”

当康沃利斯在约克敦投降时，华盛顿没有以接受他们的佩剑来羞辱他和他的将士们。他把康沃利斯当自己的客人一样招待，甚至特意以他的名义举行了一次晚宴。晚宴上，罗尚博受邀所说的祝酒词是为“美国干杯”，华盛顿说为“法国国王干杯”，康沃利斯却只说了为“国王干杯”，华盛顿却把康沃利斯真正的意思说了出来，把他的祝酒词改为“为英国国王干杯”，然后加上一句他自己的话，甚至连康沃利斯都被逗笑了——“愿他在那里好好待着吧！”华盛顿对康沃利斯的款待使他们两人成了终身的朋友。

“履行军人职责的方式”

在所有的英国军官中，唯独塔尔顿上校没有被邀请去司令部参加晚宴。于是，英勇无畏、兴致勃勃的上校就去问德·拉斐特侯爵这是不是意外的疏忽。拉斐特当然知道不是意外，但还是让他问劳伦斯中校。作为总司令的副官，劳伦斯自然应该能够给出必要的解释。劳伦斯立刻对塔尔顿说道：

“不，塔尔顿上校，这不是意外。我可以明确地告诉你，这是有意安排的，以示对你指挥的部队在南北卡罗来纳战役中某些残暴行为的谴责。”

“什么，先生，”塔尔顿傲慢地反驳道，“难道就是因为战争中不可避免的一些严厉惩罚，即你所谓的残暴行为，我就要在那些下级军官面前丢脸吗？先生，难道是因为对我的国王和国家忠实地履行了自己的职责，我就要在三军面前受辱吗？”

“请原谅，”劳伦斯中校接着说道，“先生，但是有些履行军人职责的方式可以更为朋友和敌人接受。”

于是塔尔顿心情郁闷地大步走回他的营地，直到离开弗吉尼亚为止，他几乎都没有再出过门。

“康沃利斯被抓住了”

华盛顿的副官，颇有才干的蒂尔曼中校被总司令派往费城，向大陆会议传信，报告康沃利斯已投降的消息。他在晚上到达费城，没多久城里的巡夜者就开始打更报时，还高呼“康沃利斯被抓住了”。这一声宣告惊破了雾蒙蒙的夜色，成千上万的人从睡梦中惊醒。顷刻间，几乎每家每户都灯火闪耀；街道上挤满了男男女女，都焦急地想知道具体情况。这是费城的一个欢乐之夜。古老的州议会厅的大钟在拂晓前一个多小时奏起了欢快的音符，隆隆的炮声迎来了清晨的第一抹红霞。当查尔斯·汤姆森宣读华盛顿的急件时，大陆会议的成员们早已聚集在一起。然后，他们决定当天两点钟结队前往一座教堂，“感谢万能的上帝赐予了美法联军圆满的胜利。”

“革命时期的金融家”负债入狱

“几个月之后的一天晚上，她（费城罗伯特·E. 格雷先生的母亲）被窗下经过的一位年老的巡夜人所惊醒——巡夜人在喊‘十二点已过，康沃利斯被抓住了！’她知道，而且我们所有人都知道，罗伯特·莫里斯对康沃利斯的投降功不可没，而康沃利斯的投降实际上是给独立战场画上了句号。莫里斯曾是华盛顿的得力助手。然而，在华盛顿担任美国总统期间，莫里斯还被囚禁在费城他旧债主的牢房里。”

“太可怜了！”我们之中有人情绪激动地感叹道，“国会为何不帮他还清债务给他自由呢？我们的国家欠他的实在太多了！”

“咳，那是不切实际的。他的债务数额巨大，而且开这样的先例也许会有点危险。他处理自己的事情过于鲁莽和草率。有人说他勇于面对逆境；但我觉得他在狭小的监狱院子里来回走动时总是面带伤感。有时候，我记得他好像挺乐意听老比利·伍德说话。比利·伍德是名演员，也同样是深陷经济拮据的困境。伍德是个有教养的人，是个有趣的伙伴。”

约克敦的消息传遍美国和英国

10 月的第四个星期，一天昏暗的凌晨，一位朴实的德国老人在巡夜，他一边缓缓地在费城的各条街上走着，一边叫喊道，“三点已过，康沃利斯被抓住了！”浅睡的人们跳下床，打开窗户。华盛顿的信使在午前把信件送到了大陆会议。晚饭后人们就在路德会教堂举行了祈祷和感恩仪式。在纽黑文和剑桥，学生们高唱胜利赞歌；国内各个乡村的广场上都燃起了熊熊篝火。德·洛赞公爵乘快船赶回法国，10 月 27 日，巴黎所有的房子都灯火通明，巴黎圣母院的走廊里回荡着感恩赞美诗音乐。11 月 2 日中午，消息传到了波曼街乔治·杰曼勋爵的家中。杰曼坐上车，匆忙前往布鲁姆斯伯里区大罗素街，来到大法官的家，并把大法官叫上了车；然后他们又驱车来到唐宁街诺思勋爵的办公室。听到这惊人的消息后，首相完全没有了一贯的愉快神情，在房间里不停地来回走着，手足无措地喊道：“噢，上帝！一切都已结束了！一切都已结束了！一切都已结束了！”一封急件送到了在丘园的国王手里。乔治勋爵当晚用餐时收到国王的回信，他发现虽然国王陛下的信写得非常镇定，但却忘了写日期——这是以前从未发生过的。

“这个消息，”叙述事情经过的拉克索尔说道，“给这个最幸福的社会蒙上了一层阴影，同时也引起了大范围的政治猜测。”然而，许多英国人对此消息的看法与诺思勋爵截然不同。这次的一败涂地，正是里士满公爵在战争一开始时就公开声明和所期望的结果。查尔斯·福克斯在获悉侵略军战败的消息时，心情总是很愉快，他甚至对古老的马拉松战役和萨拉米斯战役的态度也是如此。因此，当他听到康沃利斯投降的消息时，他一下子从椅子上跳起来，拍手称好。四个月前，在英国国会的一场辩论中，年轻的威廉·皮特称美国战争是“最可憎，最邪恶，最野蛮，最残忍，最反常，最不正义和最血腥的”。对此，伯克评论说，“他不只是像他父亲一样，而是他本身就是如此！”

诺思勋爵内阁的垮台，以及随之而来的乔治三世政府的瓦解，现在已是指日可待的事情了。在很长一个时期里，政府在民众心目中就已经失宠了。虽然1780年夏天英军在南卡罗来纳的胜利多少巩固了政府的地位，但是同年秋天国会却被迫解散。虽然国王抱怨说，他在抵制腐败上所投入的经费是以前的两倍，但是新的国会对内阁的态度并没有比原来好多少。诺思勋爵及其同僚们的政治道路上充满了灾祸和混乱，而美国的反抗给爱尔兰提供了借鉴的榜样。就是在这样剧烈动荡的政局中，在以弗拉德和格拉顿为代表的爱尔兰人起来反抗之时，传来了康沃利斯投降的消息……

康沃利斯投降后，除了国王，再也没有人想继续在美国的战争。甚至在放弃想征服美国的一切希望之后，他还坚持要继续保持对乔治亚州以及查尔斯顿和纽约市的统治。他信誓旦旦地说，他宁愿退位，隐居汉诺威，也不愿承认美国的独立。乔治·杰曼勋爵遭解职，亨利·克林顿爵士的职位由盖伊·卡尔顿爵士接任，国王想要发动一场新的战争，但他的固执只是一场徒劳。整个冬季和春季期间，韦恩将军奉格林之令，把英军赶出了乔治亚州。另外，英国国内的乡绅们也渐渐转向了对立面，而彻底气馁和令人讨厌的诺思勋爵，也无法再拒绝一度遭他否定的政策。彻底失败的国王就像寓言里的狐狸那样，反说葡萄酸，称美国人是一群无赖透顶的人，他很高兴能够摆脱他们。下议院开始讨论有关对政府投不信任票的事宜；康威向国王提出一项动议，请求停止战争，但动议因一票之差而未通过。1782 年 3 月 20 日，诺思勋爵最终屈服于这场政治风暴，辞去首相职务。辉格党的两派终于合二为一，罗金汉勋爵成为首相，和他一起上任的还有谢尔本、卡姆登和克拉夫顿，以及福克斯、康韦和里士满公爵和约翰·卡文迪什勋爵，他们都是美国忠实的朋友，他们的上任将意味着承认美国的独立。

诺思勋爵发现人们总是指责他发布假公告，但是他从来都不曾说过像新内阁宣布掌权这样大的谎言。因为在介绍这些政要的名字时，官方公告的措辞是:“陛下很高兴对此做出任命！”这一天对乔治三世以及那些被他利用的人来说确实是奇耻大辱。但这一天对旧世界和旧世界的英国民族来说也是一个好的征兆。无论是在英国还是美国，甚至是在广阔的殖民地世界，正如查塔姆所预言的，为未来领土主权而斗争的决定性的自由之战现在已经开始，并取得了胜利。而在完成这项光辉的任务的过程中，一马当先的是华盛顿的非凡高超的能力，以及那些与他在福吉谷共患难的坚定英勇的士兵。华盛顿带领着他们赢得了约克敦战役的胜利。

第二十八章　战争的结束

悲喜交加

当约克敦大捷的欢呼声还在军营回荡时，华盛顿愉快的心情却被家庭变故的阴霾所笼罩。华盛顿的继子（华盛顿一直对其视如已出，关爱有加，也甚得己心）是在革命胜利前夕最先前来帮助华盛顿的人之一，他曾陪伴华盛顿来到剑桥军营，但是在约克敦的战壕里，他作为总司令的特别助手在执勤时突然病倒了。虽然他知道自己得的是不治之症（野营热），可他还有最后一个未了的心愿，只要实现了心愿，就可以死而无憾了。他希望能够亲眼看到康沃利斯交出佩剑，缴械投降。为此，他被搀扶到现场，目睹了期待已久的壮观场面，然后被转移到离营地三十英里处的埃尔特姆。

午夜时分，在一位军官和一名男仆的陪同下，华盛顿离开司令部，正全速赶往埃尔特姆时，收到了克雷格医生的一封急件，说病人已经回天乏术了。

大家在临终病人的卧榻边焦急地守护着。在朦胧的晨曦中，他们被一阵急促的马蹄声所激起，往窗外的院子里一看，只见总司令正从一匹疲惫不堪的马上下来。华盛顿立刻叫来克雷格医生，并焦急地询问道："还有希望吗？"克雷格悲伤地摇了摇头。悲伤欲绝的将军独自走入一个房间，要求大家不要打扰他。不一会儿，可怜的病人终于走了。华盛顿温柔地拥抱了一下继子的妻子，看着他深爱的继子遗体周围泪流满面的众人，然后说道，"从现在起，我会收养他的两个最小的孩子，会像对待我自己的孩子一样来抚养他们。[1]”此时，马已经换好，沉浸在悲痛中的华盛顿，挥了挥手，悲伤地向大家告别，然后就上马回军营，没有片刻的休息。

“不是我的责任”

从埃尔特姆回来后，华盛顿去了弗农山庄。然而令人操劳的国事却使得他几乎没有闲暇顾及自家的私事。我们已经看到，在革命战争最黑暗的时刻，华盛顿是如何一次次坚定不移地设法使民众从绝望的深渊中重新振奋精神的；但现在他要去完成一个完全不同的任务，那就是要防止人们因为近期的胜利而变得得意忘形。他在一封给格林的信中写道：

> 我在这里只逗留几天，然后就动身去费城，届时我会尽力说服大陆会议采取强有力的措施，为来年决定性的战役做好准备，以期在上一次胜利的基础上最大程度地扩大战果。我最大的担忧是，大陆会议会把这一战看得太重，可能认为我们的任务差不多已经完成，从而会变得非常懈怠。为了防止出现这种情况，我会尽自己的所能，但是如果我们不幸真的犯了那样致命的错误，那就不是我的责任了。

华盛顿母亲出席为他举行的舞会

此时的弗雷德里克斯堡，到处洋溢着一派欢庆的景象。小镇里到

① 这两个孩子就是后来与华盛顿最喜爱的侄子劳伦斯·路易斯结婚的埃莉诺·帕克·卡斯蒂斯和《华盛顿回忆录》的作者乔治·华盛顿·帕克·卡斯蒂斯。

处都是法军和美军军官，还有不少从好几英里之外赶来的人们，他们都迫不及待地赶来欢迎华盛顿这位降服康沃利斯的英雄。为此，人们举行了一场盛大的舞会，华盛顿年迈的母亲也受到了特别的邀请。她说，尽管她早已过了能跳舞的年龄，但能为这普天同庆的节日尽一份力也应该是件令人高兴的事情。于是，她同意参加。

外国军官们也急于想见到总司令的母亲。此前，有关华盛顿母亲非凡的人生和个性，他们曾听到过一些模棱两可的传言，但那都是根据欧洲人的事例来看的，他们期待着从她身上见到伟人华盛顿所具有的那种风采，因为在旧世界的欧洲国家，那些伟人们的母亲个个都是光彩夺目。然而，当看到她倚靠在儿子的臂弯里，穿着简朴但非常合身的衣服——昔日弗吉尼亚妇女常穿的衣服——进来时，他们是多么的惊讶。她的举止总是端庄得体，谦恭有礼，尽管有点含蓄拘谨。她受到了人们丝毫不带恭维成分的问候。虽然时候还早，但她在预祝大家尽情享受快乐时光之后，说现在是老人们该休息的时间。于是，和来时一样，在儿子的搀扶下，她退场离开了。

外国军官们都惊讶不已，虽然她和她的儿子声名荣耀，但他们所见到的是这样一位历经坎坷却依旧保持平静从容的生活方式的母亲，在欧洲从未出现过如此高尚的典范。他们历数着伟大母亲的古老传说，感叹道："如果这就是美国式的母亲，那么她们确实能以拥有杰出的儿子而自豪了。"

华盛顿前往纽堡

现在形势已很明朗，战争不可能再持续多久，但是我们还是需要时刻做好准备，时刻保持警醒，以防英军卷土重来发起另一场战役。在这一点上，大陆会议和华盛顿的意见达成了高度一致。

快到1781年年底时，在近期战役表现出色的拉斐特，在大陆会议的感谢和赞扬声中启程返回法国。

1782 年 4 月，华盛顿将军动身前往哈德逊河畔的纽堡，与驻扎在那里的军队会合。5 月，从英国来的盖伊·卡尔顿爵士接替了亨利·克林顿爵士的职位。克林顿爵士已经厌倦了战争，很想脱身走人。盖伊爵士带来了英国渴望和平的保证，但是因为没有英国官方正式的确认，因此美军别无他法，只能做好继续战斗的准备。

“粉饰不光彩的和平”

如果战争没有真正彻底结束，华盛顿的工作就永远没有完结；只要英军仍还留在美国，他就不会有时间享受快乐，也不会有时间沮丧或失望。就像所经历过的众多不合时宜的情况一样，他也许觉得此时提出忠告不是个好时机，但是他还是毫不迟疑地做了。然而，这一次他的建议注定是喜忧参半，因为他一到费城，就发现大陆会议的态度非常之好，他们欣然同意了他的建议，填补了政府各部门的空缺，并着手采取措施，尽量满足军队的要求。所以华盛顿在费城逗留的几天里，一直都在帮助大陆会议处理事务，提供建议，同时给各州写措辞有力的信函，要求他们为士兵提供军饷和衣服。军饷和衣服问题也是压在华盛顿心中最沉重的一块石头。

尽管大陆会议很听从他的建议，但华盛顿还是无法使国人相信他的观点的正确性，相信需要继续不懈奋斗的必要性。在历经了一次漫长而又艰苦的战争之后，原本紧张的心理被一种懈怠放松的情绪所替代，这种情况在约克敦大捷后表现得更为严重。从华盛顿本人来说，他并不完全相信敌人。虽然他知道约克敦战役是决定性的，但他认为英国仍会垂死挣扎，他们现在提出的和平宣言很有可能只是一个幌子，目的是想争取时间，利用我们放松警惕和防守薄弱之际，再次发起攻击，以期一举收复失地。因此，华盛顿代表军队不断发出呼吁，反复强调了重新做好充分准备的必要性。

直至5月4日，华盛顿还在给各州写信，措辞严厉地要求各州提供兵源和经费。他指出政府的变更很可能会不利于和平，易使我们产生一种虚假而致命的安全感。没过几天，当华盛顿获悉盖伊·卡尔顿爵士传来的关于英国下议院向国王提出和平请求的消息之后，就写信给大陆会议：

> 从我的角度来看，我觉得我们现在应该做的，不是松懈下来，而是应该改进现状，为实现我们的夙愿创造最为有利的条件。在我看来，英国政府目前已经是摇摇欲坠，债务累累，祸不单行，在重重压力之下几近崩溃。如果我们乘胜追击，那么我认为最终获得胜利的是我们。

华盛顿在7月又写道：

> 盖伊·卡尔顿爵士正想方设法让我们的人民处于一种虚假的安全感之中。迪格比海军上将正在追击我们所有的船只，把我们那些不愿为大英帝国国王陛下服务的水手尽可能快地关入囚犯船闷死；哈尔迪曼德带着他残暴的士兵们正在边境线上烧杀抢掠。

一个月之后，他又写信对格林说道：

> 鉴于英国政策此前一贯的放任嗜好、口是心非和乖戾反常，我必须承认我对一切都抱怀疑态度，对一切都不会相信。

又一个月之后，当英美正式在巴黎进行和谈时，华盛顿又一次写信给麦克亨利：

如果我们明智的话，那么我们就该做好最坏的打算。除了做好迎战准备，不可能还有什么办法能使我们获得快速和光荣的和平；在付出了所有的辛劳、鲜血和生命之后，我们必须得这样做，否则就放弃我们的利益去粉饰不光彩的和平吧。

阿希尔事件

1782年3月，一个名叫菲利普·怀特的臭名昭著的托利党成员，被一队轻骑兵抓获。他在放下武器以示投降之后，又迅速地拿起滑膛枪，打死了其中一名抓他的士兵，但最终他还是被制服，并在押往新泽西的弗里霍尔德的途中被处死。据说他是在企图想逃跑时被处死的。

几乎是在同时，驻守在新泽西州汤姆斯河畔一处堡垒的乔舒亚·哈迪上尉——一名英勇可敬的美军军官，遭到了一群流亡分子的袭击，他在奋力抵抗之后还是被俘，结果被带到了纽约。不久之后，纽约效忠派委员会派利平科特上尉将哈迪和另外两个人送往桑迪胡克，以作为交换的人质。利平科特上尉回来后报告说，“他按照指示顺利交换了两个人，并用哈迪交换了菲利普·怀特。”实际上，他是把他（哈迪）吊死在泽西海岸的一棵树上。

一听到这个消息，华盛顿将军便立即要求亨利·克林顿将军交出杀害哈迪的凶手利平科特，尽管利平科特因此受到了军事法庭的审判，但效忠派插手进行了干预，企图保护利平科特。在要求未能得到满足后，华盛顿将军听从了手下军官的建议，决定以牙还牙，随后经过抽签，在约克敦投降时被俘的查尔斯·阿希尔被选为哈迪之死的赎罪者。

与此同时，以仁慈而著称的盖伊·卡尔顿爵士接替了克林顿的职位，成为英军指挥官，他解散了纽约联合效忠派委员会，从而阻止了类似事件的再度发生。此后，随着战争趋近尾声，报复和仇杀的动机也随之减弱。

阿希尔的母亲在得知儿子的危险处境后，就立刻给法国外交部部长 M. 韦尔热纳写了一封感人至深的信，信中讲述了她和家人们的种种痛苦，并请求他出面干预。于是，韦尔热纳就阿希尔的事情与华盛顿进行了交涉。然后，这封信的复件被转交给了大陆会议。在随后的 11 月，大陆会议做出决定，指示总司令释放阿希尔上尉。

阿希尔，在享受种种宽恕和种种礼遇之后，终于被释放，并得到允许回纽约与朋友们团聚。他回到英国后，成为查尔斯·阿希尔勋爵将军，1823 年去世，享年七十岁。

“我恳求您打消这些念头吧！”

除了所有这些普遍存在的不满情绪之外，另外还发生一场目的性明确的运动，运动的目的是为政府的彻底转型和华盛顿掌握至高权力找到解决办法，以解决其中所有的难题，纠正所有的错误。这一派人认为现有的政府体制是失败的，它既不会也不可能变得更强大、更诚实，或是更受人尊敬。很明显，他们想推行某种集大权于一身的君主政体。1782 年 5 月，军队中这样的呼声已经非常高涨，那批改革人士通过华盛顿的多年挚友尼古拉上校向他传递了他们的想法。上校非常清晰地分析了当前政府的失败与不足之处，强烈建议建立一个更强大的新政府，最后还明确示意华盛顿就是那个应对危机、拯救社会的合适人选。信写得字字铿锵，句句有力，再加上尼古拉上校又是一个有骨气、有地位的人，所以华盛顿对这封信不能随便应付或者置之不理。最后华盛顿是这样回信的：

怀着诧异和震惊的心情，我仔细读完了您的信，感触良多。请相信，先生，在这场战争中，再没有什么事情比从您那里得知军中存在着如您所述的这类想法更令我感到痛心的了，对此我深恶痛绝，必须加以严责。目前，我会把他们诸如此类的想法深埋于心底，除非他们进一步煽动军心我才会不得不揭露此事。我很难想象究竟是我的什么行为促使您写这样的一封信，在我看来，这封信包含着可能降临我国的最大危害。如果我还有一点自知之明的话,可以说您不可能找到一个比我更反对您计划的人了。同时，为了尊重我自己的感情，我必须补充说，没有人比我更真诚地希望看到军队受到公正的待遇：而且只要是在以合乎宪法的方式运用我的权力和影响的情况下，只要有机会，我定会竭尽所能地使军队受到公正的对待。因此，如果您还重视您的国家，关心您自己或您的子孙后代，或是尊重我的话，我恳请您打消这些念头吧，而且绝不要让您自己或者别人传播类似性质的思想。

“现在应该是寻求和平的时候了”

推举华盛顿为“美国乔治一世国王”的计划从此销声匿迹。然而，尼古拉的信却也使华盛顿比以往任何时候都更加期待和平的到来，这样他也许就可以把军队解散。华盛顿命令军队保持战备状态，从前线威逼纽约的敌军，甚至还巧妙地把罗尚博和法军从弗吉尼亚调到了海兰兹，以震慑克林顿的接任者卡尔顿，迫使他按兵不动，而无法调动一部分兵力去攻打西印度群岛的法军。种种迹象表明他真的很想结束战争。然而，即使和平已确定无疑，他的心头还是萦绕着不安和担忧，因为国家的贫乏程度已是难以言表。美国内战结束后对南方部分地区有所目睹和了解的人也许可以想象得到当时的那种情景，但是，即使是饱受内战痛苦的南方地区，也远远不如独立战争结束时整个殖民地地区的条件那么糟糕，那么让人无助。华盛顿的一些高级军官们非常贫穷，以至于他们都不敢邀请法军同僚们到自己帐篷中一聚，因为他们比现在的美军列兵都不如，每天一顿像样的饭菜都拿不出来。1782

年秋，鉴于美英双方都认为和平协议将会很快签署，华盛顿在谈及提议中的裁军计划时说道：

在目前情况下，我不能不为计划中的措施可能带来的后果担心，我看到有那么多的军人因为过度地回忆过去，想到未来将要进入社会而备受刺激。他们会因自己的贫困而感到失落，他们会认为这是民众的忘恩负义。他们在实现国家的自由和独立的事业中度过了他们最宝贵的时光，经受了除死亡之外的人类所能忍受的一切痛苦，结果却债务累累；他们当中有许多人耗尽了祖传的财物，却没有带一点钱回家。我必须重申，当我想到这些令人不愉快的状况，而又没有一件事情能安慰他们的情绪或者驱散他们前途上的阴霾时，我不禁担心可能会有一系列非常严重、令人痛苦的灾难降临。

……我并不想危言耸听，只要现实能证明我这样做是对的就行。我可以说出一些人类历史上几乎无与伦比、无出其右的爱国行为和苦难经历的轶事。但是你们同样可以相信，这支军队的忍耐力和长期忍受的苦难差不多已经达到极限，不满情绪从未像现在这样浓厚过。在战场上时，我认为裁减军队的后果还不至于会突然演变成一场暴行；但当我们退到冬季营地时，我就不能对其后果感到放心了，除非事先把这场风暴驱散。现在应该是寻求和平的时候了。

“对皇室的羞辱”

给坦奇·蒂尔曼的信

我亲爱的先生：

我有幸收到您上个月22日和24日从费城寄来的信，非常感谢您为我的小事劳心。……我已经把适合我眼睛的望远镜镜片送去给里滕豪斯先生，这样他也许就知道该怎样去打磨镜片。

达波特尔和古维翁都还没到此处。德·拉斐特侯爵还请我转告古维翁一些他没有写在信上的事情——他提出的观点（有关和平谈判的）恰好与我在福克斯先生退出后对此事所形成的想法一致，即——在英国议会举行会议之前不可能实现和平——如果一个月之内没有举行会议，那么我们可能要做好又一场战争的准备——至少。

我一直认为英王的顽固不化和他不愿承认美国独立的事实是和平道路上最大的障碍。谢尔本勋爵本人不仅是英国政府的首脑，还邀请其他与他观点相似的人加入他的行列，他声称，除非绝对有必要，否则绝对不会推行承认美国独立的措施。人们对这种必要性会产生不同的见解。福克斯先生似乎认为这个时期早就到来了，然而和平却迟迟没有实现——我认为，只要英王能够利用其影响力从英国国内汲取新鲜血液来支持他，以继续这场战争，那么和平永远都不会到来。通过议会会议，谢尔本勋爵本可以确定两件事：第一，英国可以接受和平会谈的最佳条款；第二，他自己的地位处境——如果他对自身的地位和处境拿不准，而人们又都呼吁推行和平政策，那么在经过了数月的谈判后，他就可以把他的话告诉给议会，说这些就是他能够得到的最佳条款；而议会就会考虑并决定要么接受这些条款，要么积极准备发起战争（作为一种极端的情况）。因此，如果我对该问题的看法正确的话，不久事情就会有结果。所以说我们可能很快会迎来和平，也可能迎来无可置疑的战争——因为我清醒地意识到，整个美国正陷入一片死寂之中，而他们中的一些人正在倒退。

英王已经通过他的御用书信（我已经看到过）授权奥斯瓦德先生与任何的特派专员或者美国的特派员进行谈判，如果这些人看上去是手握重权的要员的话。这当然是所取得的最重要的一点进展。至少在英国方面是破天荒的第一遭，我敢说这对英国皇室是一种羞辱；而且解决以上两点问题非常有必要，因为在奥斯瓦德先生的权力能够衬得上他们的使命之前，美国特派员是绝不会与他进行交涉的。总之，我坚信不管是和平还是久战，英国都会在休会期之前做出决定。鉴于结果至少要在一月中下旬揭晓，我在枯燥乏味的寓所里，时间会过得很沉闷——现在寓所大门紧锁，外面漫天冰霜和大雪。

乔治·华盛顿

1783 年 1 月 10 日于纽堡

“令人可憎却又不起作用的怨恨”

去年 11 月 30 日（现在已经是 1783 年的 3 月），奥斯瓦尔德、格伦维尔和斯特雷奇代表英国，富兰克林、亚当斯、杰伊和劳伦斯代表美国，双方经过漫长而艰难的谈判之后，终于在巴黎初步签订和平协议。也许正是和平的消息引起了军队的猜疑，认为大陆会议可能会在未结清账目的情况下就将他们解散，这样一来他们所承受的苦难将永远都得不到回报。

这种骚动情绪之前一直弥漫于宾夕法尼亚和泽西的军队中，而后又迫使大陆会议从费城仓皇逃避至普林斯顿。对此，我们有理由认为是盖茨造成了这种局面，因为“他是这种令人可憎却又不起作用的怨恨的根源”。盖茨这位暧昧的政客兼指挥官把萨拉托加大捷的功劳收归自己名下，却在南卡罗来纳的卡姆登被康沃利斯打得丢盔卸甲，结果不得不隐退。而现在他又被宽宏大量的华盛顿再度启用，被任命为纽约司令部美军右翼部队的指挥官。

或许 10 月和 1 月份法国军队的归去，使美军士兵们萌发了思乡之情，以及对“亲吻妻子和恋人的渴望”——所有这一切使得美军士兵们的处境格外艰难。华盛顿对战士们所表现出的坚忍不拔的精神予以了赞赏，这从他在查尔斯顿大捷后给格林将军所写的祝贺信中可见一斑：

> 带着只有友谊才能给予的快乐，我向您表示衷心的祝贺，祝贺您光荣地结束了南方各州的战事；我希望并且相信，您将长久地享受胜利的荣光和优势……如果历史学家们有足够的耐心，把美国在这场战争中以少胜多的佳绩写进历史书，并愿意对取得这些胜利的艰苦环境进行描述的话，后人们很可能会认为他们写的是虚构的故事；因为没有人会相信，大英帝国在美国苦心经营了八年之久的军队，会在其实施征服计划的过程中被击败，而对手是一支数量上绝对少于他们，又经常食不果腹、衣不蔽体、军饷短缺、时常忍受人类可能忍受的种种痛苦的部队。我本来打算给您写一封长信，谈一些琐事，但当我在为今天的庆祝活动做准备并打算在鸣枪礼之前去视察部队时，伯内特少校突然进来了。

像他身后的黑人侍卫那样形影不离

正当华盛顿苦苦思索如何牵制西方国家时，一个更为重要的念头袭上心来。他知道有一个方法可以很快解决所有的危机和困境，因为目前的内河航运和贸易关系最多只是应对这些危机和困境的权宜之计。从未有人像他那样从惨痛的经验教训中认识到建立联盟的重要性。刚掌管军队的时候，他就已经意识到这一点，这个想法一直留在他的脑海中，就像他身后的黑人侍卫那样从剑桥到约克敦一路形影不离。他曾寄希望于邦联国会，但很快他就意识到这是徒劳，因为邦联国会的体制就像之前所取代的大陆会议一样缺乏系统性，它只是对一个无能而又混乱的政府改头换面而已。其他人也许会被民族政府或国家政府之类的名称用语所蒙骗，但是华盛顿对残酷的现实了如指掌，他知道这样的政府并不存在。而且，他也知道，如今那些已被批准的、已被取代的和被披上伪装的政府形式，只是共同危机时期的暂时产物，一旦战争的压力消失，就注定会因其固有的低能和惰性而解体。他认为，几次战役的失败和持续长久的战争痛苦，以及对革命毫无必要的延长，都是由于缺少一个正确合适的联盟——一个全国性的、强有力的政府——所造成的。另外，华盛顿也意识到，战争中发生的几近毁灭性的事情在和平时期也具有同样的威胁，因此在和平条约尚未正式签订之前，他就开始提醒人们去关注国家的未来该何去何从的重大问题。

1783年3月4日，他给汉密尔顿写信：

当然这只是我个人的观点，除非国会能够拥有足够的权力以实现所有总的目标，否则我们所承受的痛苦，蒙受的损失，和洒过的热血都将白白浪费。

几个星期之后，他又给汉密尔顿写信：

我对于各州在自由、长期原则上能建立联盟的愿望，以及为指出现行宪法的缺陷尽一份绵薄之力的心意，同样也是很诚挚的。我所有的私人信件里流露的都是这样的情结，而且只要和别人一谈论起这个话题，我便会努力宣传这种思想并身体力行。

战争结束时，在写给各州州长的通函中，华盛顿用铿锵有力的言辞敦促各方，强调建立一个更好的中央政府的必要性。

在当前这样重要的危机时刻，我再保持沉默就是罪大恶极，因此我将对阁下畅所欲言……

以我之愚见，作为主权独立的国家，以下四点对于美国的福祉都是至关重要的，我甚至敢说，对于美国的存亡都是必不可少的支撑力量：

第一，各州组成一个由联邦首脑机构领导的、牢不可破的联盟。

第二，重视社会公正。

第三，设立合适的和平机构。

第四，在美国人民中间广泛地培养一种和平友爱的精神，使他们忘记各自的地域偏见和政策，相互做出让步，以确保整个国家的繁荣昌盛；在某些情况下，个人的利益要服从公众的利益。

当他最后一次对军队讲话时，他也发出了同样的呼声：

尽管将军本人已经多次以最公开、最明确的方式表明自己的观点，即，除非联邦政府的原则得到正确的支持，联盟的权力得到增强，否则国家的荣誉、尊严与公正性将会永远消失；在这里，我还是忍不住想重复这个如此引人注目的观点，并且把它作为我最后的训诫，留给每个能同样严肃地看待这个问题的将士们，以尽自己最大的努力与同胞们共同去实现我们作为一个国家生存下去所必须充分依靠的那些伟大而重要的目标。

关于和平条约的消息

在华盛顿营帐里举行军官会议一星期之后，拉斐特写信给大陆会议主席，向美国传达了和平协议大约两个月前已在巴黎签订的消息。随后华盛顿通过盖伊·卡尔顿爵士和大陆会议的公告获悉了这一消息。对此，他的第一反应，也是他从大陆会议听到消息后第二天所做的第一件事情，便是询问何时以及如何解决战士们退役的问题。之前，由于从来没有任何一位将军能像他对士兵那样的感同身受，因此他建议，普通士兵和未受任命的军官退役时，应当允许他们保留自己的武器和装备。“这，”他说道，“将被视为是大陆会议给予他们的一种荣誉证明，以示对这些战功卓著的将士们所经受的苦难、所表现出的气概和所做的贡献的认可和尊敬。”虽然只有短短几十个字，却道出了华盛顿最真实和最善良的情感。“这些在苦难中一直陪伴着他们的武器，”总司令继续说道，“具有神圣的意义，将作为勇气和军人钢铁气质的光荣象征从现在的军人手中被一代代传承下去，也许将来有一天它们会再次出现在战场上，满怀自豪和喜悦，在后代手中继续发扬军人的热情、继续追逐胜利的荣耀，就像他们的先辈们现在那样为我们国家的独立和荣誉而战。”华盛顿的话中并没有华丽的辞藻，但是真正的爱国之士都会明确无误地领会其中的含义，因为保家立国的正是那些爱国志士，而不是修辞学家。

一天后，也就是独立战争的第一场战役——莱克星敦战役的纪念日那一天，每个军营正式宣读了停战公告，以及华盛顿的命令——“几个旅的随军牧师将答谢万能上帝所给予的一切福恩。”甚至在战争结束时，华盛顿也都不自觉地表现出了他和别的将士的不同之处。在历经戎马生涯的沉浮之后，他依旧坚持着自己的信仰。从当天的通令中可以看出，他同样也没有放弃人类尊严的坚定信念，因为他在通令中说道：

> 我们当初拿起武器为之战斗的光荣任务已经完成；我们国家的自由已经得到充分的承认和明确的保障，“爱国军队”的美名已经使那些备尝艰苦和危险、坚持战斗的人流芳百世，因此这个宏大舞台上的演员们剩下的唯一任务就是保持一种完美、恒久的品德，坚持演完最后一幕，使这场戏在喝彩声中结束，带着天使和人们对他们以前所有崇高行为的嘉许和赞美退出军事舞台。

第八个纪念日

莱克星敦战役之后第八年，总司令发布了停战通令。消息一出，大家高呼万岁，而后纷纷祈祷感谢上帝保佑；军队在乐队的伴奏下唱起了《独立颂》。为了给晚上的欢庆活动做准备，士兵们奉命搬来十至三十英尺长的木材堆在新建筑前面，搭起了篝火架，又在比肯山、克罗耐斯特山和斯特姆国王山的山顶上堆起易燃物，这些烽火台原本是在敌人来犯时用于报警的，现在则是用来庆祝和平。在一片欢乐的气氛中，华盛顿启程前往新泽西州的灵伍德，与陆军部长安排交换俘虏的事宜。因此，更盛大的庆祝活动将在纽约举行。

独立颂

（为庆祝战争的结束而歌唱）
啊，上帝，在人民声声吟唱的颂歌声中
各州将为您万能的神力而欢呼
在您的保佑下，
他们欢快的呼声穿透云霄；
整个美洲都将为打倒英王而歌唱；
没有俗世中的国王只有天堂里的上帝！
没有俗世中的国王只有天堂里的上帝！

“一个独立的民族，但还得学习政治策略”

致德·拉斐特侯爵的信

我亲爱的侯爵：

……我们现在已是一个独立的民族，但还得学习政治策略；我们已经屹立于世界民族之林，但还需要树立民族个性。至于我们会有什么样的表现，时间会证明一切。可能的情况是（至少我担心会出现），地方政治或各州政治会与更为自由、广泛的中央政府形式相冲突，但智慧和远见会为我们拨开偏见的迷雾而主导一切；另一种情况是，在达到至臻完美境界之前，我们会在这广阔的历史舞台上为频频犯错而深感内疚。总之，仅凭那用万千辛苦换来的经验教训，就足以令我们相信，这个国家的荣誉、权力和真正利益必须从整个大陆的高度来衡量，由此而出现的每一次分歧都会削弱联盟的力量，最终还可能会割断把我们紧密联系在一起的纽带。为了防止此类灾难的发生，为了制定一部统一的宪法，保证联盟的团结、稳固和威严，赋予国家议会在处理国家事务方面充分的权力，每个希望国家强大的人都负有义不容辞的责任。而且我也会在各个方面伸出援手，以尽自己的绵薄之力；从今往后，我将矢志不渝地沿着人生的河流而行，就算经历再多的艰险也要勇往直前，直至任何人都无法回头的深渊。

乔治·华盛顿

1783年4月5日于纽堡司令部

“看在上帝的份上，到底什么是大陆会议？”

摘自致威廉·戈登牧师的信

亲爱的先生：

现在需要依靠各州联盟的力量，依据他们想要遵循的行为准则，来决定是让这个国家变得伟大，幸福且受人尊敬，还是让它沦落到无足轻重的地步，甚至可能更糟糕的是陷入无政府和混乱状态；因为我确信，除非大陆会议获得充分的权力去实现联盟的总体目的，否则我们将很快分崩离析，而且如果我们没有被欧洲国家的政客们玩弄于股掌之间的话，也会遭到他们的鄙视……

看在上帝的面上，到底什么是大陆会议？大陆会议不是由人民创造出来，为人民服务，和人民息息相关的吗？那么赋予大陆会议足够的权力去实现政府伟大的目标和联盟所有的总体目的又有什么危险呢（我重复“总体”这个词，是因为我并不赞成那些总体目的只是与任何一州的某一项具体政策有关，而不是与整个联盟相关）？如果大陆会议没有这种权力会产生什么后果呢？对此我明确无误地可以猜测到，也是强烈反对的。因为我相信，用不了多久，在政治的大天平上我们将会变得微不足道，正如我坚信我们现在有能力使自己受人尊重一样。一旦维系联盟的纽带断裂，所有会毁灭我们未来前景的灾难都会被认识到。根据我的拙见，如果不想让我们的内部纷争把我们留在人们的记忆中，并连同由此而造成的后果一起被写入历史，最好的结果就是我们被忘却。

您说大陆会议奉行的是一种与人民的精神特征不相符的模式，是在失去时机，会因此给联盟带来危害，并且认为他们是想要获得一定份额的钱款。请允许我问一句，之前这样的份额是否已经被要求过？是否已经获得？如果已经如此，那么累累的恶果和许多公共债权人，尤其是军中的那些公共债权人的极度痛苦又是从何而来？至于我，我毫不迟疑地要直言，我看不到大陆会议新近的征款有什么地方会使联邦陷入危险，我倒是认为满足大陆会议的要求能够给我们带来更美好、更公平和更繁荣的未来。据我所知，没有其他任何一项税收比这个更方便、更得人心，因此每个人会缴纳，或者换句话说，因为人民都很方便，都有这个能力，也愿意这么做。因此，我是这项税收的热情支持者。

乔治·华盛顿

1783 年 7 月 8 日于纽堡司令部

华盛顿向军官们告别

1783 年 4 月，和平正式宣告。那年 11 月，我从汉密尔顿上校那儿得知，我们敬爱的将军将在 12 月 4 日向军官们告别，并邀请所有愿意前来的老部下们都能到场。我很乐意前往。

纽约白厅渡口附近的弗朗西斯餐馆里，挤了许多人——那些灭掉英国人傲气，同时又为伟大的革命战争画上圆满句号的军官们。中午时分，华盛顿阁下走进房间，看到周围尽是过去跟他同甘苦、共患难的战友，激动得有点说不出话来。他斟了一杯酒，似乎是在让自己镇定下来，表情庄重而慈祥，就像我曾经见过的那样，然后对他们说："我现在怀着热爱和感激之情向你们告别，最衷心地祝愿你们今后成功、幸福，像过去一样光荣和可敬。"

说着，他喝下杯中的酒，人们一个个上前和他握手。这些在冬季营地和夏季战场共患难的老兵们默默地走出房间，看着他们曾经的总司令在两列步兵之间经过，走向岸边，上了驳船。

船启动的时候，他站在甲板上挥着帽子。我们用同样的方式向他告别，直到驳船消失在视线之外，消失在许多伤心地凝视着他远去背影的人的眼中。

我的孙子们很喜欢听我读一本老书，是托马斯·马洛里爵士翻译成英文的《亚瑟王》。每当我读到亚瑟王如何告别这个世界，如何告别最后一位伟大的圆桌骑士的时候，白厅渡口离别的这一幕就会浮现眼前，我似乎又看到了那些英勇的将士们，以及远处那个在我们这个年代里最具骑士精神的伟人的高大身影。

"雄心勃勃的恺撒是多么渺小！"

现在一切都已经结束了，华盛顿准备前往安纳波利斯提交辞呈……

他在费城停留了几日，像平常一样一丝不苟地整理账务。他没有领取任何薪饷，反而从自己的私人腰包里拿出很大一笔钱，却也没有向政府报销。款项的总额大约为一万五千英镑，其中包括用于秘密情报和劳务的款项和各项杂费。八年苦战结束之后，这位伟大的将军和政府之间结算账目这样一件简单的事，对于生活在这个物欲横流时代的我们来说，却有值得深思之处。处理完这件事后，华盛顿继续赶路。从费城到安纳波利斯的一路上，他所经过的每个村镇都对他的到来报以热情接待和热烈欢呼。到达目的地之后，他在12月20日给大陆会议写了一封信，询问什么时候提出辞呈最合适。最后时间定在23日，那天中午他出现在大陆会议面前。

第二年，在法国图卢兹的一次关于美国独立战争的演讲会上，一位兼任"管家律师"的法国演说家这样描述当时的那幕场景："华盛顿在议会大厅辞去职务的时候，宪法大典上还放了一顶缀满宝石的皇冠。华盛顿突然一把抓起皇冠，将其打得粉碎，并把碎片洒向在场的人群。在美国的英雄面前，雄心勃勃的恺撒是多么渺小！"

他一定想大笑一场！

华盛顿对军队的告别演说与其他大多数人的不同。他的演说中满是慈父般的叮咛，它比如今任何一篇政治演说都更值得一读。关于他和军官们离别的故事，人们已经写了很多次了，但是这些故事总是重复着默默握手告别之类的情形，现在如果我们放飞思绪大胆想象，也许会比笔下的描述更真切一些。从那以后，同样是在那幢楼里，那幢如今依然还在、当时叫弗朗恩西斯餐馆的楼里，有许许多多忠实可靠、头脑清醒的市民一边喝着劣质的酒，一边怀念英雄；而在这幢老房子楼上的一个房间里，当英雄和情同手足的老战友们喝完最后一杯酒时，不禁第一次放声痛哭。

华盛顿在这一时期所做的诸多告别演说和任何一位即将告别舞台的演员所做的演说大致是一样的，但其中有一点非常重要的不同之处：它们指的都是同一件事情。除了这次向整个军队告别之外，他还给联邦政府每个州的州长都写了一封长信。所有这些信在今天依然值得我们重温，因为信中满纸皆是对新生美国的忠诚和骄傲，以及对各州相互猜忌和妒忌的警告。

最后，应大陆会议的要求，他向大陆会议做了书面的告别演说。他的演讲素以简短而闻名，就像他的信以长而出名一样。那天，当大陆会议正在安纳波利斯开会时，颇有进取心的当地记者说道，“很少有什么悲剧能够像华盛顿阁下最后向大陆会议告别时的举动那样感人，让那么多双美丽的眼睛泪水涟涟。”由于那个时候的记者很少有机会“畅所欲言”，因此如果不是几位细心的作家用了更有渲染力的词句，那么人们也许就不会怎么相信这句辞藻相当华丽的话。

华盛顿的演说当然是感人的，他的举止也是高贵的，但是当大陆会议要对他的简短演说做出回应时，他一定是想要大笑一场，因为完全出乎他意料的是，代表大陆会议发言的人居然是米夫林。而就在几年前，米夫林还是可憎的“康韦阴谋集团”的一员！“时间最终抹平了一切。”

书面辞呈

主席先生：

使我能够辞职的伟大事件终于发生了，我现在有幸向大陆会议致以诚挚的祝贺，并请求他们收回对我的信任，允许我辞去为国家服务的职务。

我们已经取得了国家和主权的独立，我为此感到非常高兴，并为合众国有机会成为万人敬仰的国家而感到激动不已。至此之际，我将欣慰地辞去曾经战战兢兢接受的任命，那时的我完全没有信心自己有能力完成如此艰巨的任务。然而，我们正义伟大的事业给了我自信，联邦无上的权力给予了我支持，上帝的眷顾给予了我力量，让我终于克服了这种怯懦。

战争的胜利结束验证了当初最大的期望，每一次回想起这场伟大的战争，我对给予我庇佑的上帝和给予我帮助的同胞们的感激之情就会不断剧增。

此时此刻，当我再次向整个军队表达我的感激之情时，如果我在这里没有向战争期间在我身边工作的先生们致谢，感谢他们所做的特殊贡献和杰出功绩的话，我将对不住自己的感情。而且我不可能再如此幸运地找到这样可以信任的军官们来充当我的部下。先生,请允许我特别推荐一下那些直到此刻还在服役的将士们，他们值得受到大陆会议的赏识与眷顾。

在我的公职生涯庄严的最后一幕结束之际，我认为我有不容推卸的责任把我们最亲爱的国家的利益托付给全能的上帝保护，并请上帝保佑照管这些利益的人。

现在我已经完成了委派给我的工作，我即将从这个宏大的革命舞台全身而退。长期以来，我一直是按照这个庄严的机构的命令行事。在向它亲切告别之际，我在这里交出我的委任状，告别公众生活中的所有工作。

乔治·华盛顿

1783年12月23日于安纳波利斯

撒克里对两位乔治的对比

地点是在大陆会议大厅。各州政府的代表都已经就位，并戴着帽子，而马里兰州的州长和官员们、各地的军官和附近的男男女女则把周围的空间挤得满满当当，他们恭敬而又安静地脱帽站着。华盛顿由大陆会议秘书带到专门为他准备的座位上。过了一小会儿，会议主席说道："合众国大陆会议开会，准备听取他的讲话。"

他的老对手，会议主席托马斯·米夫林，用优雅、动人的言辞做了回答之后，简单的仪式就此结束，华盛顿以一个普通公民的身份离开了房间。

一位伟大的英国小说家如此经典地描述了这幕场景：

"乔治王子的伦敦筵席开宴与华盛顿的辞职仪式，哪一幕才是最辉煌壮丽的呢？哪一位才是后人最景仰的伟人——是那位穿着蕾丝和亮片华服的无聊的舞者，还是这位一生没有污点、一生没有遭人非议、一生不屈不挠、一生战功赫赫，尘埃落定之时却将宝剑插入鞘内的英雄？"

第二十九章 “西方的辛辛纳图斯”

弗农山庄成为“麦加”

辞去职务后，华盛顿没有等到准许他离开的命令就立刻前往弗吉尼亚，翌日就到了弗农山庄，正好可以在家里享受圣诞节期。当他再次坐在自家的炉边时，长长地松了一口气。整个战争期间，家乡的波多马克河一直让他向往不已。他喜欢待在家里，这也是他家族的生活习惯和风格，只是他恋家的程度更加强烈。乡村生活的方方面面对他来说都是珍贵无比的。他喜欢安宁平静的乡村生活，喜欢有益身心的乡村运动。像大多数身体健壮、性情质朴的人一样，华盛顿特别喜欢户外活动。他感觉自己已经得到了休息，能够心平气和地享受快乐和做事。他相信自己可以重拾因战争而放弃八年之久的生活习惯。回来后的第四天，他在给克林顿州长的信中写道：

> 戏终于落幕了。我为不再担任公职感到如释重负。我希望将自己余生的时光用于培养慈爱之心和践行家庭美德。

我们相信他的愿望是发自内心的，但他的愿望能否成为现实还让人怀疑，因为这对他来说只是一个愿望，而不是一种信仰，华盛顿也一定感觉到还有其他事情会召唤他去做。不过，他现在还是过着像过去那样的田园生活，并且是兴致勃勃地投入其中，尽管年龄和身体因素使他不得不放弃一些老的习惯。他重又开始狩猎，拉斐特给他送来了一群极好的法国猎犬。但这些猎犬性格暴烈，难以驾驭，于是他很快就放弃了，而且从此之后外出打猎再也没有带过猎犬。然而，在其他方面，他的生活习惯则几乎没什么改变。他不在时，种植园的工作和地产的经营业务已经荒废很多，而现在在他的管理下，又重有起色，且取得了很大的成效。就像过去那样，他又可以在马背上度日，终日敞开大门款待宾客，享受宁静的夜晚，以及乡村生活中许许多多的简单劳动和娱乐活动。然而，除此之外，华盛顿也开始更加密切地关心与国家命运息息相关的一些变化。战争岁月的回忆时常浮现在他的脑海里，使他欲罢不能，同时未来也像敲门声一样在召唤着他，需要他去解决问题，给出答案。

华盛顿离家时，是一名杰出的弗吉尼亚人，而等到衣锦还乡时，他已成为世界上最有名的人物之一，但这种名声通常也会有其不利的后果。每个来到美国的外国人，无论地位如何，都会虔诚地来到弗农山庄拜访，很多美国人也是如此。他们的造访虽然没有改变他的生活方式，但由于都是受到了热情的款待，所以就占去了主人许多宝贵的时间。

“去告诉乔治立刻到这儿来！”

1783年的圣诞节前夕，他又一次来到弗农山庄，重温这种比胜利和权力更让他喜欢的生活。他对获得成功的方式和过程抱有一种强烈的热情，而不只是对于成功本身。他把革命置之脑后，就像把一本已经读过的书搁置一旁；他淡然地抛开革命，就像在约克敦淡然地接受康沃利斯投降一样——他对成功感兴趣，不是为了炫耀荣誉，而是只把它视为一种结束的方式。他似乎非常满足于战争所带来的和平，满足于在家里找到了在战场上那样让他足以施展才能的舞台。他又变回成了一个普通的弗吉尼亚人，和他的邻里一起履行一个好公民的所有职责。早在1775年的那个遥远的春天，关于战争的流言四起，他抛开自己的农务，停止猎狐活动，参加了大陆会议，而后大陆会议又将他派往剑桥。的确，两年前，他和德·罗尚博伯爵一起率领部队从约克前往哈德逊河畔驻地的途中，曾在弗雷德里克斯堡停留过。他的妹妹刘易斯太太，有一天在安静的小镇里拜访朋友回来时，在家门口惊讶地看到了一名军官的几匹马和几名随员。她一走进家门，就看到她亲爱的哥哥正四肢伸开和衣躺在她的床上熟睡着，像一个刚打猎回来的男孩。在法国军官们和总司令离开弗雷德里克斯堡再次北上之前，为了庆祝胜利，举行了一场正式的舞会。在欢快的众人面前，华盛顿挽着年迈的母亲，高兴地参加了舞会。他的母亲虽然已经七十四岁高龄，可背却丝毫没有驼，而是像女王般平静地接受了儿子战友们向她表示的敬意。一名仆人之前告诉她说，“战神乔治”住在旅馆里，她命令说：“去告诉乔治立刻到这儿来！”于是他就过来了，尽管现在的他位高权重。当他看到从前的邻居围在身边时，感觉到了他们久违的亲切和诚挚；在弗吉尼亚的短暂停留令他精神大为振奋——好像使他换了个人，就好像只有像他这么安静的人才能够重新振作一样。但是，在弗雷德里克斯堡和弗农山庄的那几天只是战争中的一个小插曲，只是行军途中一次令人欣慰的短暂逗留。现在，他终于又回来重新照料家务，成为乡邻的一员，就好像过去九年里他从未离开过一样。

从弗吉尼亚人成长为美国人

那个时候，除了汉密尔顿，再没有人像他一样，能够意识到合众国光辉的未来。对生来就是殖民地居民的人们来说，想要把看待问题的角度提高到整个国家机会的高度绝非易事，但华盛顿一步之间就从一名弗吉尼亚人成长为一个美国人，为此他显得格外与众不同，出类拔萃。在战争之初，他就已经把国家的概念真正贯彻于心，那时，除了演说时偶尔提到外，没有人认为这是切实可行的事情。他用同样的方式迅速提出了关于整个国家未来成长和壮大的精确构想，再一次地表现出了他的与众不同与出类拔萃。汉密尔顿虽然不在殖民地出生，也没有受到地方偏见和地方狭隘思想的影响，但由于长期和华盛顿为伍，因此他就和总司令一样，在关注类似问题时，他的观点也完全具有国家和帝国的视野和高度。然而，那个时期的其他美国政治家们，除了富兰克林之外，也都只是亦步亦趋，有时甚至是不愿采纳他们的意见。有一些人从头至尾就根本不接受他们的意见，地方主义思想根深蒂固，除了嘴上说说而已，很少有人能够真正清楚地理解华盛顿从一开始就提出的确实构想。所以战争一结束，华盛顿的主导思想之一就是要确保他所预见的国家的未来有一个美好的开端。他一眼就洞察到国家未来的关键在于把握荒无人烟的西部地区。因此，他一直都非常关心西部营地的情况和美国对印第安人的政策，关心边境地区是否常驻有充足的军队，能够阻止英国人或野蛮人的入侵，确保人们能够在那里安居乐业。然而，由于国会实在是软弱无力，根本就不能给予他任何的帮助，以至于他在全国范围内推行这些想法时，即使动用他的个人影响力也无济于事。因此在隐退之后，他立即开始构想并提出一些切实可行的措施来发展西部，因为他相信，一旦人民有机会开拓自己的事业，即使国会不采取行动，他们自己也会行动起来。

"在我自己的葡萄架和无花果树下"

"在我自己的葡萄架和无花果树下"是华盛顿脑海中所想象得到的最迷人的场景。战争期间他曾多次提及快乐的一天能够到来，使他隐退后能够重新开始自己的私人生活。历经八年的苦难、艰险、焦虑和愤怒后，他回到了弗农山庄，感觉自己终于得到了回报——和家人平静安宁地共享余生。那些曾经嘲笑、阻挠过他的人现在又来奉承他，这对他来说可谓是极大的满足。最后人们终于看到，是华盛顿独自一人挽救了整个国家。

但国家仍是一盘散沙，独立的各州又回到过去各自为政的状态。没有统一的领导，没有统一的组织，也没有真正彼此的同情和团结，国家独立后的十三个殖民地就像一块块桶板一样，缺少一个强有力的铁环将它们紧箍在一起。在平静的弗农山庄，华盛顿也注意到了这种状态，他竭力想改变这种现状，就像他在二十年前《印花税法案》取消时所做的那样。他对百姓的博爱、一心为公的精神，使他做不到置身事外。

现在的人可能会觉得弗农山庄的生活方式有点单调，呆板，然而这样说是有违事实的。华盛顿是一个爱笑的人，天性幽默快乐。他能欣赏一个好的故事，像大学生一样喜欢生活中的趣谈。马歇尔法官讲的一则故事说明了华盛顿性格新的一面。那是关于发生在马歇尔法官和华盛顿侄子布什罗德身上的一件窘事。两人在去弗农山庄的途中，为了使自己能够干净、整洁、得体地出现在山庄，他们准备在邻近的一个树林里把身上沾满灰尘的脏衣服换掉。当他们脱去脏衣服，正等着贴身仆人递上干净的衣服时，仆人打开随身携带的旅行箱，却惊讶地发现里面只有香皂、胶带、针线和一些属于一名流动商贩的小商品。原来在他们最后一次住的旅馆里，与一名苏格兰商贩换错了旅行箱。尽管两人觉得很尴尬，但仆人可怜的表情却也不禁使他们哈哈大笑。他们的笑声正好被经过的华盛顿听到，于是就过来看看究竟。两个衣不遮体的男人，又惊又喜地用手势极力掩饰自己的窘态。华盛顿一眼就看出他们的尴尬，但他们滑稽的样子实在是太可笑，结果他也顾不上朋友的面子，倒在地上情不自禁地放声大笑起来。

许多故事中都说到，即使是在福吉谷，在战争最艰难的日子里，华盛顿也会在精神高度紧张之余给大家带来许多的欢笑。西班牙国王送给他的一头公驴成为经常被取笑的对象，他把这牲畜比作英国国王——他以前的君主，甚至有意想拿国王的名字给它取名。

一名诙谐的作家这样谈及华盛顿：

“虽然我们听说华盛顿六岁时还不会说谎，但后来他还是部分克服了这个缺陷。有一次他写信给一个朋友说新泽西州的蚊子隔着厚厚的靴子还能咬人。”

这位“权威作家”还进一步证明了华盛顿还会说一些善意的谎言的事实。他忘了“爱情和战争中人人平等”，因为在一次出色的佯攻中，华盛顿曾机智地欺骗了克林顿，使自己得以顺利地前往弗吉尼亚，并随即当场结束了战争。对于这样爱开玩笑的人，我们绝不应该抱怨，因为华盛顿确实是“新泽西蚊子”笑话的原创者。

三十年后的雅各布·范布拉姆

有趣的是，华盛顿辞去繁忙的军职，解甲归田，回到弗农山庄，刚把剑挂在墙上时，就收到了当初在山庄第一次教他剑术的一位知名人士的来信。他就是雅各布·范布拉姆，华盛顿的剑术启蒙老师和战友，大梅多斯事件中那位不幸的翻译。他再次出现了。他在信中讲述了自己目前的生活状况。似乎在法国印第安人战争之后，根据他的战功和过错，他退伍时只获得了一半的薪水；然后他结了婚，在威尔士的一个农场安了家，与妻子和岳母一起生活。去英国时，他对美国仍抱有深厚的感情，独立战争爆发后，他一度可以自由发表言论，而且似乎就像他所认为的那样，在公众面前，或者是在国家会议上慷慨陈词，反对美国战争。然而，好像是为了封住他的嘴似的，他突然接到了当时的总司令阿默斯特勋爵的命令，命令他加入他的团（第六十九团），同时被任命为第三营最年长的上尉。为此，他提出请求，让他回乡下，因为他在农场的巨额投入已使他背上了债务，如果此时他突然弃之不顾，农场就会被毁掉，但他的恳求是徒劳的。不允许有任何借口——他必须启程前往东佛罗里达，否则原来的一半薪水也将被取消。于是在1776年年初，他奉命带着两百名在伦敦招募的新兵乘船前往圣奥古斯丁，并打算一有机会就出卖军队。经过一连串的抵触和分歧，1779年，他的这种行为受到了阻止。在这期间,他曾在佐治亚州发动过一次战役。“他辞去了职务,”他说道,“高兴得就像一个刚参军的年轻小伙子一样。”

然后他回到英国，在德文郡定居。然而，由于他总是忍不住要发表反对政府的言论，因此他在那里住得并不舒心。于是，他移居法国古老而富裕的奥尔良省，一直住在马勒塞布附近，显然他在那里生活得很自在，享受着杰出人士的友谊，同时也希望他的法语比在大梅多斯投降时当翻译的水平大有长进。这位可敬的少校似乎对他早年教授剑术的学生所取得的成就感到非常欣喜和骄傲。

“就此停笔了，先生，最后，”他写道，“我衷心地祝贺您在美国独立战争中取得的成就；祝您长寿，享受一个伟大民族对您的祝福，是您的领导使他们摆脱了压迫和束缚。”

从此以后，这位美国历史上最早期的重要人物之一就此淡出我们的视线。

人不在衣装

虽然华盛顿对穿着很讲究，但他不是某些人所想的那种喜爱打扮的人。1783年,“不要,”他在给侄子的信中写道,“以为人靠衣裳马靠鞍，觉得穿上华丽的衣服就可以变成品德高尚的人物。在有识之士眼中，简单高雅的服饰比蕾丝或绣花更能受人赞赏，更受人信任。”

沙利文这样描述在一次招待会上的华盛顿:“他穿着一件黑天鹅绒外套,头发经过精心打理,涂过粉,在脑后扎成一束,用一个大丝袋套着,手上戴着黄色手套；手拿一顶三角帽，上面有一颗帽章，帽子边缘装饰着一根寸把长的黑色羽毛；他的膝盖和鞋子上都扣了搭扣，随身佩戴着一把长剑，剑鞘是由白色的抛光皮革制成。”

他起草的方案旨在通过内河航运来打开西部发展的大门。这个想法由来已久，最早产生于大革命之前，可以追溯到他早期从事土地测量和买荒地，以及深入而切实地思考殖民地发展潜能问题的时候。现在这个想法已经成熟和大胆了许多。在这个计划中，他已经认识到创立他所预见的帝国的第一步该如何去走。当他解甲归田，在弗农山庄宁静的清晨醒来时，“有一种奇怪的摆脱公务后的自由感”，于是他立刻将注意力转到这个计划上，他确定在其中可以做点什么，尽管国会软弱无力，联邦如同一盘散沙。1784 年 3 月，他给当时在国会任职的杰斐逊写了一封信，这是他就此事写的第一封信。杰斐逊很赞同华盛顿的观点，只是不知道其影响有多深远。华盛顿告诉杰斐逊说，他对政府的援助非常失望，因此他打算重新恢复 1775 年就已经创办，后因战争而不得不放弃的公司。他在信中对需要调和的各方利益做了说明，并希望杰斐逊能去拜访马里兰州的州长，这样马里兰州就可能会加入进来；另外，华盛顿还提到了可能被纽约预先考虑到而遭打击的危险性，提到了他在业务发展中一直用巧妙手法拨动着的当地民众的那种自豪感。还有很明显的一点就是，他煞费苦心想让人们明白，他拥有土地是因为他个人对地产感兴趣。虽然他的眼界远远超出自己的土地，但他很高兴能使自己的资产有所扩大，对此，按照通常的习惯，他不会去找任何借口或托词之类的理由来加以掩饰，因为他想让人们注意到这一切都是出于他的个人兴趣。

实际的结果是立法机构开始着手处理这一问题，不过更多的人则只是遵从华盛顿的愿望和感激他的服务，而不了解方案的真正意图。公司如期成立，作为发起人，华盛顿可以获得一百五十股的股份，立法机构希望借一切机会来证明他们是已经意识到了“华盛顿为国家所立下的史无前例的功勋”。华盛顿很受感动，同时也深感不安。正如他所说的，为了事业的发展，他一直都愿意放弃自己所钟爱的宁静的隐居生活。他甚至去了马里兰州，努力说服该州参与到他的计划方案中，但他不接受把钱看成是庞大国家政策的一部分的观点。

“我希望，”他说，“每一个人，如果听说过这是我最喜欢的一个计划的话，能够明白我提出这个计划的唯一动机是为了联合东西部，从而推动联邦的发展，尤其是马里兰州的发展，同时搞活和发展商业，给我们的国民带来便利。”

“当得知华盛顿从中获得两万美元和五千英镑的政府资金作为个人股份后，世人会怎样看待这个问题？世人又会怎样评论这件事？”

他觉得，接受这笔钱会让他看起来像一个“领养老金者或接受援助者”，因此他拒绝了给他的股份。他说自己是“乔治·华盛顿”，而不是用单数第一人称代词的“我”，表现出了一种骨子里的坦率和人性。他总能客观地看清事实，和其他事情一样，他完全知道叫自己“乔治·华盛顿”的原因，虽然他想要的是解甲归田，过自己的清净生活，但他估计自己在世界上所处的地位时没有一点故作姿态的谦虚。而且，在他不愿意接受那笔善意的赠款的同时，他也没有借拒绝赠款之名而摆出一副他自称是“炫耀而不感兴趣的”姿态。最后，他还是接受了股份，并将股息捐给了两所慈善学校。方案得到了成功的实施，但工作还在持续，就像华盛顿早年亲手干过的测量工作和其他许许多多不同性质的事情一样。

视察俄亥俄河和卡诺瓦河河畔的土地

华盛顿此时准备去阿巴拉契亚山脉以西的地方走一趟，看看他在俄亥俄河和卡诺瓦河河畔的土地，克雷格医生将与他同行。克雷格医生曾陪伴华盛顿经历过多次战役，而且在 1770 年也陪同他进行过一次类似的旅行。有关他们的旅行路线，可从华盛顿对医生的嘱咐中得到推测——“你除了带一名仆人照料你的马匹和你觉得可以利用的合适寝具外，不需要再从家里带任何东西。我会带一顶大帐篷、一些野营用具和少量必需品。在约克加尼河河畔属于我的地方或皮特要塞会备有一条小船或别的什么船只，以便我们顺河而下，为此我已经做好了准备。你可能需要带些药品、钩子和线。”

这一次带着帐篷、驮马和简单物品，军人式的艰苦旅行，使华盛顿又一次来到了年轻时曾跋涉过的地方。华盛顿年轻时曾替费尔法克斯勋爵做过土地测量员，当过弗吉尼亚民兵的领导人，也做过不幸的布拉多克将军的副官。而现在他已是一名久经沙场的老兵，一位著名的将军。他从容不迫地让马匹沿着至今仍叫作布拉多克的旧军用道路，谨慎地在群山中行进。当年，在热血方刚的年轻岁月里，他也曾在这路上策马飞奔。他原本打算去测量和巡视他在莫农加希拉河河畔的土地，然后沿俄亥俄河而下前往卡诺瓦河畔，在那儿他也有大片荒地。然而，一到莫农加希拉河，他就听到了一些关于印第安人部落不满和愤怒情绪的传言，于是他觉得此时冒险去他们的领地并不明智。他在莫农加希拉河河畔的一些土地上已有人定居，其他地方还是一片荒芜，而且在目前国家局势不稳的情况下几乎毫无价值可言。因此他缩短了行程，没有再深入莫农加希拉河以西的地区，而是沿着河流而上，向南穿过荒无人烟的阿勒格尼山脉地区，一直到达斯汤顿附近的谢南多厄河河谷。10 月 4 日，他回到了弗农山庄。从 9 月 1 日开始启程，他已经骑马走了六百八十英里，大部分时间都是在荒凉多山的地区跋涉，晚上不得不露宿野外。这次远行，与克林顿州长一同前往巡视北部各要塞的旅行一样，证明华盛顿依然精力充沛，充满活力。

“不仅会带来很大的商业效益，而且也会产生很大的政治效应”

啊，一些评论家以评论者特有的方式说，你已被你的主人公冲昏了头脑。你在一个如此简单的、仅仅只是为了开发西部地区的商业计划里，竟然看到了一位政治家高瞻远瞩的思想。或许我们的评论家是对的，但是，如果我们继续了解这位弗吉尼亚战士，继续研究他的信件和想法，就会逐渐开始相信他的很多事情，就会察觉他言行中的丰富含义。不管怎样，至少还是先看看我们的证据吧。这里有一封华盛顿在方案执行一年后写给朋友汉弗莱斯的信。他在信中说："我越来越关注这个项目，我认为它不仅会对各州带来很大的商业效益，而且也会产生很大的政治上效应，尤其是中部各州"；接着他又继续说明了加紧西部和大西洋海岸各州联系的必要性，从而达到遏制西班牙和英国之目的。这似乎不仅仅只是一个赚钱的方案。事实上，这个计划证明他所说的一切都是对的，尤其是在阅读了他这时期所写的其他一些信件之后，将它们联系起来看，更是如此。华盛顿希望从他的河流和运河上运送的不只是源源不断的木材和毛皮，还有重要的政治效应。

同样是在这封给汉弗莱斯的信中，华盛顿也提到了与西部开发有关的一个想法。这对国家的未来有着至关重要的意义，虽然在那时看来有点蛊惑人心。他说：

> 也许我的想法有点奇怪，但我还是要说，在我们为密西西比河的航运问题大肆争论之前，在我们把定居点延伸拓展至密西西比河流域之前，为迁往西部的居民打开方便之门（他们的迁移应该是定期的、经过合理安排的），才是我们真正应该奉行的政治路线。

他还写道：

> 不管我的观点多么奇怪，我都不会放弃，即：此时（1785 年）开通密西西比河航道不应该是我们的目标。相反，在我们腾出时间来开辟并疏通大西洋沿岸各州与西部地区之间的道路之前，最好还是保留这些障碍。

在这个问题上，他将自己描述成“奇怪的”是对的，因为在当时这样的观点还是引起了人们的诸多注意。

期待已久的拉斐特的来访

1784 年秋天,期待已久的拉斐特终于来访了,但侯爵夫人没有随行。8 月 17 日，他到达弗农山庄，住了十二天。在这，弗农山庄尽是前来拜见他的客人。当他要离开弗农山庄前往巴尔的摩时，许多弗吉尼亚绅士伴他一路同行。在拉斐特从欧洲带给华盛顿的物品中，有梅斯美尔的一封信。“催眠术”这个到现在科学都无法解释的词，从很大程度上应该要归功于梅斯美尔这位伟大的江湖医生。华盛顿的回信很有意思，充分显示出了当他无话可说又不得不说些什么时的那种机智。

> 拉斐特侯爵有幸为我带来了您 6 月 16 日写的信，并对催眠术的魔力做了一些解释，如果它真的像所说的那样有奇效的话，那么它的发现必将是人类的福音，也必将为发明它的天才带来无上的荣耀。感谢您对我的信任，让我加入您成立的协会，以传播期望中的催眠术的各种好处；同时就您对于我的肯定，希望您能接受我的感谢和敬意，为此我将不胜荣幸……

拉斐特回去时，华盛顿也让他给侯爵夫人带去了一封信：

> 侯爵先生回去后将会像一位精神焕发的恋人那样对您温柔而热情。我们代您把他照顾得很好，他的健康得到了很好的恢复，联盟各方都对他敬爱有加。他将顺利地和您、和家人以及和朋友们团聚，并将如您所希望的那样，你们将长相厮守、互敬互爱，还可以将你们两人的美德传给子孙后代，这就是我对您最诚挚、

最尊敬的最大愿望。

注——我和华盛顿夫人向您致以美好的祝愿。

根据特别法规，拉斐特和他的男性继承人被授予了马兰州和弗吉尼亚州市民的资格。

拉斐特去看望华盛顿的母亲

1784年，拉斐特回到弗吉尼亚，正如华盛顿给拉斐特侯爵夫人的信中所说的，“各地都对他敬爱有加”。他拜访了弗农山庄，并在回法国之前前往弗雷德里克斯堡拜见了华盛顿的母亲。许许多多的市民和军人涌进镇里来向他表示敬意。其中有一位乡下来的老兵，他听说了许多关于这位曾跟随军队多年，最近刚来到弗吉尼亚的新人物的事迹，知道拉斐特积极勤奋,权力显赫,战功卓著。因此,他一定要见见拉斐特，不管人群中有没有“扒手”。这名老兵没有手吗？他应该一直是紧紧抓牢口袋里的手表的。他成功地穿过拥挤的人群，来到将军身边。能受到侯爵如此热情的问候，他欣喜若狂，激动之下将侯爵的双手紧紧握在自己的手里。侯爵没有因这个乡下人的过度热情而失去礼貌，在亲切的交谈之后,这名士兵拍了拍自己敞开的装表的口袋,里面空空如也，不过为了所获得的礼遇，这个诚实的家伙可不觉得付出的代价太过昂贵。

与众人一一握手，心情格外高兴。然后，侯爵得知华盛顿的外甥，即华盛顿的妹妹贝蒂的儿子，要护送他这位法国贵族前往好朋友的母亲的家。

“在她外孙的陪同下，”卡斯蒂斯先生说，“他到了华盛顿母亲的房子，年轻人说，‘先生，那位就是我外婆。’拉斐特看到他敬爱的英雄的母亲，此刻正在花园里忙碌，穿着自家缝制的衣服，灰白头发上戴着一顶普通的草帽。老人友好地向他致意，说道，‘啊，侯爵先生，您看到的是一个老妇人。不过还是进来吧，在我的陋室里，我不用换衣服也可以欢迎您。’

“侯爵谈到了革命所带来的快乐和幸福，以及为主权独立的美国所开创的美好前景；他说很快就要回国去，还表达了他对她杰出的儿子的崇敬、热爱和欣赏之情。对于侯爵对他敬佩的英雄，慈父般的领袖的溢美之词，她的回答一如既往，‘我对乔治所取得的成绩并不感到惊讶，因为他一直是个很优秀的孩子。’

“在她以后的日子里，这位母亲经常讲到‘她自己优秀的孩子’，讲到他儿时的种种优点，讲到他对她的爱和孝心；但她从未提及他作为国家的拯救者、作为伟大合众国最高行政长官的事情。你能做到这么淡然吗？或者认为是毫无雄心壮志吗？噢，不是的！她的雄心壮志早已超额实现。她从小就教他要学好。当机会来临时，他于是就成就了伟业，这一切都是水到渠成的结果，并非是她为了这一切而去教育他。”

“除了服从，没有别的选择”

在战争期间，在她生活还能自理的时候，以及直到她生命的最后三年，疾病的折磨已经给她带来行动上的不便，但是华盛顿的母亲还是自己带钥匙，忙里忙外地做家务，自力更生，独立生活，树立了最令人敬佩的操持家务的典范。弗雷德里克斯堡一些上了年纪的居民们清楚地记得，这位老妇人总是坐在一架老式的敞顶马车上，几乎每天都去看看她在小镇附近的小农场。到那里后，她会骑着马四处转悠，给干活的人做一些指示，并确保落实。一次，有一个人由于没有按她所说的去做事，这位女士的眼神变得和他儿子打仗时一样的尖锐，她不客气地指出了那人的错误。那人辩解说：“在我看来，这么做比原先的做法更好。”华盛顿太太回答道：“上帝，谁让你在这个问题上自作主张了？我告诉你，先生，除了服从，你没有其他选择。”

到了八十二岁高龄的时候，她深受病痛的折磨（乳腺癌），却仍然住着简朴的房子。总统的母亲就这样生活着，永远保持着她高贵独立的独特人格。儿女们和众多孙子孙女经常会去看望她，慰问她，尤其是她的女儿刘易斯太太。她再三恳求母亲搬到她家安享晚年，儿子也恳请她去弗农山庄度晚年。她却回答说：“我很感谢你们的好意和孝心，但我在这个世界上需要的很少，我完全相信可以照顾好自己。”她的女婿菲尔丁·刘易斯上校建议由他来代为操持事务，她则回答说：“菲尔丁，把我的书整理好，因为你的眼睛比我好，但具体事务还是留给我处理吧。”

新婚贺词，幽默但诚恳

华盛顿的婚姻观反映了他个人的经历，同时也是建立在他对别人的婚姻思考和观察的基础之上。以下是他就婚姻这个重要问题写给一个侄子的一封信：

> 如果华盛顿夫人比我活得时间长，那么从道德角度说，我死后就肯定不会有子女。如果我活得更长久，那么我认为这个问题的结果也几乎是可以肯定的，因为只要我还有理智，我就永远不可能与一个年轻女孩结婚；即使我打算结两次婚的话，我也不可能和一个与我年龄相仿的人结婚生子。

在一封写给德·夏斯特吕克斯侯爵的信中，他的笔调更加诙谐：

> ……也许如您所料想的那样，读到您使用“我的妻子”这样平常的美国式用语，我又惊又喜。妻子！好啊，我亲爱的侯爵，

发现您终于上了钩，我就禁不住想笑。鉴于您经常称赞美国家庭生活的幸福，我就明白您已经吞下了诱饵，而且迟早有一天，您肯定会成为婚姻的落网之鱼，就像您是一名不容置疑的哲学家和军人一样。现在，您的这一天终于来临了！我真心诚意地为您感到高兴。这对您大有好处。您横渡大西洋，千里迢迢前来战斗，帮助美国的反抗者，现在总算有了回报，那就是感染上了家庭幸福这种可怕的传染病。这种传染病就像天花和瘟疫一样，人的一生中只可能感染一次；因为它通常会延续人的一生（至少在美国是如此——我不知道在法国你们是如何应对这类问题的）。然而，在就此事对您说了那么多您应得的诅咒性的话之后，我心中所能找到的对您和您夫人的最坏的祝愿就是，在有生之年，你们俩谁也别想拥有比这更完美的家庭幸福了。

“端着一碗热茶站在我身边”

埃尔卡纳·沃森先生是一位善于观察的旅行家。他于1785年冬带着格林将军和菲茨杰拉德上校的介绍信拜访了弗农山庄。他讲述了华盛顿退休后在家的生活情况。虽然他带的介绍信必定能使他受到彬彬有礼的接待，可他却说：“当我来到这位伟人面前时，诚惶诚恐，战战兢兢。我进去时，他正同华盛顿夫人和家人在用餐。他接待了我，身上流露出一种天生的高贵气质，举止文雅，既具有军人风范，又具有一名杰出绅士的风雅，这两种特质在他的身上是如此奇妙地结合在一起。之后，他随意友善地同我交谈，显得轻松自如，很快使我不再感到拘束。”

晚上，当其他人都回房间休息后，沃森先生和华盛顿足足长谈了一个小时，或许是想听华盛顿讲述他战争时的一些经历吧。但是，如果这么想的话，那他就要失望了，因为他说道：“他是如此谦虚，以至于对自己曾参加过的、曾在其中发挥过举足轻重作用的那些光辉战绩只字不提。他的谈话大多讲的是国内问题，讲到了在塞内卡、大瀑布和利特尔福尔斯开凿运河，建造水闸，打通波多马克河航运路线的事情。他的思想似乎深深地被这件事所吸引，后来甚至开始认真地思考起这个问题。”

沃森先生在一次严冬季节的旅行中患了重感冒，咳嗽不止。华盛顿劝他服点药，但他婉言谢绝。夜晚上床睡觉后，他咳嗽得更厉害了。“过了些时候，”他写道，“我房间的门被轻轻地推开，拉开床帐，我看见华盛顿手里端着一碗热茶，站在我床边。我内心的羞愧和苦恼之情难以言表。这件小事，要是发生在日常生活的普通人身上，可能不会引起关注，但是它作为华盛顿的仁慈善意和个人美德的人格象征，却值得记载。”

将军和他的那群猎犬“分手了”！

虽然华盛顿这位猎人昔日穿着蓝色外衣和红色马甲出席狂欢节日活动的那份勇敢有所消退，但依旧穿着蓝色外衣和红色马甲的他仍是像过去那样，悠闲地骑着他那匹名叫“菲尔斯基”火红色的马——他的仆人威尔·李（比尔·李）则骑着一匹名叫“钦克林”的马紧紧跟在他的后面。两个人骑马直奔，越过重重障碍，穿过道道荆棘，从日出时分，弗吉尼亚的灰狐狸刚刚从洞穴出来之时，直到——不管是什么时辰——他夫人入睡，她的属下在房子前勒住马，有什么吃什么为止。卡斯蒂斯说华盛顿需要一匹马，“但要品种优良、能够一直奔跑。他则打趣说，只有当马一直站着不动的时候，他才会下马。”

在随后追逐狩猎的那些日子里，他们狩猎用的猎犬是1785年拉斐特送到弗农山庄的。这批猎犬生性凶猛，长着狼牙大口，是野生品种，和他们的猎物完全不同。他们是法国猎犬，善于与拼死挣扎的成年牡鹿或发怒的野猪搏斗。华盛顿夫人从没在房子附近见过这种庞然大物，有一次，其中一只名叫武尔坎的猎犬被发现叼走了一只刚出炉的火腿之后，它横行霸道的日子也就结束了。将军不久就和他的那批猎犬“分手了”。

战马纳尔逊最后的日子

在华盛顿每天的安排中，不管是日晒雨淋，有一件事情是不会变化的，那就是去农场巡视，行走十二到十五英里左右，无论什么季节，他都从不会遗漏。他会靠在农场的栅栏上，看着他的那匹高大的、白脸白腿的栗色老马，看着它怡然自得地享用着弗农山庄里最肥美的青草和三叶草。一看到华盛顿，这匹老战马便会竖起耳朵，嘶鸣着奔跑过来，把脖子伸到主人的手上。这匹马就是纳尔逊，美军总司令当年就是骑在它的背上,在约克敦接受了康沃利斯勋爵的投降。战争结束了，纳尔逊的工作也结束了。现在，夏天它可以在草地上吃草，冬天待在马厩里，有人精心饲养，安享晚年。不过，由于主人的严厉命令，它永远也不会被允许有感受马鞍负重的机会了。

辛辛那提协会的主席

然后，有许多画家和雕刻家前来给他画像或塑半身像。

“俗话说，一不做，二不休。”他在 1785 年写信对霍普金斯说，“我非常古板地让画家们挥笔作画，在他们描摹我脸部线条的时候，我完全听从他们的指挥，‘像个极有耐心的人’那样坐着。和其他许多事情一样，这也证明了习惯的力量。”

然后，有许多人想要写他的回忆录，另外还有历史学家也希望借助他的回忆来撰写美国革命的历史。在这些带着满腔崇敬和无数询问的人中，有的是亲自登门拜访，而有的则是给他寄信，这使每天从各个邮局涌向他的信件更多了。他的回信，有相当一部分除了浪费他的时间外，其实没有必要。他似乎还没完全认识到自己的名声以及名声背后的影响力，因为直到发现自己不仅不能处理大量的来信，甚至都来不及回复日常信函时，他才请了一位秘书。寄给他的信不仅来自全国各地，也来自欧洲各地。曾是他战友的法国军官们给他来信，热情洋溢地说在法国，所有的人，甚至包括国王和王后，都急切地期待着他去法国访问。他非常高兴地回复了这些信件，而且表示很乐意接受他们友好的邀请，跨洋过海去法国访问；但他也说自己年事已高（这只是一个借口），语言不通。语言问题对他这样性格的人来说确实是一个障碍。除了这些来自朋友的信件之外，还有许多来自各地向他咨询、请求他帮助的出谋划策之士们的信。比如，臭名昭著的亨廷顿女士就是一个例子，她提出了一个在西部通过建立一个传教殖民地的方式使印第安人皈依基督教的计划，为此她一直纠缠着华盛顿。她的坚持不懈浪费了华盛顿好多的时间和思想，还浪费他写的一些又长又仔细的信。还有一人是发明家拉姆奇，他带来了他发明的汽船，华盛顿对此也进行了仔细的观察，就像他关注其他一切有用的东西一样。还有一类信件是来自他的军官们的，他们请他帮助与国会疏通，以及其他各种各样的事情。对于这些老战友，他向来都是热情相助，这其中当然也包括辛辛那提联谊协会的诸多事务。他积极参与协会的成立工作，成为协会的主席，带领他们渡过早期的难关，使协会幸免于毫无缘由的偏见威胁而垮掉。所有的事情都得到了妥善处理，只是费了他很多时间和精力。

对弗农山庄的深厚感情

一位1785年访问过弗农山庄的人说，华盛顿“最大的骄傲是，被认为是美国第一个农场主，他就像是（古罗马的）辛辛纳图斯”。

毫无疑问，他这种喜好的部分原因是因为他对弗农山庄具有的深厚感情。正是因为他对此处感情深厚，才使得他没有一次离开是十分快乐的，当他无奈远离弗农山庄时，他一次次地“叹息”和“思念”“自己的葡萄架和无花果树”。在写给一位英国记者的信中，他表达了自己对弗农山庄的感情。他说：“在美国，其他任何庄园的位置都不如这里好。它位于一个地势高、干燥而健康的乡村，从大海走水路三百英里就可以到达，还有，正如你从平面图上所看到的那样，它坐落在世界上最美丽河流之一的河畔。”

弗农山庄的庄园历史始于1674年，当时卡尔佩珀勋爵把五千英亩“位于波多马克河流域，以两条溪流为界的……斯塔福德县内上述地区的”土地转让给了尼古拉斯·斯潘塞和约翰·华盛顿中校，约翰中校的那一半由他的儿子劳伦斯继承，然后根据劳伦斯的遗嘱，地产留给了他的女儿米尔德里德。她又将土地卖给了乔治的父亲，乔治的父亲留给了他的儿子劳伦斯，由于劳伦斯死后没有子嗣，于是又传到了华盛顿手里。房子最初建于1740年左右，当时劳伦斯给它起名弗农山庄，是为了纪念海军上将弗农，因为在卡塔赫纳时，劳伦斯曾在他手下服役。劳伦斯去世后，这两千五百英亩的地产由华盛顿掌管，自1754年起这里就成为他的家，实际上，在他哥哥生前，他一直都住在弗农山庄。

华盛顿曾两次扩建弗农山庄的房子，第一次是在1760年，第二次是在1785年。据一位访客称，“很可惜他当时没有立刻新建一座房子，因为修老房子花的钱几乎和建一座新房子一样多”。他在老房子的一头增加了一个宴会厅（迄今为止是整幢楼里最精致的房间），在另一头增加了一个图书室和一个餐厅，而且在整座房子上加盖了一层。

与此同时，地面也做了大量的整修。他设计了一个漂亮的草坪，或者叫玩滚木球草地,还新增了一个“植物园”、一个“灌木林”和花房,尽可能地对每处地方都进行改进。他还建起了一个围场,里面饲养着各国友人送来的礼物,有中国的雉鸡和鹅,法国的鹧鸪,以及豚鼠等。为此,他满怀感激地告知送礼人礼物已经收到。另外,还有各种各样来自世界各地新奇、有用或者漂亮的植物。

第三十章　十三个州统一成合众国

缺少一个铁环把我们紧箍在一起

尽管美国赢得了独立,但却没有一个团结和睦的环境。战火纷飞时，各州之间如兄弟一般共进退，浴血战斗。一旦度过危机，他们就扬言要分道扬镳。我们就像是一只由十三块木板拼成的木桶，唯独缺少一个能把我们紧紧箍在一起的铁环。根据 1781 年生效的《邦联条例》或宪法，国家没有总统——没有元首。整个国家只有一个国会，而且是一个没有权力的国会。国会可以制订完善有效的法律，却无法强制民众遵守；国会可以要求民众捐款，却无法说服他们主动出钱；国会可以要求士兵保卫国家，却无法征兵。

事实上，刚从战火中走出来的人民是处于一种痛苦的状态。他们负债累累，商业活动处于停滞状态，金币和银币紧缺。虽然联邦手中握有大把纸币，可充当钱的角色，但是谁都不知道它们能值多少钱，在一个州被视为一美元的纸币在另一个州却可能分文不值。忧虑和不满的情绪越来越强烈。州和州之间为了边界线、商业和贸易问题争吵不断。十三个州不仅没有成为一个统一友好的民族，反而有可能成为彼此剑拔弩张的十三个敌对国家之势。

这种紧张的局势也充分说明了一个事实，即除了在自己所在州之外，无法在其他州做买卖。例如，如果一个新泽西的农民带了大量土豆到纽约，他在开卖之前，必须先支付给纽约州每蒲式尔五或十美分的税。反之，如果一名纽约州商人要在新泽西出售一些靴子给农民，在他获得经商许可之前，新泽西州就可能会收取每双鞋十美分的税，如果新泽西选择这么做的话。

"把最坏的情况立刻告诉我们"

华盛顿在处理核心问题时，总能从容不迫地抓住问题的每一个方面，从国家内部各方面的关系和每个州的政策角度对现存体制缺陷的影响做出判断。仔细观察这一切，是件非常有趣的事。他一遍又一遍地指出，我们怎样地暴露在外国敌对势力之下，并且分析了英国的阴谋，正确无误地揭穿了英国早已制定的政策，即破坏和分裂这个它无法征服的国家。其他人完全没有意识到英国对美国西部邮政、商业以及国际关系的态度背后真正的意图，但是华盛顿却提醒美国的领导人们应注意这些方面，教育他们要如何来看待这个问题或者类似的其他问题，同时指出英国试图压制美国的贸易是愚蠢之举，因为，就像他在写给拉斐特的信中所预言的那样，终有一天，美国"会成为举足轻重的帝国之一"。

在处理其他几个州的事务过程中，他也同样仔细谨慎。他极力抵制这些州疯狂发行无法兑现的纸币的做法，他写信给各个联系人，坚决反对这种名不副实的恶性欺骗的公共行为。然而，只有在马萨诸塞州，他的提议才引起了人们极大的关注，因为谢斯起义加剧了该州社会的动荡不安。该州正暗自吞咽着社会混乱所带来的苦果，华盛顿也焦虑地关注着这些问题的进展状况。他写信给李说：

> 我的好先生，你谈到要施加影响来平息马萨诸塞州的骚乱。但是我不知道在哪里可以找到这种影响，或者说，即使能找到，我也不知道那是不是解决骚乱的良方。影响力不是治政之道。还是让我们建立一个能保障我们的生命、自由和财产的政府吧，或者把最坏的情况立刻告诉我们。

然而，"在这一切陶醉和愚昧的迷雾中"，华盛顿清楚地看到，谢斯起义或许可以成为促使冷漠的旁观者惊醒和觉悟的一种手段，能够激发那些对任何呼吁都无动于衷的人去主动支持和积极参与政府改革。他正确地认为，暴动和流血事件也可以作为一种证据，来证明令人信服的论点。

华盛顿的话就是法律

华盛顿的个人影响力之大，是我们这一代人所不能轻易理解的，因为我们现在已拥有了广阔的疆域和六千万的人口。当时，对于很多人来说，他的话就是法律；而对于社会中所有的优秀人士来说，他的每一句话也都是举足轻重。华盛顿在运用自己的这种影响力时，总是非常慎重，绝不滥用，每次出手必击中要害。虽然我们对华盛顿的影响力难以做出正确的估计，但是我们可以毫不夸张地说，先后在汉密尔顿和麦迪逊的帮助下，他推动了社会舆论的发展、推动了相关人员组成班子起草和施行《宪法》。虽然随后的各种事件也接踵而至，但是他们充分利用这些事件，紧紧抓住绝佳的机会。如果不是他们，这些机会早已从手心溜走。

当华盛顿就谢斯起义一事写信告诉李时，他带头发起的建设更团结的联邦运动已经胜利在望。如他所预见的那样，注定失败的谢斯起义有力地促成了诞生于弗农山庄，而后被弗吉尼亚州和马里兰州所采纳的政策的实施。此后举行了安纳波利斯会议，并为下一次的费城会议做了铺垫。即将举行全国大会的消息一经传出后，各方人士都要求华盛顿作为一名代表参加。一开始，他拒绝了。尽管他一直在做这方面的工作，也一定明白自己所做的工作会让他再次涉足公职事务，但是他还是向往辞去军职后一直期待的家庭生活。1786 年 11 月 18 日，他给麦迪逊写信说，出于责任，他本应该要出席大会，但基于退休、高龄和风湿病等原因，他拒绝出席同时同地在辛辛那提举行的会议。但是没有人听他的话，弗吉尼亚州一致选举他为出席费城会议代表团的团长。为此，他写信给伦道夫州长表示感谢，但还是重申了他对麦迪逊所说的态度，并强烈建议由另外的人来代替他。但是弗吉尼亚州还是坚持。2月3日，他又写信对诺克斯说，他个人意愿是不想参加会议的。然而，外界的压力丝毫没有减少，此时对华盛顿来说，像往常一样，一旦面临激烈的思想斗争，好战的性格和责任感又会开始占上风。3月8日，他又写信给诺克斯说，他本不打算来，但突然想到了一个问题，“如果我不出席会议，是否会被认为是背弃共和主义？不但如此，更重要的是，假如我不到会场以示对共和主义的支持的话，是否会有别的什么动机，无论多么有害，都会归咎在我的名上？”因此，他希望了解公众的期望。3月28日，他又写信给伦道夫说，他因为身体状况不佳可能前往参加会议，因此最好还是另指派一人代替他。4月3日，他说道，如果出席的各州代表只来了部分，或者他们的能力受限，那么他就不想涉足此事。他说：“如果出席会议的代表们有能力，能够彻底发现宪法中的缺陷并找出根本的解决方法，那么这将会是一项光荣的工作，否则就不是。”他一直担心大会不能达到理想的效果而失败，他也说了，如果他们不能胜任，大会应该直接越过讨论的程序，以强制手段建立一个能够使各州臣服的中央政府，他认为如果不是这样的话，一切都没有意义。因此，他仔细考虑了存在的困难，暂时没有接受任职。然而随着会议日程越来越近，风湿病和其他疑虑在无法逃避的命运面前统统消失不见，5月13日，会议开始的前一天，和往常一样准时，华盛顿如期抵达费城。

“十三个主权独立的州互相争斗！”

在写给麦迪逊的信中，他写道：

我们在大西洋彼岸的敌人预言说：“让他们自己管理自己吧，

他们的政府将很快就会瓦解。”在如此短的时间里，我们就迈出这样大的步子，想要使敌人的预言灵验，那是一件多么令人忧伤的事情。难道睿智而善良的人们就不愿意努力防止这种灾难吗？难道他们宁愿因循怠惰，让自私自利、居心叵测、心怀不满而又愚昧无知胡作非为的亡命之徒把我们这个伟大的国家拖入悲惨、可怜、受人轻视的境地吗？这种骚乱难道不是比任何证据都更有力地证明我国政府缺乏活力吗？如果政府无力制止骚乱，人民的生命、自由或财产还有什么保障呢？关于这个问题，我想我不需要再对您多谈了。政府软弱涣散、效率低下的后果是十分明显的，也不需要再详细叙述了。十三个主权独立的州，你斗我，我斗你，又一块儿同联邦政府斗，必然会很快同归于尽，可是，如果我们能制定出一部充满活力的开明的宪法，实行严格的相互牵制和相互监督，防止人们侵犯宪法，我们就完全有可能一定程度上恢复我们的尊严和举足轻重的地位。

即使像华盛顿那样的伟人，也会偶然犯错误，而这其中的一个错误，就是人们把他忘了。野心勃勃的政客们都不再理他，因为如果他过于杰出，那么他们自己就会没有成功的希望；一些无私的爱国人士认为他的荣誉和权力已经超过了值得任何人信任的程度，但是相比于更相信人而非理论的人民大众，所有这些人加起来也不过只是少数。他曾经的副官汉弗莱斯上校清楚地表达了这些人的观点：“我早已对您说过，如果发生分歧，您不能再保持中立，您有责任，甚至是为了自卫，您也应该站在这一边或那一边，或者离开美洲大陆。这是我郑重向您提出的意见，您的朋友们也持有相同的意见。”

我们完全可以猜到，华盛顿没有离开美洲大陆的打算，而汉弗莱斯的话也振奋了他的精神，抚慰了他受伤的自尊。不久之后，公众再次表明对他的支持，他被深深感动。后来，一场被称为制宪会议的大会准备就绪，每个州都将派出代表，针对联邦制度的缺陷问题进行商讨，并提出完善建议，然后讨论的建议结果将送呈给国会和各州政府进行审议，以决定是否采取进一步的行动。经过投票一致决定，华盛顿被推选为弗吉尼亚州代表团的团长，而且当聚集在费城的会议代表到达法定人数时，他们又一致投票推举华盛顿为大会的主席。

耐心的制宪会议主席

当代表终于到达法定人数后，华盛顿被一致推选为大会的主席；在这个位置上，他坐了整整四个月，除了一个场合之外，他一直都是安静、耐心地听着，不参与任何辩论，只是主持会议的进行，持之以恒地尽力使会议胜利闭幕。麦迪逊翔实仔细地记录了杰出的会议代表们进行辩论的内容和经过。会议的过程被完整地记录下来，与会人员的观点和意见也得到了后人详细的审查和严苛的评判。我们至今仍不知道，今后也不会知道，大会的最终闭幕应该在多大程度上归功于华盛顿。从华盛顿的信件和莫里斯搜集的华盛顿语录中，我们可以清楚地认识到他的全局观和行动方针。我们知道，他为了最终的胜利日夜操劳；我们也知道，他对他的代表同行们影响巨大，但是其他的，我们只能猜测。曾有一段时间，会议的所有工作都处于停止状态，而让那些代表各自不同利益的人要达成一致意见似乎也已不太可能。汉密尔顿发表了一场伟大的演说，结果却发现在他所在州的投票中，他的两位同事在每一个问题上都对他投了反对票，他于是就离开回去了。对此，我们可以轻易地猜测到，汉密尔顿离开时的心情既不会满意也不会乐观。甚至是连最满怀希望、最乐观的富兰克林也差点陷入了绝望。7月10日，华盛顿亲自写信给汉密尔顿：

当我把您离开这个城市后会议讨论的情况——现在，如果有可能的话，情况比之前更糟糕——告诉您后，您会发现，建立一个完善的国家权力机构的希望几乎非常渺茫。简言之，我几乎对会议议题能取得良好的结果不抱任何希望，因此我为参与了此事后悔不已。

当华盛顿以这种紧张的口气写信，当他对成功的激情已经消减到后悔参与此事的程度时，事态确实变得相当糟糕了。然而，“几乎”这个简单的词却蕴藏着很多含义。它表明他还没有完全绝望，他以自己一贯的风格顽强地坚持着。我们知道最终的折中方案是怎样的，我们也知道方案是如何达成的，但是我们永远不会知道，当一切折中方案看起来都不可能实现时，是怎样钢铁般的意志，把众人紧紧团结在一起，甚至是在最黑暗的时候都没有让人完全丧失信心。我们只能说，没有华盛顿的影响力和努力，1787 年的会议十之八九会失败。

然而，无论如何，会议并没有失败，经历重重磨难后终于达成共识。1787 年 9 月 17 日，是一个值得永远铭记的日子，那一天，华盛顿在《美国宪法》上写下他那刚毅潇洒的签名。作为一种惯例，当他拿起笔站在桌子旁时，他说：“如果哪一个州反对这部伟大的宪法，那么我们很可能将永远不会在和平的环境中去废除另一部宪法，下一部宪法的制定将会以鲜血为代价。”

无论传说是否有根据，这句话总是闪耀着真理的光辉。伟大的工作终于圆满完成。华盛顿知道，如果这部宪法被废除，下一部宪法必定要用刀剑而非笔来写就，他不想见到那样可怕的场景。他第一个签名，在场的其余成员随后也签了名，只有三位代表是特别的例外。之后，代表们一起在市内餐馆用餐，依依不舍地互相告别。

“在这之后，”会议主席在他的日记中写道，“我回到住处，同大会秘书一起处理了一些事务，拿到了一些文件，然后就寝思考我们所完成的这一极其重大的工作。”

“简直是一个奇迹！”

你也知道，代表们来自许多州，彼此各不相同，如习惯、处境和偏见等，可是，他们却团结起来，制定出一个几乎没人能提出有充分根据的异议的全国性政府体制。这在我看来，简直是一个奇迹。我也并不是狂热地、偏颇地或者不分青红皂白地赞美它。我也觉察到它有某些实实在在的缺陷，虽然不算是根本性的缺陷。对于两个重大问题，即整个机器赖以转动的核心部件的问题，我只有两条原则：第一，赋予全国性政府的权力并没有超过履行一个好政府的职能所绝对必须的限度，因此，不应对赋予它的权力的数量提出异议。

第二，由于一切执政者永远都是通过人民的自由选举产生的，而且每隔一个短暂的、明文规定的时期，还要再次通过人民的自由选举重新产生，这些权力都会妥善地分散至组成全国性政府立法、行政和司法的三个部门，因此，只要任命选举的人民整体还保留有任何美德，这个政府就决不致堕落为君主制政体、寡头政体、贵族政体或任何其他形式的专制政体或压制政体。

宪法中规定的防范暴政的钳制措施和制约办法比人类迄今所制订的其他任何体制都多，而且按其性质来说，也更难以逾越。这至少是这部拟议中的宪法的一个重大优点。

我们不期望这个世界上有十全十美的东西，但是，现代的人类显然已经在政府科学研究方面取得了一些进展，经过试验后，如果发现现在放在美国人民面前的这部宪法还欠完善，那宪法的大门是敞开着的，可以加以改进。

“我们能制定的一部最好的宪法”

写给帕特里克·亨利的信

亲爱的先生：

我一回来，就冒昧地给您寄去一份联邦会议提交给各州人民批准的宪法副本。我不对它做任何的评论。以您自己的判断力，您会立刻发现它哪些部分较好，哪些部分值得商榷；对于我们在试图调和几个州中盛行的利益冲突和地方性偏见时所出现的困难，您也亲身体验过，因此我不必要再多做解释。我希望提出的这部宪法能够变得更为完美，但我真诚地相信它是眼下能获得的一部最好的宪法。既然宪法已经为以后的修正打开了大门，那么在我看来，在联邦目前的形势下采用这部宪法是令人满意的。

根据同时出现的种种报道，我认为这个国家的政治事务在某种意义上被一条线所牵制和延误，民众中善于思考的那部分人带着难以想象的焦虑和渴望，期盼着大会的召开；而如果大会没有达成任何协议的话，国家将立刻陷入无政府的混乱状态，它的种子已经深埋在每一寸土地之下。

乔治·华盛顿

1787 年 9 月 24 日于弗农山庄

十三，历史上的魔幻数字

从更高尚的字面意义来说，一个不完全独立的殖民地，不能真正被称为殖民地；它对来自祖国英国的新居民来说几乎连家都算不上，仅仅是领土之外的一个边远居民点而已。当然，那十三块土地上的英国人，在为自己作为英国人的所有权利艰苦奋斗之后，没有满足于做英国人，没有满足于成为英国殖民地的居民，因为他们打赢了英国人。

毫无疑问，他们变成了更深层意义上的英国人的殖民地，因为这十三个州已经不再依附于英国王权统治。

我说到十三块土地，十三，它对联邦国家史来说就好像是一个魔幻数字。它就像亚该亚同盟和古高地德国同盟中的十三那样令人难忘。但是在这三种情况下，十三从来都不是命中注定的定额，也不是平时自由活动中参与人数的限定范围。十三颗星星，十三块条纹，在美利坚联合国独立的第一天就被印上国旗，那一天是他们作为世界上第二个真正完全独立的英语国家的重生之日。现在看看那面旗帜吧，然后说出星星的数量，叫出它们的名字，因为每一颗星星的名字都代表了英国人的一个自由联邦。难道我们没有在那儿看到英国倾尽全力的扩张吗？难道我们没有在那儿看到亨吉斯特和策尔迪克正在这个为我们赢来的岛上史无前例地大展手脚吗？那些依赖英国的省份只是在名义上将领土扩张到江河之父（密西西比河）河岸；他们只能从阿勒格尼山脊，从皮斯加山高处，看一看远方广阔的土地。但是从英国独立出来的那些殖民地发现这些地方的范围太过狭窄，于是他们继续前进，不断占据新的土地；他们拥有共同的语言、共同的法律，越过高山，蹚过河流，翻越山外重山，穿越东部大洋，直到美洲与亚洲接壤。这就是独立的力量，这就是一个民族没有被利斧所打倒，反而在受到有力一击后努力奋斗、重获新生的力量。其原因也许是这样的，只有出于人类的天性才应该是这样的：战争带来的独立唤醒了对更加美好生活的渴望，激发了更加自觉的活力，树立了更加坚定和更加强烈的成长和前进目标。一块刚获得自由的土地最开始阶段的成长也许会缓慢一些，那就让它去吧，前进途中的一点小障碍不可能在它还没有完全断绝父母与孩子间的关系之初就被轻易克服。

第三十一章　国家之舟起航

第一次投票中被一致选为首届总统

华盛顿再次听从祖国的最高要求，被一致推选为总统。在他 1789 年 4 月 16 日的日记中，我们可以感觉到他是怀着怎样的心情，怎样谦和的服从态度，怎样真诚的表白，而没有丝毫的自负和虚荣之意。他写道：

“大约十点钟的时候，”他写道，“我告别了弗农山庄，告别了个人生活，告别了快乐的家庭生活，动身前往纽约，心中交杂着难以言表的不安和痛苦之情。虽然我会以最佳的精神状态服从我的国家的号召，为其服务和效劳，但是我恐怕很难胜任国家的期望。”

当选总统华盛顿告别母亲

新政府成立后，在准备去纽约之前，华盛顿这位行政首长立刻前往弗雷德里克斯堡，以向母亲尽一份孝心。于是，出现了一幕感人的场景。儿子动情地诉说着疾病侵袭给母亲年迈的身体所带来的伤害。他对母亲说道：“妈妈，人民很高兴，他们快乐地一致推选我担任合众国的行政首长；但在我前去履行公务之前，我先来向您道别。政府刚刚成立，繁重的公务必须马上得到处理，我不得不尽快赶到弗吉尼亚，而且”——说到这里，母亲打断了他的话——“你将再也见不到我了；我老了，已病入膏肓，不久就要离开人世，我相信上帝，我会做好准备去见他的。去吧，乔治，去履行上帝赋予你的崇高使命；去吧，我的儿子，上帝和母亲会永远保佑你。”

华盛顿黯然神伤，把头倚靠在母亲的肩上，母亲慈爱地用虚弱的手臂抱住了儿子的脖子。此时，伟人华盛顿眉头紧锁的面容，那赋予他最纯洁荣誉和美德的面容，变得舒展了，他那令古罗马非比阿斯统治时期的参议院都感到敬畏的眼神落在老迈的母亲身上，却是那么温柔，那么富有孝心。华盛顿不禁低声哭泣。

去纽约途中的首位总统当选人

华盛顿在第一次投票中被选为总统，而且是不必采取任何拉票的行动，他就获得了一致投票通过，因为根本就没有一张选票是反对华盛顿的。一接到国会的正式通知，他就前往政府的所在地纽约就职。一路上，他发现整个国家存在很多的问题需要他们去解决。他再次途经了特拉华州，但不像上次那样是在夜里铤而走险，秘密行动。和上次一样，这次也遇到了一场“暴风雪”，不过不是真正迷眼的暴风雪，而是一场疾风暴雨般震耳欲聋的掌声和欢呼声。那些跟从他的人，就像大陆会议的信使在1776年那个重要的圣诞节之夜所看到的，他们一路上所见的，不是爱国战士血迹斑斑的脚印，而是爱国人士的孩子们插在路两旁的鲜花。

到达纽约之前，华盛顿受到了他所能享受到的热情接待，为此他写信给克林顿州长说他很高兴来到纽约时没有安排迎接仪式。在这一点上，也说明了他并不了解纽约人民。在基尔斯湾的伊丽莎白角，他被安排坐在一艘漂亮的驳船上，船上有十三位美国领航员（当时，因为有美国船，当然也就有美国领航员），然后坐船经过一长列由载满大声欢呼的爱国者的各种小船组成的船队，到达炮台公园。人们在岸边，挤在大街上，趴在窗前，给予了华盛顿这个城市有史以来最热情的欢迎。经过那么多年后，华盛顿终于俘获了这个城市的心。

纽约的热烈欢迎

他在清脆的钟声和轰鸣的礼炮声中到达了登陆地默里码头，每个码头上都站满了欢呼的人群，一上岸，迎接他的是克林顿州长。诺克斯将军也来了。诺克斯从军队退休时，曾依依不舍地与华盛顿道别，这一次他是以一个市民的身份来欢迎华盛顿的。独立战争时期的其他一些战友同样也来了，和一些有名望的市民一起欢迎高贵的领袖的到来。这时，一名军官走上前来，称自己负责他的护卫任务，请求听令。华盛顿根据现在对他的欢迎安排，命令按指定方向前进，不过在未来，他所想要的所有护卫是他的同胞们对他的爱。

地毯已经铺到了准备载华盛顿去住所的马车前，但华盛顿更愿意步行。民众和军人组成的长长的一支队伍一直陪伴着他。他经过的大街两旁的房子上都插着旗子，挂满了横幅，还装饰着用鲜花和常青树叶编织的花环,而且各种装饰物品上都有华盛顿的名字。街上挤满了人，城市的官员们很难从中穿行。华盛顿一路走过,频频向两旁的人群鞠躬，并脱帽向挤在窗口的女士致意,而女士们则挥动着手帕,向他抛去鲜花，其中很多人甚至激动得流出了眼泪。

当天，华盛顿和老朋友克林顿州长共进了晚餐。克林顿还邀请了很多政府官员和外交官来与华盛顿见面。夜晚，整个城市张灯结彩，灯火辉煌。

就职典礼为何推迟

由于出现了该用何称号来称呼当选总统的问题，就职典礼推迟了好几天。这个问题是两院的一个委员会所提出的，在讨论时并没有让华盛顿知道，可讨论这个问题是违反华盛顿的意愿的，因为他担心，不管给予他什么称号，都可能引起敏感的共和政体拥护者敏感的妒忌，而且目前最最重要的是要如何使新政府形式能博得民众的好感。因此，当国会最后决定仅仅称呼他为“合众国总统”，而不添加其他任何称号时，他大松了一口气。这样的称呼是明智的，而且这个称呼一直沿用至今。

全国人民的热情赞美

华盛顿在纽约平静地待了一个星期，在这里有很多就职的准备工作要做。在华尔街上有一幢为国会而建的漂亮的大楼,也就是联邦大厅，就职典礼将在这里举行。有些人担心举行任何形式的仪式都可能会对美国的自由带来危害，因而提出了严厉的批评。但是，对于具有标志性意义的美国第一任总统就职而言，这毕竟还只是一个简单的仪式。

1789 年 4 月 30 日清晨，随着教堂钟声的敲响，人们都前往各个教堂做祷告，为当天举行的特殊仪式祈福。随后，民众和军人纷纷列队出发，前往富兰克林楼和华尔街，周围挤满了观看的人群。十二时刚过，华盛顿就离开住处，前往就职仪式，但由于街上人实在很多，以至于他的马车几乎花了一个小时才到达联邦大厅。在距离联邦大厅不远的地方，华盛顿必须从马车上下来，在人群的欢呼声中步行穿过分立两旁的军队队列。片刻之后，他出现在面对着华尔街和布罗德街的一个阳台上，后面跟着的是约翰·亚当斯、大法官利文斯顿、施托伊本男爵和诺克斯将军，以及其他一些杰出的官员和军官。华盛顿身穿一套普通的褐色布服装，金属扣子上饰有鹰的图案，脚上穿着白色丝袜和有银鞋扣的鞋，腰间佩着一把钢柄礼服用佩刀，涂过发粉的头发扎成一个辫子。

还没有一个人能像华盛顿一样，受到如此普遍、如此热诚的欢迎，他显然是对民众们如此强烈的热情准备不足。他一出现，民众就爆发出阵阵胜利的欢呼声，向他致以全民的敬意，赞美和热爱之词不绝于耳，华盛顿显然是被民众的这份挚爱所感动，他后退了一步，片刻过后又恢复了镇静。

华盛顿总统万岁

独立革命已过去近八年，华盛顿当选为合众国第一任总统。1789年4月30日，在纽约华尔街和拿骚街的拐角处，市政厅前面的一座大楼（此后称联邦大厅）的阳台上，也就是现在美国财政部分部的所在地，华盛顿宣誓就任总统。就职仪式原本定于3月4日举行，也就是宪法开始实施的日子，但由于其中的几个原因，推迟了几天。当华盛顿宣誓就任总统时，主持宣誓的大法官扬起手臂对下面的人群高呼道："合众国总统乔治·华盛顿万岁！"这时，联邦大厅的圆屋顶上升起了一面旗，随着这个信号，炮台上的大炮齐鸣，无数的钟声响起，所有的人都齐呼：

"合众国总统乔治·华盛顿万岁！"

第一次就职演说部分演说词

参议院和众议院的同胞们：

在人生沉浮中，没有一件事能比本月14日收到根据你们的命令送达的通知更使我焦虑不安，一方面，国家召唤我出任此职，对于她的召唤，我永远只能肃然敬从；而隐退是我以挚爱之心、满腔希望和坚定的决心选择的暮年归宿，由于爱好和习惯，且时光流逝，健康渐衰，时感体力不济，愈觉隐退之必要和可贵。另一方面，国家召唤我担负的责任如此重大和艰巨，足以使国内最有才智和经验的人度德量力，而我天资愚钝，又无民政管理的实践，理应倍觉自己能力之不足，因而必然感到难以肩此重任。怀着这种矛盾心情，我唯一敢断言的是，通过正确估计可能产生影响的各种情况来克尽厥职，乃是我忠贞不渝的努力目标。我唯一敢祈望的是，如果我在执行这项任务时因陶醉于往事，或因由衷感激公民们对我的高度信赖，因而受到过多影响，以致在处理从未经历过的大事时，忽视了自己的无能和消极，我的错误将会由于使我误入歧途的各种动机而减轻，而大家在评判错误的后果时，也会适当包涵产生这些动机的偏见……

我已将有感于这一聚会场合的想法奉告各位，现在我就要向大家告辞。但在此以前，我要再一次以谦卑的心情祈求仁慈的上帝给予帮助。因为承蒙上帝的恩赐，美国人有了深思熟虑的机会，以及为确保联邦的安全和促进幸福，用前所未有的一致意见来决定政府体制的意向。因而，同样明显的是，上帝将保佑我们扩大眼界，心平气和地进行协商，并采取明智的措施，而这些都是本届政府取得成功所必不可少的依靠。

执政新政府

身负新政府的职责，华盛顿发现自己又和十五年前的处境一样。那时他要统率军队承担所有工作，没有辅助。而现在他没有内阁，虽然国会为他提供了“宪法顾问”，但合众国和各党派还没有学会对付那些麻烦政客的手法，而是将负担都压到了华盛顿的身上。虽然有一个财政部，但没有钱，反而是负债五十万美元，而且债主们已经催债催了很长一段时间。另外，在西部，印第安人不断制造麻烦，密西西比河河谷的定居者怨声载道，而（当时的）西北部一些驻地的英国士兵则充当起了法警的角色。更严重的是，政府官员中普遍存在着一种局外人的心态，大家尽可能地置身度外，想看看新政府能不能独立行事。

幸运的是，原来邦联国会的一些部门有一些可以让华盛顿依靠的人物。其中一人是约翰·杰伊，他不久被任命为最高法院首席大法官，另一人是诺克斯将军，他还是原来的职务，被任命为陆军部部长；此外，汉密尔顿也很快被任命为财政部长。弗吉尼亚的埃德蒙·伦道夫则担任司法部长。华盛顿还把杰斐逊从法国请回来，担任国务卿。

由于对政府权力和国家的未来走向，内阁中没有两个人的意见是完全一致的，所以，即使是最细小的事情也必须经过大量反复的讨论才能得以解决。另外一个人们普遍关心的首要问题是礼仪方面的，对于这个问题，内阁内外，也没有两个人的意见是一致的。华盛顿的个人意见是在保留一些个人时间和用于公共事务的时间的同时，要做到平易近人。自从他的就职典礼后，来拜访他的人实在太多，这个可怜的人几乎没有时间吃饭睡觉。

最终，华盛顿就这个困惑的问题向他的朋友们求助，得到的回复意见很多，不过最推崇欧洲宫廷礼仪的不是弗吉尼亚骑士的后代，也不是纽约贵族的后裔，而是马萨诸塞的约翰·亚当斯。最后，一套尽可能简化、共和政体化的礼节规范出台了。每个星期，在总统官邸都会有一次招待会，任何品格高尚的公民都可以不经特别邀请参加，但是总统和夫人的举止还是那样优雅可亲、彬彬有礼。虽然华盛顿由于年纪的关系患有风湿病和其他一些老年病，但他坐的马车还是非常简陋。于是，那些多疑的人开始讨论他的招待会、客厅和优雅显贵的风格。

由于一场几乎夺取他性命的重病，华盛顿有好几个星期可以免于外部事务的打扰。他还未从丧母的悲痛中恢复过来，所以他根本就没有时间，也没有心思去关心形式和礼仪的事情。

华盛顿夫人“女王般的客厅”

5月17日，华盛顿夫人在孙女埃莉诺·卡斯蒂斯和外孙乔治·华盛顿·帕克·卡斯蒂斯的陪同下，从弗农山庄出发，乘坐她的旅行马车前往政府所在地和丈夫会合，就像以前一样，在独立革命时期战役的间歇，她总是去司令部与丈夫会面。

整个路途中，她受到了民众热情的问候和爱戴，在快到达费城时，宾夕法尼亚州的州长和其他官员出城迎接，同时前来迎接的还有许多有声望的市民。华盛顿夫人在骑兵队的护卫下,迎着钟声和礼炮声进城。

她在途经新泽西州时，也受到了同样热情的欢迎和拥戴。在伊丽莎白角，华盛顿在利文斯顿州长的官邸下了车，华盛顿专程从纽约前来接她。然后他们坐船走水路，乘坐的船就是华盛顿参加总统就职典礼时使用过的同一艘漂亮的驳船。船还是和前一次一样的配备，船上有十三名优秀的领航员，另外还有多位知名人士。当驳船经过纽约城的炮台时，十三门礼炮齐鸣，向他们致敬。他们在离总统官邸不远处的帕克坡上岸，迎接他们的是人群热烈的欢呼声。

第二天，华盛顿举行了一场半官方的宴会，新罕布什尔的议员温盖特先生参与了晚餐。他对宴会做了如下的描述：

> 宾客包括副总统、外国大使、各部部长，和众议院议长，还有代表新罕布什尔和乔治亚，以及大部分北部和南部各州的参议员。这是我所见过的最朴实的总统宴会，随从也不多，由于现场没有司仪，总统自己在入座前做了简短的致辞，在正餐和点心之后，他端着一杯酒在席间转了一圈，并没有干杯。然后，总统起身，所有的人都退到了客厅，宾客们想离开时就在客厅告别，不必拘于礼节。

翌日（5月29日星期五）晚上，华盛顿夫人举行了一场大型的招待会，参加的人员都是达官显贵和社会名流。从这以后，每个星期五晚上都会举行类似的招待会，具体时间是八点至十点，所有受尊敬的家庭，无论是外国人还是美国人，都可参加，无须特别邀请参加，而且每次招待会总统总是到场。这种聚会是一种社会礼仪性质的普通接待会，不讲排场，也没有限制。但是，读者会发现此举不久就引来了不实的非议，指责说那是“宫廷式的招待会”和“女王般的客厅”！

最高法院和国会

根据联邦政府确立的司法制度，合众国最高法院由一名首席大法官和五名大法官，每个州都有地方法院和大法官，另外，还有由一名大法官和一名地方法官组成的巡回审判法庭。纽约的约翰·杰伊接到一封任命信，任命他担任首席大法官。在给他的任命信中，华盛顿称他是“我们政治体制中基础部门的首长”，这使他感到格外荣幸和愉悦。担任大法官的是南卡罗来纳州的约翰·拉特里奇、宾夕法尼亚州的詹姆斯·威尔逊、马萨诸塞州的威廉·库欣，弗吉尼亚州的约翰·布莱尔和卡罗来纳州的詹姆斯·爱尔戴尔。华盛顿原先任命他的前任军事秘书罗伯特·哈里森——也就是人们熟知的“老秘书”，为大法官，但他还是更喜欢刚刚授予他的马里兰州大法官的职位。

国会的会议从9月29日开始一直拖延至1月份的第一个星期一。经过这次艰难的会议，讨论了诸多问题，重新组织和分配了权力。现在的国会没有独立革命时期的大陆会议或邦联国会那么善于雄辩，那么富有才智，但它拥有能胜任重大工作的有才之士，他们谨慎、可靠、正直，而且见多识广。立法机构和执法部门之间的合作极为和谐，而且在公共协商时每个人的表现举止也都非常得体和庄重。

菲希尔·艾姆斯，那时还是个初出茅庐的年轻人，他在马萨诸塞州时就因在一次重要的州会议上以雄辩的口才维护国家的新宪法而闻名，最近被选为国会议员。他是这样评价国会的：

我从未见过有哪一个国会会像这样如此少地玩用手腕。如果他们想表达一个意见，就会直接说明和辩护；这样意见的优缺点就一目了然，不仅不存在诡辩和偏见，而且也不会耍手段……没有阴谋，没有秘密会议，而且几乎没有党派之见，几乎没有粗暴的辩论，也几乎不会给国会之外的个人造成痛苦。

“我内心最珍贵的第一愿望”

至于华盛顿夫人，那时真正了解她的人都说，她并无一丝自命不凡或矫揉造作，也没有因自己的地位而忘乎所以。在这“古老的自治领”，她总是习惯以一种简单、朴实、很有教养的方式热情地操持着官邸里的事务,履行自己的职责。她非常维护自己丈夫对个人生活的偏好。在一封写给密友的信中，她写道：

在很多方面，是因为许多我们朋友们的友善之举，使我觉得这种全新的、非所希望的处境没有给我造成负担。如果我再年轻一些的话，或许本应该与和我差不多年龄的人一样，享受天真快乐的生活。不过，我很久以来就把自己未来所有的世俗幸福全都放在享受弗农山庄家中火炉边安静的生活上了。

我几乎从未想过，战争结束时，还可能会有什么情况发生，需要华盛顿再次回到公众生活中间。我从那时起就想我们应该在宁静、没人打搅的生活中一起相守到老。这是我内心最珍贵的第一愿望。

“将军总是在九点钟休息”

为了避免任何人的来访，也因为自己无暇处理最重要的工作，华盛顿制定了一些规则。每周二的三点到四点，他会接待任何来访者；每周五下午则是华盛顿夫人和他一起会见来访者。其他时间，需要经过特别预约。他从不接受一起进餐的邀请，这也成了美国总统历来的规矩，但他经常邀请外国使者、政府工作人员和其他客人来自己家就餐。周日，华盛顿不接见任何人，早上他和家人去教堂，下午独自度过，晚上他有时和家人一起，有时和好友一起度过。

但他仍保持着早上四点起床晚上九点就寝的老习惯。为了打发晚上的来访者，华盛顿夫人自有她的一套做法：

“将军总是在九点钟休息，我通常比他还早休息。”

为什么任命杰斐逊为国务卿？

为什么华盛顿极力要求杰斐逊出任国务卿，这个问题从没得到过明确的解释。这似乎不是因为杰斐逊是弗吉尼亚的前州长和《独立宣言》的起草者——用现在的话说，是一位“狂热的共和政体拥护者”，也不是因为有他在内阁中可大大减轻人们对新政府可能会走向君主制的猜疑。华盛顿本人对建立一个强大的政府充满信心，杰伊也是如此；汉密尔顿虽然不希望在美国实行君主制，却是英国体制的热诚崇拜者；诺克斯作为一名军人，会像外国内阁中的军人那样，总是会做好准备，在有突发事件时，利用军队来维护统治者的利益，镇压百姓。但是，对杰斐逊来说，人民代表着一切，统治者则显得微不足道。“在欧洲没有一个君王，”他说，“凭才能和功绩有资格被美国任何一个教区的人民选为教区代表。”由于他深爱国家的缘故，他几乎嫉妒政府里的每个人和每件事，除了华盛顿之外，因为他非常尊敬华盛顿。虽然他反对任何人二次竞选总统，但他也讲过这样一句话：“我不希望我们伟大的领袖在有生之年退位，我相信，他的执政才能是无可比拟的，我相信，世界上没有别人能超过他，只有他，凭借他的威信和他完美品格所具有的自信，足可以胜任领导政府前进，从而能够安全地使政府免受反对势力的侵害。”

杰斐逊对君主政体的憎恶可从他对为法国革命而赴汤蹈火的法国人由衷的赞赏中可见一斑。作为派去见法国国王的美国使者，他自愿地结交了激进派中一些最激进的人士，并写了一些有关他们的激情洋溢的信给他的美国朋友。有这样一个人放在仅次于政府首脑的重要位置上，政府怎么可能会朝君主体制发展呢？

汉密尔顿和杰斐逊

汉密尔顿是由国会在上届会议中就任命的财政部长，他负责制订一项偿还债务的计划。为此，他建议国家的债务应由全民来承担，通过筹集资金偿还所有的债务，由国会通过征税来减少债务，从而最终偿还债务。华盛顿由衷地赞成汉密尔顿的建议，但是国会议员中吵得最凶的那一半人却极力反对这项计划。他们只愿意偿还外债，否则他们可能要反抗到底；至于国内债务，大部分已经转入投机商之手，因此他们想要根据债务持有人来“按比例决定”，而且他们强烈反对承担国家因战争欠下的债务。结果，这项最终的举措最后在众议院以两票的微弱劣势而受挫。随后，对于这反对的两票，杰斐逊经过一番讨价还价，争取到了弗吉尼亚支持国家债务偿还设想——一项北方的措施——的两票后才被摆平，原因是汉密尔顿建议最终将政府的地点迁往南方的计划获得了多数票。虽然两个人的意图都是好的，但遗憾的是，杰斐逊对财政一窍不通，而且就他的个性，他对自己不懂的事务总是表示怀疑，认为汉密尔顿欺骗了他。从那以后，他就开始从政治上产生猜疑，怀疑财政部长的一切行为都是不好的——甚至认为是在密谋将政府变成君主制。

接下来，这两个人的分歧一直不断地给华盛顿带来痛苦。他费了很多宝贵的时间向杰斐逊指出他的错误，但丝毫不起作用。当这位国务卿不对财政部长抱怨的时候，他就要求华盛顿减少形式和礼节方面的内容。在这个问题上，不只有他一人，虽然他不能像帕特里克·亨利一样因为无知而受到原谅。帕特里克·亨利实际上是拒绝参加制宪会议的，因为他耳闻政府迁址的建议后，觉得自己太老了而不接受。另外一人是弗吉尼亚的B上校，他说政府的作风比英国宫廷更浮华，说华盛顿鞠躬时腰弯得更深，更僵硬。

这些话传到华盛顿耳朵里后，华盛顿奋笔写道：

> 我没能按照B上校所喜欢的那样子向他鞠躬（顺便说一句，我相信他从没见过我鞠躬），甚为遗憾。特别是由于在那种场合，鞠躬是任意的，而我又最善于鞠躬。如果B上校能够宽宏大量些，把我鞠躬僵硬的原因归于我年纪过大，或老师教授无方，而不是贬低自尊和职位的尊严，那不是更好？上帝知道，这个职位对我是毫无吸引力的。说句真心话，我宁愿留在弗农山庄，和一两位朋友一起，也不愿待在政府，不愿在政府官员和欧洲各国使节们的前后簇拥下。

一条非常明智的规则

从一开始，他就被那些想在政府中谋得公职的人困扰着，于是他马上制定了一条非常明智的规则。他对任何申请人不许诺，也不鼓励。他总是先倾听申请人自己的陈述及其朋友们的评价，然后再谨慎地做决定。当然，他对自己任命官员有一定的原则，这些原则要求很高，而且讲究诚实，充分展示了华盛顿的性格品质。这里，我们挑选了他在这个问题的一些看法：

几乎没有一天没有这样或那样的申请书。这么多的申请，如果我之前没有确立一些重大原则，我的时间肯定被这些事占尽了。实际上，我发现，如果我有必要对每封信都做回复的话，它的数量之多几乎是我完成不了的。实际上，对这些申请，我的回答本质上都是一样的，即，只要我继续担任公职，我就不会做出任何承诺或保证。就我对自己的了解，我任命官员时，决不会受裙带关系或血缘关系的影响；另一方面，我认为有三个主要的考虑条件，那就是：候选人是否合适该职位、候选人相互间之前的优点和挫折的比较，以及美国各州人员在联邦中任职的人数比例是否相当。我可以很清楚地预见到，如果不考虑这些预防措施，就会引发永无止境的相互嫉妒，肯定会给我们以人民信任为基础的政府在成立之初就造成致命的危害。除此之外，我认为，在目前的情况下，不管结果是否令人愉快，我也应关注自己的名誉，在这一点上，其程度丝毫不亚于我对国家利益的神圣重视，它要求我在例行公务时，应该克己奉公，绝对不能随意行事，而是应该完全从公正和公益的角度出发。

国家的信用

他在演说中提请国会审议的最重要的议题包括：加强国防；促进对外交流和支付外交人员费用；外国人入籍法规；统一合众国货币和度量制；完善商业、农业和制造业设施；重视邮政事业发展和邮路建设；采取措施促进科学文学事业发展和提升政府的信用等。

华盛顿内心尤其关注最后一项——采取措施提升政府的信用。虽然现在政府的组织机构已经设立，从表面上看也令人满意，但是，新政府的效率高低从根本上说取决于华盛顿打算实施、却还有待于试验的一项措施的成功与否。这项措施就是建立一套可以重振国家信用、便于有条件地偿还公债的财政制度。此时的政府信用处于一个低潮期。根据条款规定，以前的邦联国会有权为国家事务负债，但对偿还债务的方式没有控制权。十三个州独立的立法机构对偿还债务的手段既可以表示赞同，也可以反对。因此，当时的政府实际上是各州政府下面的一个政府——各州拥有的权力比国会还大。在战争结束时，本来有四千二百万美元的债务，但是由于没有一个独揽大权的最高立法机构可以对进口货物征收关税来筹集必要的资金，政府几乎无力偿还债务，结果连本带利，债台高筑，达到五千四百多万美元。

在这个数目中，有将近八百万美元是欠法国的，三百到四百万美元是欠荷兰私家贷款人的债务，大约二十五万美元是欠西班牙的，总共外债近一千二百万美元。而国内债务则在四千二百万元以上。由于原来的债权人都是那些参加革命战争、为独立事业不惜冒生命之险的官兵们，是向公用事业提供物资或让政府征用个人财产的农民们，是在战争危急时期拿自己的资产支援国家独立事业的资本家们，因此，国内债务就其根源来说，本来都是为了光荣神圣的爱国事业，但是，由于国家长期欠债不还，债权证明的价值也就跌到了不及面值的六分之一。大部分债权证明也都在交易过程中被折价出售，或在贸易往来中贱卖给了投机商，而投机商宁可冒风险等待政府还债，尽管当时国家的财政状况和前景堪忧，他们似乎也没有多大信心和把握。

债权经过这样的转手之后，人们就不再从爱国主义的角度出发，对债权人给予同情了，不过，从法律角度来说，这笔债务仍然是必须偿还的。在报上的公开文章和私下的谈话中，人们都在畅所欲言地讨论是不是应该把债权受让人和公债的原始持有人加以区别。除了联邦政府的外债和内债之外，各个州也为了共同的事业欠下了债务，总数在二千五百万元美元左右，其中一半以上是马萨诸塞州、南卡罗来纳州和弗吉尼亚州所欠的债务，马萨诸塞州和南卡罗来纳州各欠五百多万美元，弗吉尼亚欠州三百五十多万美元。因此，政府的声誉和利益危在旦夕，完全取决于恢复国家信用、旨在为国家信用奠定巩固基础的一项方案的实施成效。

炭疽病的恶毒侵袭

华盛顿一旦能够充分地支配立法机关去审查文件和公文，他就要求各部门的部长为他提供一些书面的报告，以便他可以从中对国家公共事务的现状有一个清楚的认识。为此，他曾去公共档案馆查阅战争结束到他就职这段时间里的外国官方信函，并做了笔记。然而，突如其来的炭疽病的恶毒侵袭，使华盛顿不得不中断公务，而且连续几天他的身体有坏疽的危险。华盛顿病危的消息在全国传开后，百姓深感不安。然而，华盛顿自己却很平静。他的医疗顾问是纽约的塞缪尔·巴德医生。巴德不仅是一位非常优秀的内科医生，而且也很受人尊敬，他一直尽心尽职地照料着华盛顿。有一天，与巴德医生独处时，华盛顿在致意后马上就病情可能带来的后果向他询问真实的看法。“不要用徒劳的希望来讨好我，”华盛顿语气坚定而平静地说，“我不怕死，我能承受最坏的结果。”医生说还有希望，但他也承认自己还是有所担心。“不管是今晚还是二十年后，死亡对我来说并无区别，”华盛顿说，“我深知我的命掌握在仁慈的上帝的手中。”病痛使华盛顿饱受折磨，而且恢复得也很缓慢。整整六个星期，他只能朝右侧身躺着。过了一段时间，他让人对马车进行了改造，这样能使他的身体能够完全伸展开来，同时还能再做点户外运动。

身体上的痛楚使他有点过于敏感，他提名本杰明·菲什伯恩为萨凡纳港海军军官，这是他建议的最早的人事任免之一，但他的提名被参议院否决，这使他非常恼怒。

如果说华盛顿行事特别谨慎尽职的话，那么行使任命权就是其中之一。他会仔细审查候选人是否合适，考察他们对政府事业的贡献和牺牲精神，以及各州任职官员的分布比例等，所有这些都是出于对国家利益的考虑，这是他要求自己在考虑候选人时唯一的出发点。当牵涉到自己的朋友或有关系的人时，他会尤其谨慎。“就我对自己的了解，”他说，“我在任命官员时，决不会受裙带关系或血缘关系的影响。”

母亲去世

还处于康复期的华盛顿收到了母亲去世的噩耗。母亲于 8 月 25 日在弗吉尼亚州的弗雷德里克斯堡去世，华盛顿并没感到太多意外，因为她已经八十二岁了，而且近段时间一直深受难以医治的疾病的折磨，上次和她告别时，华盛顿就已经意识到那可能是他们母子俩的永别。但他仍然倍感悲恸，只能安慰自己，“上帝已经恩赐了她很少人才能有的高寿；令她的头脑一直保持清醒，具有通常八十岁老人所具有的身体健康条件。”

玛丽·华盛顿太太是一个生性耿直实际的女人，她性格刚强正直，专横独断，我们在前面提到过，作为一个寡妇，在孩子们的童年时代，她教育他们所采用的是一种惩戒性很强的方式。对母亲的维护，一直深植在孩子们的脑海中，贯穿了他们的一生，即使在华盛顿的权力和名声都达到顶峰时，她也是非常实际。在华盛顿最初想加入英国海军实现军事抱负时，她曾设法阻挠。当华盛顿早年在边境线上出生入死，命悬一线时，她就经常摇头感叹：“唉，乔治最好是待在家里照顾农场。”不管人们怎么恭维她，即使华盛顿后来功成名就也没能得到她的赞许。当人们祝贺她，在她面前极力渲染华盛顿的骄人成就时，她只是静静地听着，平淡地回答说，他一直是个好儿子，她相信他尽了一个男子汉应尽的义务和责任。

第三十二章　参观国家

波士顿当局为迎接总统而争执

在准备启程前往东部各州的前夕，华盛顿写信给杰斐逊，邀请他出任国务卿。他说，此次出行是为了实地察看一下国家的情况，同时希望能使自己的身体恢复健康，因为他的身体很虚弱，总有许多不适。安排好所有工作，并把外交事务的文件暂交由杰伊先生负责处理后，华盛顿于10月15日坐着由四匹马拉着的四轮马车，在他的官方秘书杰克逊少校和私人秘书利尔先生的陪同下出发了。虽然他很反感公众游行，但一路上还是情不自禁地被百姓对他所表现出来的热爱所深深打动，感到由衷的高兴。不管华盛顿走到哪里，所有的人都会停下工作，做生意的也会放下手头的生意，而且钟声会响起，还会鸣枪致礼；市民们会列队游行，军人们会举行阅兵仪式，另外还会竖起凯旋门。各个阶层的人士都会涌上前来，用各种可能的方式表达着他们对这位被尊称为国父的人的感激和敬爱之情；华盛顿伟岸的身躯、高贵的风度，以及他父亲般的年纪和慈祥的神态，都配得上这个庄严而可敬的称呼。

22日，也就是刚进入马萨诸塞州的那一天，他收到了州长（尊敬的约翰·汉考克）的一封快信。州长邀请他在波士顿停留期间住在他家里，并表示他已经发出命令，派合适的护卫队照顾他，护卫队和议会成员会在剑桥接驾，并护送他进城。

华盛顿在回信中礼貌地婉拒了住在州长官邸的邀请，并表示，为了不给个人生活造成麻烦，他已经决定在离开纽约后的途中不接受任何形式的邀请……汉考克州长此时年约五十二岁，高高瘦瘦，举止庄严得体，尽管由于痛风的原因背有点驼。他确实非常热情好客，而且他的富有也允许他这样做，况且他无疑也很愿意邀请华盛顿来家中做客，因此他决定，无论如何一定要在自己管辖的地方举行一个标志性的招待会，以尽地主之谊。然而，巧的是，“市政行政管理会委员会”，或者说是波士顿市政当局，也为总统光临自己的城市做了接待准备，而且事先没有和州长商量过。所以，我们可以预见到，两个接待计划出现冲突已无法避免。

随之而来的是一个重要的礼仪问题。行政管理会委员会坚持认为，作为一州之长，他应该在州首府迎接自己的客人。“州长在他管辖的州的边境线上就应该已经见过总统，”其他人也说道，“联邦已经热情地欢迎和接待过总统了，因此总统进城时，应该给予市政当局接待和欢迎他的权利。”

两方都固执地坐在马车里不肯妥协，副官和司仪在他们之间来来回回地传话，好像外交谈判一样。

而与此同时，总统和他的秘书杰克逊少校已经骑上马，等候在隘口，等着来人迎接入城。由于天气异常阴冷，华盛顿冻坏了，显得有点不耐烦。当他知道了事情耽搁的缘由之后，就问杰克逊上校，“没有其他进城的路了吗？”事实上，当他的车轮正要开始转动时，有人传话来说争论已经结束，由市政当局的人迎接他进城。

我们可以看看他自己对接下来的迎接仪式的叙述：

> 在城门口，迎接我的是全体市政行政管理会委员会成员，然后，按照我们从剑桥一路过来的顺序，我们跟着副州长和州议会的成员（在我们前面引路的是穿着整齐漂亮的波士顿市军队），在市民中间穿过。市民们按不同职业列队，举着各自的横幅，我们就这样到了州议会的会场。

街上、门前、窗口以及屋顶上，到处挤满了衣冠楚楚的男男女女。

“他在马背上，”一个当时在场的人说，“穿着他从前的大陆军制服，没戴帽子。他穿过人群时没有向旁观的人鞠躬，只是平静地坐在马上，气度不凡。在老的州议会大楼前，他下了马……出现在西端的一个临时阳台上，一列长长的游行队伍在他前面经过，他不时地回应着他们的致敬。待这些和其他欢迎仪式一结束，副州长和州议会成员，还有副总统，就把华盛顿带到他下榻的房间，然后告别离开。”

汉考克州长对总统可笑的拜访

现在，华盛顿注定要被一个新的礼仪问题所烦恼。华盛顿之前接受了汉考克州长的邀请，参加一个非正式的晚宴，但他本期望州长是在他一到波士顿时就招待他。可结果，华盛顿收到州长方面传来的信息，恳请原谅他因身体非常不适而无法招待总统。华盛顿并不相信他的致歉是真诚的，这给华盛顿留下的感觉是州长不想第一个前往拜访。华盛顿觉得汉考克作为一州之长，在他管辖的区域内，从礼节上说他应该第一个前来拜访，更何况拜访的人是合众国的总统。为此，华盛顿决定治治他的这种狂妄自负，于是，华盛顿借故不去参加非正式晚宴，而是在自己的住处和副总统一起用餐。

第二天，州长与他的朋友经过商量后被说服了，他放弃礼节，表达了“他对总统由衷的敬意”，并告诉总统，如果在家，只要有时间，他将很荣幸抽出半小时前去拜访总统，同时表示只要健康允许，他会尽快前往赴约。目前他的健康状况还不允许他如此冒险。

以下是华盛顿的回信，最后一句话几乎是讽刺性的：

合众国总统向您致以最崇高的敬意，他对您能通知他在两点之前应该留在家里感到很荣幸。

总统如能见到州长，愉快心情自然无须言语表达；但同时，他也热切请求州长切莫冒健康之危险前来探望。

10 月 26 日，星期日，一点钟

从华盛顿的日记中，我们知道州长最终还是有力气在指定的时间内履行了这次拜访——虽然，据一位权威人士所述，州长前往拜访时，是裹着红色的厚羊毛毯，在仆人的搀扶下进入的房子。

从结果看，州长似乎并没有什么危险。然而，不管怎么样，华盛顿在波士顿随后逗留的日子里，难以免除的礼仪活动总算沉寂下来，一切都很愉快，而且也是有礼有节。

亲吻与脚踢亲吻者

在马萨诸塞州的黑弗里尔，流传着一则关于华盛顿的趣闻轶事。华盛顿 1789 年北方之行期间曾到过黑弗里尔镇，下榻于一家小旅馆。那天晚上天气寒冷，旅店女主人觉得应该把华盛顿的床铺弄得暖和些，于是她拿出最好的铜制长柄暖床炉，装满煤炭，让她年轻、美丽的女儿送到华盛顿的房间。据说，朴实谦逊的姑娘来到房间，看见正站在火炉旁给自己的手表上发条的伟人华盛顿时，激动紧张得不知所措，匆匆忙忙地完成了母亲交办的任务。然而，在她离开房间时，一个趔趄，不幸，或者说是幸运地跌倒了，因为华盛顿不仅扶起了她，而且还亲吻了她。

对“不朽的元首”来说，好在没有美国式的吉利奥王子出现在现场，拿长柄暖床炉砸在他被神所眷顾的头上！

然而现在，在费城则流传着一则截然相反的故事。当华盛顿下榻于高街（如今的市场所在地）的总统官邸时，几名油漆工正在为官邸二楼的大厅做油漆，其中一名油漆工是个放肆的年轻人。有一天在楼梯口，这名油漆工遇见了华盛顿夫人最喜欢的女侍，于是他拦住她，并吻了她。受到惊吓的少女立刻尖叫起来。尖叫声惊动了美国国父，他从房间里出来，在得知是油漆工非礼了女侍之后，立刻抬起脚，他的脚可一点也不小，一脚将倒霉的油漆工踢下了楼。

1790年的第一个星期

选自华盛顿的日记

1月1日　星期五

从十二时到下午三时，副总统、州长、参议员、众议员和外国使者，以及所有可敬的市民，都先后前来礼节性地拜访我——下午有很多绅士和女士拜访了华盛顿夫人。

1月2日　星期六

和华盛顿夫人坐马车外出。读了财政部长有关他部门情况及其所提出的财政计划的报告——在合众国首席大法官家喝了茶。

1月3日　星期日

去圣保罗教堂。

1月4日　星期一

通知参议院主席和众议院议长，等两院的议员都达到法定人数时，我要对国会发表讲话，同时希望知道——在何时何地进行。

下午在炮台散步。收到战争秘书送来的有关边境情况和印第安人事件的报告，还有一些我对国会讲话时要求发给议员们的文件。

1月5日　星期二

正午时分，几名国会议员来访，他们一到纽约就过来了，虽然是一个比较正式的见面会，在通常的下午三点，但来的人并不多。

1月6日　星期三

从八点半以后，我开始坐着让肖像画家萨维奇先生画像，他要为我完成他为剑桥大学而作的画像。

下午在炮台散步。安妮·布朗也在这里，她来拜访华盛顿夫人，吃了顿家庭晚餐。

1月7日　星期四

大约三点钟时，收到从国会两院的一个委员会送来的信函，告诉我两院已准备就绪，出席会议的议员都已达到法定人数，我随时可以在参议院会场发言。为此，我把时间定在明天十一点。

在这里用餐的有下列几位先生：兰登先生、温盖特先生、斯特朗先生和参议院的几位议员，众议院议长，宾夕法尼亚的米伦伯格和斯科特将军，新罕布什尔的利弗莫尔和福斯特法官，马萨诸塞的艾姆斯、撒切尔和古德林，南卡罗来纳州的伯克先生，以及乔治亚州的鲍德温先生。

1月8日　星期五

总统的"演讲"与一个次要"消息"

根据事先确定的时间，我十一点钟乘坐马车出发前往市政厅，身穿军服的汉弗莱斯上校和杰克逊少校走在前面（骑着我的两匹白马），后面分别是驾着二轮战车上的利尔和纳尔逊，以及骑着马的刘易斯。紧随其后的是合众国的首席大法官、财政部部长和陆军部部长，他们依次乘坐着各自的马车。参议院和众议院的守门人在大厅的外门口迎接我们，把我们引到参议院的会场，然后从这里经过右边的参议员座位席和左边的众议员座位席，来到我的座位上就座，跟在我后面的其他人也进入会场，站在参议员们的后面。当我进来时，全体人员都站了起来。大家和两院的议员相继入座后，我站起身，开始发言，同时将讲话稿的副本分别交给参议院主席和众议院议长。我时坐时站地发完言，然后退席，边走边向两侧的议员们（他们都站着）鞠躬示意，然后来到楼下的大厅，接着和刚来时一样，与随从们一起回到我的住处。

晚上，有很多很多的女士和不少先生前来拜访华盛顿夫人。

在这种场合，我会身穿一套西服。西服是哈特福德的毛纺厂生产的，纽扣也是。

1月9日　星期六

和华盛顿夫人、孩子们一起坐马车在附近十四英里的范围内锻炼，下午在炮台周围散步。

1月10日　星期日

午前去圣保罗教堂。下午写了一些私人信件发往南方。

1月11日　星期一

根据专员们（受委派与克里克印第安人谈判的官员）就谈判进程的报告，向他们发去指示，同时让陆军部部长将指示传达给参议院，然后再把相关文件给参众两院，以供立法审议。

另外，还把北卡罗来纳州接受和批准新宪法的文件副本传至两院，同时附上制宪会议主席塞缪尔·约翰逊阁下的信函副本。这些材料由我的私人秘书利尔送去。

1月12日　星期二

锻炼，呈文，接待会和牙痛

十点到十二点，骑马锻炼——但骑得很糟糕。在这之前，我给国会两院书面发函，告诉他们陆军部部长将会提交给他们一份有关与克里克印第安人谈判情况的一份详尽完整的陈述材料——包括我的指示内容和专员们与那些人谈判进程的报告——以及有关弗吉尼亚州西部边境和肯塔基区印第安人劫掠的信函和文件。所有材料可使他们了解全部的信息，但必须秘密传递和交流，命令不允许抄写副本，不允许外传，应保守秘密。

大约两点时，作为对我在国会讲话的回复，参议院的一个委员会拿着他们呈文的副件在等着我，想知道他们何时何地可以向我提交呈文，为此，我说是在我自己的官邸，星期四的十一点钟。

正式接待会开始前夕，众议院的一个委员会来访，询问他们在何时何地可以向我提交他们的呈文，我说是星期四的十二点钟，但他们希望地点是在联邦大厅。为此，我做出让步，建议在众议员的会议厅进行，或是委员会的一个房间。他们将在那里等候，直到我做好接受呈文的准备。我要再考虑一下地点，在众议院明天开会前让他们知道我的决定。

今天的正式接待会虽然没有持续一整天，但也不少。

1月13日　星期三

对究竟应该在哪接受众议院的呈文的问题思忖再三之后，最后决定最好还是在家中进行——首先，因为这似乎最符合惯例；其次，因为在联邦大厅没有地方可供我来约见他们，而且参议员或众议员的会议厅似乎也不合适；第三，因为我已经指定我自己的官邸作为参议院提交呈文的地点，所以我也在自己的官邸接受众议院的呈文。

1月14日　星期四

在指定时间，参议院和众议院提交了他们各自的呈文——两院的议员们都是坐马车来的，在众议院议长的前面，有人手持权杖领路。参议院的呈文由副主席提交，众议院则是由议长提交。

今天在此用餐的人如下：

参议院的亨利先生和麦克莱先生——还有众议院的沃兹沃思先生、特兰伯尔先生、弗洛伊德先生、布迪诺特先生、温库普先生、塞尼先生、佩奇先生、李先生和马修斯先生，以及约翰·特朗布尔先生。

1 月 15 日　星期五

一整天都在下雪——晚上前来拜访华盛顿夫人的女士和先生很少。

1 月 16 日　星期六

大约十二点钟时和华盛顿夫人，还有两个孩子坐马车外出锻炼。

将邮政署长有关该部门进行一些必要的变动的报告送给财政部部长，此报告可能要提交给国会审议——或者有必要让他们知道。

1 月 17 日　星期日

一整天都在家——身体感觉不好。

1 月 18 日　星期一

牙还是痛，牙龈肿胀发炎。

1 月 19 日　星期二

今天的正式接待会人不多——但是来访的人却不少。

计划和讨论首都

六点半时，离开布莱登伯格。八点左右，在乔治敦吃早餐。根据《居住法》，此前我已命令专员们前来乔治敦见我，我发现约翰逊先生已在等候——不久戴维·斯图尔特先生和丹尼尔·卡罗尔先生也来了，另外还有两个人——乔治敦的几位主要人物在离城几英里的地方迎接我，并护送我入城；然后在祖托尔旅馆（也是我的下榻地）参加了市长和市政委员会举办的政府宴会——此前我审阅了有人送来的埃利科特先生关于联邦首都十平方英里区域的设计勘测报告，以及朗方少校在波多马克河东部支流流域乔治敦和卡罗尔斯伯格周边地区地势的调查情况和绘制草图的记录，为我自己明天与专员们一起进行实地调查做好安排。

1 月 29 日　星期二

早上雾很大，在很有可能要下雨（实际并没有下）的情况下，七点左右，我开始出发，目的是去实地察看——但由于天公不作美，调查结果令我极其不满意。

我发现乔治敦和卡罗尔斯伯格两地的地主在利益方面各不相同，他们对对方既害怕又嫉妒，不仅与公共目的相抵触，而且可能会对公共利益带来损害。但如果管理得当，他们也可能会为公共利益服务——我要求他们今天下午六点钟到我住处来见我，他们照办了。

在这次见面会上，我指出，他们所持的观点和态度，在我看来，既不符合公共利益，也不符合他们自身的利益。他们双方都试图想得到公共建筑物，可能会把事情当作承包或契约方式来对待，从而把事情完全搞砸。这不仅会拖延时间，而且也会使计划有效的实施缺少必要的财力。另外，无论是乔治敦还是卡罗尔斯伯格，划出的土地面积最终都不足以确保目标的实现——乔治敦和卡罗尔斯伯格为联邦首都的建设既不会提供更多的土地，也不会负担更多的财力。他们最好是共同提供更多的土地和财力一起建设，而不应该坚持认为由他们其中一方来承担，由此可使首都区域的建设得以实施——其他的一些观点则可以说明拖延时间可能会带来的危害，以及从一开始就联手采取行动可能产生的良好效果。

晚上与专员们和其他人在福里斯特上校家用餐。

1月30日　星期三

双方针对我昨晚所说的已经开始考虑这个问题，意识到了我的观点的合理性。由于他们感到自己有可能会失去财产，因此他们就一致同意，为公共目的而妥协，并达成相应条款。按其他一些约定，他们有几个人在所需的规划地界内的一半土地将用于首都建设，再加上他们各自都同意的器具。

由此，此事得到了愉快的解决。同时，根据首都区域的设计布局，对专员们、测量人员和工程师下达了一些指示——测量城市建设的土地面积，并进行分类。我离开乔治敦，在亚历山德拉用餐，于晚上到达弗农山庄。

（1791年）3月31日　星期三

南行途中在弗农山庄休息

从此时到4月7日，我一直待在弗农山庄——每天去看我的农场——由于亨利·李中校对担任一个征召兵团的指挥官一职婉言谢绝，以及陆军部部长要求李中校任命那些军官以在阿勒格尼山脉的弗吉尼亚东部组建一个营等事宜，我的行程也不得不推迟了。最终，通过信件将事情的处理委托给达克上校，其中的理由已在信中提及和说明。

此后，我也写信给国务卿、财政部长和陆军部长，就获悉的相关问题做出回答——万一有重要事情发生，希望他们可以通过开会协商；如果确需我回来，可以通知我，我会立刻回来。我在信中说了我的行程路线，以及我到达某地的具体时间。

4月7日　星期三

骑马旅行显然令我精神大振，情绪高涨。

在乘坐四批马拉着的二轮战车试图渡过科尔切斯特的渡口时，马全然不顾站在它们前面的那个人，其中一匹领头的马落在船外的河水中。此时船离岸边有五十码的距离，而且河水湍急——这匹马在解开之前好不容易才幸免被河水吞没——这匹马的拼死挣扎吓坏了其他几匹马，以至于它们都相继落入水中，而且都是套着马具，系着缰绳。结果，费了好大的劲才使马没被淹死，也避免了将马车拖入水中。要知道，这一切都发生在水流湍急的河中，况且离岸边那么远——很幸运——确实不可思议——当平底小船一被拖入河水中，大家就立刻跳下船。在大家的努力下，马、马车和马具都丝毫没有受伤或损坏。

接着前往邓弗里斯，并在那里吃晚饭——晚饭后去看望我的外甥女托马斯·李夫人，并一起喝茶。

4月8日　星期五

六点钟出发——在斯塔福德法院大楼用早餐——在弗雷德里克斯堡我妹妹家用晚餐，并住宿。

4月9日　星期六

在该镇市民举办的招待会上吃的晚餐——接收了市政当局的呈文，并做了回应。

在里士满时间待得不长的刘易斯先生告诉我说，帕特里克·亨利先生已承认了他自己在亚祖公司的股份，这使他成为投标人，不过他拒绝了。但在问及土地出售问题是否会招来印第安人不满的问题时，亨利回答说公司打算向议会提出保护申请——如果未能得到批准，那么他们会依靠自己想办法保护，解决土地的出售问题。斯科特将军在公司受让的土地中也占有一定数量的份额（我想是四万英亩），拥有公司的控制权。除此之外，米伦伯格将军出资一千英镑，也获得了一些份额。至于具体数量，即使他们告诉我的话，我也记不得了。

“艰难道路上的长途跋涉”

马车夫约翰·费根具有黑森人的血统，长得高大魁梧，无论从哪一方面说，他都是一名出色的马车夫。他懂马车的机械原理，在路上遇到故障时可以将整辆马车拆卸下来修理，然后再把所有零件组装回去。在总统前往南部各州巡察的整个行程中，一直是他驾驭着马车。从弗农山庄到萨凡纳，经奥古斯塔进入南北卡罗来纳腹地和加州南部和北部内陆地区，历经长途跋涉，那辆由费城的克拉克制造的白色二轮战车没有出过任何事故或故障。

当总统归来时，到场等候的克拉克急于想知道自己精心制造的马车是否成功。马车在总统官邸门前一停下，马车匠就急不可待地就趴到白色马车下面，认真仔细地检查每一个部件，直到费根在车厢里喊他走开。

“很好，克拉克先生；很好，先生；在这么艰难道路上的长途跋涉，竟然没有掉一颗螺栓或螺丝。”

此刻，兴奋不已的机械师发现自己的手正被总统握着，总统称赞他的技艺精湛，告诉他说马车在坑坑洼洼的路上完全经受住了考验。

克拉克，这个世界上最快乐的人，回到了他位于第六大街的店铺，对大家讲述了白色马车的成功喜讯，讲述了总统对他的赞美。这一天就在车匠店铺的欢呼雀跃声中过去了。

英勇的“讨女人喜欢的男子”

在他妻子的招待会上，华盛顿没有把自己当作主人看待，而是“不受拘束地侃侃而谈，而且通常是与女士们，她们很少有其他机会见到他”，这或许可以解释另一位目击者的评论——华盛顿“看起来比他在自己的官方接见会上要随意自在得多”。沙利文还说“年轻的女士们往往会围在他周边，和他攀谈。现在还记得当时情景的一些美人，都说自己是华盛顿最喜欢交往的女士。由于招待会是她们与他交谈的唯一机会，她们都有意要充分利用这种机会”。1791 年南行期间，华盛顿曾很愉快地写道，“大约二点钟时，查尔斯顿许多最受尊重的女士都登门拜访——这是一种我以前从未有过的荣幸，非常特别，讨人喜欢。”女性之所以如此关注华盛顿，不仅仅是因为她们对伟人的尊敬。一名弗吉尼亚女子 1777 年写给她朋友的信则是给予了我们更多的解释。她写道，当“华盛顿将军走下英雄的神坛，成为一名和蔼可亲、很爱闲聊的同伴时，他有时会变得十分鲁莽冒失——这种冒失，范妮，就像你和我之间那样”。

另一位女性则是在信中附了一首赞美诗来称赞华盛顿，同时还乞求他的原谅。为此，华盛顿开玩笑地回信说：

> 您请求我，我亲爱的夫人，赦免您，仿佛我是您的听告解的神父，而且仿佛您是犯了什么罪过，很大的罪过，不过还是可以原谅的。您有充足的理由——因为我在这个时候不可思议地容易成为一名非常宽容的听忏悔的劝告者，尽管“您是世界上活着的

最冒犯的灵魂”（就是说，如果写精巧的诗也是一种罪过的话），但如果星期四您来和我一起用餐，做一些适当的忏悔作为弥补，我会尽全力帮助您消除因写诗所犯下的罪过，帮助您净化灵魂。不仅如此，如果要由我来指导您未来精心创作的作品，我定会鼓励您再次做出同样的举动，以表明您令人赞赏的忏悔和改正的技艺和窍门。因此，我将毫不犹豫地大胆命令您，不要被根据不足的胆怯所束缚，而要继续发扬光大。您瞧，夫人，一旦有女人诱惑我们，我们就偷尝了禁果，不管后果如何，就没有什么能够阻止我们的胃口。我敢说，您会意识到我们都是伟大祖先的名副其实的后代。

“先生们，我们在这里要准时”

华盛顿严格遵守时间，因而毫不费力地完成了他大部分的重要工作。众所周知，每当他定好在下午与国会见面时，他从不会在十二点钟后才走进国会大门。

他的晚餐时间是下午四点，四点钟时他肯定已坐在餐桌前。只允许因钟表的不同有五分钟的误差，不管有没有客人。类似的事经常发生在国会的新议员身上，如果晚餐已进行到一半时他们还未到，那他就会说：

“先生们，我们在这里要准时。我的厨师从不问客人到了没有，而是问几点钟。”

第三十三章　国家首都迁往费城

迁往费城

亲爱的先生①：

经过一段愉快的旅程之后，我们于上周四大约两点钟到达了这座城市，我们明天（如果华盛顿夫人身体状况允许，因为自从她来到这里后身体感到非常不适）将继续前往弗农山庄。

在我到达之前，政府已征用了 R. 莫里斯先生的房子，作为我的住宅。这是他们所能找到的最好的房子，我也相信它是该市最好的一栋独立的房子，但是由于未经任何的扩建，房子不够宽敞，无法满足我一家人的住宿要求。不过，我相信这些都会得到解决。

房子的一层只有两个公共房间（除了一个供上等仆人使用的房间），二层有两个公共房间（客厅），其中一个房间分隔为两部分，除了为我提供一小间书房兼更衣室之外，后面隔开的房间，足以供华盛顿夫人，孩子及他们的女仆们居住。三层有一个供您和利尔夫人使用的不错的起居室，有一个公共办公室（因为楼下已没有空间），两个房间供家里的绅士们用。顶楼有四个好的房间可以安排海德夫妇住（除非他们更喜欢洗衣房上面的房间），和像威廉这样的仆人们使用，因为（据建议）这样安排比他们到后面的房间里住更好。马房的上面有一个房间（没有壁炉，但有火炉），可以让车夫和骑手住。还有一个烟熏室，把它用来安置仆人要比用来做熏肉更好。增加后面房屋的目的是想为仆人们，尤其是为那些夫妇，提供（如果可以的话）一两个住宿房间和活动大厅。连

① 指华盛顿的秘书利尔先生。后同。

接厨房的是一间洗衣房（前面已经提到过）。马房很好，但只容得下十二匹马。有一个马车房可以停放所有的马车。

离开纽约前连续数日工作的压力使我没时间去考虑，除了两位男仆詹姆斯和菲达斯的妻子之外，女仆中谁适合搬来这里。我认为女洗衣工们不错，但是他们都是或者至少其中一人是有家室的，这是否会妨碍她们来这里——她们的家人们是否随后也会跟来？对此我不会反对或提出建议——这由您自己定夺，必须根据情况来决定——除非有更好的理由，否则就不要刘易斯夫人及其女儿和家人一起随行,我想最好是让他们留下。但我对情况不了解，因此不发表决定性意见……

信就先写到这里，我也累了。另补充一句：您的第三封信及附件已经安全收到——华盛顿夫人和我一起向您及您夫人致以良好的祝愿。

您真诚的，乔治·华盛顿

1790 年 9 月 5 日于费城

又及：预计莫里斯先生会在两周或二十天之内搬出房子。建议在房子南面的两个公共房间安装拱形窗户，不过其余的房间都是关着的，而且也安全。您尽快将家具搬入房子，安置妥当，越快越好，并且在我不在的日子里您要注意进展情况。

宝塔、虹彩陶器、富兰克林暖炉、二轮战车和烫平机

亲爱的先生：

自从上次给您回信（日期我不记得了，信件也没有保留副本），我已经收到您本月 17 日和 20 日的来信，现在我就此按需要部分进行回复。

根据莫里斯先生给您的通知，我很高兴得知，大约在您为我的家具做好搬运安排时，房子将会被准备好。我相信这样的处理方式是最便宜、最好的。您是如何处理（出于安全）那尊宝塔的？此物精致易碎，需要轻拿轻放，小心对待。

如果没有其他人愿意接手我的房子，我预计想租我房子的麦科姆先生会竭力增加他自己的一些条件。尽管租金（独立房屋标价）是400美元，他租用七个月只肯支付100美元就充分说明了这一点。如果您对洗衣房和马房不采取相应的措施，他对此肯定也会讨价还价。毕竟主动权在他手里，但他也得让我们满意才行。

虹彩陶器已付过钱和打好包，适合放在莫里斯先生家最大的客厅中，因为我不想将它舍弃。关于富兰克林暖炉和其他一些设备，如果不能毫无损失地处理掉，就把它们和其他一些家具一块儿运过来，也许在这里会有用。这些东西就用平常的方式运输，最好是用最省心的方式。

如果您认为比德尔上校去搞来的那艘船无法装载所有的物品，把那辆二轮战车卖掉是合适的，虽然不值什么钱，但也能为大家节省不小一笔费用。很多破旧的或笨重的物品如果暂不需要可以出售一部分。您不觉得在纽约把它们卖掉，然后到费城买（需要的话）新的，要比支付运费好？

莫里斯夫人有一个熨烫衣服的烫平机（他们是这样叫的），由于它是固定在常用的地方，因此她打算把它留给我，然后拿走我的。对此我不会表示反对，条件是我的也同样方便好用。但是，除了烫平机已经固定好，马上可用之外，如果说我要从中获益，那我就不想接受。

华盛顿夫人和家人同我一起向您和利尔夫人致以最良好的祝愿。即颂台祺！

您真诚的朋友和恭顺的仆人，乔治·华盛顿

1790年9月27日于弗农山庄

拉斐特赠送巴士底狱的钥匙

拉斐特在信的结尾写道：

> 亲爱的将军，请允许我赠送给您一幅巴士底狱的画，不过自我下令摧毁它已有几天了。同时，为了表示我对您的敬意，也把这座象征独裁和专制统治的堡垒钥匙赠送与您。这算是我欠您的一份礼物，就如儿子对待养父，副官对将军，传教士对主教一样。

礼物本来由托马斯·佩恩带去交给华盛顿，但后来佩恩从伦敦将礼物寄给了华盛顿。他写道：

> 我本人感到很高兴，能由我将侯爵先生托付的这件象征独裁和专制统治的早期战利品——美国信仰移植欧洲大陆后所结出的第一批成熟的果实——转交给其伟大的主人和保护人。毋庸置疑，是美国信仰打开了巴士底狱，因此钥匙也算是来对了地方。

华盛顿满怀崇敬地收下了钥匙，他把它看作是“自由战胜专制的一个象征”。现在，这把钥匙，作为一件珍贵的历史文物，仍保存在弗农山庄。

第一次出现两派对立的政党

此时，华盛顿从老朋友拉斐特那里收到了一件独特的礼物——巴士底狱的钥匙。拉斐特是当时法国大革命中最著名的一位人物，尽管那时法国革命的政治变革还没有激发那些有抱负的小偷和杀人犯们的野心。共和国的第一位总统早在几年前就有充分的理由给予他的盟友同情和支持，并给他写了许多充满希望和鼓励的信件。然而，在对法国拥护共和政体者持同情态度的美国人中间，有一类人呼声较为强烈和激进，为首的人物是杰斐逊。但是，即使杰斐逊极尽所能，也无法将抽象理论与理论信仰者区分清楚，由此，在十八世纪九十年代末，对法国革命的态度问题在美国首都也引发了一场持续的争论或者说是争斗，先是在纽约，接着是在新首都费城。两座城市最终都是这场争论的受益者，教友会徒之城（费城）终于如愿以偿地使国家政府迁入其地域内，而纽约则终于可以不再去关注永无休止的政治谣言了。

中央政府迁往费城的第一年，出现了两派对立的政党纷争。然而，两派政党的出现并没有任何必然的理由，只是内阁的两位成员汉密尔顿和杰斐逊之间彼此不信任所造成的。这两位聪明的先生——说他们聪明，是因为他们在很多事情的处理上表现得很聪明——对他们不明白的事情的态度几乎是一样愚蠢。汉密尔顿先生极力主张建立一个国家银行的态度，足以能使杰斐逊成为各种银行的仇敌，尽管杰斐逊对财政学一窍不通，但他始终是固执己见，直到他把艾伯特·加勒廷任命为财政部长，充当其良心的监护人，对财政事务产生影响为止。除此之外，杰斐逊也一直坚持认为汉密尔顿是建立君主制政体的拥护支持者之一——但从理性的角度看，杰斐逊的这种想法无证可考，也不可信，是一种臆想。另一方面，汉密尔顿对杰斐逊也持有一种莫须有的怀疑态度，坚持认为杰斐逊是一名危险分子。汉密尔顿做过军人，不惧怕任何人，从不会放过任何一个还击国务卿的机会。双方最初的追随者均来自于内阁成员。伦道夫支持杰斐逊，诺克斯则站在汉密尔顿一边。然而，伦道夫和诺克斯在面对双方分歧时却显得要比杰斐逊和汉密尔顿更加无知。随后，国会的议员们也开始表明立场，加入一方，接着是费城的人民。由此，公众卷入了一场完全没有必要的争斗中，不过对大部分人来说，还是觉得充满了乐趣，不仅不会损失什么，还可以为茶余饭后平添很多谈资（说话是他们唯一需要的武器）。党派之争的出现仅仅意味着人的沉浮，而党派仍会存在，因为人由于难以承载的偏见而倒下或失败，结果发现很难东山再起。

幸运的是，内阁讨论的争议并非都是关于政治的。边境的印第安人不断制造麻烦，而且他们在受到商人和抢土地者的诈骗和虐待之后，总是会这样做。为了阻止印第安人闹事，政府花费了不少人力和财力，派出远征队，可结果除了带来灾难之外，什么成效都没有。国会议员们也学会了如何在争斗中恶毒攻击对方的伎俩；首都互相竞争的政治报纸也总是用尖刻的文字来报道事实真相。基于这些情况，杰斐逊和汉密尔顿之间的争论没有起到主导作用。

释放鲁本·罗齐和免除其债务

弗吉尼亚州有一个名叫鲁本·罗齐的人，他原来欠了华盛顿将军一千英镑的债务。为此，总统的一名代理人就这笔债务对鲁本提起了诉讼，结果经过审判，判决被告鲁本入狱。鲁本自己拥有相当可观的土地财产，但是弗吉尼亚州的法律规定，除非当事人同意，否则这种不动产不能当作债务抵押出售。鲁本有很多子女，因此他为了孩子们宁可坐牢而不愿卖掉土地。

一位朋友向罗齐暗示说，华盛顿将军可能对这件事情毫不知情，如果给他写一封祈求信说明情况，事情也许会有转机。罗齐照此做了。在祈求信寄到费城之后，紧接着，第二天就从费城发来邮件，带来了要求将他立即释放的命令，同时也对代理人处事不当予以了严厉的斥责。

因此，可怜的罗齐最终得以重新和家人团聚。从此以后，一家人每晚必定在睡觉前向上帝祈祷，祈求保佑他们“热爱的华盛顿”。上帝眷顾懂得感恩的这一家人，几年后，罗齐因为自己可以偿还华盛顿这位真正的伟人一千英镑的债务而感到异常高兴。华盛顿提醒他说，他的债务已被免除了。罗齐却回答说，家人对美国国父和他们双亲保护者的债务永远都不可以被免除。面对这位感恩的弗吉尼亚人的坚持，华盛顿就接下了钱，但又立刻转身将钱分给了罗齐的孩子们。

“他与马匹的见面会”

我问格雷先生是否还记得卡斯蒂斯的孩子们。“记得，我常常看到他们倚在窗边或者和华盛顿夫人一起驾着她的英式马车外出。”他说道。

在他的印象中，他们似乎没有留下鲜明深刻的印象。他们总是穿着做工精细的衣服，总是彬彬有礼，他们有侍从、家庭教师、舞蹈和音乐老师，与邻居家所有快乐开心、无拘无束的孩子相比，似乎就像是令人陌生、难以接近和不值得羡慕的小名人。

“那你还记得华盛顿的正式招待会和华盛顿夫人的客厅吗？”我问道。

“是的，我记得我听说过。所有的晚宴在九点钟结束，到十点钟时，总统官邸就已经沉寂在夜色中。有很多重大的招待会，但只是我当时太小，对此不是很懂。我去看过‘他与马匹的见面会’。我很喜欢在清晨去他的马厩，他总是会在那个时候去检查他的马匹。我喜欢看他在马厩的巡查工作，他自己似乎也很喜欢。和格兰特将军一样，他也非常喜欢马。我现在几乎就能想象得到：我看到他从房子里出来，大步穿过院子来到马厩，穿着靴子，拿着马鞭，不过他是穿着衬衣，没有戴帽子。”

“华盛顿穿着衬衣！”

“是的，夫人，但这就是华盛顿。当华盛顿检查马厩内的每一个隔栏和食槽，有规律地仔细查看每一匹马时，马夫就默默、恭敬地站在一旁——我指的是，在检查马匹时，他会用他一只又大又白的手抚摸马的皮毛，看看是否有污迹，或者看看是否有鬃毛脱落。如果有，他就会训斥马夫，并命令他重做。然而，一般情况下他都会说：‘非常好，约翰，现在去把普雷斯科特和杰克逊（他的两匹白色军马）牵出来，你过来时我会准备的。'"

"他会在这么早的时间就骑马？"

"是的，一般都是在天气好的清晨，五点到六点之间骑马出去，几乎总是驱马前往离里士满不远，特拉华河河畔的波恩特诺波恩特。他是一名优秀的骑手，身材高大挺拔，在马背上显得气势威武。这真是值得早起观赏的一道风景。"

"如此奢侈铺张的食物！"

我们已经提到过萨姆·弗朗西斯，总统的管家。他是革命战争时期难得的一名辉格党人，从总统在纽约的旅馆与他告别分手的难忘场景来看，作为总统的老战友和老伙计，他长期深受总统的喜爱，这与其人品和性格有很大的关系。

他是一个有才之人，在本职工作方面也相当有品位，但同时也会自命不凡，喜欢炫耀，而不管支出费用有多高。这样一来，使得总统与作为家中最忠心的人员之一的管家之间持续出现了分歧。

总统官邸的费用支出每周结算一次，账单会呈给总统过目，总统会就费用开支对他的管家做出全面的评价，他在希望生活开支标准能和自己的地位相一致，注重舒适自由的生活品质但不要过度慷慨的情况下，同时还会说他非常痛恨铺张浪费，坚持要求家人在行为方式上应当考虑经济节约和实用性。

弗朗西斯每次都保证下次会改正，可每到下周相同的场景又会重演。管家每次从总统那里退出来时都会眼泪汪汪地说："这次好了，他也许会辞退我，如果他愿意，他会杀了我的。然而，他是合众国的总统，我感到很荣幸能做他的管家，他的地位真的值得把全国最好的一切都提供给他。"

华盛顿非常喜欢吃鱼。新英格兰的女士们会有这样一个习惯，她们经常以一种友好的方式做了鳕鱼，用布包包好，以确保鱼周六送到总统官邸餐桌上时仍是热的。他在那天总会吃鳕鱼，并称赞新英格兰给他留下的那些美好回忆。

有一次，是在二月份，有人在特拉华河里捕到了一条鲱鱼，并拿到费城的市场上出售。弗朗西斯鱼鹰般那样迅速买下了这条鱼，也不管其昂贵的价格，他只是一心想到自己能够准备一道美味的佳肴了，更重要的是他知道这条鱼很合他主人的口味。

等到鲱鱼上桌后，华盛顿一反常态，满怀疑虑地碰了一下桌子上的食物，问站在餐桌旁的弗朗西斯："这是什么鱼？""鲱鱼，非常鲜美的鲱鱼。我知道您非常喜欢吃这种鱼，能从市场上买到这条鱼——唯一的一条鲱鱼，这个季节的第一条鲱鱼，是多么幸运啊。"弗朗西斯回答道。"价钱呢，先生，价钱是多少！"华盛顿用威严的语气继续问道，"先生，多少钱？""三——三——三美元。"内疚的管家结结巴巴地答道。"把它拿走，"总统大声吼道，"把它拿走，先生，永远不要说我的餐桌上放着如此奢侈铺张的食物。"

可怜的弗朗西斯浑身颤抖着照办了，这个季节的第一条鲱鱼，动都没动过就被端走，这事很快在仆人们的厅堂里议论开了。

"在这里！"

有一名在费城的英国人，当他提及华盛顿总统时，表达了想一睹华盛顿风采的愿望。

身边的美国人指着街对面正走过的一位身材高大挺拔、气度不凡的人说道，"瞧，他就是！"

"那就是华盛顿将军！"英国人惊呼道，"他的卫兵在哪里？"

"在这里！"美国人一边大声说道，一边重重地拍着自己的胸部。

事实、策略和假象

当华盛顿为朋友帕特里克·亨利在政府部门提供了一个职位，并确信其会满怀感谢地予以婉拒之后，说明华盛顿在外交上变得更加成熟老练。然后，他又巧妙地躲开了一个名叫沃尔内的法国无政府主义者的胡搅蛮缠，手段之高明已可以与富兰克林甚至林肯相提并论了。在某种程度上，他不想拒绝帮助来访的法国人，但同时他也不愿全力引荐这位红色共和党人。为此他只是写了一张简单的便条：

“C. 沃尔内无须乔治·华盛顿的推荐。”

人们普遍认为实用性政治无法与绝对真理携手并行，但是华盛顿却恰恰相反，在政治上被公认为很成功。按照威姆斯牧师讲述的华盛顿童年时代的逸闻趣事，虽然人们普遍相信，当华盛顿还是一个手拿短柄斧的小孩的时候，就“不会说谎”，但也有人断言说，华盛顿在成为将军和政治家之后就已经克服了容易紧张焦虑的弱点。

作为一名将军，华盛顿证明了自己善于制造假象，善于制定声东击西、蒙骗英国将军的策略。而当那些英国将军想用同样的计策来对付他时，他却总能识破，他们所做的只会让他更警觉，而不是放松警惕。而且，他会突然出现，暗中窃笑，做好一切准备对付他们，而没有像他们所期望的那样进入圈套。

华盛顿非常清楚保密的唯一方法就是不让他人知道你还留有秘密。在几次关键的时刻，作为总司令的华盛顿甚至都不敢让深受信赖的军官知道事情的真相。曾经有一次，华盛顿将军把一项秘密作战计划透露给一位上校，这样做是不得已而为之，因为他需要上校在执行任务时配合他。然而，在下达指示的最后，他仍写道：“看在上帝的份上，千万别走漏风声，一旦泄露，对我们将是致命的。”

“爱情和战争中人人平等。”对此，华盛顿总有一方面是擅长的——如果两者不能兼得的话。如今，有些幽默诙谐的作家仍假装很吃惊，因为华盛顿曾运用声东击西或佯攻的战术来欺骗敌人，后来当了总统后还将其用在了外交策略上。但是，华盛顿就新泽西的蚊子开玩笑的事却鲜为人所知。当时司令部大部分时间是在新泽西州，这样他就有特别好的机会来观察这种令他感兴趣的昆虫。有一天，他向一个名叫维尔德的英国人说起了这些蚊子，然后维尔德回到家就在他的《美国游记》中这样写道："华盛顿告诉我说……蚊子往往会隔着最厚的靴子咬人。"

有一位知名的牧师，因没有弄明白这个玩笑，急于想要用谎言来维护华盛顿的英名，便在另一本书中写道：

> "当华盛顿在观察蚊子的时候，有一位颇受尊重的绅士在场，他告诉我说，当时华盛顿向维尔德先生描述时说的是'蚊子是隔着靴子上方的袜子叮咬。'"

现在，了解军靴的人都知道靴子是远远高于袜子的，因此蚊子想要透过袜子叮咬人就更加不可能了。华盛顿在打击敌人的同时，也需要他朋友们的维护，也一直被他的敌人打击着。他的声誉因那位"颇受尊重的绅士"而备受影响，要知道那位绅士永远也不可能看穿和明白一个无伤大雅的玩笑。

任命圣克莱尔将军为总司令

在会议召开期间，国会讨论并批准了肯塔基州和佛蒙特州提出加入联邦的申请，肯塔基州在 1792 年 8 月后正式加入，而佛蒙特州则在批准后随即加入了联邦。

第一次国会持续到 3 月 3 日结束，华盛顿列举了已经实施并被证明是诚挚和谐的各项重要举措。但与此同时，他也承认，有少数几项议案，尤其是在通过法律征收烈酒高额消费税和建立国家银行方面，“南部和东部之间出现了比预想中更大的分歧”。南部各州表示反对，而东部各州则是予以支持。“但争论，”他补充说道，“是在温和坦诚的情况下进行的。”

由于俄亥俄河西北部流域的印第安人仍在不断地采取敌对行动，国会通过的最后一项举措是决定向该地区增派军队，并赋予指挥官足够的权力，以保护边境的安全。最终，国会通过决议，派遣一支新的远征队去打击好战的印第安人部落。圣克莱尔将军，作为俄亥俄西北地区准州的州长，被任命为远征军的总司令。

规划和建造“总统宫殿”

尽管首都不断在迁址，华盛顿仍一直密切关注联邦城的规划和建设。他们首先开始着手建造国会大厦和“总统宫殿”(华盛顿这么称呼)，1792年10月13日，华盛顿亲自主持了奠基仪式，这一天差不多正好是哥伦布发现美洲大陆三百周年的日子。

然而，此事引起了很大的争议：某些自认为是“国库的看门狗”的人称建一幢大楼就可以满足两种用途——总统可以住在国会大厦的侧楼，或者参众两院可以在“总统宫殿”的两个侧楼里开会。这种想法在今天看来是多么的可笑，但是我们应该记住，当时的人口不多，财力较匮乏，纽约、费城、波士顿和巴尔的摩也都只是些小城市，拥有一万美元的人就算得上是富人，而资产有十万美元的人比现在的千万富翁还要少。因此，建国会大厦和“总统宫殿”是件大事情，在华盛顿和其他一些人的大力影响下，国会最终拨出三十万美元专门用来建造“总统宫殿”。

为了征集最佳的建筑方案，还特别设立了一笔五百美元的奖金，奖金最终由来自南卡罗来纳州查尔斯顿的一位名叫詹姆斯·霍本的爱尔兰建筑师获得。总统府的建筑设计风格与都柏林伦斯特公爵的宫殿相似，由霍本担任建筑监督，建设约七年后完工，并可以入住。

总统如何收到消息

当西部军队的一名军官送来一封急件时，总统正在用晚餐，军官奉命要求当面把急件交给总统。总统离席了一会，很快又回来了，手里拿着一封打开的信。当着众人的面，他得知了圣克莱尔将军领导的军队遭到印第安人突袭，并且溃不成军，但是他的面部表情依然，看不出有什么变化。不久众人退去后，总统先生和他的秘书利尔先生一起走进了他的私人会客厅。接下来发生的出乎意料的一幕是文字所远远不能表达的。

总统在房间里来回大步地走着，一脸痛苦的表情，握紧的手使劲地击打着自己的前额，内心的痛苦突然爆发出来，并大声地吼道：

“那支勇敢的军队，有巴特勒、弗格森和柯克伍德这样的军官——这些非一日可替代的军官——那支勇敢的军队居然被打得片甲不留，噢，上帝！”

然后，华盛顿转向目瞪口呆的秘书，毕竟这样的场面场景对秘书来说实在是太罕见。华盛顿接着一脸惊愕地说道：“就是在这里，先生，在圣克莱尔将军西征前一天晚上，我与他谈过话，我当时说，‘我不会干涉诺克斯将军和陆军部的命令，将军，他们已经考虑得非常周全和审慎了。但是，作为一名老军人，尤其作为一名早期参加过对印第安人作战的军人，我觉得自己有资格提一些忠告，圣克莱尔将军，就几个字，要提防突然袭击，不要相信印第安人，一刻也不要放下您的武器；晚上露营时，要加强警戒。将军，我反复强调要提防突然袭击！’然而，那支勇敢的军队仍然遭到了突然袭击，而且是溃不成军，巴特勒和其他不少人都被杀，噢，上帝！”

此时，他的情绪已经有所平静，就像是一名英雄强压制住自己难以控制的愤怒那样。华盛顿又变回到了“他自己”。他用缓和的语气继续说道：“但是要公正地对待他，是的，就像他们所说的，他长期以来一直忠诚出色地为国家服务，我再说一遍——他应得到公正的对待。”

于是，这样一个引人注目的罕见场面过去了。这件事情充分体现了伟人华盛顿的本性，他冲动的激烈情绪，就像热带龙卷风，在爆发宣泄一阵后，又会使宁静、灿烂的天空重现。

11 月 4 日战败后，总统和圣克莱尔将军首次会面的情景给人留下了深刻的印象。圣克莱尔这位不幸的将军已经被高龄和疾病以及艰苦的边境战役折磨得疲惫不堪，同时还要承受新闻媒体的抨击和民意的巨大压力。他向总统求助，想暂时躲避各方面愤怒的声讨。华盛顿向这位已不复往昔的将军伸出了手，因为在圣克莱尔整个漫长的人生中，不幸似乎“与他的命运如影随形”。可怜的老圣克莱尔步履蹒跚地走到总统面前，双手紧紧握住了那只伸出的手，用微弱的声音表达了自己的情感。随后，国会成立了一个委员会，对他的失利进行了调查和审理，结果同样也是很不幸。

第三十四章　华盛顿的第二任期

漫长而痛苦的思想斗争之后

经过一段长期而痛苦的思想斗争之后，华盛顿终于同意再次作为候选人竞选总统。公众方面没有任何反对意见，而且选举团对他也一致投了赞成票。华盛顿在给朋友的一封信中表示，公众推选他再次担任总统，给予了他莫大的尊荣，为此他由衷地感激公众的拥戴和信任。事实上，他一直在担心自己仅仅会以微弱的多数票优势当选，他承认，如果真是那样的话，那就太令人难堪了。

纽约州的乔治·克林顿则与约翰·亚当斯竞选副总统，最终后者以 27 票的优势再次当选（乔治 50 票，亚当斯 77 票）。

尽管他欣慰地发现自己的同胞们仍和他心连心，但想到自己将要承担又一任期的公共责任，且长时间内不能回到弗农山庄过清静的隐居生活，心里就会闷闷不乐。

在华盛顿生日的那天（2 月 22 日），国会的许多议员都热切地等候着要向这位联邦的最高行政首长表示敬意，为此有人提议国会休会半个小时。然而，这项提议遭到了强烈的反对，认为这是一种臣民对君主的效忠形式——是在树立一个威胁自由的偶像——它有一种君主制的倾向……

为了使接下来的就职仪式有所遵循，华盛顿召集各部部长开会，希望他们通过协商共同制订改进办法，并向他们保证说，无论他们提出什么建议，他都愿意遵行。

各部部长进行了协商，并最终以书面形式提出了有关总统宣誓就职的时间、方式和地点的意见。由于他们之间的意见有分歧，并没有给出任何积极、明确的建议，因此就没有对原来的仪式做任何改动。3月4日，在大法官库欣先生的主持下，华盛顿在参议院会议厅当众宣誓就任总统，到场的有各部部长、外国使节和在城里的众议院议员，以及场地可容纳得下的诸多观众。

华盛顿第二次就职演说

参议院会议厅，费城，1793年3月4日

同胞们：

我再次蒙国人之号召执行总统职能。只要合适的时机一到，我将努力表现出我对此殊荣的高度责任感，以及美国人民所赋予我的信任。宪法规定，总统在执行任何公务之前，必须先进行就职宣誓。现在我在你们的面前宣誓：在我任职期间，若企图或故意触犯禁令，除受宪法惩罚外，还将接受在此庄严仪式上各位见证人的严厉谴责。

向国会致开幕词

在我们记录的诸多华盛顿形象中，有一位作者怀着敬畏和崇敬之情说道：

当总统的马车到达时，我正站在费城国会大厅门前。那是一辆白色的马车，确切地说应该是淡奶油色，马车的面板上涂着代表四个季节的漂亮颜色。华盛顿从马车上下来，拾阶而上，在平台上稍作停留。有两名绅士，手持白色权杖，走在他的前面，同时阻挡着四周不断拥挤上来的人群。当时，我站得离他非常近，几乎都可以碰到他的衣服，可我的意识突然像触电一样，我感到无比的敬畏，这完全不是我当时作为一名学校小男生所应有的感觉。我相信，每个靠近他的人都有这样的感觉；我听说，甚至在他的社会工作时间里，众人也一直会有这样的感觉。我后来又见过他好多次，但同样的感觉始终没有变过。在我们需要的时刻，万能的上帝为我们塑造了一个如此特别、能勇于承担重大责任的人，同时又仿佛赋予他一种神圣的印记。一看到他，就不禁会对他肃然起敬，并随时准备遵从他的命令。

我刚才说到他那时正静静地站着，像一尊拥有伟大精神的雕像。随后，他转身进入国会大楼，沿着楼梯走向会议大厅。我不知不觉地跟上前去，没有人看见我，几乎是在他衣服下摆的掩护下，进入了众议院的门厅。此刻众议院正在开会。

华盛顿进入后，场内一片寂静，大厅、门厅和走廊里的人都在注视着他，仿佛所有在场的人的灵魂也都透过自己的眼睛在凝视着他。伟人镇定自若穿过位于参众两院议员席之间的走廊，慢慢地走上台阶，来到演讲席。

总统坐下后，依然没有说话。然后议员们也都纷纷入座，等待聆听他的致辞。此时，没有哪个教堂能比这宽大却又拥挤的会议大厅更安静了。

华盛顿的衣着简直就和斯图尔特给他画的全身像上的一模一样——一套非常华丽的黑天鹅绒长礼服，膝盖处饰有钻石膝扣，乌黑明亮的鞋子一尘不染，还镶着方形的银鞋扣，穿着一双黑色的长丝袜，衬衣的胸前和腰间打有褶皱，身上还佩带着一把轻便的礼服用佩刀，头发涂了大量的发粉，整齐地从两边梳向脑后，用黑缎带扎成一个玫瑰花型，套在大丝袋里。他手上拿着一顶三角帽，上面有一枚黑色的大帽章，当他走到自己的座位面前坐下后，就把帽子放在了桌子上。

最后，他从衣服内的口袋中掏出一卷手稿，他打开稿子，站起身，开始用他那浑厚深沉、饱满洪亮的声音向国会致开幕词。他的发言从容不迫，力度适当，非常清晰，语气严肃，仿佛是想表达他作为总统所要肩负的重大责任意识，但同时又没有沉重的压迫感。他身上永远会有某种特质给人留下深刻的印象，使人们相信他确实能够完全胜任总统的职责。他从不仓促行事，也不会玩忽职守；他就像是专为这个时代而生的人，无论发生什么情况，似乎永远是有备而来。在他的书房和客厅，在正式接待会上，在国会面前，以及在领导军队的时候，他似乎永远都能恰如其分地顺应时局的要求。他具有最强烈的、时刻存在的礼仪意识，从某种程度上说，是我所见过的其他任何一个人都无法比拟的。

“一个不幸被任命为全权公使的人的活动”

12 月 5 日，在向参众两院提交的关于对外关系的书面报告中，华盛顿就对法关系问题深有感触地说道：“我是带着极度的忧虑，不得不向你们通告，一个不幸被任命为全权公使的人的活动丝毫没有体现出其派遣国的友好精神；相反，他们的意向是想推我们卷入国外的战争旋涡，并造成国内的不和与混乱。就他的行为，或者说他的代理人们的行为而言，已经威胁到我们对战争所做出的直接承诺，或者是已经明目张胆地侮辱了法律的权威性，造成的影响已经被人们普遍的法律意识以及赋予我行使的权力所抵消。鉴于他们没有迫在眉睫的危险，出于对他的民族感情的尊重，出于他们对我们的友谊，我们已在容忍，但同时也坚信他们不会长时间地让我们去忍受一个如此不尊重我们彼此之间共同利益的人的行为。而且，我会坚定地信赖我们的同胞们，坚信他们是遵守和平秩序准则的。”

约翰·亚当斯在提及报告的这段文字时说道：“总统已经给了热内一个晴天霹雳。”然而，亚当斯对华盛顿在此事上是否能获得参众两院的支持表示怀疑——“虽然他现在像原来一样德高望重，深得人民的拥戴和信任，然而我预计，他在对热内做出公正的评价之后，他会发现自己树立了许多疯狂的敌人。”

黄热病使国家政府迁往日耳曼敦

1793年10月28日，星期一，华盛顿从弗农山庄动身出发，前往日耳曼敦，随行的有他的秘书巴塞洛缪·丹德里奇，马车夫刘易斯·卢特，以及仆人奥斯丁，另外还有五匹马。在巴尔的摩，遇到了25日从蒙蒂塞洛出发赶上的托马斯·杰斐逊。11月1日星期五，他们一起在晚饭时间到达了日耳曼敦。这是一个寒冷的雨天，杰斐逊说他们一路上经历了寒冷、炎热、沙尘和大雨等极端恶劣的天气……

11月11日，总统在丹德里奇先生和仆人们的陪同下出发前往兰开斯特和雷丁，途中要先到费城。他显然不相信日耳曼敦能够满足国会的食宿要求，不过至少他希望亲自了解一下宾夕法尼亚其他一些城镇的条件，万一议员们拒绝在费城集会……

16日星期六，华盛顿回到了日耳曼敦，至此他已整整离开了一星期。在离开前，他给伊萨克·弗兰克斯上校写了私人信函，问是否可以借用他的房子。弗兰克斯上校为了躲避黄热病去了宾夕法尼亚东部的伯利恒，他11月16日收到信后，立刻雇用了一辆二轮轻便马车和一名马车夫，与弗兰克斯太太一起赶往日耳曼敦，收拾和整理房子，以便总统入住。

无论是弗兰克斯的，还是莫里斯的房子，如今已众所周知，并且都还保持着原来华盛顿居住时的风貌。有意思的是，作为殖民时期的一个典型例子，这样的房子在美国随处可见……

华盛顿在弗兰克斯的房子里一直住到月底，不过他还是经常性地每天去城里。这样的生活对他非常适合，所以，第二年夏天，他又再次居住于此。

因黄热病而被迫中断的各种尚未处理的事情都累积下来了，其中包括准备总统在12月份第一个星期一（在日耳曼敦学院）国会开会时要发表的国情咨文讲话和要向参众两院提交的书面报告，这一切都使得华盛顿在日耳曼敦度过的11月份和其他工作时间一样，显得非常繁忙和重要。

美国建国之初，在华盛顿和亚当斯执政时期，按惯例，在参众两院一起开会之前，总统本人会亲临国会开幕现场，宣读国情咨文，这被指定为是国情咨文讲话。然后，相关议题将会被用更具体的书面正式报告的形式提交给参众两院。华盛顿有关各项议题的草案应该被包括在国情咨文讲话中，或是向国会提交的报告中，议题草案的内容如下：

（需向国会传达的各种事项和议题，最好是先通过在国会开幕现场发表讲话，随后向国会提交正式报告。）

有关美国与战争各方之间关系的实际事态的公告。

有关西部要塞投降后我们采取措施的情况通报。

大英帝国陛下就用持中立立场的船只运输玉米等粮食的追加指令。

有关和西班牙谈判领土和密西西比河航运问题的情况通报。

与法国公使热内先生的通信。

在试图赎回我们在阿尔及耳被俘的公民，以及与北非诸国缔结条约过程中所遇到的种种阻碍。

试图与西部印第安人缔结条约，及其结果。

军队的前进由于缔结条约问题悬而未决被耽搁。

有关克里克人和切罗基人，以及乔治亚州边境和西南地区的情况通报。

不以任何公共理由与边境的印第安人部落开展贸易往来（如果我们拥有优势的兵力能够使他们意识到自己的愚蠢行为的话），这会是迫使他们用最牢固的关系和利益来依附于我们的一种有效的手段吗？

建立相应军火库的实用性已日渐显现；成立军事学院，教授炮击技术和工程学知识，其合理性不容置疑。任何时候的战争都表明，忽视这一方面是不恰当的。

免除征收报纸等运输税可能未必合适。

俄亥俄西南地区立法机关于1792年11月20日通过了一项法案，法案存放在国务卿的办公室。

由于参众两院议员和总统都是新当选的，这是他们的第一次会议，因此对总统来说，在此场合向赋予自己权力的同胞们表示谢意和尊敬是否合适？而且众议院议员的人数还在增加。现在是处于一个关键的时刻，为了和平捍卫美利坚合众国的尊严与安全，我们须采取温和的立场，冷静和审慎地思考问题。

人事任免议案将在国会休会期间提交给参议院。

华盛顿因新闻界的粗俗幽默而愤怒

内阁成员之间持续不断的争斗，已经使华盛顿感到厌倦和难以忍受，而此时令他苦恼的是，有人暗示他与法国公使热内的冲突可能会给他带来麻烦，甚至会像以前一样，遭受新闻界粗俗幽默的侮辱。在这个不幸的时刻，诺克斯犯了一个大错，他无意中说了已传播开的一则恶语中伤的丑恶事件——后来发表在报纸上的一篇名为“乔治·华盛顿的葬礼”的讽刺文章。文中提到了华盛顿被推上断头台的情景，这简直就像是对最近法国国王被斩首的一次可怕的模拟。“总统，”杰斐逊写道，“现在无法控制的强烈情绪突然爆发，猛烈抨击那些对他个人进行人身攻击的行为，极度蔑视对他自担任总统以来的所作所为有不纯动机的言行的任何人。

“他从来没有后悔过，而且是时时刻刻，除了在提请辞职的瞬间。在内心极度痛苦之中，他郑重声明，他宁愿躺在坟墓里而不愿陷入目前的这种处境，宁愿待在自己的农场里而不愿成为世界帝王；他愤慨地说道，然而现在他们居然指控我是想当国王！

“在他情感爆发的瞬间，人人都鸦雀无声，在短暂的停顿之后，已经很难再回到原来的问题上。然而，华盛顿恢复了他以往的沉着镇定，并结束了这场争议。他说现在没有必要就此事做出决定。他的提议得到了同意。根据给莫里斯先生的信，待一系列事情解决后，或许时局会说明他的请求和呼吁是否必要。”

“威胁要把华盛顿从房子里拖出来”

尽管华盛顿两次全票当选总统，但他仍有许多仇敌。或许除了林肯任总统的前几年，华盛顿是美国所有总统中遭受诽谤和辱骂最多的。当时，民众支持法国共和的情绪非常强烈，很多优秀人士，包括当时的国务卿杰斐逊，都被华盛顿的态度所激怒，因为华盛顿不愿意打破已经存在的中立条约。华盛顿认为，巴黎的最底层的人士已陷入极度血腥和无穷的权力欲望之中，他们“为自由大喊大叫”，然而他们的自由思想只是想借自由的名义使自己的犯罪合法化。

约翰·亚当斯，当时的副总统，记录了人们在这一段考验人灵魂的时期反对华盛顿的情绪：

> 十万人涌上费城大街，日复一日地，威胁要把华盛顿从他的房子里拖出来，要求政府进行革命，或是迫使政府宣布支持法国革命，反对英国。

尽管华盛顿深受民众的欢迎，但他并没有气势汹汹地用蔑视的态度对待人民。对此，约翰·亚当斯曾这样写道：

华盛顿将军，以一种世界上最小心谨慎的处事方式应对这样的状况，这在很大程度上要归功于他的名人形象。

有一次，华盛顿在谈到这件事时，表达了自己这样的一种情感：

实际上我发现了在很多方面做出让步是非常重要和有用的，这样就避免了过于频繁地讨论此事，因为从政治角度讲，此事应该只在幕后关注，不做过多的专门讨论。只有时间才能消除和克服长期形成的习惯和偏见——情况的好转必定是一个缓慢的、逐步推进的过程。

还有一次，他补充说道：

总之，如果一个人不能在所有方面都做到如所希望的那样时，那么他须尽可能地在当前情况下做到最好。这是我的目标，不论这个目标离我有多远。

《杰伊条约》使西部受益

此时，西部的局势非常混乱，阴谋泛滥，土地投机买卖横行，海盗频频侵犯。如果没有一个坚定牢固的政府，如果与英国和西班牙的殖民地的边界线得不到明确的划定，那西部就会面临着陷入无政府状态的紧急危险。随着华盛顿政府变得日益强大，越来越得到人民的信任，第一个条件已经具备；至于第二个条件，边界线的确定最终也通过缔结条约实现，条约是由约翰·杰伊和托马斯·平克尼分别与英国和西班牙谈判后签订的。

《杰伊条约》的签订，在美国国内，尤其是在西部，激起了一股愤怒的浪潮，只有少数最冷静的、最明智的人士支持《杰伊条约》。例如，来自肯塔基州的联邦党参议员，非常有个性的老汉弗莱·马歇尔就投了赞成票。然而，大多数人还是持强烈反对的态度。此时，对中央政府对待他的方式非常厌恶的布朗特，甚至也公开抨击《杰伊条约》，并认为华盛顿想要促成国会批准条约，他还需做大量艰苦的解释和说明工作。但是，对于西部的民众来说，他们是无论如何都不会无缘无故反对此条约的。这不是一个令人完全满意的条约，或许像汉密尔顿这样的人去谈判，可能会争取到更好的条件，但是从整体上看，条约的签订使现有的局面得到了很大的改善。华盛顿的立场无疑是正确的。他本希望能签订一个更好的条约，但同时他也认为有《杰伊条约》总比没有好。

对杰斐逊大度的回复

1796 年 6 月 9 日，贝奇的《曙光报》上刊登了一篇匿名文章，文章泄露了华盛顿 1793 年就美国在英法冲突中保持中立的种种问题质询内阁成员的相关严加保密的内容。杰斐逊一看到这篇文章，就立即给华盛顿写信（6 月 19 日），说他从来都不会对破坏政府官员之间信任的事情给予任何关注。“我以前也跟您提到过，”他说道，“自我生命的早期阶段起，我就已经定下行为规则，从来都不会为公共报纸撰写一个字。对此，我也绝不会认为是个例外。”

杰斐逊还做出暗示，怀疑是有第三者在竭力挑拨他和华盛顿的关系，说他（杰斐逊）仍热衷于政治喧闹，钩心斗角，暗中图谋对抗政府。

华盛顿对杰斐逊的来信给予了大度的回复。“如果我以前曾有任何怀疑的话，”他写道，“那么发表在贝奇的报纸上的质询，以及您提出的恰好相反的保证，早应消除了我的怀疑。然而事实是我没有任何怀疑。”

“你只是一个普通人！”

在查看1979年的费城人名地址簿时，没过多长时间，我的心跳就开始加速，因为我看到了如下的一个条目：“乔治·华盛顿，高街190号”。

令费城丢脸的是，历史价值仅次于独立厅的房子，已在许多年前被毁。

然而，我依然记得为数不多的难忘时刻。大约是在20年前的一个仲夏夜，总统官邸又再次矗立在我面前，华盛顿也再一次浮现在我的眼前，就像他一直的生活习惯那样。但这个魔幻般的场景只是一位慈祥老人的清晰回忆。老人童年时期和父母一起住在高街附近的第六大街，是华盛顿的邻居。

在费城的朋友赫克托·廷德尔将军的家里，我有幸见到了那位名叫罗伯特·格雷的老先生。他已有八十多高龄，但是整个人保养得很好，看上去要年轻得多，是一名老派的绅士，温文尔雅，衣着整洁，身材高大挺拔，面容亲切英俊。

我先让他回忆回答我的第一个问题：

“华盛顿是像我们所描绘的那样庄严正式吗？”

“是的，他是一位非常高贵的绅士，举止优雅——衣着得体，处事细致，且严格守时。我想如今他可能会被认为是有点拘谨。”

“你听到过他开怀大笑过吗？”

“咳，没有，我想我从来没听到过。”

“他一直是像你记忆中的那么严肃吗？还是偶尔也会微笑？”

“哎呀，祝福您，是的，他总是微笑地面对孩子们！”

“他深受男孩子们的喜爱。当他身着盛装乘坐他那辆由六匹栗色马拉着的奶油色马车与随从们一起前往独立厅时，当他出发去弗农山庄或是从弗农山庄回来时，我们这些男孩子都在附近看着。我们总是能够欢迎他，高呼万岁，并向他挥动着我们的帽子，而他则往往会礼貌地对我们回军礼，仿佛我们是受检阅的老兵一样。”

“你小时候去过他的家里吗？”

“噢，去过。他在结束重大宴会后，经常会吩咐管家，让我们这些小家伙进入他家。在这个时候，作为近邻，我们这些男孩子从不会跑得太远，而是会挤在餐桌前，飞快地吃着桌上剩余的蛋糕、果仁和葡萄干。”

华盛顿有个习惯，喜欢在黄昏时分背着手在一楼的大房间里来回踱步。有一天傍晚，一个从未见过他的小男孩，为了想看到他，在试图爬上一个打开着的窗户时不小心掉落下来，摔伤了。华盛顿听到男孩的哭声后，打铃叫来仆人，让仆人去询问究竟出什么事——他毕竟心肠很好，至少对孩子来说是这样。仆人回来后说：“先生，那个小男孩是为了要看你一眼才摔倒的。”

“‘把他带进来吧’，将军说道。男孩进来后，将军轻轻拍着他的头说，‘你想看华盛顿将军，是吗？好吧，我就是华盛顿将军。’”

“但是小家伙摇了摇头说，‘不，你只是一个普通人，我想见的是总统。’”

“据说，华盛顿当场就笑了。他们告诉男孩说他就是总统，尽管他也是一个普通人。然后，他叫仆人给了小家伙一些果仁和蛋糕，让仆人送其离开。”

发表告别演说

总统选举的时期日益临近，人们已经开始非常担心华盛顿是否同意担任第三任总统了。大家都认为，考虑到华盛顿对国家的贡献，他比其他任何人都更有权利退居二线，安享退隐的生活；但是也有人认为，他如果在欧洲战争结束前就引退，国家的局势就会陷入危险的境地。

然而，华盛顿在这件事所下的决心已经不可能改变，他决定发表告别演说，声明宣布引退。

告别演说的发表引起了很大的轰动和反响。政府的一些立法机关还下令将演说词刊登在自己所属部门的公报上。“总统拒绝再次参选，”年长的奥利弗·沃尔柯特写道，“在我们的国家大事中开创了一个极其重要的新纪元。”

反对党原以为华盛顿要继续参加竞选，就不停地用尖刻的语言对其大肆辱骂。然而，告别演说一发表，使得辱骂声戛然而止。“这等于是一种信号，就像掉落的帽子，标志着党派纷争的开始；”菲希尔·艾姆斯写道，“我期待着大声的喧哗和吵闹声，而且是快马加鞭。”

12 月 5 日，国会达到法定人数，这是告别演说发表之后的第一天的会议。7 日，华盛顿最后一次和参众两院议员见面。他在演说中建议设立一个改进农业的机构，建立一所军事院校和一所全国性大学，并逐步扩充海军。

> 然而，在努力的过程中，我不能忘记我们的国家和政府的品质所起的重要作用，不能忘记对国民的爱国心、自尊心和坚强毅力的全然信任的重要性。

在演说的最后他还说道：

> 今天，我最后一次站在这里，站在美利坚合众国人民的代表们中间，自然会想起此届政府开始时的情形。借此机会，我要祝贺你们和我们的国家所取得的试验性成功，要向宇宙至高无上的统治者及所有国家的最高裁决者祈求，祈求它能使美国人民永远

保持美德和幸福，祈求它能永远保护美国人民为自由而亲手建立的政府。

有关告别演说的更多内容

参众两院都对华盛顿的告别演说做出了正式的回应。参议院将政府的成功很大程度上归功于总统的才能、坚定和美德，并说："能给我们即将承受的损失带来最行之有效的安慰，是那些鼓舞人心的反思，您树立的榜样会影响下一届政府，并会一直传承下去，美利坚合众国会继续享有一个有能力的、正直的和充满活力的政府。"

众议院也做出了类似的回应，对总统的温和稳健和宽宏大量，以及智慧和坚定等品格表示了由衷的赞扬，并说："为了我们国家的利益，为了共和国的自由，我们真诚地希望您的榜样能指导您的继任者，在为现在这个时代带来荣誉和保障的同时，能传承下去，成为我们子孙后代们的遗产。"

然而，一个名叫贾尔斯的弗吉尼亚人却对公众所表达的遗憾和赞扬持反对态度，他是一名狂热的亲法分子。他曾提议删除赞扬华盛顿的内容，但同意他提议的只有十二票，其中一票是来自田纳西州的年轻议员安德鲁·杰克逊，他是绝不会错过这种犯大错的绝佳机会的。而后，国家立法机关、市议会等许多机构和组织也纷纷发表了与国会回应相类似的讲话。所有这些对华盛顿来说都是莫大的安慰，和所有其他的杰出人士一样，他早就发现敌人的噪音一般要比朋友的响一百倍。

在华盛顿的政治生涯中，最后令他苦恼不已的是一封来自于法国部长的信，此信为各大报纸所刊载，公然抨击中立宣言是一个阴谋。这封信显然是为了杰斐逊的利益而写（尽管无确定证据）。杰斐逊是总统的候选人之一，但他最终没能胜出，亚当斯当选总统，成为华盛顿的继任者。

一个感人的场面

1797 年 3 月 14 日，华盛顿参加了其继任者担任美国总统的就职典礼。当时的联邦政府设在费城，当时国会的开会地点是在第六大街和切斯特纳特大街拐角处的政府大楼。在预定的时间，华盛顿走在就要宣誓就职的约翰·亚当斯的前面进入了大厅。当大家都就座后，华盛顿起立向大家介绍亚当斯先生，接着他以坚定、清晰的语调致了简短的告别词——不是他那篇已经发表的伟大的“告别演说”。就坐在华盛顿前面的“议会前座”的一位女士，是这样描述当时的场面的：

从大门入口到大厅只有一段狭窄的通道，乔治·华盛顿走到通道尽头时，停下脚步，先让亚当斯先生入席，亚当斯先生总是穿着一身亮褐色的西服，外套的袖口是宽松的。华盛顿将军则是穿着一件黑色长礼服，军帽上有一颗黑色的帽章。他站在那里，被各国认为是美国“国父”，无论是在战争时期，是在和平时期，还是在他同胞们的心里。没有带金色围巾的将军陪同着他；没有欢呼，也没有喧哗，大家都寂静地向他致意，仿佛与会的所有人都渴望听到他的呼吸声一样。亚当斯先生双手掩面，不时地发出强忍住的啜泣声，他的双手和袖口上都是泪水。我无法用语言形容当时我所感受到的华盛顿先生的神情——无比镇定和沉着，直至他的致辞结束。接着，全场响起一片呜咽声，这位伟人被大家的满脸泪痕所深深打动。我一直都目不转睛地注视着他的脸，看着大粒大粒的泪珠从他的眼里掉了下来，他的心是和大家的心在一起的，而且是永远在一起的。

第三十五章　弗农山庄的贤人

毕竟只是一个凡人

在回到弗农山庄的那一刻，华盛顿马上就意识到自己只不过是一个凡人而已，因为他的房子已多年失修。无奈之下，他不得不请了一大帮木匠、泥水匠和油漆工来整修房子。他说："由于房子里到处都是叮叮咚咚的锤子声和刺鼻难闻的油漆味，简直没有一个房间可以用来招待朋友，或者是能让自己坐下来歇歇脚。"所幸的是，那时根本还没有水管工一说，所以整修房子的花费还不至于让他破产变成穷光蛋。房子修好后，他开始享受生活。在写给前任财政部长的信中，华盛顿说道：

> 每年制作和销售一点面粉，整修快要变成废墟的房子，整理和保护我的公文档案，以干农活和过田园生活为乐，这些都是我在这个地球上的余生中所要做的事情。如果偶尔还能够见见我尊敬的朋友们，那会给予我极大的满足，同时也能给我的生活多增添几分乐趣。如果真是这样的话，那我希望聚会是在我家的葡萄架和无花果树下，因为我不可能到离家二十英里以外的地方去。

邻居、商人和陪审团成员

爱德华·埃弗里特·黑尔博士在他的讲座和谈话中都曾经说过这样的话：我们有确实可靠的根据相信，华盛顿之所以拒绝参加第三任总统竞选的原因之一是，他对于自己所在的弗吉尼亚州是否会同意他竞选总统毫无把握，尽管其他各州无疑都会对他投赞成票。他似乎是敏锐地意识到自己是“墙里开花墙外香，先知不容于故里”。

这种说法至少是得到了一个事实的印证，因为直至 1796 年 9 月约翰·亚当斯被选为新任美国总统之前，亚当斯都不知道华盛顿是否想要参加第三个总统任期的竞选，甚至连华盛顿本人也不明确自己是否有这种意愿。

而且，根据林肯总统第一任期内的副总统汉尼巴尔·哈姆林所述，1842 年，也就是他刚担任众议院议员时，在首都仍还生活着一些对华盛顿个人非常了解的弗吉尼亚人。在华盛顿引退后，邻居们经常会就农场和商业事务向他咨询。尽管华盛顿为他的国家做出过不朽的服务和贡献，但他后来甚至还担任过县陪审团的成员。

“斯图尔特先生说得没错”

肖像画家斯图尔特曾对李将军说道，华盛顿的脾气非常暴躁，但他一直把自己控制得很好。后来，李将军在与华盛顿夫妇一起用餐时，把斯图尔特所说的前句话告诉了他。听到此话后，华盛顿夫人的脸一下子就变红了，说斯图尔特先生有点言过其实了。这时，李将军又说了斯图尔特的后半句话，华盛顿似乎沉思了一会儿，然后笑着说：“斯图尔特先生说得没错。”

“我的很多工作都是在别人睡觉时完成的”

在他漫长的一生中，他的每一天都过得很充实，就连他生命的最后一些日子也不例外，都是在兢兢业业的工作中度过的。他有大量来自国内外的信件，但他却能对每一封来信都做出回复。作为那个时代最有教养的人物之一，华盛顿觉得不回信很失体统，违背了礼貌原则。他的笔头很流利，很难找到第二个像他这样一辈子写了那么多信又能写得那么好的人了。亨利·李将军有一次这样问他："我们真的很惊讶，先生，您竟能做得完这么多的工作。"华盛顿回答说："先生，我每天四点就起床了，而且我的很多工作都是在别人睡觉时完成的。"

华盛顿与联邦城

虽然华盛顿从来都没有在白宫里住过，但是能有今天的白宫，以及如今它所承载的意义，这位美国前总统付出的比谁都多。

此前，美国就根本没有首都，就连总统的官邸也都是租用的，因为当时南方各州的民众反对把首都定在远在北部的纽约。费城虽然靠近人口最密集的中心地区，但是当时最有影响力的一些人物都住在弗吉尼亚，如"美国国父"华盛顿、"《独立宣言》的起草人"杰斐逊、"美国宪法之父"麦迪逊和"门罗主义"的创始人门罗等，而且彼此都住得不远。美国的前五任总统中有四位是来自弗吉尼亚州，而且无一例外都连任了两届。其中唯一例外的是约翰·亚当斯，他来自其他州，只在位一届。也就是说，在总统办公室成立以来的前三十六年里，其中三十二年的时间是由弗吉尼亚人占据的（此后还有三位总统：哈里森、约翰·泰勒和扎卡里·泰勒，他们都出生在弗吉尼亚），为此弗吉尼亚也就具有了"总统摇篮"的美称。所以，弗吉尼亚和其他南部各州自然就希望把首都建在较靠近原来美国十三个州的地理中心。但是，马萨诸塞和纽约等几个州反对将国家的首都放在弗吉尼亚州的一个城市。因此，弗吉尼亚州和马里兰州便各自让出一小块土地，面积总共有十平方英里，成立了哥伦比亚特区。

在确定区域后，由华盛顿来最后决定具体的位置。他最终定在了波多马克河畔，也就是现在首都所在的位置，离他那美丽的家园弗农山庄几小时车程的地方。

“华盛顿先生，你会成为什么样的人？”

华盛顿引退后回到弗农山庄，在那里，他可以清静地生活几年，此前他曾为他的国家尽心服务了近五十年。他曾经对英国国王非常忠诚，当然前提是不违背他处事的神圣原则和崇高的男子气概。他戎马一生，历经艰难险阻，尝尽人间疾苦，使得他看上去要比实际年龄老得多，他引退回到美丽的弗农山庄，享受应得的生活时，只有六十五岁。然而，就算是退休之后，他还是没能安生，他经常会开车到他从来没机会入住的白宫工地亲自监督工程的建设。

后人可能会觉得命运之神总是对华盛顿眷顾有加，其实却不然。对于他来说，英国人并不是他最大的敌人，“墙里开花墙外香，先知不容于故里”的境遇，以及首都的建设才是他最不能释怀的。或许是由于离他太近了，心理上的近视反而导致很多人体会不到他的伟大。就像是，当你站得离一座大山很近的时候，你往往只能看见它的一部分，而不能将它壮丽和宏伟的全貌尽收眼底。为了从弗吉尼亚和马里兰州运送建白宫所需的沙石，政府便在波多马克河河畔建了一个码头。在建筑“宫殿”的小山和波多马克河之间有一座小屋，住着一个名叫戴维·伯恩斯的苏格兰老头。由于石料在运送过程中要经过他的土地，老头总是小题大做，从中作梗，干扰工人们的建设。老头显得有点不可理喻，因为此事并没有给他造成任何干扰，况且联邦城的土地中有很大一部分是从他手上购买的。事实上，正是这笔土地买卖让他成为一名富人。有一天，华盛顿借机想规劝他。华盛顿提醒他说，国家首都正好建在他的土地上，否则或许他一辈子到老也还只是“一个贫穷的烟草种植者，什么也没有”。

"我说，你这人！"那个个子矮小的苏格兰人怒气冲冲地说道，"华盛顿先生，要不是你娶了那个卡斯蒂斯寡妇，得到了她所有的黑奴，你会成为什么样的人？你什么都不是，你今天还只会是一个土地测量员而已，一个穷光蛋！"

碰到这种丝毫没有爱国情结的老顽固，还真是让华盛顿长了见识。显然，老头对乔治·华盛顿为美国——这个后来成为世界历史上最伟大、最好的国家——所做出的巨大贡献根本一无所知，这或许因为他离华盛顿太近了。他对华盛顿的了解也仅限于"卡斯蒂斯寡妇"的"黑奴们"。事后，他在写给一位朋友的信中提到这个苏格兰小老头的时候，称他是"固执的伯恩斯先生"。

"啊，李，你这家伙真是太滑稽了！"

亨利·李上校过去一直是弗农山庄最受欢迎的常客。传说华盛顿总让人觉得"敬畏"，但从下面的趣闻来看，这一点似乎没怎么影响到李上校。有一天，华盛顿在饭桌上说起自己想要几匹拉马车的马，于是就问李从哪里能弄到两匹。

"我有两匹好马，"李回答说，"不过我不想给你。"

"为什么？"

"因为你花钱买东西，顶多只出半价；买我的马必须是全价。"

李半开玩笑的回答令华盛顿夫人哈哈大笑，这时，她一旁的鹦鹉也学着她咯咯笑了起来。但华盛顿将军似乎对这种颇伤尊严的挖苦已经见怪不怪，反倒是轻松地四两拨千斤，巧妙地反将了他一军。

"啊，李，你这家伙真是太滑稽了，"他说，"你看，连鸟都笑在你了！"

“到处乱涂乱擦”

华盛顿的侄女哈里奥特自 1785 至 1786 年间一直住在他家里，不过这个侄女对他来说一直是一个很大的考验。“她从不知道要注意自己的衣服，”他写道，“用衣服到处乱涂乱擦。而且她总是要用最好的东西，为此花了我很多钱。”

一个真正伟大的人应该具有这样的品质，那就是永远都不耻于道歉。有一次，华盛顿夫人的孙女内利·卡斯蒂斯因为独自一人借着月色在山庄里行走而受到了祖母的严厉训斥，华盛顿为此想帮她说情。

“或许她不是一个人走的，我会说下次不再这样了。”他说。

“先生，”内利·卡斯蒂斯说，“您从小到大都教导我们要诚实，我跟祖母说的是实话，我希望您相信我。”

“我的孩子，”他向她谦恭地鞠了一躬说，“对不起，请原谅。”

华盛顿的身材比例

华盛顿的外貌非常有特点，看起来跟一般人都不一样。他具有最富男子味的体型，身材高大，威风凛凛，透露出高贵、优雅和庄严的气质。在壮年的时候，他身高六英尺二英寸。但是自革命时期起，他的背显然已经开始向前弓了。年龄似乎并没有在他身上留下太多足迹，是战争期间的操劳和磨难让他原本挺拔的身躯过早地伛偻了，而不是年龄的缘故。然而，由于他步伐稳健，再加上身上那种天生的高贵庄严的气质，岁月的洗礼并没有让他显露出那个年龄该有的老态。

他伟岸的身躯，再配上宽阔的肩膀和坚实的肌肉，使他整个人就像是这个世界上用最自然、最细致的磨具锻造出的古代雕像一般——每一个部分都契合得那么完美。虽然他身体壮硕，肌肉发达，但奇怪的是他从来不会给人一种笨重的感觉。身材比例是如此的协调，使他显得并不像肖像画中的形象那么高。对他来说，他宁愿一生过得清闲一些，而不是那么的奔波劳碌。

华盛顿有一双强壮有力的手臂，这一点有依据可以证明。他可以从小溪河床里把一块石片扔到天然桥的顶端，还可以把一块石片一直扔到拉帕哈诺河对岸的弗雷德里克斯堡。据说，石片只有一美元硬币那么大小，他居然能扔得过那么宽的一条河，而且还是在离对岸三十码开外的地方才落地。之后，也有很多人做过同样的尝试，但结果那些石片都落到了河中……

华盛顿的力量主要是体现在他的四肢上。他自肩膀至臀部的骨架是一样宽的，他的胸部不是那么突出，但中间是空心的。准确地说其实有些单薄。华盛顿早年得过肺病，之后从未完全康复过。不过，他的骨骼和肌肉倒是发育得格外好，骨关节很大，脚也很大。如果他的手模可以被保留至今的话，那将会是一个极好的例证。正如拉斐特所说的：“我从来没见过哪个人的手有将军的那么大。”

他的穿着

华盛顿的家族有遗传性的痛风病史，但是华盛顿本人却从来没有遭过这份罪。或许是因为有节制的生活，以及积极勤奋的工作，使他的身心都得到了很好的锻炼，才让他幸免于这种恶疾的侵扰。要知道，他最近的几个亲戚都曾遭受过这种可怕的病魔的折磨。不过，华盛顿后来还是得了一种非常罕见而且很严重的病。他非常讨厌吃药，即使在病重时，也只有在他夫人的苦苦哀求下，在他最好的朋友和伙伴（詹姆斯·克雷克医生）令人尊敬而又恳求的目光中，才勉强服一点药。

华盛顿一直是一个喜欢早起的人，不论是在从政时期，还是退休后，这个习惯从来都没有改变过。这个习惯是他在母亲的影响下形成的，懒散在母亲眼中是绝对不能容忍的。所以不管他是国家元首还是退休的平民，做事都那么井井有条，不管春夏秋冬，每天天没亮之前他都要在自己的书房待上一两个小时。我们或许会惊讶于他惊人的工作量：他一生所做的工作足以让六个普通人忙碌一生了。这一切的可能都源自他那富有条理的性格。看到他那堆积如山的公文和信函——国内和国外的，公共和私人的文件和信件——你简直难以相信一个人的短暂一生竟然能完成这么多的工作，而且还能完成得这么出色。

他的盥洗室不久也建好了。他只有一个佣人，负责帮他整理和准备衣服。他的头发总是梳向脑后扎成一束。他总是自己修面刮胡子，自己穿衣，但却很少在这方面浪费他宝贵的时间。华盛顿服装的裁剪并不时髦，用料也很朴素，但质地绝对上乘。

他的饮食

早晨，华盛顿起来后一直到用早餐的这段时间里，除了去书房外，还会去马厩看一下。他的早餐也是很有规律的，有规律到每天早餐的内容也鲜有变化，不像其他人那样，经常会去不断变花样。他每天早上吃的不外乎是玉米饼，蜂蜜和茶。当吃完早餐要离桌的时候，如果有客人在（虽然这种情况不多），他就给他们送来报纸和书，让他们自己照顾自己。然后，华盛顿这位“出色的农夫”就准备出门去打理他的农活，开始一天的巡察。他会打开门，拉下和竖起围栏，骑着马在农场里巡视，身边没有人陪同；途中，会看望一下在干活的劳工，同时仔细地查看着他的大农场里正在进行的各项农活，指导性地提出一些实用的改进意见，并监督各项农活的进程。他会把国内外许多有效的耕作方法介绍进来，通过试验和实践把这些新方法应用到日常的农耕中去；而且他还凭借着自己的热情和能力，“使犁田的速度加快”，推动了农业和国家经济的发展，间接地为日后国家富裕、产业振兴，以及国家的独立自主积累了重要的资源。

他每天几乎都要骑着马，在自己的农场里转上十到十五英里路。说到这里，在农场曾经发生过一则趣闻，这件事出自华盛顿从革命时代就认识的一位挚友之口，笔者觉得应该让读者了解一二：

> 有一天，我们出去打猎的时候，有个上了年纪的陌生人上前来问我们华盛顿先生在庄园房子里还是在农场。我们告诉他将军出去了，并告诉他寻找的路线，同时还说道：“先生，您看见一位上了年纪的绅士独自骑着马，身穿土褐色的衣服，头戴一顶宽边白帽，手持一根教鞭，马的鞍头插着一把长柄伞——那个人，先生，就是华盛顿将军！”

笑到眼泪都从脸上流了下来

退休在家的时候，华盛顿每天管理着自己的地产和家业，日子也过得自得其乐。他有耕种面积超过五平方英里的土地，他马厩里和牧场上饲养着数百头匹马和牛，所以他根本找不出空余的时间跟大家一起聚在村子的商店里讲故事，如果村子里有这样的商店的话。作为一名农场主，尽管他肩负诸多责任，有那么多事情要处理，但他从来没有为这困扰过。的确，他与今天的农场主很不一样。不论在哪里看到能遮阴的树木，他非但不会砍，反而还会大量种植，弗农山庄的人比其他任何地方的人都清楚，并不是只有榆树才能让人遮阴。华盛顿从现在人称“七叶树州”的俄亥俄州旅行回来后，带回了很多树种，在他的影响下，种植漂亮的马栗树（七叶树）成为一种时尚。

然而，无论他怎么努力想做一名与邻居一样平凡的农场主，还是会因自己的伟人声誉而遭受痛苦。由于他曾经是那么伟大，因此就算是稍微露个脸也足以让很多和他接触的人感到诚惶诚恐。所以，为了感受众人聚在一起的快乐场面，他经常是不得不躲在门背后，透过门缝偷偷朝外观望。只有熟悉和了解他的人才不会把他看作偶像，而是一个普通人，也只有这样，他才能真正做一个普通人。而且我们也可以从大量现存的信件和记录中了解到，在这种情况下，他通常会是一个令人开心的好伙伴。另外，让他不思考是不可能的，因为每当他思考问题时，他总是会保持沉默。但是，只要周围有任何快乐的事情发生，他就会立刻受到影响和感染。这里就有一个很有趣的故事，说的是在和一帮弗雷德里克斯堡老朋友一起消遣滑稽歌曲的时候，他经常会变得很热闹，和他们笑作一团。华盛顿继子的女儿卡斯蒂斯小姐说：“我快乐放纵的情绪有时经常会惹得他开怀大笑。”这种夸张的情形似乎会吓到他的崇拜者，但也有一些有据可循的报道说华盛顿是笑到眼泪都从脸上流了下来。

对恋爱的建议

自古以来，男人和女人之间都存在一种相互的吸引力，除非人世间的自然法则发生改变，否则这种力量会一直存在下去。和所有其他人一样，你或许也会发现一个人的情欲很容易被挑起，但是想要压制却很困难。所以，千万不要过早，更不要过分地标榜自己可以对情感收放自如。

人人都说爱情是让人不由自主的一种情感，因此是无法抵御的。从某种程度上来说，爱和世间万物完全一样：只要得到充分的滋养和呵护便会迅速成长，如果对其置之不理，就会被扼杀在萌芽状态，或是在成长过程中受到阻碍……虽然我们难免会受到第一印象的影响，但要确信自己能有所防范……但是，爱情之火一经点燃，你的心也会随之急速升温，因此这种时候你就要好好问自己：那个入侵者究竟是怎么样一个人？我对他足够了解吗？他的品德高尚吗？他是个通情达理的人吗？（因为一个明智的女人是永远不会喜欢一个傻子的）他过去有什么样的经历？……他将来有足够的能力维系我和我姐妹们早已习惯的生活方式吗？我的朋友们对他是否没有任何合理的反对态度？如果所有这些近乎拷问的问题都得到了满意的答复，那么我们还有一个问题要问，这也是最重要的一个问题：我是否有充分的理由能确定他的爱是为我所吸引呢？

“婚姻是最有趣的事情”

不管华盛顿觉得“婚姻这座神殿”再怎么美好，他也不愿做月老。所以当有人让他为杰克·卡斯蒂斯遗孀的婚事提一些建议时，他回答说：“我从来没有过，甚至根本没想过将来有一天我要给一个即将成婚的女人一些有关婚姻的忠告。首先，我从来就不会在没有她本人同意的情况下，就贸然劝一个女人跟别人结婚；再者，如果事情已然发生，再劝她克制自己的感情根本就是徒劳。一个女人除非自己心里已经有了一个决定，否则在这种情况下她们很少会去征求别人的意见。一般来说，当她们开口问这种问题的时候，只不过是想用别人的话约束一下自己，并不会让别人的异议左右自己的行为。总之，可以用英语最浅显的话来做出总结：我希望你想得跟我一样；但是万一不幸，你的意见与我向左的话，我也只能坦白地承认：我心意已决，想回头也晚了。"

他又写道：

> 我做人向来奉行的一个原则是，永远不要做婚姻的背后推手，也不要做它的绊脚石，除非存在不得已而为之的现实要求，才会对其进行干预。我一直都认为婚姻是人一生当中发生的最有趣的事情，是一切幸福和痛苦的根基。如果将相互不感兴趣的两个人强行撮合到一起，不用多久，他们之间就会相互憎恶；而将真心相爱的一对恋人强行拆散，则是我情理上最无法忍受的。所以，对于法妮和乔治之间的婚事，我从来也没有直接或间接地说过一个字。

而至于华盛顿本人是否是一个忠诚的好丈夫的问题，我不必多说什么，一切都留给事实去证明。坊间流传着关于他不忠的故事，一位著名的牧师证明了故事的真实性，一位美国议员也推波助澜地特别提供了更多关于这个话题的相关信息。既然有这些事实依据存在，那么我们现在要做的似乎是该认真考虑这个问题，想想证明这些故事的证据是否确实可靠，比如，那些经常被引用的虚假的"信件"，从未真正存在过，已不再具有可信性。所有这些故事的真实性程度，从其价值上来说，本身也是不言自喻的。

“我可能在看《末日审判书》”

我所要说的既不能起到指点也不能起到消遣费城的一位陆军部长的效果，但我也许可以告诉他我每天日出而作。如果我发现我的雇工没有及时到岗的话，我会对他们身体的不适捎去表示遗憾和伤心的口信。事情发生后，我会做进一步调查。然而，我的调查越是仔细深入，我就发现，由于这八年多来我不在庄园，疏于管理，庄园的建筑损坏得很厉害。待我把这些事情处理完毕后，早餐已经准备好了；用完早餐，我便跨上马背，开始骑着马在农场巡视，巡视一直持续到用晚餐时间。巡视期间，这个时候我都会看到一些我不熟悉的脸孔，他们过来毕恭毕敬地对我说，“来，吃饭吧！”我心里不禁祈祷，千万别又开始问一些稀奇古怪的问题呀！这种情形和几个朋友在一起快乐地用餐是有天壤之别的！

通常我们会坐在桌旁交谈，这时仆人会就着微弱的烛光给我们端上茶。如果此前没有别人来打搅的话，我就决定，一旦小蜡烛的微光照亮这个地方，我就会坐到我的写字桌前，面对收到的信件写回复。然而，真的当烛光将整个房间照得通明的时候，我又觉得乏意袭来，以至于不愿再做这些工作。日复一日，或许明天我又会因为相同的原因把早该完成的事情一推再推。

我对您讲了我一天的经历，您便可以知晓我一年是怎么生活的了，而且我相信您对此不需要再听第二遍。不过在我看来，你可能会觉得我根本没有给阅读分配任何时间。那我要告诉您，我回到家后还没抽得出时间看书，我起码要等到所有的工人都下班后，才能有时间做这件事——大概不会很晚，或许这时我可能在看《末日审判书》。

幽默的华盛顿

从某种程度上说，华盛顿本人也是一个幽默之人，不过他的幽默比较温和，且略带点沉闷。他曾经这么写道：

如果没有造币制度，除非明文禁止人们分割钱币，否则，如爱尔兰人所说的，我们的每个美元和比塞塔里恩[①]之类的就要被分割出‘五个四分之一了’。

当年，联邦党人曾遭到贪污公共钱财的指控。华盛顿在给一名内阁成员的信中诙谐地写道：

请告诉我吧，我的好先生，八十万美元中，您分到了多少？鉴于您位高权重，如果您获得一笔微不足道的贿款——或许十万，那对您简直就是一种侮辱啊！

有一次，在收到一个女诗人写给他的一首虚伪谄媚的歌颂诗后，他给她回复了一封感谢信，在信的最后他用他那种让人有些费解的幽默感写道：

虚构无疑是诗歌的生命和灵魂所在，古往今来，所有的诗人都将这一点发挥到了淋漓尽致。您在没有足够的事实根据的情况下，仅靠少得可怜的一点资料写出这么一首优秀无比的诗歌，这就像残暴的埃及法老逼迫以色列的孩子们在没有任何必需的原料的情况下制造出砖块一样，对此我要对您表示感激。

华盛顿甚至还经常拿自己的死开玩笑。他在一封让妻子抄写的信

① 西班牙旧银币名。

中写道：

我根据将军的愿望，在此代表他加上几句话，将他的希望表达如下，即——听到有关他不好的评价后，可能在失望之余，如果他突然性情爆发，大怒或其他什么的（因为他认为所有各种致命的情绪爆发要比爱的情感和哈哈大笑，以及其他许多他说得出的诸如此类的情绪更糟糕），那么他希望能够事先知道人们要说的是什么，他觉得如此一来在此时和那时都不会让事情发生转机，能够让他的性格变好。再说，他已经有一个约定或承诺……不会在1800年之前离开这个世界。因为他很自信，除非发生了什么迫不得已的事情，否则他一定可以信守承诺。如果真的有一天，约定没能信守到最后，那么他希望人们对待他，就像他对待他们一样——宽恕他。从目前来看，无论精神上还是身体上情况都非常理想，因此应该不会有发生上述的种种可能性的危险；但是他也说，他的身体状况正在走下坡路，几乎就要下滑到最低点了；说白了就是，他觉得自己不久快要下降到阴间了。对于您寄予的美好祝愿，他让我向您表示由衷的感谢，对您表达他最真挚的祝福。

“我们觉得在过去二十年间从没做过的事情”

给托比亚斯·利尔先生的一封信

亲爱的先生：

此时，我孤身一人，今晚能见到您，我会很高兴。

夫人和我今天已经打算好要做一件我们觉得在过去二十年间从来没做过的事情——就我们两个人自己坐下来用晚餐，除非到时又有不速之客突然来访。

您亲爱的，乔治·华盛顿

“我不会拿年龄做借口”

给美国总统约翰·亚当斯的一封信

亲爱的先生：

由于我已经退休，所以没有定时去邮局取邮件的习惯（邮局离家大概有九英里的路程）。因此很多信件长时间地放在那里，没能按时到我手上。

我很荣幸能够收到您上个月给我写的信，我无比感激您在信中字里行间流露出的敬意以及毫不吝啬的礼貌和夸奖之词，而我在此也向您保证，我将会尽我一切所能支持您的政府，所以有任何需要，尽管吩咐，不要有什么后顾之忧。

我过去根本没有考虑到，在我退休期间，会有任何欧洲强国前来侵犯合众国，也根本没想到在我还在人世的时候可能会发生这种事情，更没有料到会在这么短的时间内会发生这类事件。这使我已不能在弗农山庄安心隐居林下，尽享天年。这个年代，似乎什么事情都可能发生。如今法国局势动荡，政府无法无天（在上帝看来，完全是一种超乎人类想象的野心），对内肆意屠杀国民，对外侵扰周边他国的安宁。

不管是过去和现在，还是未来，对我来说，做出一个让自己心满意足的决定向来不是件易事。万一敌人兵力势不可挡，真的入侵我国，届时只要祖国要求我为击退入侵之敌而出一份力，我必当义不容辞，绝不会拿年龄和退休作为借口予以推辞……

在组建军队挑选带兵之将时，您可能会遇到的难题的确不容忽视。再者，在我们这种政府制度下，所要考虑和处理的问题也着实太多了，也难怪您如此为难。但是，面对敌人的威胁，就战斗的模式而言，应不同于当年独立战争时期所采用的战术。我觉得要从那些久经沙场的老将军中挑出依然精力充沛和身体健康，且政治可靠的带兵之将，并不容易，毕竟他们可能要面对的是“快速行军”、长途跋涉和激烈的战斗，因此我们必须要依靠新军队里那些享有盛名、经验丰富、久经考验和机智聪明的年轻军官，根本不需要考虑人选的军阶高低。

话虽如此，但我目前还没有想到合适的人选可以推荐给您。但有一点我很确定，那就是此事不论是对公众、军队还是指挥官来说是都是头等大事，现在我要直言不讳地就军队一般工作人员构成的问题提一些建议。在人员任命时一定要深思熟虑，万分慎重。如果这支队伍的人员缺乏高尚的品格，不知道各自的职责和义务，没有才干和活力，意志薄弱，不够正直和审慎，无法使总司令寄予充分的信任，那么总司令的作战计划和行动，即使不是被彻底击败，也会陷入困境，使战斗受阻，导致几乎同样的结局。而对他们来说，却几乎不需要要承受惩罚……

由于您在来信的开头中就对我提出了诸如此类的要求，所以才促使我在此畅所欲言。我也相信，虽然这当中有些观点您未必赞同，但您不会误解我纯洁的动机。而且，我也相信您已获悉了我的观点。向您致以崇高的敬意，亲爱的先生。

乔治·华盛顿

1798 年 7 月 4 日于弗农山庄

准备与法国开战

1798 年 11 月初，应陆军部长诚挚的请求，华盛顿结束了退隐生活，前往费城与部长本人以及汉密尔顿将军和平克尼将军会面，安排征兵建军队的事宜。陆军部长事先准备了一系列问题，供他们考虑，华盛顿也提出了一些有关组织地方军队的问题。为了仔细研究这些问题，华盛顿和两位少将顶着严寒，在极其困难的条件下中忙碌了近五个星期。汉密尔顿就他们的讨论结果，起草了两封信件，经总司令签字后，递交给陆军部长。作为总司令，有一项工作让华盛顿头疼不已：他必须审阅大量要求担任军官的申请和相关的推荐信。华盛顿在处理这项事务时，工作不辞辛劳，时刻都小心翼翼地避免由于自己的偏爱和偏见而可能造成的用人不当。

因为在接受总司令职务时，他就决定，除非情况紧急，需要他亲临战场指挥，否则就不必到职。由于天气酷寒难耐，迫使他急于想离开费城。因此，待他将军事指挥的意见和计划交给陆军部长后，便动身回弗农山庄去了。他虽然回到了山庄，但同时也把对公事的担忧一并带了回去：

> 我的这份公职，不仅需要我付出时间和对工作的专注，同时它还给我引来了一大帮为求军职而来的申请人和他们的推荐人，另外还有专门为打探消息而来的人，这些人中甚至没有一个是我所认识的。不仅如此，他们来的时候无一不是带着仆人，骑着马。在我这里，他们的马还和我的马匹抢夺粮草。但对于我来说，更重要的是我付出了宝贵的时间。对于一个住在乡下的人来说，方圆九英里之内没有任何娱乐场所，与大城市很不一样，其中的不便，是他们根本无法感受得到的。

“一个大跟斗”

华盛顿近六十八岁的时候，他还可以身手敏捷地跃上马背，能够悠然自得地骑马奔驰。著名的骑术家里基茨曾说：“看将军骑马是一种享受，每次听说他要出去骑马，我都会碰到他——他稳稳地跨坐在马背上，轻松优雅地控制着手中的缰绳。即使是像我这样的马术教练，也还要向他请教骑术方面的问题。”

在晚年，渴望享受骑马乐趣的将军从北方购得两匹纯种马，并给他们装上马鞍。这两匹马不仅英俊漂亮，而且步态轻盈，但是也很容易受惊，所以并不太适合骑着它在农场里安静地漫步，尤其是在偶尔还要下马步行于田间视察的时候。华盛顿曾从其中一匹马的马背上摔下来过——或许这也是他生平从马背上摔落的唯一一次经历。那是11月的一个晚上，当时，他正和三位朋友以及一名马夫一起从亚历山德里亚返回弗农山庄。途中，他们下马休息了片刻后，打算重新启程。就在华盛顿把脚放进马镫准备跨上马的时候，他的马受到了不远处路边刺眼的火光的惊吓，突然高高跃起，立刻就把将军从背上甩了下来，重重地摔在地上。他的朋友见状都以为他肯定受伤了，急忙跑过来帮他。然而，这位精力充沛的老人早已自己站了起来，掸了掸衣服上的尘土后，向过来帮他的朋友道谢，并告诉他们说他刚刚摔了一个大跟斗。他说，不管骑马的人技术多好都很难控制住，很难躲得掉这个大跟斗，因为他刚把脚放进马镫，还没等他跨上马鞍，受惊的马就突然跃了起来。

“对昔日的那些快乐时光的回忆”

在所有的朋友中，最让华盛顿怀念的是孩提时代的伙伴乔治·威廉·费尔法克斯——曾经和他一起头顶满天星星，共用一条毯子睡在谢南多厄河畔的荒野上，或棚屋的火堆前。乔治·威廉·费尔法克斯的父亲待华盛顿犹如父亲对待儿子一样。乔治·威廉·费尔法克斯后来与萨莉·卡里结婚，她是华盛顿的初恋，是华盛顿年少时在诗歌中倾诉过的真正的“低地美人”。费尔法克斯是亲英派人士，在独立战争真正打响之前，他就和妻子一起去了英国，在约克郡继承了一块地产，此后一直住在那里，直至1787年去世。我们可以从华盛顿一个时期的信件中看出，和老朋友一家长期远隔两地，让他遗憾不已。绿道园的主人费尔法克斯上校亲手建造的贝尔瓦庄园古老的房子，在主人移居英国后，1783毁于一场大火。除了他叔叔的儿子之外，上校是唯一一个在美国安家落户的费尔法克斯家族的后裔，他的血管里流淌着马斯顿草原战役中的英雄托马斯·费尔法克斯的血。华盛顿就是从他口中，学到一个士兵该如何报效祖国的第一课。无论何时，只要他从门廊朝南面望去，在多哥溪的对岸，映入他眼帘的就是那座令人伤感的庄园废墟。多哥溪就像一条闪闪发光的丝带一般，横在弗农山庄和废墟之间。在他生命的最后一年，他曾经给他昔日的恋人——萨拉·费尔法克斯写过一封信，当时萨拉住在英国的巴斯。华盛顿在信中写道：

> 尽管发生了这么多事，但是它们永远也不能消除我对昔日的那些快乐时光的回忆，因为在贝尔瓦时有你的陪伴，那是我生命中最快乐的时光。

第三十六章 “同胞心中的第一人”

华盛顿的秘书对将军临终前病情的记录

（依照利尔夫人的请求，下面给出的是一份真实的副本，摘自利尔上校的日记。）

（1799 年）12 月 14 日 星期六

这一天发生了一件大事，一件美国历史上乃至世界历史上值得纪念的大事。鉴于我是这一历史事件的现场见证者，我应该将它详细地记录下来——

华盛顿将军最后的病情和逝世

12 月 12 日，星期四，早上十点左右，将军骑马出去前往农场，直到下午三点过后才回到家中。就在他出门后不久，天气就变得异常恶劣，开始雨雪交加，寒风中还夹杂着冰雹。他进门的时候，我把一些信件拿去让他签字盖章，准备在傍晚送往邮局。他盖好章后对我说今天天气这么差，不必派仆人这么晚将信送往邮局了。我看着他说道，我很担心他被雨雪淋湿了。但他说不用担心，他穿着大衣，没淋湿。但是他的脖子显然是湿透了，头上还留有雪花。这时晚饭早已经准备好，所以他就没换衣服就去吃饭。到了晚上他看上去依然和往常一样，没有异样的变化。

星期五这天下了一场大雪（使将军无法像往常一样骑马外出了）。他得了感冒（无疑是前一天雨雪淋的），还说嗓子疼。但是，为了对房子和小河之间的区域做一些改善，下午他还是去了那里，给准备砍伐的一些树木标上记号。他的嗓子一整天都是嘶哑的，到了傍晚，变得愈发严重，但他仍然没把它当一回事。晚上，仆人从邮局取回了信件。我和将军及华盛顿夫人一起坐在客厅阅读信件，直到九点左右。然后，华盛顿夫人起身上楼，去了正在照顾孩子的刘易斯太太的房间，留下我和将军两个人继续阅读信件。当时将军心情十分愉悦。尽管他的嗓子嘶哑，但每当他读到有趣的新闻时，便会尽可能地大声读出来。他要求我将有关弗吉尼亚选举参议员和州长的议会辩论情况读给他听。当他听到麦迪逊先生对门罗先生的评论时，他似乎很受触动，进而用近乎严厉的言辞对此进行了评论。为此，我便试图像平时那样让他的情绪缓和下来。将军准备去休息时，我建议他最好吃一点药，治治感冒，可他却说不用："你知道我感冒时从来不吃药，随它去吧。"

一名监工给将军放了血

星期六凌晨两三点钟的时候，他叫醒了华盛顿夫人，告诉她说他觉得身体很不舒服，而且一阵发冷。这时夫人发现将军呼吸困难，说话很吃力，便起来想去叫仆人，但将军怕夫人着凉，便没让她去。一直到天亮，女仆（卡洛琳）进来生火，华盛顿夫人才立刻派女仆来找我。我闻讯后迅速穿好衣服，前往他的房间。这时，华盛顿夫人已经起来了，她对我讲述了将军刚才的情况。我发现将军呼吸不畅，吐字不清。他让我在医生赶来之前先去把罗林斯先生（一名监工）叫来给他放血。于是，我一面让人马上去叫监工，一面赶紧派人去请克雷克医生。我吩咐完后，又立刻回到将军的房间，发现他依然没有好转。我们用醋和黄油调制了一种糖浆给他服用，试图缓解他的喉炎，但是他根本一滴都吞不下去。每次当他试图吞服时，他就变得非常痛苦，浑身抽搐，几乎窒息。日出后，罗林斯赶到了。但是，当伸出手臂准备让他放血时，将军发现监工显得异常紧张，于是便吃力地安慰他说："别怕！"罗林斯切了一个口子，将军就提醒说："切口还不够大。"

但此时，血已经汹涌而出了，华盛顿夫人不知道这种治疗方法对将军的病是否妥当，要求不要放太多的血，唯恐伤害身体，于是，她恳求我停止。但正当我要解开绳带时，将军伸手制止了我，虚弱地说道："多一点，再多一点。"但是华盛顿夫人还是非常不安，唯恐将军失血过多。所以，在放了大约半品脱血以后，就不再继续了。然而，放血后，他的病不仅没有得到缓解，而且仍然进不了食。于是我就建议用碳酸铵给他擦洗身体。在用手擦洗时，虽然大家都很小心翼翼，擦得非常轻，但他还是说"这很痛"。我们用一块在碳酸铵盐水中浸泡过的法兰绒布包在他的颈部，还用热水给他泡脚，但丝毫都不起作用。

三位医生为他放血诊治

克雷克医生曾嘱咐我们一旦发生什么严重的情况，就派人去请布朗医生。所以，在克雷克先生赶到之前，华盛顿夫人便让我派人去请布朗医生。我赶忙让信使（塞勒斯）立刻去请布朗医生（晚上八九点钟的时候）。克雷克医生不久就赶到了。他对将军做了检查后，将一包气泡剂敷在将军的脖子上，同时还给他放了一些血。而后，准备了加醋的鼠尾草漱口水，并将一些醋加在热水里，让他将蒸汽吸入口内，他照此做了。但是在用漱口水时，他几乎窒息。当漱口水从喉咙口吐出时有一些痰出来。他想把痰咳出来，医生也鼓励他尽量把痰咳出来，尽管他努力地试着，却没有用。晚上十一点左右，克雷克医生要求去把迪克医生请来，因为他担心布朗先生不能及时赶到。于是，一名信使就被派去请迪克医生。这时，又给将军放了一次血。然而，这一切似乎根本是徒劳，将军的病情依然没有丝毫好转，任何东西都无法吞服。午夜时分，医生又加用了一次气泡剂，这次虽然有痰咳出，但将军的病情还是没有任何改观。

凌晨三点左右，迪克医生和布朗医生先后赶到。迪克医生对将军做了检查后，和克雷克医生商量了一下，决定给他再放一次血。这次的血很稠，流得很慢，所以没让将军觉得晕眩。布朗医生稍后走进房间，给先生把了脉。然后三名医生一起走出房间。很快，克雷克医生又回到了房间，这时将军能够吞服一点东西，医生们就给他开了甘汞之类的药让他口服，可依旧不见效果。

他的遗嘱以及其他文件

四点半左右，他要我把华盛顿夫人叫到他的床边，接着让夫人去他的房间把他书桌上的两份遗嘱取来给他。夫人照做了。他看过之后，把其中一份没用的交给夫人烧掉。夫人将那份遗嘱烧毁后，他让她把另一份放在她的壁橱里。

然后，我回到他的床边，握住他的手。他对我说："我觉得我将不久于人世了。我从一开始就有预感这场病会是致命的。请你务必把最近我有关军事问题的全部信件和文件进行整理和登记，整理好我的往来账目和账簿，因为对于这些，你比其他任何人都熟悉。罗林斯已经在登记我其他的信件，让他把这件事做完。"我告诉他说，这事应该会做好的。然后，他又问我是否想到他还有什么重要的事情没做，因为他觉得我们在一起的时间已经不长了。我说，我想不到还有什么需要做的，但是我不希望他这么快就离去。他笑着说，他肯定会很快离我们而去，这是所有人必须还的债。他看上去对这件事显得无比从容。

整个下午，他呼吸都很困难，在床上一直不停地翻动身子，十分痛苦。我见状，便爬到床上尽量把他扶起来，小心地帮他翻身。将军对我的关切充满了感激，嘴里总是说着："我怕是要把你累坏了。"我告诉他说，我一点也不累，只希望他能感到舒适一些。将军回答说："好吧，这是我们互尽的义务，希望日后在你需要这种帮助的时候，也能有一个像你这般照顾我的人。"

他问我刘易斯先生和华盛顿·卡斯蒂斯何时会回来（他们在

新肯特），我告诉他说是这个月的二十号左右。

大约五点钟的时候，克雷克医生再次走进房间，来到将军的床边。将军对他说："医生，我还真难死啊；但是我并不怕死，我从得病的那刻开始，就知道这一关我是扛不过去了——我的呼吸持续不了很长时间了。"

医生默默地按着将军的手，一句话也说不出来，随后离开床边，悲伤地坐在火炉边。

利尔日记中未提及的一些细节

将军的仆人克里斯托弗一整天都在他的房间里。下午的时候，将军吩咐他坐下，因为克里斯托弗几乎是站了一整天。

早上八点钟左右，将军想要起床。大家给他穿好衣服，扶他到火炉旁的椅子上坐下。但他发现这么坐着也不舒服，所以十点多的时候，他又躺下了。下午五点左右的时候，大家再次把他从床上扶起来，他坐了大约半个小时后，想脱衣服回床上，于是大家就把他扶到床上躺下。

在他生病的这段时间，他很少开口说话。每次说话都很费劲，声音低哑，断断续续，有时很难听清他在说什么。然而，他的耐性，他的刚毅，他的从容，在他的脸上从来都没消失过，即使是在如此病痛的折磨下，他从来也没叹息过一声，抱怨过一句，而是努力地按照医生们的要求，给他什么药，就尽力服什么药。

他的临终遗言

傍晚五六点钟的时候，克雷克医生和布朗医生一起走进房间。克雷克医生走到将军床边问他是否能坐起来。我抓住他伸出的手扶他坐起。然后，他对医生们说道：

“我觉得我快走了，我要谢谢你们对我的关心；但我恳求你们不要再为我麻烦了，让我安静地离去，我活不了多久了。”

其实他们也发现，他们所做的一切根本没有起到任何效果。将军又再次躺下，除了克雷克医生，所有人都退了出去。尽管将军仍然是感到极不舒服，辗转不安，但他一点都没有抱怨，只是不停地问时间。我在一旁帮他翻动身子，他没有说话，而是看着我，眼里满是感激。

大约八点钟的时候，医生们走进房间，用气泡剂和麦麸糊剂敷在将军的腿脚上。完了以后，除了克雷克医生，另外两名医生都一脸绝望地出去了。这时，我也走了出去，给劳先生和彼得先生写条子，让他们尽快带着他们的妻子（华盛顿夫人的孙女们）赶回弗农山庄。

十点钟左右，他几次试图想对我说什么，但就是说不出话来。最后，他艰难地说：

“我就要走了，我死了以后，尸体要存放三天再下葬，葬礼从简。”我只能鞠躬表示同意，因为此时我已经说不出话来。然后，他又看着我问道：

“你明白我的意思了吗？”

我回答说：“明白了。”

他说：“那就好。”

在他去世（晚上十点到十一点之间）前十分钟左右，他的呼吸变得舒畅了一些。他静静地躺在那里，把手从我的手中抽出，摸了摸自己的脉。我看他的脸色变了，赶忙告诉了坐在火炉旁的克雷克医生，医生立刻来到床边。这时，将军的手从手腕上滑了下来，我抓起他的手放在自己的胸前。克雷克医生难过地双手掩面。将军就这么去了，没有一丝挣扎，没有一声叹息。

当我们都默默地沉浸在悲伤中的时候，华盛顿夫人（她一直坐在床脚边）用一种冷静中透着坚定的声音问道：

“他去了吗？”

我说不出话来，只是举手表示他去了。

依然是那种声音，她说：“那就好，现在一切都过去了，我很快也要随他而去了。我也不需要再经历什么磨难了！”

悲伤的后事安排

将军生病的这段时间，克雷克医生和我看在眼里，都感同身受，悲伤不已。华盛顿夫人一直坐在他床边，仆人克里斯托弗也一直在一旁站着，卡罗琳、莫利和夏洛特则一直站在门边，管家福布斯太太则日夜在将军房间进进出出，忙碌着。

悲伤的一幕过去后，克雷克医生终于开口说话，让仆人把楼下的绅士们叫上来。等他们来到床边，我吻了吻我一直握在胸前的那只冰凉的手，然后把它放下，走到房间的一角，独自哀伤，直到克里斯托弗喊我。克里斯托弗按照华盛顿夫人的吩咐，要我把从将军口袋里拿出的钥匙和其他一些东西保管好。我接过这些物品，用将军的手帕包好，带回了自己的房间。

大约午夜十二点钟的时候，我们把将军的遗体抬到楼下的一个大房间里。（詹姆斯·克雷克口述）

（1799年）12月15日　星期日

天气晴朗。

华盛顿夫人早上派人召我过去，想派我去亚里山德里亚，给将军定制一副棺材。我便去了。克雷克医生为将军遗体量了尺寸……早餐后，遵从克雷克医生的建议，我支付给迪克医生和布朗医生每人四十美元的出诊费，这是克雷克医生的建议，他认为这样的费用比较合理。他们早餐后便离开了。

我给下列人员写了信，告知刚发生的令人悲伤的事情：

美国总统

汉密尔顿将军

平克尼将军

布什罗德·华盛顿

W. A. 华盛顿上校

劳伦斯·刘易斯

G. W. P. 卡斯蒂斯

乔治·S. 华盛顿

塞缪尔·华盛顿

保尔上校

哈蒙德上尉

还给约翰·刘易斯写了信，并让他通知兄弟乔治、罗伯特和豪威尔。

今天早上，斯图尔特太太也被请来。大约上午十点钟时，托马斯·彼得先生到达；约下午两点钟时，劳先生夫妇到达，我是星期六晚上给他俩写的信；桑顿医生是和劳先生同时到的。克雷克医生停留了一整天和一个晚上。

下午，我与劳先生、彼得先生和克雷克医生商量确定举行葬礼的日子。我希望葬礼能推迟到这一星期的最后一天举行，这样有时间让将军的亲戚们赶来参加，但最终采纳了克雷克医生和桑顿医生的意见，因为夺取将军生命的病属于炎性疾病，长时间的不入葬不合适也不安全，因此决定葬礼在星期三举行，如果星期三天气不好，就顺延一天，星期四举行。

准备葬礼

（1799年）12月16日　星期一

我叫人打开将军的家庭墓穴，把四周的垃圾清理干净，让一切都看上去都显得体面些。另外，我还要求为墓穴做一扇门，而不是按照习俗用砖块把墓穴封起来。我请英格利斯先生和麦克芒恩先生定做了一口红木棺材，来安放将军的遗体。

早餐后，克雷克医生、彼得先生和桑顿医生离去。斯图尔特太太和他的女儿们过来了。安德森先生去亚里山德里亚准备葬礼所需的一些东西。另外，还为家属和监工们定制了丧服。

从亚里山德里亚传来消息，当地的民兵和共济会成员都决定要参加将军的葬礼，送将军的遗体入墓，以表示他们的敬意。于是，我让人准备了供很多人吃的食物，我预计他们可能会吃点点心。罗伯特·汉密尔顿先生写信通知我说，他会派一艘纵帆船到弗农山庄，在将军的遗体放入墓穴时，会每隔一分钟放一次葬礼炮……

12月17日　星期二

葬礼的一切准备都已就绪。迪格斯先生在午前的时候赶到。亚里山德里亚团的副官斯图尔特先生也来为准备送葬的队伍查看地形。

大概下午一点的时候，在英格斯先生和麦克芒恩先生的护送下，棺材从亚里山德里亚运来；格拉特先生送来了寿衣。当将军的遗体被放入灵柩时，我剪下了他的一束头发。

红木棺材的接缝处是用铅焊接的——一旦遗体放入墓穴后，就会将铅制的棺盖焊接起来。整个灵柩用一块黑布盖着。

12月18日　星期三

葬礼预定在十二点开始。大约在十一点钟的时候，参加葬礼的人便陆续到场，但由于好大一部分部队没能及时到达，所以葬礼一直推迟到下午三点钟才开始。

十一门大炮从亚里山德里亚运来，罗伯特·汉密尔顿先生麾下的一艘纵帆船停泊在弗农山庄附近，准备每隔一分钟放一次葬礼炮。

三点钟左右,送葬队伍出发了。安排送葬队伍的是利特尔上校、西姆斯上校和德内尔上校以及迪克医生……

遗体送到墓穴时，牧师戴维斯先生宣读了葬礼的祈祷文，并做了简短的致辞。

接着，共济会会员举行了他们的仪式；最后把将军的遗体放入了墓穴。

葬礼后与忠诚的秘书

葬礼结束后，一行人返回山庄，吃了一点点心，然后秩序井然地离去。我们把招待客人剩下的食物都分给了黑人们。

彼得先生、克雷克医生和桑顿医生都留下来过夜了。

葬礼结束后，我回到自己的房间（让劳先生和迪格斯先生招呼没走的客人），尽情地释放着自己近段时间一直以来克制住的情感，因为此前我必须认真准备已故挚友的葬礼。

这是一种什么样的情感，即便能够用言语表达，也无法向人倾诉！

（1799年）12月23日　星期一

像昨天一样忙碌。

12月24日 星期二

我一整天都在将军的书房里，翻阅和整理他的文件。

12月25日 星期三

华盛顿法官已经到了，但他似乎不太愿意看将军的遗容。所以今天我去了亚里山德里亚，请来焊工为将军的灵柩封棺。焊工来了，我领他到了墓地——我最后看了一眼——向那张脸做最后的告别。那张熟悉的脸，似乎没有一丝改变。我看着他们把棺盖封好——最后一次看了看那张脸，那张此生无法再见到的脸，但我希望在天堂能够再次相见。

华盛顿最恶毒的敌人

要说起来，华盛顿最恶毒的敌人莫过于托马斯·佩恩了。托马斯·佩恩思想中具有最高尚的情操，但是他的行为却完全与其言论背道而驰。作为一名教会成员，他却背负着有史以来最邪恶的伪君子的骂名。在他晚年的时候，本该是他安享天年的时候。他喜欢把邻居们聚集在小树林里，向他们宣扬最圣洁和最美妙的仁爱的信仰，他的行为处事使人想到了耶稣登山训众论福的传道者。但是在星期一他却会借钱买酒，喝得烂醉。毫无疑问，他具有真诚的美德，但同时也具有邪恶的本质。不幸的是，他从来不会放过任何一个让世人见识他恶毒一面的机会。在国家需要他的时候，他付出了很多，为世人揭示了许多高尚的真谛。难怪八十年来他一直被视作一名坚定的长老会教徒，他的纪念碑至今完好无损（而且免费参观）。但从另一方面说，他的目光短浅和挥霍浪费，以及他不受约束的脾气，使他的同胞们都相信他是美国首位总统最恶毒的诋毁者。

俗话说“观其交友，知其为人”。如果世人以华盛顿结交的朋友和其追随者作为评判他品质的标准，那么，这要比任何笔头的鼓吹更能让人信服华盛顿的为人。杰斐逊，是他政治敌人们的名义上的领袖，但他对华盛顿的评价却比任何人都高。无论是革命时期，还是建设时期，那些响彻世界的名字——亚当斯、特朗布尔、克林顿、李、平克尼、本杰明·富兰克林、约翰·杰伊和亚历山大·汉密尔顿等，以及以格林和斯凯勒为首的一批品德高尚的优秀将军，所有这些人都是华盛顿的朋友；而在外国人中，连像塔列朗和拿破仑这样个性与他大相径庭而又冷漠无情的人也都是他的仰慕者。他在民族的法庭上夺取了美洲大陆最好的一块领土，他的个人性格要比国家的外交使节们的保证更有用，这样的一个人是 7 月 4 日的庆祝活动和传统的迷雾所隐藏得了的吗?

他的几个最坏的仰慕者

有些人既是华盛顿的仰慕者，同时也是他的敌人。继杰斐逊之后，其中最坏的一人是神学博士和法学博士贾雷德·斯帕克斯，哈佛大学曾经的校长。他受委托负责编辑华盛顿的书信等作品。他的编辑方法是纠正语法和拼写——那些珍贵、古老和错误而又让人心情愉悦的拼写——删除了被认为有亵渎成分的文字(根本不是亵渎的言语)——把数以千计极富表现力的俗语改成了像是语言学学士学位水平层次的专业用语；然后——啊呀，愚蠢、不可饶恕的斯帕克斯——居然烧毁了原稿！要不是在斯帕克斯死后，偶然发现了一些有幸从时间的利爪中以及修订者手中无情的毛笔下逃脱的华盛顿亲笔信，整个世界可能还在相信：如果身边没有拉丁语词典和“绅士书信完全复写器”，华盛顿根本写不了任何东西。如果这笔老账可以在极乐世界通过个人决斗得以清算，那么只要斯帕克斯一跨进天国之门，五分钟之内，就会成为一个可怜的人，因为华盛顿憎恶“辞藻华丽的文章”，这是他个性中的一个显著特点。

几乎和斯帕克斯一样，肖像画家们也做了很多工作，结果却使后代人无法了解和认识真正的华盛顿。据说，他们是得到了一名牙医的帮助，因为牙医给华盛顿做了一副足以让他的脸变丑的假牙。或许此话并不假，但是尽管如此，所谓的假牙似乎并没有妨碍到吉尔伯特·斯图尔特。斯图尔特的华盛顿肖像画——并不是靠雕刻和颜料所能模仿的——表现出了华盛顿俊美的容貌、华贵的气质和机敏而又沉着的表情，所有这一切都会使观者难以移开眼，久久不愿离去。有一位很有女人缘的"喜欢与妇女打交道的男子"对本文的作者说，他宁可不远千里去看斯图尔特画的华盛顿肖像，也不愿去看美国最漂亮的美女。要证明斯图尔特肖像画的真实性和准确性，最好的证据就是画家自己说过的话。他说，为了等到有机会正式给看上去和平常一样的华盛顿画像，他浪费了许多时间，而且为此他不得不先后画了至少二十六张华盛顿的肖像。在所有华盛顿的肖像画中，有些是生活场景的画像，有些则是画得很糟糕，不过有的还是不错的，特别是皮尔画的几幅。我们不应该轻视皮尔的作品，因为它们抓住了华盛顿表情中特有的若有所思和历经沧桑的神态。然而，革命结束之后画的大多数华盛顿的肖像画都是画家们在短时间内连续创作的——当时有很多画家前往弗农山庄给华盛顿画像，由于画家太多，他们只得"排队"等候，就像是在理发店里排队等待理发刮胡子那样——他们画的华盛顿看上去给人一种疲倦、顺从和任人宰割的感觉，这对画中人物来说完全是不公平的。

如果说雕刻家们创作的华盛顿雕像作品要比画家们的肖像画更公正合理的话，那只能说是他们当中很少有人愿意糟蹋原材料。因为直到今日，在雕刻家们创作时，依然是用矩阵转移的方法将人的脸刻到大理石或金属上，所以一个世纪以前雕刻家们的方法应该不会比现在更好。但是如今现存的华盛顿雕像中，最好的作品看上去也像是年轻的华盛顿被美国印第安部落的专家动过手术一样。好在大多数的华盛顿雕像塑得都要比观赏者高出很多，而且上面也沉积了很多灰尘，因此就很难看出那些雕像制作得是多么蹩脚。

华盛顿的保姆们

有人说一本编排合理的书，应该把对主人公孩提时代的保姆的相关描述安排在前面的章节，而不是放在那么后面。而且，对其司令部也应该有所提及，尤其是在对各种战役视作叙述的时候。一般说来，这样的建议不无道理，但对华盛顿来说却并非如此，因为无论是他的保姆们，还是他的司令部，有关这两方面的具体内容，直到华盛顿去世之后很长时间从来没有听人说起过。

不过，“迟做总比不做好”。很多人在第一次讲述有关华盛顿保姆的故事时，听者就毫不怀疑地相信了。因此根据他们所言，如今众人知道，美国国父在快乐的孩提时代曾经有过两千多个保姆，而且都是黑人，但没人知道那些忠诚的保姆们到底照顾和服侍了华盛顿多少年。樱桃树事件是发生在他六岁的时候，如果说他六岁以后还需要保姆照顾，那这样的说法似乎不太合理。照此推理，他在出生后六年间有两千多个保姆，几乎是平均每天一个。如果是这样的话，那么每一个在华盛顿家做过保姆的黑人“妈咪”为我们所提供的信息和回忆，就成了一种谴责性的永恒证据——一种对那些固执地认为黑人的力量和记忆力都有缺陷的人的永久性谴责。有人对华盛顿家中有那么多的保姆做了解释说明，说华盛顿的母亲非常挑剔，大多数保姆在试用几小时后就因不满意而遭解雇。但是，这种推理根本站不住脚，因为在一个半世纪前的弗吉尼亚州，保姆都是买的，而非雇用的。华盛顿的父母及他本人从来也没卖过奴隶，而且即使这两千个或更多数量的保姆最终能够成为保姆得以生存，那么为何华盛顿所有家产中的奴隶总共还不到保姆人数的一半呢？关于这一点，却没有任何解释。我们只能期待将来数学的发展能帮助我们解开这一看似复杂的难题了。如果解决不了，那则会使数学这门的学科的名声更臭，因为这些数据是千真万确的[①]，都出自当时的保姆们之口。

如果没有革命战争，也是最伟大的人

如果真如麦克马斯特教授所说，“华盛顿是一个未知之人”，那是因为我们看到的只是他的英雄形象，忘记了他日记中所描述的那个头脑清晰、理智和忙碌的人。从理论上说，华盛顿在剑桥的那棵榆树下正式出任大陆军总司令时，他对我们来说是一个未知之人；但对于站在波多马克河上游眺望他的那片白栎树林的华盛顿，对于在法庭上为自己的一块土地抗争的华盛顿，以及那个身披军斗篷在约克加尼河河畔大片林间空地上睡过一夜的华盛顿，我们并不陌生。“这没有贬低华盛顿的真正伟大之处，”亚当斯教授写道，“因为整个世界都了解他个性的物质性一面。相反，这只会提升他的英雄精神，他在面对灾难时从不犹豫；面对成功时，从不求回报。可以肯定的是，这使华盛顿的形象更具有人性，让我们知道他也具有普通人的情感，知道他做事勤奋努力，就像他为国家热忱奉献一样。或许，作为一个普通人的华盛顿不如我们眼中的英雄和政治家形象那么完美，但展现伟人真实的自我是历史的责任。人在为国家而活的同时也在为自己而活。个人动机和爱国动机之间的区分是历史研究的一个必要任务之一。”在此过程中，我们必须注意到，在他为实现“打开通向西部的大门”这一目标的所有努力中，他甚至还背负了自私自利的恶名。他在写给杰斐逊的一封

① 对于华盛顿有两千名保姆的数字，本书作者将在以后的著作中保留修改权。因为虽然保姆的名单似乎在几年前就已经完成，但其影响现在可能会使某些事实突然被夸大。如今南方的黑人们都能得到免费的教育和圣经给他们带来的好处，免费教育使他们能够阅读圣经，使他们了解到有些人可以活上一千年，由此他们可能想使一些已不在人世的华盛顿保姆们复活，以从物质上来延长他们作为继承人的年份。

信中说，当他得知杰斐逊就东西互通计划的重要性问题与他意见一致时，感到非常高兴；虽然他在西部并没有任何地产，但却被看作是一个有偏见的预言家。然而，如果从利己主义的角度出发，华盛顿应该坚持开发波多马克河，因为他的大片西部土地都在卡诺瓦河畔下游五十英里处。难道是由于受到个人动机的影响，他才决定放弃波多马克河，转而专注于开发詹姆斯河的吗？或者说，这么做他能获得更大的经济利益吗？当两个公司（波多马克公司和詹姆斯公司）成立的时候，弗吉尼亚州通过投票决定拿出两个公司的 50% 的股份给华盛顿，以示对他的尊敬和对他所做出的贡献表示感谢。然而，华盛顿一直拒绝，直到他用了一个不给自己留一分钱的解决办法才予以接受。

现在我们回过头来再想想亚当斯教授的观点。我们了解有关华盛顿商务经营方面的细节情况，这不仅不会削弱我们对他的尊敬，反而会对他更加敬重。我认为，正是由于我们对华盛顿的“个人兴趣和抱负”缺乏了解，麦克马斯特教授才会说我们所知道的是作为将军和总统的华盛顿，说“华盛顿是一个未知之人”。为了使这位真正伟人的个性清晰生动地展现出来，我们需要对“材料”做出合理的调整和评价，包括他个性中的那些“英雄的”元素。对华盛顿而言，在任何情况下，都不要急于做出“个人动机和爱国动机之间的区分”，而且我们也不应该只保留“将军”和“总统”的形象，而丢弃他在 1784 年日记以及其他信件中所完美体现的自我——即使没有美国革命战争，他也是美国历史上最伟大的人。

美国历史上最崇高的人物

美国历史上最崇高的人物是在福吉谷双膝跪地的华盛顿。在当时和在那个地方，美国人民不是依靠自己的勇气和美德，而是求助于他们的圣父和保护人上帝，华盛顿就是面临着这样一种处境。华盛顿知道士气和精神是无价的,但他同样知道士气和精神是发自内心的。而且,他也清楚，在那些无比艰难的日子里，除了勇气之外，美国军队一无所有。因此，似乎只能向永恒的上帝祈求赐予我们神力了，毕竟每当国家和军队的命运危在旦夕的时候，就是因为这股神秘的力量，我们才得以排除万难，转危为安。

身处太平盛世，国家和军队便会安于现状，满足于吃饱穿暖，过着正义但又狭隘的生活。在那些富有成效的时代里，国家和军队依靠自己的存在，为自己的力量感到骄傲，甚至是为自己的美德感到自豪。然而，这种力量同时也是一种自我陶醉，而那种正义也属于是陈规陋习。命运，作为宇宙万物的主宰，会给这样的军队和国家带来大灾难。结果在刹那间，他们骄傲的口舌变得安静不动了，原本傲慢自大的人也开始变得谦逊。于是，他们开始明白一个伟大的真理——持久的力量和和平并不是发自内心的，而是来自于赋予我们所有美德和才能的上帝。

华盛顿清楚这一点，这也就是为何他会将福吉谷的皑皑白雪，作为他祈福的神坛，双膝跪地向“天上的他”——那个早已被敌人遗忘了的“上帝”求助。他的敌人相信军队的数量和武器弹药——相信步兵、骑兵和大炮。当然，华盛顿也相信这些力量，但是他同样也相信军队和国家的上帝。因此他最后赢得了胜利。

华盛顿是全人类的财富

革命战争之前，英国政府的政策和目标与我们的权利和自由相违背。待战争开始后，英国除了靠它的军队占领或浪费时间之外，显然无法对美国各地实行统治，而解决双方对峙的问题在于哪一方先屈服——是顽固不化的英国国王还是不屈不挠的美国人民？很明显，除非是迫于英国宪法所赋予的其他力量所施加的压力，乔治三世是永远不会放弃的，只要腐败的下议院投票同意提供人力和物力，他就一定会不惜将战争进行到底，毫不在意付出的代价是英国人民的鲜血还是财富，也更不会在意战争会给美国人民造成怎样的苦难。征服是没有希望的，诺思勋爵在战争进行到一半时就下过结论，而且他本人也赞成放弃战争。然而，所有出于人性的政策考虑，到了心胸狭窄、脾气暴戾的国王那里，却都化为了乌有。的确，我们的这场战争具有其特殊性，我们是在与一名愚蠢的统治者在做斗争。他不明白，他发动的这场最终彻底失败的战争只是一场劫掠和谋杀，使我们的能力和忍耐力在抗击国王的军队的同时经受了可怕的考验，直至愤怒的英国人民放下骄傲的架势，为我们揭竿而起，打消了国王顽固的企图和目的。我们都知道，而且我们可能永远都不会忘记，这种与暴政的抗争，并不在于民众愤怒情绪的强烈爆发，并不只是打一两次战役就会屈服，而陷入一种朦胧的冷漠状态；然而，恰恰相反，它体现了一种坚定不变、合乎情理的决心，是一种抵抗力，一种抵抗腐败和诡辩的调解计划的力量，一种反对失败和屠杀的力量，一种提防国家破产和商业崩溃的力量——这是一种把眼见村庄被焚烧、城市变成敌人军营的愤怒转化成坚持不懈的斗争的决心，这种决心虽经八年战火的慢慢消耗，历经令人毛骨悚然的灾难和兴衰，却始终没有被削弱过，因而我们也始终没有屈服过。这是辛酸和光荣并存的一段历史，在这场严酷的斗争中，我们的权利和自由经受了可怕的血与火的洗礼，涌现出了许多爱国者、战士和政治家的英雄事迹，所有这些人都与一名卓越杰出的统帅有密切关系。他高不可攀地耸立在他们当中，他高贵的品格熠熠生辉，温暖和照亮着社会公德和个人美德，激发了人类基本的智慧精神，超越了所有地区和国家的界限，从而使得华盛顿的名字成为全人类的财富。

凡人，战士，英雄，政治家

有一名凡人，他是人中精英，
和善的面容证实了他崇高的思想。
有一名战士，他的剑从不轻易出鞘，
但为了正义的事业，为了自由，他毅然亮剑。
有一名英雄，他从不为名利而杀戮，
但他的威名却比恺撒还要响亮。
有一名政治家，他不谙政治权术，
但正直的内心总能给予最中肯的忠告。
噢，哥伦比亚，你的儿子得到了你的抚爱；
他赐福于他的国家，堪称国家之父，
却从未期待高歌颂德；
世间统治者，无不借此提升自己的地位；
但他却选择解甲归田，淡泊名利，
伟大的气势，又岂是一顶皇冠所能比拟。

——纪念华盛顿，战争时的第一人，和平时的第一人，同胞心中的第一人。